高等教育教师发展手册

Handbook of
Teaching Competencies Development
in Higher Education

程建钢　韩蔚　周潜　编著

清华大学出版社
北京

版权所有，侵权必究。举报：010-62782989，beiqinquan@tup.tsinghua.edu.cn。

图书在版编目（CIP）数据

高等教育教师发展手册/程建钢，韩蔚，周潜编著.—北京：清华大学出版社，2023.8
ISBN 978-7-302-62462-2

Ⅰ.①高… Ⅱ.①程… ②韩… ③周… Ⅲ.①高等学校—师资培养—中国—手册 Ⅳ.①G645.12-62

中国国家版本馆CIP数据核字（2023）第013874号

责任编辑：纪海虹
封面设计：赵世颖
责任校对：王荣静
责任印制：曹婉颖

出版发行：清华大学出版社
　　　网　　址：http://www.tup.com.cn, http://www.wqbook.com
　　　地　　址：北京清华大学学研大厦A座　　邮　编：100084
　　　社 总 机：010-83470000　　　　　　　　邮　购：010-62786544
　　　投稿与读者服务：010-62776969, c-service@tup.tsinghua.edu.cn
　　　质量反馈：010-62772015, zhiliang@tup.tsinghua.edu.cn
印 装 者：三河市人民印务有限公司
经　　销：全国新华书店
开　　本：165mm×240mm　　印　张：23.25　　字　数：367千字
版　　次：2023年8月第1版　　　印　次：2023年8月第1次印刷
定　　价：78.00元

产品编号：098322-01

序 言

随着大数据、人工智能、区块链、5G等数字技术的兴起，人类社会的生产生活方式发生了深刻变化。数字产业化和产业数字化加速发展，对全球劳动力所拥有的知识、技能与能力提出了新的要求，需要高等教育和职业教育作出回应。互联网的发展催生了数字化思维、分布式认知、虚拟空间的知识传播方式和人际交往方式，将导致人才培养理念、方式和治理体系的系统性变革，教育的数字化转型势在必行。2020年国际电信联盟、联合国教科文组织和联合国儿童基金会联合发布《教育数字化转型：联通学校，赋能学生》，首次提出教育数字化转型的概念和倡议；欧盟发布《数字教育行动计划（2021—2027年）》，主张欧盟未来需要推进"促进高性能的数字教育生态系统的发展"和"提高数字技能和能力以实现数字化转型"两大战略事项；美国高等教育信息化协会发布《2020年十大IT议题——推动数字化转型》，提出推动高等教育数字化转型的主要议题。中国教育部也于2022年初提出要实施国家教育数字化战略行动。然而，正如联合国教科文组织2021年在《共同重新构想我们的未来：一种新的教育社会契约》中指出的，计算机和互联网等正在迅速改变知识的创造、获取、传播、验证和使用方式，从而使信息更容易获取，为教育提供了新的方式，并对教育有巨大的变革潜力，但我们还没有找到将这些潜力变为现实的路径。

为此，联合国教科文组织高等教育创新中心（中国深圳）和清华大学教育研究院联合开展高等教育数字化转型"3+1"项目研究（即3本手册和1份研究报告），3本手册包括《混合教学改革手册》《高等教育教师发展手册》和《职业教育教师发展手册》，1份研究报告即《高等教育教学数字化转型研究报告》。研究报告包括中文、英文、法文和西班牙文四个版本，在联合国教科文组织2022年5月于西班牙巴塞罗那召开的第三届世界高等教育大会上正式发布。该报告试图为国际组织、政府、高校、企业以及其他利益相关方提供应对教学数字化转型的理念、思路、方法、挑战及对策。报告分析了高等教育数字化转型的背景与现状，阐明教学数字化转型的内涵及实施框架，从学校、专业、课程与教学、教师教学能力、学生学习和质量保障六个方面详细阐述高等教育教学数字化转型的内容、特征、策略以及进一步探索的方向，提出高等教育教学数字化转型面临的挑战及对策，同时结合不同国家的实践案例分享各方探索的经验。3本手册则侧重提供混合教学改革、教师教学能力及其发展方面的理论、标准、方法和策略，聚焦解决数字化教学"最后一公里问题"，供实践者和研究者参考。同时，借助联合国教科文组织平台进行传播，以期助力全球各国尤其是发展中国家借助数字技术实现联合国教科文组织倡导的2030教育可持续发展目标，并在此过程中创建适合未来的具有包容性和韧性、开放和高质量的高等教育教学体系。手册的中文版将由清华大学出版社出版，英文版由斯普林格出版社（Springer）出版。

"3+1"项目既要迎接教育数字化转型的战略挑战，又要兼顾"教育信息化最后一公里问题"的解决，任务重、难度大且时间紧，历时10个月集大成，实属不易！在项目实施中，联合国教科文组织高等教育创新中心（中国深圳）提供了经费支持，中心主任李铭教授全程参与并给予了重要指导，国内外15个专家团队更是积极参加和协同合作，包括韩锡斌、刘美凤、王玉萍、宋继华、张铁道、陈丽、王淑艳、陈明选、钟志贤、刘清堂、沈书生、俞树煜、曹梅、孙杰远、杨浩等团队。在此致以特别感谢！

高等教育数字化转型对教师教学能力提出了新的要求。2021年中共中央国务院《关于全面深化新时代教师队伍建设改革的意见》，教育部等三部委《关于深入推进世界一流大学和一流学科建设的若干意见》等一系列政策文件均对高等教育教师教学能力及其发展提出了总体要求；同时，教育部《教育信息化2.0行动计划》及联合国教科文组织（UNESCO）《教师信息和通信技术能力框架》（简称《ICT-CFT》）等政策与标准对高等教育教师在信息时代的教学能力及其发展提出了更为具体的要求。

本手册是《高等教育教师发展手册》，聚焦高校教师教学能力发展，特别是教育数字化转型背景下的教师教学能力提升，期望为政府高等教育主管部门、高等院校管理者和高等教育教师在教师教学能力发展方面提供参考，进而建设高素质专业化教师队伍，促进高等教育数字化转型，实现高等教育高质量发展目标。本手册的主体内容分为五章，首先对教育数字化转型、终身学习、高等教育改革、人工智能等与教师发展的关系进行了阐述；然后对高等教育教师教学能力及其发展的概念及相关理论进行了梳理；接着提出信息时代高等教育教师需要具备的教学能力的标准框架及其相应的评测工具；再从国际层面、政府层面、社会层面、学校层面及教师个人层面提出了高等教育教师教学能力提升的具体行动方案；最后介绍了高等教育领域教师教学能力提升的典型案例。

  本手册的编辑出版得到了清华大学出版社的大力支持，特别是纪海虹主任等投入了许多心力和时间，特此表示衷心的感谢！

  在本手册编制过程中，编者总结了清华大学研究团队十多年来在高等教育教师信息化教学能力及其发展方面的研究与实践成果，并融入全球化情境，同时邀请国内外教育技术学、高等教育学、教师能力发展等方面的专家共同开展研究。手册定位兼具工具性、实用性、资源性、引领性、学术性，平衡把握本土性与全球性、经典性与时代性、普遍性与特殊性、理论性与实践性，旨在为国际组织、各国政府制定高等教育教师教学能力标准及教师发展政策提供行动方案，为高等院校管理者系统提升教师教学能力提供标准框架及教师发展方案，为院校教师持续提升自身教学能力提供行动指南，为研究者以及相关企业从业人员提供高等教育教师发展标准、方法等方面的参考。

  本手册由程建钢、韩蔚、周潜负责总体编著。第一章引言由程建钢（清华大学）负责，王玉萍（澳大利亚格里菲斯大学）、宋继华（北京师范大学）、白晓晶（北京开放大学）、罗扬洋（兰州大学）、陈香好和李梦（清华大学）参与编写；第二章概念界定及理论基础由曹梅（南京师范大学）和孙杰远（广西师范大学）负责，熊西蓓和袁磊（广西师范大学）参与编写；第三章教学能力标准框架及测评由韩锡斌（清华大学）负责，葛文双（陕西师范大学）和王淑艳（美国南密西西比大学）参与编写；第四章教学能力提升行动由周潜（清华大学）负责，李梅（北京开放大学）、严羽（美国加州大学圣迭戈分校）、陈明选和王靖（江南大学）、易凯谕（清华大学）参与编写；第五章教师发展实践案例由管恩京（山东理工大学）负责，严羽（美国加州大学圣迭戈分校）、周潜（清华大学）、张鹤方（山东理工大学）参与编写。

联合国教科文组织高等教育创新中心（中国深圳）蒋清宇，清华大学教育研究院刘英群、郭日发、石琬若、刘金晶，广西师范大学温雪、覃泽宇，石河子大学仝行常，内蒙古民族大学梁怀宇，山东理工大学谭霞、牛喜霞等都对手册编著工作给予了支持，多所高等院校的领导、教师提供了案例，该手册凝聚了他们长期开展高等教育教师发展研究与改革的心血和成果，在此一并向其致以诚挚的谢意。

程建钢

2022 年 8 月

目 录

第一章 引言 ·· 1
  第一节 教育数字化转型与教师能力发展 ·································· 1
    一、数字时代推动教育系统转型 ··· 1
    二、人才培养促变教师能力发展 ··· 7
    三、教师能力发展呈现全新特点 ··· 9
  第二节 终身学习与教师能力发展 ··· 11
    一、终身学习的概念与内涵 ··· 11
    二、教师在终身学习中进行能力发展 ····································· 15
    三、对教师开展终身学习的建议 ··· 17
  第三节 高等教育改革与教师能力发展 ····································· 22
    一、高校教师教学能力发展的相关政策 ································ 22
    二、以师德师风建设为主线的高校教师能力提升 ················· 24
    三、提高教师专业能力，着力构建高素质创新型教师队伍 ··· 25
  第四节 人工智能与教师能力发展 ··· 25
    一、促进学习的人工智能系统 ··· 26
    二、人工智能在教师发展中的应用 ······································· 27
  第五节 手册编制说明 ··· 29
    一、手册编制的背景 ··· 29
    二、手册编制的目的和内容范围 ··· 29

第二章 概念界定及理论基础 ·· 31
  第一节 教学能力：大学教师教学发展的核心 ························· 31

一、大学教师发展：教师专业化 …………………………………… 31
　　二、大学教师发展的转向：教学发展 ………………………………… 32
　　三、大学教学发展中心：组织机构的规范化 ………………………… 33
第二节　信息时代教师教学能力的界定 ……………………………………… 34
　　一、教学能力 …………………………………………………………… 34
　　二、信息化教学能力 …………………………………………………… 35
　　三、信息化教学能力的相关概念辨析 ………………………………… 36
　　四、信息时代大学教师教学能力 ……………………………………… 38
第三节　教师教学发展的理论基础 …………………………………………… 39
　　一、教学能力的组成与结构 …………………………………………… 39
　　二、教师的知识分类 …………………………………………………… 43
　　三、TPACK 理论 ……………………………………………………… 49
　　四、教师的实践性知识 ………………………………………………… 53
　　五、大学教学学术 ……………………………………………………… 55
　　六、"以学生为中心"的教学范式理论 ………………………………… 57
　　七、大学卓越教学理论 ………………………………………………… 58
　　八、信息化教学理论 …………………………………………………… 60
　　九、成人学习理论 ……………………………………………………… 67
　　十、终身学习理论 ……………………………………………………… 68
　　十一、实践共同体 ……………………………………………………… 71
第四节　研究进展 ……………………………………………………………… 73
　　一、大学教师的教学专长 ……………………………………………… 73
　　二、大学教师教学能力发展的模式 …………………………………… 75
　　三、大学教师的教学评价能力 ………………………………………… 77
　　四、高校教师信息化教学的进展 ……………………………………… 87

第三章　教学能力标准框架及测评 …………………………………………… 92
　第一节　教学能力标准框架构建的目标与原则 …………………………… 92
　　一、目标 ………………………………………………………………… 93
　　二、原则 ………………………………………………………………… 94

第二节　教学能力标准框架的研究回顾 …………………… 96
　　一、能力标准制定的思路 ………………………………… 96
　　二、高等教育教师教学能力结构框架的研究分析 ………… 96
　　三、数字化转型变革中的高等教育教师教学能力研究 … 116
　　四、高等教育教师教学能力发展的阶段性分析 ………… 125
　　五、高等教育教师教学能力的发展性评估方法 ………… 126
第三节　高等教育教师教学能力标准框架 ………………… 128
　　一、框架结构 ……………………………………………… 128
　　二、主要内容 ……………………………………………… 129
　　三、针对不同发展阶段的教学能力指标 ………………… 131
第四节　高等教育教师教学能力测评工具 ………………… 133
　　一、高等教育教师教学知识、技能与
　　　　实践行为能力观察量规 ……………………………… 133
　　二、高等教育教师信息技术融入教学过程能力测量问卷 … 136
　　三、针对单项知识技能的测评方法 ……………………… 137
　　四、教师主观教学能力水平评价量表 …………………… 138
第五节　高等教育教师教学能力评价的发展趋势 ………… 139
　　一、自动测试与实时反馈 ………………………………… 139
　　二、同伴互评 ……………………………………………… 140
　　三、基于学习分析的测评 ………………………………… 141
　　四、数字徽章 ……………………………………………… 143
第六节　高等教育教师教学能力标准框架的应用建议 …… 144
　　一、国家层面 ……………………………………………… 144
　　二、院校层面 ……………………………………………… 146
　　三、教师层面 ……………………………………………… 147

第四章　教学能力提升行动 …………………………………… 150
第一节　高等教育教师教学能力提升行动概述 …………… 150
　　一、信息时代高等教育教师教学能力发展的特点 ……… 150
　　二、教师教学能力提升行动的总体框架 ………………… 151

第二节　教师教学能力提升的国际合作行动 …… 155
一、联合国教科文组织 …… 156
二、其他国际层面的高等教育教师教学能力提升行动 … 158

第三节　政府教育主管部门层面的教师教学能力提升行动 … 159
一、教学能力提升的法律与政策 …… 159
二、教学能力的标准与规范 …… 163
三、推动教学能力提升的组织机构 …… 164
四、教学能力提升的项目 …… 164
五、教学能力提升的数字化教学资源与平台 …… 168

第四节　社会层面的教师教学能力提升行动 …… 169
一、非营利组织的教师教学能力提升行动 …… 170
二、私营机构的教师教学能力提升行动 …… 175

第五节　高等院校层面的教师教学能力提升行动 …… 176
一、高等院校教师教学能力提升的体系构建 …… 177
二、基于校本培训及教学应用的教师教学能力提升模式 … 183
三、基于学科团队的教学能力提升模式 …… 190
四、基于数据分析的教师教学能力提升模式 …… 197

第六节　教师层面的教学能力自主提升行动 …… 199
一、基于开放教育资源的教师自主学习与教学实践模式 … 200
二、基于在线社区与学习共同体的教学实践交流与
　　反思模式 …… 205
三、教学相长模式 …… 209
四、基于自适应学习系统的教师发展模式 …… 211
五、教学设计能力提升 …… 212
六、思维导图及其应用能力提升 …… 235
七、混合教学能力提升 …… 248

第七节　高等教育教师教学能力提升效果的评价 …… 268
一、全国高校青年教师教学竞赛 …… 268
二、全国教师教育教学信息化交流活动 …… 271
三、全国高校教师教学创新大赛 …… 275

第五章　教师发展实践案例 279
第一节　国家与地区案例 279
一、哈萨克斯坦高等教育利益攸关方的专业能力提升 279
二、教师发展区域共同体的探索与实践 286
第二节　学校案例 290
一、大学课程团队阶梯式教学能力提升路径 290
二、优化数字素养养成机制，提升教师混合教学胜任力 295
三、服务师生学习共同体的教师职业发展探索与实践 300
四、促进教学的公平性、多样化和包容性 306
第三节　教学案例 309
一、大学物理实验课程教师教学能力提升策略 309
二、"三个融合"提升教师信息化教学能力 313
三、高校教师教育教学能力分类发展方式 318

附　录 322
附录 A　中英文名词术语 322
附录 B　高等教育教师能力发展相关政策 330

第一章 引言

第一节 教育数字化转型与教师能力发展

随着人工智能、大数据、云计算、区块链等数字技术的兴起,人类社会的生产和生活方式发生了深刻变化。数字产业化和产业数字化加速发展,要求全球劳动力拥有新的知识、技能与能力,教育系统势必要作出回应。同时,新兴技术催生的数字化思维及认知方式、知识传播方式和人际交往方式的变化,带来了人才培养理念、教与学方式和教育治理体系的系统性变革。在此背景下,教育数字化转型势在必行。

产业的数字化转型和各种新兴数字技术的演进重构了学生发展目标、学习方式和认知方式,让学生能够适应数字时代的学习,胜任数字时代的工作,改造数字时代的自然与社会成为了教育教学数字化转型的最终目标。而这一目标的实现需要教师发挥重要作用——教师作为教学的主体;直接承担教书育人的任务。数字时代人才培养需求的变化对教师教学能力提出了新的要求,而这也是教育数字化转型的核心内容和前提条件。

一、数字时代推动教育系统转型

全球教育在多种因素的综合作用下正在发生数字化转型,这些因素主要包括社会变迁推动教育形态变革、产业转型催生人才需求变化、技术创新促进育人方式革新等。

(一)教育数字化转型的背景

(1)社会变迁推动教育形态变革。人类文明的发展史也是一部技术的发展史。从石器到青铜器，再到铁器的技术发展带来的工具变革提高了人类的生产力。农业进步导致的农业剩余物品支持了工商业发展和科技进步，科技进步带来的蒸汽机的发明引发了工业革命，在极大地提高生产力的同时也改变着生产关系。计算机和互联网的出现将人类带入了信息社会。在不同社会形态中，生产方式、信息传播技术及方式的改变对人才提出了不同需求，由此引发了教育形态的相应变革（如表1-1-1所示）。因此，从人类发展的历史进程来看，教育数字化转型是工业社会变迁为信息社会的过程中，教育形态发生的必然变革。

表1-1-1　人类文明进程中的教育形态变革

项目	原始社会	农业社会	工业社会	信息社会初级阶段	信息社会高级阶段
生产方式	依靠自然资源	手工作坊式的小生产	城市化和批量化的大规模生产	基于网络的生产与知识创新	数据成为关键的生产要素
信息传播技术	肢体语言和口头语言	造纸术和印刷术	广播、电视等电子媒介和技术	计算机与网络	物联网、虚拟现实、人工智能等
信息传播方式	口耳相传	内容与表达者相分离	"一点对多点"的信息传播	"多点对多点"的数字化传播	虚实融合的沉浸式传播
人才需求	生存技能，部落习俗	掌握劳动规律，操作生产工具	制造技能、科学知识、人文素养	包含信息素养的综合素质	面向未来的创新能力
教育形态	劳动即学习，父母即教师	私塾、书院等固定的教学场所	学校、课程、班级制度	信息技术与教育教学的深度融合	教育数字化转型

（2）产业转型催生人才需求变化。自2008年美国金融危机以来，全球经济增长缓慢，"逆全球化"思潮涌动，欧美主导的经济全球化陷入深度困境。[①] 由数字技术与全球经济深度融合而形成的新的经济形态开始蓬勃发展，特别是在新冠肺炎疫情全球蔓延期间，数字经济在远程医疗、在线

---

① Loebbecke C, Picot A. Reflections on societal and business model transformation arising from digitization and big data analytics: A research agenda[J]. Journal of Strategic Information Systems, 2015, 24（3）: 149–157.

教育、远程办公、无接触配送等领域的迅速补位，确保了全球产业链、供应链的顺利运行。① 2020 年，全球数字经济规模持续扩大，数字经济增加值由 2018 年的 30.2 万亿美元扩张至 32.6 万亿美元，增幅 7.9%。同时，数字经济在全球各国国民经济中的地位持续提升，中国信息通信研究院统计的 47 个国家的数字经济占生产总值比重由 2018 年的 40.3% 增长至 2020 年的 43.7%，提升了 3.4 个百分点。② 由此可见，在全球经济持续下行的背景下，数字经济成为拉动全球经济增长、推动经济复苏的主要动力。在数字经济快速发展的同时，传统产业的数字化转型也在加速进行。蓬勃兴起的数字化产业和传统产业的数字化转型都对人才市场提出了新的期待和要求。传统的教育体系培养的人才无法满足数字经济发展的用人需求，复合型数字人才匮乏已成为制约经济数字化转型的关键短板。因此，产业数字化转型不断带来新的人才需求，进而推动根植于工业社会的教育体系的数字化转型。

（3）技术创新促进育人方式革新。计算机和互联网的出现极大地提升了人脑处理信息的容量与速度，改变了人类仅靠个体思维的认知方式，使得人的"内脑"与"外脑"联合行动，从而具备人机合一的思维特征，人机结合逐渐成为现代人认识世界的基本方式。③ 教育要使学生适应这种人机结合的认知方式，养成基于数字技术的学习习惯、学习风格、学习方式和工作方式。进一步来说，人与人的关系已经从物理空间拓展到了数字空间，未来的教育必须能够培养学生数字化的社会交往能力和基于数字空间的自我认知能力。数字技术的不断创新也为育人方式的改革提供了可能：搜索引擎支持学生轻易获得海量的资源和知识，将其从重复性的记忆、抄写等简单的认知活动中解放出来；由互联网构成的虚拟空间，可以为身处不同时空的学习者和教学者提供同步或异步交互支持；各类社交软件使得学生、教师、学校、企业、社会等教育活动中的利益相关者之间的联系更加便捷；大数据和区块链的发展也使得教育管理和评价能够更加精准、可信任；借

---

① 陈伟光，钟列炀. 全球数字经济治理：要素构成、机制分析与难点突破 [J]. 国际经济评论，2022（2）：60-87+6.
② 中国信息通信研究院. 全球数字经济白皮书——疫情冲击下的复苏新曙光 [EB/OL]. （2021-08-02）[2022-06-28]. http://www.caict.ac.cn/kxyj/qwfb/bps/202108/P020210913403798893557.pdf.
③ 余胜泉. "互联网+"时代的未来教育 [J]. 人民教育，2018（1）：34-39.

助人工智能技术开发的智能学伴、智能导师等为差异化教学和个性化学习提供有效支持。总之，数字技术的不断创新不仅影响人类的认知方式和人际关系，也会给教育机构的育人方式变革提供技术支持，必然会导致教育机构教与学方式的系统性革新，即发生教育数字化转型。

（二）教育数字化转型的内涵

教育数字化转型不只是数字技术应用于教育，更是技术与教育的深度融合，从而优化和转变教育机构的运营方式、战略方向和价值主张，进而形成与数字时代相适应的教育体系。[1]

教育数字化转型意味着机构的办学空间、运营方式、战略方向和价值主张从工业时代转向数字时代（如表1-1-2所示）。在此转型过程中，学生对学习、课程、专业、认证的掌控权将逐步增加，办学机构借助互联网对社会资源的调用能力逐步增强，教育系统将颠覆传统办学模式，创造新的价值。[2][3][4][5]

表 1-1-2　教育数字化的特征

项　目	工业时代	数字时代
办学空间	物理空间，如教室、校园	物理和网络融合的空间
机构运营方式	模块化、流程化	整合化、智能化
战略方向	专业性、大众化	开放性、可持续性
价值主张	规模化、标准化	个性化、多元化

---

[1] D. Christopher Brooks, Mark McCormack. Driving digital transformation in higher education [EB/OL]. (2020-06-15) [2022-06-28]. https: //library.educause.edu/resources/2020/6/driving-digital-transformation-in-higher-education.

[2] Faria J A, Nóvoa H. Digital Transformation at the University of Porto[C]// International Conference on Exploring Services Science, 2017.

[3] Sandhu G. The Role of Academic Libraries in the Digital Transformation of the Universities[C]// 2018 5th International Symposium on Emerging Trends and Technologies in Libraries and Information Services（ETTLIS），2018.

[4] Kaminskyi O Y, Yereshko Y O, Kyrychenko S O. Digital transformation of University Education in Ukraine: Trajectories of Development in the conditions of new technological and economic order[J]. Information Technologies and Learning Tools, 2018, 64（2）: 128-137.

[5] Zhao M, Liao H T, Sun S P. An Education Literature Review on Digitization, Digitalization, Datafication, and Digital Transformation[C]// 6th International Conference on Humanities and Social Science Research（ICHSSR 2020），2020.

第一章 引言

总体而言，教育数字化转型是一个系统性的发展过程。

（1）从系统论的角度来看，教育系统不仅包括教育机构内部要素，即院校、专业、课程与教学、教师、学生和教学质量保障体系等，各要素之间相互影响，还受到社会、政治、经济、技术等外部因素的影响。基于此，各大国际组织纷纷出台文件，从外部视角支持教育的数字化转型。已有文件主要从技术和社会两大视角出发，希望通过政策引领促进各国教育数字化转型。技术视角方面，美国高等教育信息协会发布的《2021 地平线报告（教学版）》指出了影响未来教育教学的 6 项关键技术和实践，即人工智能、混合课程模式、学习分析、微认证、开放教育资源和高质量在线学习。[1] 此外，移动学习、分析技术、混合现实、人工智能、区块链和虚拟助理等技术也被认为将促进未来学校教与学方式的创新。国际电信联盟、联合国教科文组织和联合国儿童基金会 2020 年联合发布《教育数字化转型：联通学校，赋能学生》，关注教育连通性问题，倡导加强国家基础设施建设，旨在为学校提供安全可靠的互联网接入。社会视角方面，国际大学联盟于 2020 年发布《数字世界中的高等教育转型：为全球公益服务》，呼吁为了全球共同的利益，对高等教育进行以人为本、符合伦理、具有包容性和成效性的数字化转型，考虑当地需求和全球发展，让学生为终身学习做好准备，加强世界各地的高等教育机构的知识交流，并支持弱势群体等。[2] 欧盟于 2021 年提出发展高质量数字教育生态系统以及促进与全球各地人才的联系并吸引人才。[3] 此外，联合国教科文组织也特别关注教育数字化转型，于 2020 年发布《新冠疫情下加速全球高等教育数字化转型的建议》，倡导建立高等教育多边合作机制，推动公共资源共享；[4]

---

[1] Kathe P, Malcolm B, Christopher D, et al. 2021 EDUCAUSE Horizon Report, Teaching and Learning Edition [EB/OL]. (2021-04-26) [2022-06-28]. https://library.educause.edu/resources/2021/4/2021-educause-horizon-report-teaching-and-learning-edition#materials.

[2] IAU. Transforming Higher Education in a Digital World for the Global Common Good [EB/OL]. (2020-09-01) [2022-06-28]. https://www.iau-aiu.net/IMG/pdf/draft_iau_policy_statement_september_2020_-_final.pdf.

[3] European Commission. 2030 Digital Compass: the European way for the Digital Decade. EU. [EB/OL]. (2021-03-09) [2022-06-28]. https://eufordigital.eu/wp-content/uploads/2021/03/2030-Digital-Compass-the-European-way-for-the-Digital-Decade.pdf.

[4] UNESCO. 新冠疫情下加速全球高等教育数字化转型的建议 [EB/OL]. (2021-06-07) [2022-06-28]. https://ichei.org/Uploads/Download/2021-06-07/60bd82b3370cc.pdf.

于 2021 年发布《教育技术创新战略（2022—2025）》，旨在加强对新兴和未来技术变革及其对教育影响的审视，支持成员国开发远程学习平台、学习工具、开放教育资源及其促进学习的有效方法，以实现人人享有公平和包容的优质教育和终身学习机会。①

从内部视角来看，教育的数字化转型涉及院校、专业、课程与教学、教师、学生和教学质量保障体系等要素，且各要素之间相互影响。其中，社会、政治、经济、技术等方面的变化直接影响学生的生涯规划、学习方式和认知方式，促使学生学习发生数字化转型。学生是教学的对象，为了支持其学习数字化转型，课程和教学需要发生相应变革，并对教师的教学能力提出新的要求。社会和经济发展对人才培养目标提出的新要求，需要专业规划与设置发生相应转变。院校作为教学的运营机构，需要从技术系统、人员能力、组织文化、管理体制、支持服务等方面进行转变以支持教育数字化转型。

（2）从阶段论的角度来看，教育数字化转型不是一个一蹴而就的过程，而是一个逐步发展的过程，其始于数字化转换（digitization），就是将物理空间的教学材料转变为信息空间的教学材料，教学材料的存储格式由物理或模拟格式（如课本等文本材料、录音磁带等）转换为数字格式（如电子书、多媒体学习资源等）。之后进入数字化升级（digitalization），利用信息技术来支持教育教学技术发挥辅助、协同和增效的作用（如利用学习管理系统（learning management systems）支持教学活动）。联合国教科文组织把信息技术应用于教育的过程分为 4 个阶段：起步、应用、融合、转型。② 在起步阶段，关注重点为基础设施建设和教师信息技术应用能力；在应用阶段，优质的数字教育资源和完善的学习管理系统必不可少；在融合阶段，利用信息技术促进教师教学能力发展和基于信息化环境的教学方法创新是其鲜明的特征；在转型阶段，重点关注充分融合新兴数字技术以助力教育生态重构。

---

① UNESCO. Strategy on Technological Innovation in Education（2022—2025）[EB/OL].（2019-11-25）[2022-06-28]. https：//unesdoc.unesco.org/ark：/48223/pf0000373602.locale=en.

② UNESCO. Building ecosystems for online and blended learning：advancing equity and excellence in higher education in the Asia-Pacific：policy brief（chi）[EB/OL].（2021）[2022-06-28]. https：//unesdoc.unesco.org/ark：/48223/pf0000375474_chi.

二、人才培养促变教师能力发展

教育数字化转型的最终目标是实现数字时代学生的学习与发展。工业时代规模化方式培养的专业型人才已经难以满足数字时代的需求，教育的目标逐步向培养复合型人才的方向转变。复合型人才应具备包括跨越学科的价值观、必备品格和关键能力等方面的综合素养。[①] 其中，数字素养不仅是综合素养的重要组成部分，也是数字时代学生发展的显著特征。学生数字素养不仅包括基本的数字技术知识与技能、信息与数据素养、数字安全和数字伦理素养等，也包括数字经济时代信息化的专业知识和职业能力，还包括在网络社会成长过程中"虚实分离的我"实现统一自我认同的意识和能力。同时，学生的学习方式和认知方式正在发生根本性转变，人类学习将迈向泛在学习新生态，"人机结合"将作为学生的基本认知方式，呈现出从个体认知向主辅式认知、分布式认知和具身认知的转变。学生发展目标、学习方式和认知方式的转变给基于固定空间和静态资源的传统教学带来了巨大挑战，并对教师教学能力提出了新的要求——持续发展数字化教学能力。

教师数字化教学能力的持续发展体现在 4 个方面和 3 个阶段，具体可见图 1-1-1。

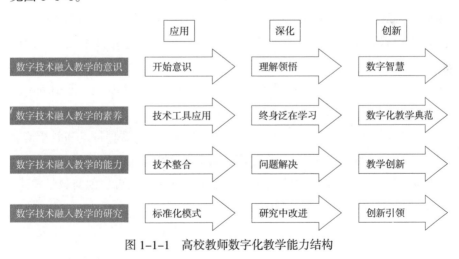

图 1-1-1 高校教师数字化教学能力结构

---

① 柴唤友，陈丽，郑勤华，等.学生综合评价研究新趋向：从综合素质、核心素养到综合素养[J].中国电化教育，2022（3）：36-43.

（1）数字技术融入教学的意识转变——从开始意识到数字智慧。同传统教学相比，数字时代教师要有意识地将数字技术融入教学，从而提高教学质量。在应用阶段，教师开始意识到数字技术在教学中的重要作用。在深化阶段，教师能够领悟和理解信息化教学的相关知识和方法，开始有创新教学的意识。在创新阶段，教师具有创新变革教育教学模式的思路和方法。这种思路和方法指向了数字时代人们应用技术的能力，以及借助技术实现超越自身天赋的能力，即数字智慧。

（2）数字技术融入教学的素养转变——从技术工具应用到数字化教学典范。教师所拥有的数字素养是向学生传授21世纪核心能力的先决条件，在此基础上还需要教师具备将数字技术融入教学的专业素养。[①] 在应用阶段，初步掌握常用数字技术工具的应用（如办公软件、网络教学平台、思维可视化工具、常用社交媒体软件等）。在深化阶段，教师基于智能终端，应用各种开放在线课程资源、社交媒体生成资源等开展专业学习，养成终身学习的习惯。在创新阶段，教师具备灵活应用各种数字化技术工具的能力，技术变得"不可见"，教师成为数字化工作与学习的典范。

（3）数字技术融入教学的能力转变——从技术整合到教学创新。在应用阶段，教师在数字化教学中能够掌握一种技术整合于课程的方式。在深化阶段，教师能够准确诊断教学中存在的问题，借助数字技术解决问题，据此持续改进教学。在创新阶段，教师在教学中能够灵活应用数字技术创新教学模式，培养学生高阶思维能力以及探究、合作和自主建构知识的能力。

（4）数字技术融入教学的研究转变——从标准化模式到创新引领。在应用阶段，教师能够在教学过程中基于标准化模式开展教学研究，据此诊断教学问题，改进教学。在深化阶段，教师能够根据课程特点和教学情况设计适合的教学实验方法，据此不断改进教学模式与方法。在创新阶段，教师能够通过研究探究教学规律，对教学进行深度反思，创新教学模式，并通过分享与交流引领其他教师共同发展。

---

① European Commission. Digital Education Action Plan：Resetting Education and Training for the Digital Age [EB/OL].（2020-09-30）[2022-06-28]. https：//eurlex.europa.eu/legal-content/EN/TXT/PDF/?uri=CELEX：52020SC0209.

三、教师能力发展呈现全新特点

教师教学能力发展是一个复杂的系统工程，涉及国家和地区的教育整体发展程度及教师教学能力发展的政策，社会对教师教学能力发展的认识与投入，学校的组织管理模式、对教师的定位，以及教师自身的能力基础与内在动机。数字时代教师教学能力发展在目标、主体、内容、方式、评价等方面体现出如下全新特点：

（1）目标差异化。教师教学能力发展的目标定位日趋分层化。教师教学能力发展涉及3个层次的目标：政府和社会层面，通过教师教学能力提升，达成国家和社会期望的人才培养目标；院校层面，通过教师教学能力的提升，实施高质量的教学；教师层面，通过持续提升自身教学能力，实现自身价值。因此不同国家和地区、不同类型的院校（研究型综合大学、教学型综合大学、应用型本科大学、职业院校等）教师数字化教学能力发展的目标均呈现出差异性。

（2）主体协作化。教师教学能力发展的行动主体包括社会组织、政府教育主管部门、教育机构、教师个人等。围绕教学能力发展这一目标，需要参与的各方主体紧密协作：包括基金会、学会以及私营机构等在内的社会组织提供资金、资源与平台等，学校进行数字化教学能力发展的组织机构设置、规章制度制定、资金与人力资源管理、能力提升项目开发等方面的工作，教师在各类主体的支持下通过学习、实践、交流与反思等实现教学能力的提升。

（3）内容标准化。教师教学能力发展的内容需要依照国家、地区、学校的教师教学能力标准框架确定。能力标准框架既是能力提升内容与资源开发的依据，又是教师教学能力诊断与认证的依据。院校可针对学科特点和教师实际需求，明确教师亟待提升的教学能力核心要素，提出以校为本、基于课堂、问题驱动、注重实效的教师教学能力提升方案。

（4）方式多样化。教师教学能力发展可采取咨询指导、课程讲座、工作坊、研讨会、支持服务（资源类、技术类）、教学奖励、教学评价和教学资助等多种方式。数字技术的发展也为教师教学能力发展带来了更多的契机，如基于网络学习平台的教师个性化学习与反思，基于在线交流工具的教师间相互学习与评价，易复制、可积累的教师教学能力发展的数字资源，基于教育数据挖掘的学校教师发展的科学管理与决策，基于网络学习共同体的教师与专家教研合作等。

（5）评价综合化。教师教学能力发展的评价需要通过机构外部、机构内部、同伴、自我等不同评价主体，针对反应评价、学习评价、行为评价、成果评价等不同的评价内容进行综合的效果分析。基于大数据的学习分析手段在教师教学能力发展的评价中具有重要的作用。

基于这些新要求和新特点，教师数字化教学能力的发展需要政府部门、社会组织、院校、教师自身等多方协同努力。首先，政府教育主管部门应出台相应政策指导与推动教师数字化教学能力提升行动，例如我国教育部在2016年发布的《教育信息化"十三五"规划》中提出，要建立健全教师数字技术应用能力标准，将数字化教学能力培养纳入师范生培养课程体系，列入高校和中小学办学水平评估、校长考评的指标体系。[①] 其次，基金会、学会、协会、私营机构等社会组织应当多方协同行动，开展教学能力认证，提供教师能力发展的各类资源，实施教师数字化教学能力发展项目等，例如开展基于微认证的教师创新认证系统[②]，颁发在线教学证书、建设跨国、跨地区、跨学校的教师交流平台，开展职前教师数字化教学能力提升项目和职后教师数字化教学能力提升项目。再次，院校应为提升教师数字化教学能力提供机构与政策的保障，例如通过设立教师发展中心或教学中心，推进网络研修、整合全校资源、促进区域间资源共享、形成开放式教师专业发展互动社区，以提高教师数字化教学能力。此外，学校应提供教师数字化教学能力提升的制度和机制保障，如建立教师专业发展制度、建立教师工作坊咨询制度、制定数字能力框架、发布数字技能证书管理与使用规范、出台激励政策等。[③] 最后，教师自身应进行自我赋能学习，可以通过基于开放教育资源自主学习、基于在线社区与学习共同体教学实践交流与反

---

① 新华社，教育部：数字化教学能力将纳入学校办学水平考评体系[EB/OL]．（2016-06-23）[2022-06-28]．http：//www.gov.cn/xinwen/2016/06/23/content_5084751.htm.

② Digital Promise. About Micro-Credentials [EB/OL]. 无日期 [2022-06-28]. https://digitalpromise.org/initiative/educator-micro-credentials.

③ European Commission. Digital Education Action Plan 2021—2027 [EB/OL]．（2020-10-26）[2022-6-28]. https://education.ec.europa.eu/sites/default/files/document-library-docs/deap-communication-sept2020_en.pdf.

思、基于自适应学习系统的教师教学能力个性化发展等方式，实现数字化教学能力的自主提升。

综上所述，数字技术不断创新并逐步融入经济社会各个方面，引发了教育人才培养理念、方式和治理体系的系统性变革——教育系统正在发生数字化转型。教育数字化转型的本质是人的转型，其最终目标是实现数字时代学生的学习与发展。而为了实现这一目标，必须持续提升教师的数字化教学能力。教师数字化教学能力体现在数字技术融入教学的意识、素养、能力和研究包括应用、深化、创新 3 个阶段。教师数字化教学能力发展是一个复杂的系统工程，呈现出目标差异化、多方协作化、内容标准化、方式多元化、评价综合化等特点，需要政府部门、社会组织、院校、教师自身等多方协同努力。

第二节　终身学习与教师能力发展

有高质量的教师队伍，才会有高质量的教育。教师作为一种专门职业，需要终身学习，这是确保教学能力发展的本能。社会变迁推动教育形态变革，产业转型催生人才需求变化，技术创新促进育人方式革新，高等教育正在面临数字化转型，这对从事高等教育教学的教师及其能力发展提出了更高要求。教师只有在终身学习的道路上不断前行，才能成为一名培育时代新人的合格教师。

一、终身学习的概念与内涵

20 世纪 20—40 年代英国"1919 年报告"促使终身教育理念兴起。"终身教育"的提出也被称为"可与哥白尼学说带来的革命相比，是教育史上最惊人的事件之一"[①]。通过联合国教科文组织的推行，终身教育理念在世界范围内迅速传播，成为一种教育发展和改革的思潮。20 世纪 90 年代，

---

① 厉以贤. 终身教育、终身学习是社会进步和教育发展的共同要求 [J]. 教育研究，1999（7）：31-36.

"终身学习"在国际上获得广泛认可,并逐渐取代"终身教育"这一术语①。

(一)终身学习的概念

学术界普遍认同 1994 年 11 月在意大利罗马召开的"首届世界终身学习大会"对于终身学习的定义,即:"终身学习是通过一个不断的支持过程来发挥人类的潜能,它激励并使人们有权利去获得他们终身所需要的全部知识、价值、技能与理解,并在任何任务、情况和环境中有信心、有创造性和愉快地应用它们。"这个定义强调了终身学习应能激发人的潜能,但这又必须要"通过一个不断的支持过程"。其次,这一定义还强调要"创造性"地"应用"学习成果。因此有学者认为,"与其说终身学习是一种教育概念,倒不如说它是一种社会行为或生活方式"②。

(二)终身学习的内涵

终身学习的内涵可以从以下几方面来理解③:

第一,学习的终身化。学习贯穿于人"从摇篮到坟墓"的整个生涯。学习伴随一生,具有全程性、终身性。人的一生有不同的发展阶段,每个阶段的教育和学习有不同主题,其内容和方法也有不同侧重,体现一种持续的学习观。

第二,学习的全民化。教育和学习不再是部分人的活动,而成为所有人的基本权利。让全体人民"学有所教"是终身学习的重要使命,承担这一使命就要大力促进教育公平,从这个意义上说终身学习也具有公共性。

第三,学习的多样化或全方位化。终身学习强调全方位的学习,强调非正规教育(如职业培训等)和非正式学习(自学、社区教育等),终身学习必须将三者有机结合起来。

(三)终身学习的素养

1996 年,联合国教科文组织在其发布的《学习:财富蕴藏其中》报告中提出终身学习四大支柱:学会认知(learning to know)、学会做事(learning to do)、学会共同生活(learning to live together)以及学会生存(learning to

---

① 何思颖,何光全.终身教育百年:从终身教育到终身学习[J].现代远程教育研究,2019(1):66–77+86.
② 吴遵民,谢海燕.当代终身学习概念的本质特征及其理论发展的国际动向[J].继续教育研究,2004(3):31–36.
③ 韩民.教育现代化与终身学习体系建设[J].教育与教学研究,2020,34(8):100–109.

be）。2003年，联合国教科文组织提出学会改变（learning to change）的主张，以促进个人、组织与社会顺应与引导变迁的能力，并将其视为"终身学习第五支柱"。

此外，经济合作与发展组织等机构都提出了对终身学习素养的认识，主要涉及7个维度[①]，如表1-2-1所示。

（1）自我评价、反思、规划和管理维度：包含元认知和自我评价能力、思维和反思能力以及规划与决策能力。终身学习要求个体持续开展自我评价和反思，明确优势和不足，作出规划和决策。

（2）学习准备维度：包含学习意愿和责任意识、主动行动能力、动机和持之以恒的能力，需要个体有责任意识、主观能动性和持续的学习动机和锲而不舍的学习精神。

（3）自主学习能力维度：指个体规划与组织自身学习方面的倾向与能力，包括制订自身学习计划、管理自身的学习过程、选择适合自身的学习方法/策略，在学习过程中有效寻求帮助和指导、评价自身学习效果等方面。

（4）信息素养维度：是指个体批判地将信息技术应用于工作、休闲、沟通、协作等。信息素养是数字时代终身学习的必然要求。

（5）社会素养维度：包含人际交往能力、团队合作能力、处理冲突能力、公民能力以及文化意识和表现。个体要能够与其他个人或群体有效沟通和互动，为自身营造良好的外在终身学习环境。

（6）个人特质维度：包含应变能力、创新能力和问题解决能力。外在社会的快速发展要求个体必须具备应变能力来应对不断变化的外界环境，能够以创造性的思维提升终身学习品质，取得个人成功并进而促进社会进步。

（7）基础素养维度：包含语言和沟通能力、数理及科技能力。个体在语言、文字、运算及科技等基础能力方面的准备是进行终身学习的基础。

---

① 马东明，郑勤华，陈丽. 国际"终身学习素养"研究综述[J]. 现代远距离教育，2012（1）：3-11.

表1-2-1　"终身学习素养"构成

序号	维度	能力项
1	自我评价、反思、规划和管理维度	元认知和自我评价能力
		思维和反思能力
		规划与决策能力
2	学习准备维度	学习意愿和责任意识
		主动行动能力
		动机和持之以恒的能力
3	自主学习能力维度	制订学习计划
		管理学习过程
		选择学习方法与策略
		寻求帮助和指导
		评价自身学习效果
4	信息素养维度	
5	社会素养维度	人际交往能力
		团队合作能力
		处理冲突能力
		公民能力
		文化意识和表现
6	个人特质维度	应变能力
		创新能力
		问题解决能力
7	基础素养维度	语言及沟通能力
		数理及科技能力

有学者指出，在数字时代，信息素养是终身学习的核心，是开展自主学习的基本条件，也是一个人学会学习的主要标识，信息素养已经成为继"读、写、算"之后的第四种基本能力，也就是说，信息素养是信息社会的基本学习能力，个体形成良好的信息素养，是适应信息社会的学习、工作和生活的必要基础[①]。一般来说，信息素养包括8项能力，如表1-2-2所示。

---

① 钟志贤. 面向终身学习：信息素养的内涵、演进与标准[J]. 中国远程教育，2013（8）：21-29+95.

表 1-2-2 信息素养的 8 项能力

序号	能力	表现
1	运用工具	能熟练使用各种信息工具,特别是计算机和网络交流工具
2	获取信息	能根据问题或目标需求,有效地收集各种相关信息,能熟练地使用阅读、访问、讨论、参观、实验、检索等获取信息的方法
3	处理信息	能对所收集的信息进行评价、筛选、归纳、分类、存储、鉴别、分析综合、抽象概括和表达等
4	生成信息	能全面准确地概述、综合、融合或整合、改造和表述所需要的信息,不仅简洁流畅,富有个性,而且能使信息增值,即产生新的观念或想法
5	创造信息	在综合多种信息的基础上,通过系列理性思维、批判性思维和创造性思维,形成问题求解或决策方案,或使之成为新信息的生长点,创造新信息,达到搜寻信息的终极目的
6	发挥效益	善于运用相关信息解决学习、生活、工作等方面的问题或决策,提升生存和发展的质量,让信息发挥最大的社会和经济效益,为个人、群体和社会服务
7	信息协作	学习即形成连接或创建网络,能通过信息的发散和汇聚,充分实现信息的分享、分布式认知和协作,构建学习共同体和个人学习环境,使信息或信息工具成为延伸自我的有效中介
8	信息免疫	能恪守正确的信息伦理,自控、自律和自我调节能力强,能自觉地抵御消极信息的侵蚀

针对数字时代教师所应具备的数字能力,欧洲教师数字化能力框架给出了 6 大领域 22 个项目能力的范例、活动和评价标准等。

二、教师在终身学习中进行能力发展

教师发展是一个不断持续的过程。教师能力发展最为根本的是教师专业发展。教师获得自身专业发展所需要的知识、学习技能和态度价值观念的转变,以及增强自身的教育实践能力,是一个持续学习、终身学习的过程[①]。

(一) 通过终身学习提升教育教学质量

《第十四个五年规划和 2035 远景目标纲要》在"建设高质量教育体系"中指出要"提高高等教育质量"。习近平总书记在 2021 年考察清华大学时强调,"党和国家事业发展对高等教育的需要,对科学知识和优秀人才的需要,比以往任何时候都更为迫切。""教师是教育工作的中坚力量,没有高水平的

---

① 张铁道. 关于体验式教师培训方法的个案研究——兼论促进成人学习的若干原则 [J]. 教育科学研究, 2001 (5): 20-24.

师资队伍，就很难培养出高水平的创新人才，也很难产生高水平的创新成果。大学教师对学生承担着传授知识、培养能力、塑造正确人生观的职责。教师要成为大先生，做学生为学、为事、为人的示范，促进学生成长为全面发展的人"。[1] 这就要求高等教育教师必须增强使命感和责任意识，通过终身学习提升自身的教育教学能力和水平，从而切实提升教育教学质量。

（二）通过终身学习培养学生成为终身学习者

在终身学习时代，高等教育势必要培养学生成为快速适应社会发展、具有自主意识和创新能力的终身学习者。而在当今知识快速更新的时代，教师要保持领先性，自身必须首先成为终身学习者，这也是培养学生成为终身学习者的前提。也可以说，教师只有具备终身学习与持续发展的意识和能力，才能成为学生眼中终身学习的榜样。有研究指出，教师要把终身学习纳入自身的职业生涯规划[2]，基于终身教育理念进行规划。当然，即便只成为一个普通的终身学习者，也都绝非一日之功可得[3]，因此若要成为一个引领学术前沿的高校教师，成为培养终身学习者的教师，教师更应设计、调整、开展好自身的终身学习。

（三）通过终身学习提升教学改革能力

高校教师的专业发展最终还是要落实到对教学实践活动的改进与发展上。有学者提出，教师可在教学目的、教学内容、教学组织形式、学生评价方式4个方面进行必要的教学改革。[4] 其中，教学目的为达到纵向整合和横向整合的目的，可以考虑表1-2-3所示的改革内容。

同时，有的学者也提出深化教育教学改革是提高人才培养能力的重要着力点之一。体现在以下方面：在教育目标上，要更加注重"导向"；在教学内容上，要更加注重"更新"；在教学方法上，要更加注重"互动"；在教学管理上，要更加体现"灵活"。[5]

---

[1] 新华网. 习近平在清华大学考察时强调 坚持中国特色世界一流大学建设目标方向 为服务国家富强民族复兴人民幸福贡献力量[DB/OL].（2021-04-19）[2022-06-28]. https://baijiahao.baidu.com/s?id=1697473380461511475&wfr=spider&for=pc.

[2] 梁景. 终身教育视角下高校教师的职业生涯规划[J]. 中国成人教育，2021（12）：61-65.

[3] 吴遵民，邓璐. 终身学习与高校教师的专业发展[J]. 大学教育科学，2007（5）：69-73.

[4] 同上.

[5] 杜玉波. 构建高质量高等教育体系[DB/OL].（2022-01-01）[2022-06-28]. http://www.moe.gov.cn/jyb_xwfb/s5148/202201/t20220110_593495.html.

第一章 引言

表 1-2-3 终身学习背景下的教学目的

纵 向 整 合	横 向 整 合
学生获得终身学习者的自我形象	学生认识到生活中的学习与正规学习的相关性
变化产生进一步积极学习的动机	学生能够在各种场合中学习
学生认为学习是一个持续不断的过程	学生认为其他学习者是有价值的知识源
学生在学习计划中获得经验	学生能够综合不同领域的材料去解决问题
学生评价自己的学习并确定下一步行动的必要步骤	学生能够运用比较广博的社会标准评价自己的进步

（四）通过终身学习提升信息技术能力

信息素养是终身学习能力的重要内容，我国近年出台的有关文件中也对教师的信息技术能力提出了相关要求。2018 年 4 月颁发的《教育信息化 2.0 行动计划》指出，教师信息技术应用能力基本具备但信息化教学创新能力尚显不足，信息技术与学科教学深度融合不够，高端研究和实践人才依然短缺，要从提升师生信息技术应用能力向全面提升其信息素养转变、从融合应用向创新发展转变。2019 年教育部发布的《中国教育现代化 2035》更是提出了建设高素质专业化创新型教师队伍，加快信息化时代教育变革的要求。因此，无论是教师自身专业能力发展，还是培养高素质学生所需创新的教学方式，都需要教师切实提升自身的信息技术能力。

三、对教师开展终身学习的建议

终身学习是当代教师自身发展、适应职业及社会发展的必然要求。高校教师可以通过以下方面来促进自身开展终身学习。

（一）充分发挥自主学习精神，通过多重体验开展终身学习

终身学习强调自主精神，需要教师对自己的学习负责。这就需要学习者具有内驱力，能够依据个人学习需求、能力与具体情况，做好个人学习计划的规划和安排。有专家针对在职成人能力发展需要提出了"五本学习"理念与策略，即"书本学习、事本学习、话本学习、文本学习和人本学习"[①]。其中，"书本学习"指基于文字符号的知识性学习，包括教科书、各种媒体的信息，其目的主要在于建构并不断充实我们的知识基础；"事

---

① 张铁道. 终身学习与"五本学习"[J]. 北京宣武红旗业余大学学报, 2022（1）: 1-2.

本学习"指在社会生活与日常生活中开展的实践性学习,具体表现为履行一定社会、家庭等方面的职责,完成特定任务过程中积累社会经验、获得实践能力的过程;"话本学习"指各类社会交往场合下,针对一定主题(或话题)开展的人际交流与同伴分享性质的学习,主要目的在于互为资源、相互学习、共创集体智慧;"文本学习"指将上述学习活动所获得的感性认识与个性化体验通过梳理加工、提炼升华,逐步转化为有主题、有逻辑、具有一定普适价值的理性认识与文字表达;而"人本学习"则是指人对于自身服务对象、对于合作者及其资源价值的认识过程和对于自身理念与行为不断完善的过程。互联网技术驱动的信息化社会变革的进程及日新月异的技术手段为实践"五本学习"提供了具有倍增效能的强有力支持。

(二)尊重成人学习规律

教师作为成人,其学习方式与儿童乃至青少年的课程学习有着显著的不同,需要注意以下方面。

1.学习要以解决问题为导向,体现学以致用

成人学习一般都具有明确的动机,期待所学内容及学习方式与其既有的知识基础和实践经验以及面临的问题和肩负的任务相关联。成人的学习是为直接应用知识而学[1],更加注重以解决问题为导向的学习,主要倾向于学习那些与其所扮演的社会角色相符合的"需要学习"的东西。这就要求成人的学习活动能够体现出强烈的针对性和实用性[2]。从教师专业发展来看,教师专业发展的主要动力来源之一就是教师在日常工作与生活中所遇到的各种问题或者说关键情境[3]。因此,带着问题、以解决问题为导向学是教师开展终身学习的落脚点。

2.学习要建立在实践经验基础上

成人学习既要充分利用自身经验,又要学习别人的实践经验。成人的社会生活经验为其学习提供了丰富的资源,他们的学习不宜以知识的传授为主要途径,而应更多地借助他们自身既有的经验来建构认知,并借此发

---

[1] 李亮,祝青江.基于成人学习特点的成人教育培训策略研究[J].高教学刊,2016(13):263-264.
[2] 王伟娜.经验分享式成人教学研究[D].曲阜:曲阜师范大学,2006.
[3] 叶澜.教师角色与教师发展新探[M].北京:教育科学出版社,2001:268-271.

展实践能力①。陶行知先生将人获得知识的过程比喻为嫁接树枝的过程："接知如接枝"。要使他人的知识成为自己的知识，"我们要以自己的经验做根，以这经验所发生的知识做枝，然后别人的知识方才可以接得上去，别人的知识方才成为我们知识的一个有机体部分"②。

3. 要和"志同道合者"一起学

成人学习的自主性往往让成人学习有强烈的"孤独感"，加上"工学矛盾"，往往难以有效持续，因此和"志同道合者"一起形成学习社区互相鼓励、互相学习、互相监督才能有效推进。因为成人学习的目的是解决现实问题，高校教师在教育教学实践中遇到的问题也渴望得到群体的关注和帮助，而"创新实践仅靠一个人的努力既不可能发生，更难以持续，只有拥有一支志同道合的队伍才有希望"③。在这个过程中，成人将自己的经验变成大家的公共经验，将大家的公共经验变成自己个体经验的"分享经验"方式，将促使成人学员个体之间经验的互补和增生④，也会极大增强成人学习的幸福感和价值感。

（三）注重教师专业学习与发展的原则

国际社会研究发现，促进教师专业学习与发展的价值在于提高学生有价值的学业成就水平。促进教师专业学习与发展有 10 条原则⑤，如表 1-2-4 所示。

表 1-2-4　促进教师专业学习与发展的 10 条原则

原则	主　题	说　明
原则一	聚焦有价值的学生学习成就	教师所从事的专业学习活动及其对于提高学生有价值的学习成就水平所具有的相关性，是我们判断其价值的一条重要标准
原则二	学习有价值的内容	教师专业学习的内容应当是那些被证明能有效提高学生成就的知识与技能
原则三	整合知识和技能	整合教师的基本教学知识和技能有助于促使他们开展深入的学习和有效的实践变革

---

① 张铁道. 教师研修 2.0：理念、路径与方法 [M]. 北京：教育科学出版社，2021.
② 陈佑清. 不同素质发展中的直接经验与间接经验的关系 [J]. 上海教育科研，2002（11）：26-29.
③ 张铁道. 教师研修 2.0：理念、路径与方法 [M]. 北京：教育科学出版社，2021.
④ 曲振国. 经验与对话：成人教育的教学策略 [J]. 中国成人教育，2006（9）：124-125.
⑤ 海伦·蒂姆勃雷. 促进教师专业学习与发展的十条原则 [J]. 教育研究，2009，30（8）：55-62.

续表

原则	主题	说明
原则四	对于教学专业研究的评估	只有了解学生需要知道什么和做什么，才能确定教师需要知道什么和做什么
原则五	提供学习与应用信息的多重机会	教师若想对自身教学进行有意义的变革，就需要借助各种学习机会获得新的信息，并理解其对改进实践的启示。因此，应为教师创设充满信任、富有挑战性的环境，以便他们去积极体验这些学习机会
原则六	注重过程的学习方法	改善教师的专业学习可以采取不同的方法，但关键在于学习所提供的新思想与现行实践之间是否具有一致性
原则七	创设机会参加大学专业社团研讨	聚焦于学生学习成就的大学专业社团交流有助于教师将新的知识融入现有实践
原则八	利用外部专业人员的知识资源	借助更新教师现行教育观念、提高学生学习成就水平所需要的新知识及新技能，仅靠特定教师群体参与学习还不够，还需要有外部专业人员的介入
原则九	实施积极主动的领导	领导者在激发、保持教师的学习兴趣，确保专业学习得以付诸实践方面需要发挥以下3种领导作用：提出新的发展愿景目标，引导学习进程，组织学习机会
原则十	保持持续性发展	为了保持学生的不断进步，需要教师具备扎实的教学理论知识、基于实证的探究技能，并能提供具有支持性的保障条件

上述10条原则不是独立运作的，应将它们整合起来形成评估学习和改进行动的循环迭代过程，如图1-2-1所示。判断教师行为改变及其成效的高低最终还是取决于对学生学习的影响。这里综合原则为原则一（聚焦有价值的学生学习成就）、原则二（学习有价值的内容）和原则三（整合知识和技能）。最为重要的原则是原则四和原则十（对于教学专业研究的评估和保持持续性发展）。其中特别强调要着重发展教师所需要的自主调节能力，以便判断自身教学对于促进学生有价值学习的影响。

综上所述，教师开展终身学习可以通过多种途径、多种方式进行，如：通过开展专业阅读、听取专题讲授等吸收知识，进行接受性学习；通过实地考察、与同伴交流、指导性实践的方式进行实践性学习；通过自主实践、借助网络优质资源、不断总结反思开展建构性学习（如图1-2-2所示）。只有不断地持续学习与实践才能实现能力发展。

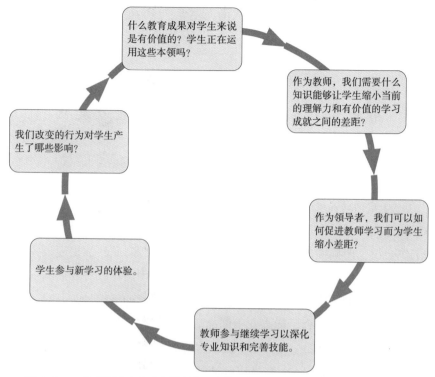

图1-2-1 教师探究与知识更新循环迭代以推动学生获得有价值的学习过程

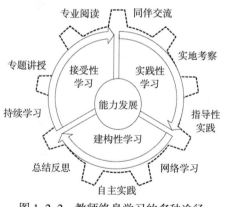

图1-2-2 教师终身学习的多种途径

总之,教师的素质决定了教育的质量,优秀的教师才能培养出优秀的人才。教师必须牢固树立终身学习的理念,加强学习,拓展视野,更新知识,不断提高业务能力和教育教学质量,努力成为业务精湛、学生喜爱的高素质教师,成为有理想信念、有道德情操、有扎实学识、有仁爱之心的"四有"

好老师,"做学生为学、为事、为人的大先生,成为被社会尊重的楷模,成为世人效法的榜样"①,为建设教育强国做出贡献。

第三节 高等教育改革与教师能力发展

一、高校教师教学能力发展的相关政策

(一)中国的高校教师教学能力发展的相关政策

2018年6月,中国教育部在四川成都召开新时代全国高等学校本科教育工作会议,明确提出"以本为本",推进"四个回归",加快建设一流本科教育,全面提高人才培养质量。这次会议是中国高等教育发展的一个里程碑,全面吹响了建设中国特色世界一流本科教育的集结号,开启了全面振兴本科教育的新征程,标志着中国高等教育的内涵发展方向由科研导向转向教学导向。在"四个回归"中提及,要引导教师热爱教学、倾心教学、研究教学,潜心教书育人。坚持以师德师风作为教师素质评价的第一标准,在教师专业技术职务晋升中实行本科教学工作考评一票否决制。

2018年9月—10月,教育部发布《关于深化本科教育教学改革全面提高人才培养质量的意见》(以下简称《意见》),出台22条举措,要求学生忙起来、教师强起来、管理严起来、效果实起来。《意见》要求全面推进新工科、新医科、新农科、新文科建设,提高高校服务经济社会发展能力,建设基础学科拔尖学生培养一流基地,也就是建金专、建金课、建高地。引导高校全面优化专业结构,深化专业综合改革,全面振兴本科教育,全面提高人才培养质量。

(二)美国的高校教师教学能力发展的相关政策

20世纪80年代,美国高等教育领域开始关注大学教学如何促进学生学习。1984年,美国教育科学研究所(the National Center for Education Research,NCER)发布著名报告《投入学习》(*Put Into Learning*),提倡全

---

① 人民网.当好学生成长的引路人 习近平对教师的嘱托与期望[EB/OL].(2022-03-19)[2022-06-28]. http://cpc.people.com.cn/xuexi/n1/2022/0319/c433640-32378935.html.

美高等院校努力探索具有表现力的教学改革措施，让学生不仅增长知识，还能在能力、技巧和态度上获得重要进步或改变。

1996 年的《什么最重要：为美国未来而教》(*What Matters Most：Teaching for America's Future*)中提出要为高校教师创建指导方案，在其教学技能的提高方面给予帮助和支持。

1998 年的《高等教育法》(*Higher Education Act*)强调：提高学生的学习成绩；改进教师质量；让高等教育机构在教师的培养中承担更大的责任，使学生牢固掌握任教学科知识；雇佣高质量的教师，包括从其他行业转职而来的教师，建立教师培养质量报告制度。

1998 年的《重构本科教育：美国研究型大学的蓝图》(*the Boyer Commission on Educating Undergraduate in the Research University，Reinventing Undergraduate Education：A Blueprint for American's Research Universities*)报告（又称为《博耶报告》）指出新世纪的本科教育要"培养学生所必需的口头和文字表达能力；培养艺术、人文科学、自然科学和社会科学的欣赏能力，并提供机会让学生在合适的深度和范围中体验这些学科；为学生毕业后做细致而又广泛的准备，不管他们将来是进入研究生院还是专业学院或是寻找第一份工作"。该报告提出了 10 项本科教育建议，其中对高校教师教学能力发展产生影响的有培养研究生做见习教师、改造专业培训等。

2005 年的《走进学习社区的教师入职指导》(*Teacher Induction of Approaching the Learning Community*)中提到美国将开展综合性的新教师入职教育，为 21 世纪的学习社区发挥基础性作用。

（三）英国的高校教师教学能力发展的相关政策

2015 年 11 月，英国政府发布高等教育绿皮书《实现我们的潜能：卓越教学、社会流动与学生选择》(*Fulfilling Our Potential：Teaching Excellence, Social Mobility and Student Choice*)，提出通过"卓越教学评估"的机制实现 3 个改革目标：建立竞争性的高等教育市场；为学生提供更多的择校空间；完善高等教育的管理架构。2016 年 5 月，英国政府在此基础上制定了名为《知识经济的成功：教学、社会流动与学生选择》(*Success as a Knowledge Economy：Teaching, Social Mobility and Student Choice*)的高等教育白皮书，强调了绿皮书提出的 3 个改革目标，重申实施卓越教学评估，以鉴别和激励优质大学教学，帮助学生更好地选择大学。之后卓越教学评估被写入《高等教育和科研法 2017》（Higher Education and Research Act 2017），评估工作由新成立的英格兰教育部下属"学生事务办公室（Office of Students）负责实施。

二、以师德师风建设为主线的高校教师能力提升

高校教师是推动国家高等教育事业科学发展、提升高等教育教学质量的关键因素，他们的思想政治素质和道德情操对学生的健康成长具有重要的示范引导作用。早在 2013 年印发的《中共中央组织部 中共中央宣传部 中共教育部党组关于加强和改进高校青年教师思想政治工作的若干意见》中就提到"当前高校青年教师主体积极健康向上，拥护党的领导，对坚持和发展中国特色社会主义充满信心，热爱教书育人事业，关心关爱学生，为高等教育事业发展做出重要贡献。同时也应看到，少数青年教师政治信仰迷茫、理想信念模糊、职业情感与职业道德淡化、服务意识不强，个别教师言行失范、不能为人师表；一些地方和高校对青年教师思想政治工作重视不够、工作方法不多、工作针对性和实效性不强。"[①] 之后教育部陆续发布了多项政策，进一步强调了高校教师思想政治素质建设的重要性。

2018 年，中共中央、国务院发布的《关于全面深化新时代教师队伍建设改革的意见》中也明确提出"着力提升思想政治素质，全面加强师德师风建设"，"配齐建强高等学校思想政治工作队伍和党务工作队伍，完善选拔、培养、激励机制，形成一支专职为主、专兼结合、数量充足、素质优良的工作力量"。2020 年，作为贯彻落实《关于全面深化新时代教师队伍建设改革的意见》的配套政策，《教育部等六部门关于加强新时代高校教师队伍建设改革的指导意见》印发，重点部署了 4 个方面建设举措，其中第一条即强调把高校教师思想政治素质和师德师风建设作为首要任务，提出：强化高校教师"四史"教育，明确制度化要求，在一定周期内做到全员全覆盖；将各类师德规范纳入新教师岗前培训和在职教师全员培训必修内容，达到一定的学时、考核合格方可取得高校教师资格并且上岗任教；将师德师风

---

① 中华人民共和国中共中央组织部 中共中央宣传部 中共教育部党组关于加强和改进高校青年教师思想政治工作的若干意见 [EB/OL].（2013-05-17）[2022-06-28]. http://www.moe.gov.cn/srcsite/A12/s7060/201305/t20130517_152333.html.

作为教师招聘引进、职称评审、岗位聘用、导师遴选、评优奖励、聘期考核、项目申报等的首要要求和第一标准。

三、提高教师专业能力，着力构建高素质创新型教师队伍

梳理分析近年来涉及普通高校教师能力的政策文本发现，在高度重视高校教师思想政治素质和师德师风建设的总体要求下，政策关注的普通高校教师群体主要是新入职的青年教师、高校辅导员等，在能力发展方面主要关注教师学术发展能力、智能教育素养、信息素养、课程思政建设能力等。

在为高校教师能力发展提供支持方面，主要关注教师发展制度的构建及完善，以及通过发展教师共同体、组织研修等加快完善教师发展支持服务体系。如2020年印发的《教育部等六部门关于加强新时代高校教师队伍建设改革的指导意见》中提到，完善教师发展培训制度、保障制度、激励制度和督导制度，营造有利于教师可持续发展的良性环境。积极应对新科技对人才培养的挑战，提升教师运用信息技术改进教学的能力。

第四节 人工智能与教师能力发展

人工智能是数字化时代的标志性技术，近年来已融入各行各业，深度改变了人类活动的方式和方法。人工智能的重要作用体现在将人类从重复、机械的事务性任务中解放出来，使其投入到更有创造力的工作中。然而人工智能与教育的融合尚停留在将其作为辅助工具应用到常规教育活动阶段，今后的教师能力发展目标是通过智能化技术和工具全面、均衡地发展教师能力，提升研修成果，实现对教师实践和发展过程的精准评价和全面支持。随着《新一代人工智能发展规划》和《中国教育现代化2035》等国家政策对人工智能发展的支持，教师接触到的人工智能产品和技术不断丰富，促进教师发展的人工智能产品已有学习工具、干预技术和社区构建等类型的辅助工具。为促进教师实现系统性、智能化的终身学习和职业发展，需要以教师发展的模式和特征为依据，整合现有人工智能工具。本节旨在介绍

促进学习的人工智能系统及人工智能在教师发展中的应用等研究进展，为应用人工智能促进教师发展提供参考。

信息时代的教师具备终身学习者的身份特征。基于该前提，教师的发展路径有外生和内控两种模式，二者均需相应的信息技术辅助。人工智能系统促进教师学习的研究当前以碎片化的人工智能技术工具的实践研究为主。余胜泉指出，教师应用人工智能具有4个阶段的特征，分别是：初步接触，将其作为处理重复性工作的工具阶段；逐渐熟练，将其作为提高生产力的工具以提升常规事务处理效率的阶段；分工协作，将部分工作委托给人工智能，教师专注教学创新阶段；协同互信，与人工智能成为社会化合作伙伴，人工智能和教师的社会性不断增强阶段。[①] 由此可见，应用人工智能促进教师发展，需要研究人工智能促进学习的机制和应用人工智能促进教师职业发展的模式。

一、促进学习的人工智能系统

促进学习的人工智能系统是为学习者提供个性化学习服务，适应学习者的学习过程，帮助学习者制定和调整学习策略的智能技术系统。近年来有多位研究者提出过这种智能技术系统的概念模型，如：万力勇提出了适应性E-Learning系统的概念模型，其中包含个性化学习服务、适应学习过程的系统构建概念。[②] 姜强、赵蔚在自适应系统研究中提出了构建适应学生个性化学习需求、动态调整学生学习方案的系统设计思想。[③] 对适应性学习系统的研究是促进学习的人工智能系统的基础。王萍等指出，在教学应用中构建人工智能系统要依据场景辨识不同的学习需求，以便提供不同的技术，探讨技术层面设计促进学习的人工智能系统所需的框架、功能模块、设计流程。[④] 为进一步分析教育人工智能构建过程中对应的服务群体及需要的技术，有研究提出了三层通用教育人工智能实

---

① 余胜泉. 教师与人工智能的协作 [J]. 中国教师，2021（11）：37-39.
② 万力勇. 适应性E-Learning系统：现状与趋势 [J]. 现代教育技术，2011，21（9）：94-97.
③ 姜强，赵蔚. 自适应学习系统述评及其优化机制研究 [J]. 现代远距离教育，2011（6）：57-63.
④ 王萍，王陈欣，朱璇. 基于自动化方法的教育人工智能系统设计与应用 [J]. 中国电化教育，2020（6）：7-15.

现技术框架，包括"数据层""算法层"和"服务层"，在每一层面为使用技术的不同角色设计相应的功能，如：对应学习者的功能主要涉及分析学习者特征、追踪学习过程、增强学习反馈、动态评价学习等。[1] 牟智佳提出了个性化学习特征的构成，指出人工智能系统的设计和构建应首先分析学习者的心智特征，并以此为依据构建学习内容、学习活动、学习路径和学习评价功能模块，帮助和促进学习者达成学习目标。[2] 在具体教学实践中，王磊和张莹探讨了人工智能与教学融合的方法、流程和部分结果[3]。虽然当前教育人工智能系统研究者意识到要实现人工智能有效促进教学，需要根据学习者群体特性，细分并设计人工智能系统[4]，然而针对特定学习群体的人工智能教学系统的设计较为缺乏，不同类型的学习者具有的特征及对应的人工智能系统设计仍然有待进一步研究。教师具有较强的自学能力，设计促进教师发展的人工智能系统，应建立在当前人工智能教学系统通用设计模型的基础上，加入适应教师学习者群体特征的功能和模块。

二、人工智能在教师发展中的应用

利用人工智能促进教师教学能力提升体现在教师教育课程资源建设、教师知识结构重构、教师发展方式变革等环节。教育部在《关于实施卓越教师培养计划 2.0 的意见》中提出"推动人工智能、智慧学习环境等新技术与教师教育课程全方位融合，充分利用虚拟现实、增强现实和混合现实等，建设开发一批交互性、情境化的教师教育课程资源"。基于人工智能技术、情境感知技术、认知技术、跨媒体技术、增强和虚拟现实技术的"智能＋智慧"学习环境，能有效提升教师的知识结构和能力素养。[5] 此外，在教师

---

[1] 吴永和，刘博文，马晓玲. 构筑"人工智能＋教育"的生态系统 [J]. 远程教育杂志，2017，35（5）：27-39.

[2] 牟智佳. "人工智能＋"时代的个性化学习理论重思与开解 [J]. 远程教育杂志，2017，35（3）：22-30.

[3] 王磊，张莹. "AI 教学课"：人工智能与在线教学的融合探索 [J]. 现代教育技术，2020，30（3）：125.

[4] 刘邦奇，王亚飞. 智能教育：体系框架、核心技术平台构建与实施策略 [J]. 中国电化教育，2019（10）：23-31.

[5] 邓国民，李云春，朱永海. "人工智能＋教育"驱动下的教师知识结构重构——论融入伦理的 AIPCEK 框架及其发展模式 [J]. 远程教育杂志，2021，39（1）：63-73.

培训过程中，进行培训资源的按需推送、学习伙伴的智能推荐，对教师参与培训的学习过程进行全视角、全过程的数据记录，对基于过程和结果数据的多元分析进行管理和评价，也使培训方式发生了巨大变化。

朱旭东在调研的基础上，从一线教师的描述中提取出 11 种发生在中国学校的教师学习模式，其中包括基于教师培训的教师学习模式、基于大学初中小学合作的教师学习模式等。① 他通过对常见的教师学习模式进行梳理，将促进教师教学能力提升的人工智能应用场域分为院校组织层面和教师个人层面。易洋等主张院校层面侧重于智能校园建设，以大数据教育生态系统与教育数据信息库建设为主要切入点，做好校园智能网络、智能教室、智能实验室的顶层推进，系统地支持教师教育教学创新。② 邓磊等建议教师向人工智能产品研发人员及时反馈需求和建议，帮助其完善与发展相关智能技术。③ 个人层面人工智能为教师提供海量教学资源，优化教师学习方式。与学生一样，教师获取教学资源的来源与途径也不再局限于校本培训，而是通过 Siri、Cortana、Alexa 等人工智能技术产品寻找相应的资源。有研究发现，教师专业发展项目越来越多地采用大规模在线开放课程（MOOCs）作为在线教学的模式。④ 此外，诸如基于数据的教研、远程协作教研等以"互联网＋"为特色的教师研修案例也受益于人工智能的支撑，具体的教研工具有宣传发布类、检索制作类、互动直播类、知识管理类等。⑤

综上所述，当前研究分析了教育人工智能系统的通用架构，提出了架构中对应的功能模块和技术实现路径，并指出应在分析不同特征群体需求的基础上，设计和实现教育人工智能系统。虽然有研究分析了个性化学习者的学习特征，并设计了对应的智能系统，但对教师学习群体，分析并实现促进其发展的对应人工智能系统的研究较少。教师发展有外控

---

① 朱旭东．教师学习模式研究：中国的经验 [M]．北京：北京师范大学出版社，2017．

② 易洋，江爱华，郭娟．高校教师智能教学力研究：概念演进、影响因素和发展路径 [J]．教育探索，2020（11）：76–78．

③ 邓磊，钟颖．智能化时代教师教育生态的反思与重构 [J]．教师教育学报，2020，7（5）：1–10．

④ Marcos-Garcia J A, Martinez-Mones A, Dimitriadis Y . DESPRO: A method based on roles to provide collaboration analysis support adapted to the participants in CSCL situations[J]. Computers & Education, 2015, 82: 335–353.

⑤ 胡小勇，冯智慧．在线教研实用指南 [M]．海口：南方出版社，2020．

和内生两种模式，每种模式都有对应的技术手段和智能工具，当前研究仍聚焦在碎片化的智能工具研发中，尚未研发出促进教师发展全过程的智能系统。

第五节　手册编制说明

一、手册编制的背景

"教师是教育复苏的核心"是 2021 年世界教师日的主题。这一主题将教师在教育中的重要性提升到了一个新的高度。在新冠肺炎疫情大暴发之后，教育领域多次呼吁重塑教育复苏中的教师形象，正如联合国教科文组织最近委托的报告中所强调的那样——共同重塑我们的未来：一种新的教育社会契约。

在新冠肺炎疫情大流行期间及以后，全球的教师如何才能适应新的教育环境？在数字化转型时期，他们是否在教育、心理和技能上拥有足够的智慧和创新能力？由联合国教科文组织、联合国儿童基金会、世界银行和经济合作发展组织进行的 2021 年全球调查提供了全球教师数字化能力的总体情况。根据这项调查，截至 2020 年，40% 的国家只有约 3/4 的教师接受了远程教育教学法和有效应用技术方面的培训。因为远程和混合学习已经发展了 20 多年，因此情况不容乐观。事实上，这些统计数据的一个更加重要的意义是：让我们知道在培训和再培训教师的探索中还有很长的路要走，才能为数字化转型做好相关的教学准备。在任何时候强调教师持续专业发展的重要性都不过分，更不用说在这个教育史上前所未有的变革时期，在线学习正迅速成为高等教育的一个组成部分。越来越多的新技术几乎每天都在出现，教师们迫切需要更新他们的知识、教学法和教育学，以便更好地利用技术的进步。

二、手册编制的目的和内容范围

借助于联合国教科文组织高等教育创新中心和世界各地专家的集体智慧，本手册及时收集了高等教育教师专业发展中的相关数据资源。它的主题与《教育2030年行动框架》制定的教育愿景一致。也就是说，我们应该确保"教师和教育者在资源充足、有效管理的系统中，获得授权、充分招募、充分训练有素、专业资格、激励和支持"。

  本手册借鉴了关于教师专业发展的相关理论和方法，以及在高等教育中创新和鼓舞人心的教师专业发展实践。它为开发新入职教师和在职教师敏捷、灵活和可持续的教师专业发展模型和评估框架提供了借鉴。它可以作为教师的个人行动参考，进一步促进他们机构的发展，以应对新的挑战并感知这前所未有的变化时期给我们带来的新机会。这些、模型和评估框架也可以为启动新的教师专业发展项目和在高等教育机构层面上升级现有的教师专业发展项目提供参考信息。

  本手册分为五章。其中，第一章介绍了写作背景。第二章首先定义了与教师专业发展相关的关键概念，如教师专业发展的定义、教师的能力和数字化能力；为了给手册的后半部分奠定坚实的基础，进一步批判性地研究了在高等教育中指导教师专业发展的流行理论、方法和教师的能力框架；最后系统地回顾了在高等教育中实施教师专业发展实践中所采用的政策、策略、内容和模式。第三章制定了一个评估教师数字化教学能力的评估框架，并介绍了机构、各级部门和教师使用该框架的方法。第四章一方面全面介绍了迄今为止在国际层面、国家层面、社会层面、机构层面的教师发展干预措施和教师自主指导的专业发展方面所取得的成就，另一方面对教师教学能力中的教学设计、混合教学、思维导图工具运用等的具体能力提升进行介绍。第五章介绍了国家层面、学校层面、个人层面的教师专业发展优秀实践案例。

第二章　概念界定及理论基础

第一节　教学能力：大学教师教学发展的核心

大学教师专业化发展（Faculty development）的核心在于大学教师的教学能力提升，教学发展成为大学教师专业化发展的重点方向。目前，世界各国、各地区通过建设组织机构规范化的大学教学发展中心等措施促进大学教师的教学能力发展，提高大学教师的专业化程度。

一、大学教师发展：教师专业化

在高等教育普及化、大众化的阶段，大学教师发展或大学教师专业发展（faculty's professional development）受到广泛的重视。中国台湾学者陈奎喜认为，所谓"专业"，应具备7类要素：①一个独特且重要的社会服务行业；②进行服务时能应用一定的知识；③受过长期的专门训练；④具有相当大的自主权；⑤强调行业服务的非经济效益；⑥具备专业组织及专业伦理规范；⑦不断在职进修与训练。[①] 结合大学教师职业所具有的科研、教学与社会服务等功能，大学教师专业发展是指高校教师从事教学、研究及服务工作时，经过独立自主、相互协作的活动，引导自我反省与理解，最终提高教学、研究及服务等专业技能。[②] 大学教师发展的主要目的在于促进个人自我实现，提升学校学术文化，达成学校教育目标，从而提升整体教育

---

① 陈奎喜. 现代教育社会学 [M]. 台北：台湾师大书苑，1998.
② 林杰. 大学教师专业发展的内涵与策略 [J]. 大学教育科学，2006（1）：56–58+74.

质量。① 在大学教师发展的研究领域，教学能力不仅是一个大学教师个性化的基本素质，也是一所大学获得持续竞争优势的基础。② 因此，对于大学教师的专业化发展而言，其教学能力提升是确保科学研究的最新成果源源不断进入大学课程、确保教育质量持续改进的前提条件。

二、大学教师发展的转向：教学发展

大学教师发展的重心主要落在两个方面：学术发展和教学技能发展。重视学术能力的大学教师专业发展观一直占据统治地位，在科研压力之下教授无心教学，本科生教学质量低下而引发公众不满。20世纪60年代，美国开始了教学能力为导向的大学教师发展运动，直接推动大学教师发展从重学术能力向重教学能力转变，教学发展成为了大学教师发展的核心主题。

根据美国教育联合会（NEA，1991）的定义，③ 大学教师的教学发展是指教师对学习材料的准备、教学模式与课程计划的更新，表现为教师教学知识和教学能力的持续更新与提升，其核心是教学能力的发展。

1990年博耶提出的"教学学术"进一步拓展了大学教师教学发展的内涵。大学教师的教学发展不仅仅是单纯地提高教师的教学技能或教学能力，而是转向"作为学术的教学"，即把教学作为大学最重要的学术，激发大学教师像探究其他学术一样探究教学的热情，培养大学教师成为研究教学的专家学者。

因此，当前大学教师教学发展包括两方面的内涵：一是教师教学能力的提升，提高教学的科学性和艺术性；二是倡导教师开展教学研究，提高教学的有效性和学术性。教学发展的目的是改进本科和研究生教育的质量，它是谨慎地甄别成功的教学经验和形成教学观念、教学信仰的过程，并在这些观念的指导下，应用各种教学技术、手段和工具于有效的教学实践之中。

---

① 王建华. 大学教师发展——"教学学术"的维度 [J]. 现代大学教育，2007（2）：1-5+110.
② 周光礼，马海泉. 教学学术能力：大学教师发展与评价的新框架 [J]. 教育研究，2013，34（8）：37-47.
③ 林杰. 美国大学教师发展运动的历程、理论与组织 [J]. 比较教育研究，2006（12）：30-34+50.

三、大学教学发展中心：组织机构的规范化

从"学术能力"转向"教学能力"，这一发展转向推动了世界高等教育改革的步伐，直接表现为大学教学发展中心的普及性建设，促使大学教师教学发展逐步走向规范和成熟。1962年密歇根大学创建世界首个专门的教师教学发展中心——"学习与教学研究中心"（Center for Research on Learning and Teaching，CRLT）；20世纪80年代，教师教学发展中心在美国各大高校迅速发展，并在90年代基本得到了普及；①欧洲《趋势2018》调查显示，欧盟65%的大学设立了专门的学习与教学中心；②2012年，中国建设30个"国家级教师教学发展示范中心"，将大学教师教学发展提升到国家政策层面。

大学教学发展中心是大学设立的帮助教师提高教学水平的专业机构，是关于学校教师教学发展的研究、规划、评价与保障机构。其职能配置和运行机制均有别于传统的行政管理部门，其主要职责是通过培训和支持大学中给学生教学的教师来保持和促进大学的高质量教育活动，为大学教师提供专业化的教学、评估、反馈以及课程设计。③

大学教学发展中心的命名多样，有的叫作Center for Teaching & Learning（CTL）或Center for Teaching Excellence（CTE），也有的叫作Faculty Development Center（FDC）等。前两者聚焦于教师教学能力的提升，如密歇根大学的Center for Research on Learning and Teaching、麻省理工学院的Teaching and Learning Laboratory、哥伦比亚大学的Center for Teaching and Learning等；中国使用教师教学发展中心（CTL）这一名称的最多（沿用教育部相关文件中的名称），有的学校称作"教学促进与教师发展中心"，除凸显教学促进之外，也兼顾教师职业生涯的全面发展。

虽然不同国家、地区对教师教学发展的定位不同，侧重点也有所差异，但相同的是大学教师的教学能力已成为高校教师发展中心的工作重心，也成为每一位大学教师终身学习的必修课。

---

① 林杰. 美国大学教师发展的组织化历程及机构[J]. 清华大学教育研究，2010，31（2）：49-56.

② 刘海燕. 欧洲高等教育政策视域下"以学生为中心学习"改革新动向[J]. 比较教育研究，2021，43（7）：65-73.

③ 邓嵘. 世界一流大学教师发展中心的运作模式及启示：以帝国理工学院为例[J]. 黑龙江高教研究，2019（9）：56-61.

第二节 信息时代教师教学能力的界定

一、教学能力

一般认为,教学能力(teaching ability)是指教师完成教学活动所需要的能力,是教师达到教学目标、取得教学成效所具有的潜在的可能性,它反映出教师个体顺利完成教学任务的直接有效的心理特征,是在具体学科教学活动中所表现出来的一种特殊专业能力。[1]

心理学视域下的教学能力是指教师为达到教学目标、顺利从事教学活动所表现出的一种心理特征,由一般能力和特殊能力组成。一般能力指教学活动所表现的认知能力,特殊能力指教师从事具体教学活动的专门能力。[2]

教育学视角下的教学能力被定义为:教育教学活动中的教师教学行为在技能层面的组合反映,强调不同教学环节中不同教学技能的有效发挥,[3]如教学设计、教学组织与实施、教学反思与评价等。Streifer 认为教学能力包括制订教学计划的能力、教学技能、评估学生的能力、专业知识、专业职责。[4]

社会学视角的教学能力内涵强调师生之间的交互关系及其形成的社会氛围,认为教学能力是"教师唤起学生兴趣、刺激其卷入学习和配合教学的能力"[5],强调教师对学生自我的唤醒、兴趣的激发以及自主学习能力的提高。

此外,教学能力还被一些国际组织从绩效标准的角度界定为教学胜任力(teaching competency)。如国际培训、绩效与教学标准委员会(the International Board of Standards for Training, Performance and Instruction,

---

[1] 周萍,纪志成.青年教师教学能力调查分析[J].中国大学教学,2011(2):81-83.
[2] 顾明远.教育大辞典[M].上海:上海教育出版社,1986.
[3] 周琬謦.应用型大学教师教学能力评价体系研究[D].厦门:厦门大学,2017.
[4] Streifer P A, Iwanicki E F. The validation of beginning teacher competencies in connecticut[J]. Sournal of Personnel Evaluation in Education, 1987, 1(1):33–55.
[5] 王少良.高校教师教学能力的多维结构[J].沈阳师范大学学报(社会科学版),2010(1):110–113.

IBSTPI）认为，胜任力包含一系列相关知识、技能和态度，能够确保一个人有效地开展职业活动以满足或超越工作场景所期望的需求和绩效标准。[①] 与能力（ability）、技能（skills）等概念相比，胜任力的界定更能够反映教学能力随着社会情景的变化而动态发展的特征；同时，胜任力还强调"真实情境中的问题解决"和"付诸行动的实践"[②]，教学胜任力意味着支持"有效的"和"成功的"教学，更强调对高质量教学结果的追求。

二、信息化教学能力

信息时代教学环境的变化促使教学理念、过程与方式均发生巨大的变化，信息化教学必将赋予教师教学能力新的内涵。[③] 从世界范围内的教育信息化进程来看，从开放教育资源共享、大学 MOOCs 到混合教学在高等教育领域逐渐普及，高等教育的信息化教学变革已经具备了充分的条件，大学教师的教学能力必然全面转向为信息化教学能力，在信息技术支撑的全新学习环境下实现教学方法与范式的实践创新。[④]

信息化教学能力的概念界定可通过三种视角来探讨：

一是增加拓展视角，即从信息技术对教学环境的改变的角度对原有教师教学能力的内涵进行扩展。[⑤] 教学能力除了一般意义上的认识之外，信息时代又增加了信息化教学能力，如基本信息能力、信息化教学设计、信息化教学实施、信息化理念/伦理等。[⑥]

二是整合视角，不将信息技术的应用作为一个单独要素拿出来分析，而是对信息技术与教学过程各要素之间的关系和相互作用加以综合考

---

① Richey R C, Fields D C, Foxon M. Instructional design competencies: The standards（3th rd）. [M/OL]（2001-03-00）[2022-12-14] https: //files. eric. ed. gov/fulltext/ED453803. pdf.

② Kiffer S, Tchibozo G. Developing the Teaching Competences of Novice Faculty Members: a review of international literature[J]. Policy Futures in Education, 2013, 11（3）: 277-289.

③ 刘喆, 尹睿. 教师信息化教学能力的内涵与提升路径 [J]. 中国教育学刊, 2014（10）: 31-36.

④ 郑旭东, 魏志慧. 高等教育信息化及其发展趋势——访美国高等教育信息化协会主席戴安娜·亚伯林格博士 [J]. 开放教育研究, 2014, 20（6）: 4-9.

⑤ 韩锡斌, 葛文双. 中国高校教师信息化教学能力调查研究 [J]. 中国高教研究, 2018（7）: 53-59.

⑥ 顾小清, 祝智庭, 庞艳霞. 教师的信息化专业发展：现状与问题 [J]. 电化教育研究, 2004（1）: 12-18.

察，这样一般意义上的教学能力整体嬗变为信息化教学能力。此种视角以TPACK理论为代表。

三是素养视角，即从教师信息素养培养的角度来分析其对教学行为的作用和影响，注重教师理解和驾驭信息、利用信息技术开展高效学习、展现数字化公民道德意识与责任等问题。此种视角以联合国教科文组织2012年发布的"教育信息与通信技术能力框架"为代表。

当前，整合观点得到了越来越多的认同。因为教学是一个系统过程，信息技术的作用不能单独发挥，必然是和教学过程的若干要素整合在一起，助力教学的各个环节和相应教学活动才能更有效。因此，信息化教学能力实质上是教师在真实的教学情境中，运用信息技术将学科知识"转化"成学生可以有效获得的一种知能结构体，其目的在于实现技术促进型学习。教师不仅应具备媒介与信息素养，还必须具备根据具体而真实的教学情境所生发的"信息技术—教学法—教学内容"三者融通转化的能力。有的研究者认为，教学设计能力、实施能力与评价能力是最为关键的三大内核。[1]

当前信息通信技术的发展使教学环境发生巨大变化，教师的教学能力也因为新的在线和分布式学习情境而发展出新的内涵。Queiroz列出了信息时代教师所必备的新能力[2]：使用技术；基于系统平台设计和实施课程；主持、组织和整理异步讨论；建立教学基本规则；指导和激活同步讨论；课程中整合不同教与学的风格；与学生进行积极交互和持续反馈；引导学生适应不同的文化差异。因此，信息时代教师的教学能力的促进与发展，需充分考虑信息技术的普遍应用以及由此带来的对教师职责和能力的新要求，信息化教学能力的提升应成为现阶段大学教师专业发展的重要内容之一。

三、信息化教学能力的相关概念辨析

信息化教学能力与信息技术能力、信息素养、教育技术能力、信息技术应用能力等概念之间具有相似性、交叉性，但在本质上存在着差异。

---

[1] 刘喆，尹睿. 教师信息化教学能力的内涵与提升路径[J]. 中国教育学刊，2014（10）：31–36.

[2] Queiroz V, Mustaro P N. Roles and competencies of online teachers[J]. The Internet TESL Journal, 2003, 9 (7).

信息技术能力是指获取、存储、分析、加工、变换、传输与评价信息的能力，该能力侧重信息的分析与处理，关注的是一种工具或技术的使用，从而使周围的行为方式或环境发生改变。

在某些特定情境下，教师信息技术能力与教师信息素养的概念十分相近。教师信息素养就是教师按照教育教学环境的要求，熟练地使用现代多媒体信息技术，对信息资源进行检索、获取、分析和使用，并利用信息技术解决教育教学和科研问题的意识、知识和能力[1]，包括信息意识、信息知识、信息能力、信息与课程整合能力、信息道德、信息安全等[2]。

教育技术能力是指对有合适技术支持的教学过程与教学资源进行设计、开发、利用、管理与评价的能力。合适的技术支持既包括现代技术与传统技术，也包括信息技术。相较而言，信息化教学能力更为强调利用现代信息技术优化教学与促进学习的综合能力，突出信息技术与学科教学的深度融合。因此，信息化教学能力是教育技术能力的核心，而教育技术能力的内涵更为宽广，不仅包括信息化教学能力，也包括教师利用技术进行终身学习以实现专业发展与个人发展的意识与态度，以及利用技术实现教学资源与过程的有效管理以及支持自身科研工作与专业发展等能力。

教师信息技术应用能力是与信息化教学能力较为相近的概念。部分研究者将这两者等同，但事实上两者之间也存在一定的区别。[3] 教师信息技术应用能力是指教师运用信息技术改进其工作效能、促进学生学习成效与能力发展，以及支持自身持续发展的能力。[4] 相比而言，信息化教学能力更聚焦于课堂教学，而信息技术应用能力还关注技术支持的管理与教师专业发展，涉及范围更为广泛。从这个意义上说，信息技术应用能力与教育技术能力较为相近。

---

[1] 雷丹.生态学视域下大学英语教师信息素养的发展途径研究[J].外语电化教学,2019(2): 18-22.

[2] 余丽,王建武,曾小珊.教师的信息素养——信息技术与外语课程整合的关键因素[J]. 外语电化教学, 2009（5）: 70-74.

[3] 魏非,宫玲玲,章玉霞等.基于微能力的教师信息化教学能力测评模型[J].现代远程教育研究, 2021, 33（6）: 94-102.

[4] 祝智庭,闫寒冰.《中小学教师信息技术应用能力标准（试行）》解读[J].电化教育研究, 2015, 36（9）: 5-10.

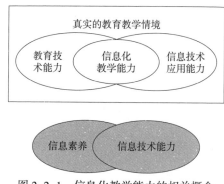

图 2-2-1　信息化教学能力的相关概念

相关概念之间的关联与区别如图 2-2-1 所示。信息技术能力和信息素养两者更为相近，侧重于技术要素，是信息化教学能力的基础；教育技术能力与信息技术应用能力较为相近，它们涵盖的范围更广，其主体是教师在课程教学中表现出的信息化教学能力，除此之外还包括技术支持教师专业发展、改进工作效能等。信息化教学能力追求的是"用技术解决真实教育问题"的价值目标，突出"应用信息技术进行教学的设计、实施与评价的综合能力体现"，[①]聚焦在课程教学层面。

四、信息时代大学教师教学能力

信息时代大学教师的教学能力是一个衍生概念，是基于对教学能力的内涵理解。当前世界高等教育的改革有两个重要趋势：一是对本科教学质量的追求；二是教育信息化对教育教学过程的变革。相应地，当前对大学教师教学能力的理解应该更多以结果导向、面向教育教学过程来分析其内涵，并且强调信息技术与学科教学整合后形成的信息化教学能力。

整合教育学的过程视角、教学胜任力的结果视角以及技术应用的整合视角，信息时代大学教师的教学能力可以界定为：教师应普遍具有的运用学科内容设计教学活动、运用教学技能完成教学任务、运用信息技术促进学习并达成大学有效教学和高质量人才培养目标的能力，强调教学过程中学习者分析、教学设计、资源建设、教学实施、学习评价、技术应用等

---

① 刘喆，尹睿. 教师信息化教学能力的内涵与提升路径 [J]. 中国教育学刊，2014（10）：31-36.

能力，强调教学过程中"教学内容—教学法—信息技术"三者融通的转化能力；其内涵就是大学教师的信息化教学能力，是传统教学能力在信息时代的"升级迭代"。

第三节 教师教学发展的理论基础

本节首先介绍"教学能力的组成与结构""教师的知识分类"，然后通过对"TPACK理论""教师的实践性知识""大学教学学术""'以学生为中心'的教学范式理论""大学卓越教学理论""信息化教学理论"等理论概念的阐释，解析教师教学发展的理论基础。其中，"教师的知识分类"部分介绍的舒尔曼的教师知识分类及其发展、功能取向的教师知识结构、实践取向的知识结构、教师知识的复合结构、知识创生螺旋SECI理论等内容，对知识观下的大学教师教学发展具有指导意义。

一、教学能力的组成与结构

教学能力的组成是理解教学能力概念和结构的基础。鉴于对教学能力的理解和界定并不一致，教学能力结构研究的出发点也不同，例如有的从教师教学的基本职责出发，有的从教师教学活动过程出发，有的从教学有效性的特征出发来反推教师教学能力的结构，相应地，教学能力结构存在较大的差异，各有侧重。中小学教师教学能力的结构描述较为成熟[①]，对高校教师教学能力结构的研究具有一定的借鉴意义。

（一）中小学教师的教学能力

从教师较为稳定的个人特质或心理特征方面考虑，教学能力可能包括：思考和计划能力、导入能力、质疑能力、探究能力、鼓励能力、学习能力；认知能力、设计能力、传授能力、组织能力、交往能力。[②]另外，智力基础

[①] 徐继红. 高校教师教学能力结构模型研究 [D]. 长春：东北师范大学，2013.
[②] 孟育群. 现代教师的教育能力结构 [J]. 现代中小学教育，1990（3）：30–33.

也是教学能力的必要组成。①

从教师的基本职责方面考虑，教学能力可能包括：传授知识的能力、组织教学的能力、处理人际关系的能力；② 教学监控能力、教学认知能力和教学操作能力；③ 教学设计能力、教学实施能力、教学反思能力。④ 陈安福等将教师的教学能力分为一般教学能力和教学管理能力，前者包括搜集教学资料、组织教材、言语表达等能力，后者包括组织课堂教学、因材施教、教学反馈、教学诊断等能力。⑤

当然，教学活动过程应该是考察教学能力的最重要的视角和依据。按照教学活动的进程，教学能力可分为教学设计、教学实施、教学评价与反思三大部分，进一步细化到教学系统中的各个要素，即教师对学生、内容、方法、媒体技术、环境等的驾驭与协调，又可细化为教学计划能力、教材分析能力、语言表达能力、课堂教学组织能力、因材施教能力、教学诊断和反馈能力等。

IBSTPI 在 2004 年发布了教师通用能力标准⑥，较好地整合了上述几个视角下的教学能力结构。将教学能力结构分为专业基础和教学两个部分，其中，专业基础融合了教师的心理特质、智力基础、学科知识、价值观和态度等要素。教学层次并非沿着活动进程，而是重新整合为 4 个要素：教学计划与准备、教学方法与策略、评估与评价、教学管理。同时，该能力框架的设计呈现明显的逆向思维，即从高质量教学、教学有效性的角度来反推教师教学能力的结构。

值得关注的是，随着教学范式向"以学生为中心"的转变，教师的教学能力结构也在不断更新。一些研究者认为，在研究性学习场景中教学能

---

① 申继亮，王凯荣. 论教师的教学能力 [J]. 北京师范大学学报（人文社会科学版），2000（1）：64–71.

② Simpson R H. Teacher Self-Evaluation[M]. New York：Macmillan（The Psychological Foundation of Education Series），1966.

③ 申继亮，王凯荣. 论教师的教学能力 [J]. 北京师范大学学报（人文社会科学版），2000（1）：64–71.

④ 卢正芝，洪松舟. 研究教师有效的教学能力：为何与如何 [J]. 教育理论与实践，2009，29（1）：43–46.

⑤ 陈安福，何毓智. 教学管理心理 [M]. 福州：福建教育出版社，1988.

⑥ International Board of Standards for Training, Performance and Instruction（IBSTPI）. Instructor Competencies [EB/OL].（2021–4–2）[2022–6–28]. http：//ibstpi.org/instructor-competencies/.

力包括创新教学设计、指导学生学习、教学预见、新知汲取、理性思维、应用信息、创造性反思、合作教学、综合管理、综合评价等能力。①显然,有效促学、加强师生互动、激发学生内在的求知欲望、满足学习者需求和多样性、激发学生问题意识、引导学习者自主学习等将成为教师教学能力结构中的重要成分。②"教师如何更好地教"以及"如何促进学生更好地学"应该成为中小学教师教学能力内涵中两个同等重要的部分。

（二）高校教师教学能力的组成

就教学能力一级维度而言，研究者各有侧重。Streifer 认为高校教师的教学能力应该包括 5 个维度：计划技能、教学技能、评估学生的技能、专业知识和专业职责。③Simpson 和 Smith 认为高校教师的教学能力由 6 个维度组成：学术技能、计划技能、管理技能、表达和交流技能、评估和反馈技能、人际交往技能。④Fink 认为高校教师的教学能力由 4 个维度组成：良好的专业技术知识、课程设计的能力、学生沟通交流的能力、课程教学实施和管理的能力。⑤储召红认为,高校教师的教学能力应由教学认知能力、教学设计能力、教学操作能力和教学监控能力组成。⑥显然，可以从教育学、心理学等维度进行分类，如：从教育学的角度教学能力分为教学设计能力、教学组织能力以及教学研究能力；从心理学的角度分为教学认知能力、教学操作能力和教学监控能力；从社会学的角度分为促进班级的集体参与、相互作用及和睦关系的能力，在课内外对学生个人作出适当反应的能力，唤起学生兴趣、刺激其卷入学习和作出反应的能力，教师继续自我教育能力以及适应国际化、信息化等社会变化的实际能力。

---

① 郭永峰，张祥沛.论研究性学习中教师的教学能力[J].教育研究与实验，2003（1）：12-15.

② Eugene A T. The Evaluation of Teaching Ability[J]. Journal of Forestry，1968（6）：6.

③ Streifer P A. The Validation of Beginning Teacher Competencies in Connecticut[J]. Journal of Personnel Evaluation in Education，1987（1）：33-55.

④ Simpson R D，Smith K. S. Validating Teaching Competencies for Graduate Teaching Assistant: A National Study Using the Delphi Method[J]. Innovative Higher Education，1993，18：133-146.

⑤ Fink L D. Creating significant learning experiences：An integrated approach to designing college courses[M]. San Francisco，CA：Jossey-Bass Publishes；2003.

⑥ 储召红.高校教师教学素质结构的初步探讨[J].现代教育科学，2007（3）：70-73.

Molenaar 等提供了另一种结构化的思路,认为教学能力包括 3 个维度:能力基础、组织水平和教学领域。[①] 能力基础维度包括知识、技能和态度;组织水平维度包括宏观的领导力、中观的协调力和微观的教学力;教学领域维度包括开发、组织、执行、指导、评价和评估。

综合而言,高校教师的教学能力可以划分为四大类要素:基础的职业能力、微观的教学能力、中观的课程能力和宏观的专业素养。从教育学视角可以进一步划分子维度,如图 2-3-1 所示。每一大类都进一步细分,微观的教学能力是最为丰富的部分。

综上,一方面,中小学和高校的教师教学能力在组成上有很多相同之处,也有诸多差异。因为其教学系统构成要素和教学环节是相同的,即

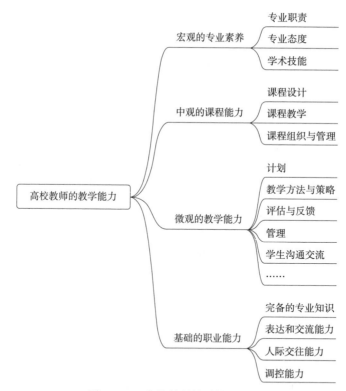

图 2-3-1　高校教师教学能力结构

[①] Molenaar W M, Zanting A, Van Beukelen P, et al. A framework of teaching competencies across the medical education continuum[J]. Medical Teacher, 2009, 31(5): 390-396.

教学能力所作用的对象是相同的，如教学设计能力、教学实施能力、教学评价和反思的能力、教学内容的呈现与表达能力、教学方法与教学媒体的应用能力等。但是，基础教育与高等教育的使命、教育目标、学生个体等存在较大差异，教学能力的组成也存在诸多差异，高等教育对专业知识基础与技能、中观的课程能力、宏观的专业视野与素养等较为侧重，而基础教育则更侧重于微观的课程教学。

另一方面，教学能力的组成要素反映了不同的教学理念。以"教"为中心的教学思想之下，教学能力结构上更为重视教学系统中的内容、方法等要素，强调教师自身的活动，如教学大纲理解、教学方法、教学媒体的灵活运用等；而以"学"为中心的教学理念则更为重视学生在教学活动系统中的地位和重要性，更多的要素围绕学生发展、学习积极性、学生参与、学生学习需求、学生多样性等方面。

此外，在现有的教学能力的界定中，信息技术作为其中的一个要素而单独考虑，其功能未完全体现，仍然停留在教具设计、教学媒体使用的层面上，忽视了信息技术对教学能力各个维度带来的交叉作用以及由此产生的对教师教学能力的新要求。

二、教师的知识分类

教学若被视为一种专业，则首先需要教师具有专门的知识与能力，教师要学习应该教的知识和如何教授这些知识的专门知识。[①]"教师应该具备怎样的知识"主要沿着两条轨迹不断深化：一是舒尔曼提出的以教师知识的内容指向为分类依据的教师知识结构框架；二是以教师的个人知识或实践知识为立足点的教师知识结构。

（一）内容取向的教师知识结构

研究者们建立了不同的框架和模型来探索教师进行有效的教学所需要的知识。代表性的舒尔曼教师知识分析框架认为教师必备的知识至少应该包括7个方面：[②]

[①] 联合国教科文组织总部中文科. 教育：财富蕴藏其中[M]. 北京：教育科学出版社，1996.
[②] Shulman L. Knowledge and teaching: Foundations of the new reform[J]. Harvard Educational Review, 1987, 57 (1)：1-23.

（1）学科内容知识（subject matter knowledge），即所教学科的领域知识和内容。

（2）一般教学法知识（general pedagogical knowledge），指与具体学科无关的有关课堂组织和管理的一般原理和策略。

（3）课程知识（curricular knowledge），指对作为教师"职业工具"的教材和教学计划的掌握。

（4）学科教学法知识（pedagogical content knowledge，PCK），也称教学的内容知识，指将所教的学科内容和教育学原理有机融合而形成的对具体课题、文体如何组织、表达和调整以适应学习者不同兴趣和能力以及进行教学的理解，是学科内容知识与教育专业知识的融合。

（5）有关学生及其特性的知识（knowledge of learners），即关于教育对象的知识。

（6）有关教育境脉（或背景）的知识（knowledge of context），包括班级或小组的运转、学区的管理与财政、社区与文化的特征等。

（7）其他课程的知识（knowledge of other curricula），包括有关教育的目的、目标、价值、哲学与历史渊源的知识。

其中，学科教学法知识的提出是舒尔曼的重要创新。在教师知识范畴中，学科教学法知识也被众多学者认为是最重要的部分，是"教师知识的核心"，[1]因为它确定了教学与其他学科不同的知识群，反映了特定内容的学科知识与一般教学法的整合，是最能体现学科专家与教师不同的一个知识领域。这一概念的提出弥补了长期以来教师教育中学科知识与一般教学法知识分离的"两张皮"现象。[2]

之后许多学者对学科教学法这一概念进行了丰富。科克伦（K.F. Cochran）、德鲁特（J. A. Deruiter）和金（R. A. King）等人从建构主义教学观出发对舒尔曼的概念进行了调整，提出了"学科教学法认知"（pedagogical content knowing，PCKg）这一概念，认为其包含对4种知识构成——教育内容的知识、教学法知识、关于学生的知识和学习情境的知识——的综合理

---

[1] 钟启泉，王艳玲. 教师知识研究的进展与启示[J]. 大学（研究与评价），2008（1）：11-16.
[2] 同上

解、整合和建构的过程，尤其凸显了后两种知识。① 马格努森（Magnusson）等认为学科教学知识由 5 部分组成，分别是关于教学观念的知识关于课程的知识、关于学生的知识、关于学业评价的知识、关于教学策略的知识。②

（二）功能取向的教师知识结构

教师知识可以根据功能不同进行分类。中国学者辛涛③、林崇德④ 等人从教师知识的功能性角度出发，把教师知识分为本体性知识、文化知识、条件性知识和实践知识 4 部分。教师的本体性知识（subject-involved knowledge）指教师所具有的特定学科知识，如语文知识、数学知识、机械学知识等，这一知识事实上就是舒尔曼所说的学科内容知识（subject matter knowledge）。教师最佳的知识结构主要是以自己所从事的职业与专业为基础的。教师扎实的本体性知识是获得良好教学效果的基本保证，但并不是唯一保证，因为有研究表明教师的本体性知识与学生成绩之间几乎不存在统计上的"高相关"关系。第二类教师知识是文化知识，即教师要具有广博的文化知识，文化知识的广泛性和深刻性直接影响学生的全面发展。条件性知识（conditional knowledge）是指教师所具有的教育学与心理学知识，具体化为 3 个方面：学生身心发展的知识、教与学的知识、学生成绩评价的知识。而教师的实践知识是指教师在实现有目的的教学行为中所具有的课堂情境知识以及与之相关的知识，这种知识是教师教学经验的积累。教师的教学具有明显的情境性，这些情境中教师所采用的知识来自个人的教育教学实践，具有明显的经验性。这种知识的表达包含着丰富的细节，并以个体化的语言存在。关于教学的传统研究常常把教学看成是一种程式化的过程，而忽视实践知识。这是中国对"教师知识结构"较早的、影响力较大的划分方式。

---

① Cochran K F, Deruiter J A, King R A. Pedagogical content knowing: An integrative model for teacher preparation[J]. Journal of Teacher Education, 1993, 44（4）: 263-272.

② Magnusson S, Krajcik J, Borko H. Nature, sources, and development of pedagogical content knowledge for science teaching[M]// Gess-Newsome J, Lederman NG. (eds) Examining pedagogical content knowledge. Dordrecht, Springer, 1999: 95-132.

③ 辛涛, 申继亮, 林崇德. 从教师的知识结构看师范教育的改革[J]. 高等师范教育研究, 1999（6）: 12-17.

④ 林崇德. 教育的智慧：写给中小学教师 [M]. 北京：开明出版社, 1999.

（三）实践取向的教师知识结构

按照教师知识实际存在方式的不同，中国学者陈向明将教师知识分为两类：一是理论性知识，包括学科内容、学科教学法、课程、教育学、心理学和一般文化等；二是实践性知识，包括教育信念、自我知识、人际知识、情境知识、策略性知识、批判反思知识等。[①] 理论性知识通常呈外显状态，可以为教师和专业理论工作者所共享，具有可表述性，比较容易把握。实践性知识因具有隐蔽性、非系统性、缄默性，很难把握。但两者都是教师专业发展中不可或缺的知识组成部分，且两者相互补充、相互影响。陈向明认为，实践性知识比理论性知识更为重要，处于主要位置，发挥的作用更大。

（四）教师知识的复合结构

教师的知识分类应该是有层次的，呈现多层复合的结构。中国学者叶澜等突破以往教师知识分类平面化的局限，认为教师知识可划分为三层：第一层为基础层，包括有关当代科学和人文两方面的基本知识，以及工具性学科的扎实基础和熟练运用的技能、技巧；第二层，1~2门学科的专门性知识与技能，是教师胜任教学工作的基础性知识，教师应该对所在学科的基础性知识和技能有广泛而深刻的理解，掌握相关技能与原理；第三层，教育学科类知识，由帮助教师认识教育对象、教育教学活动和展开教育研究的专门知识所构成。[②] 在这方面，未来教师要加强有关对象——学习者的认识、教育哲理的形成、教育教学活动设计、课堂管理策略、教学方法选择、现代教育技术的运用以及教育研究等方面的知识与技能。Gilbert、Hirst 和 Clary 在不考虑学科内容知识的前提下，设计了教师教学知识分类的4个层次框架；[③] 第一层，关于学校作为一种机构的知识，包括教育史、教育哲学、职业道德、公共政策、学校法规和学校组织方面的知识；第二层，关于学生的知识，包括多元教育、社会经济因素、教学心理学、学习理论以及人的发展方面的知识；第三层，如何教学的知识，包括课程发展、

[①] 陈向明.实践性知识：教师专业发展的知识基础[J].北京大学教育评论，2003（1）：104-112.

[②] 叶澜，白益民，王枬，等.教师角色与教师发展新探[M].北京：教育科学出版社，2001.

[③] Gilbert W, Hirst L, Clary E. The NCA workshop's taxonomy of professional knowledge[R]. Fortieth. Annual Report of the North Central Association Teaohor Education Workshop. Flagstaff, AZ: University of North Arizora, 1987.

教学方法、教育技术、测量评价和学习风格方面的知识;第四层,关于决策的知识,又称实际应用的知识,包括人际关系、教育管理、评价及建立模式方面的知识。

(五)知识创生螺旋 SECI 理论

知识可分为两类:显性知识和隐性知识。显性知识(explicit knowledge)是规范的、系统的;而隐性知识(tacit knowledge)是尚未或者难以规范,并且常常具有浓重的个人色彩,与个人的个性、经验和所处情景交织在一起的。显性知识和隐性知识的划分突破了人们对知识的认识,将未经系统化处理的经验类知识予以重视和承认。在教师知识分类体系中,理论性知识和实践性知识的划分也蕴含了显性知识和隐性知识的划分,特别是实践性知识中有很多部分是缄默的、隐性的。

针对隐性知识显性化,日本学者野中郁次郎等提出了一个关于知识创新的模型 SECI(socialization,externalization,combination,internalization)用来描述组织中产生、传递及再造知识的过程。[1] 这一模型常被应用在教师知识的形成与发展研究之中,具有较强的解释力。

1. 知识转化的4个阶段[2]

如图 2-3-2 所示,SECI 模型中的 S 指知识的社会化(socialization),即通过共享经验并由此创造诸如共有心智模式和技能等隐性知识的过程,例如学徒与师傅一起工作,凭借观察、模仿和练习就可以学到技艺;E 指知识的外化(externalization),即隐性知识表达出来转化为显性知识的过程;C 指知识的联结化(combination),即将已有的显性知识组合为更为系统的显性知识体系的过程,通过整理、分类、总结和反思将相关知识关联起来;I 指知识的内化(internalization),即将显性知识转化为隐性知识,形成实践能力的过程,实践是知识内化的最佳途径。知识转化是一个螺旋进化的过程,社会化、外化、联结化与内化这4个子过程相辅相成,螺旋式发展。新的知识在知识转化过程中产生,如知识的社会化过程中可以产生共同体知识,知识的外化过程中产生概念知识,知识的联结化过程中产生系统知识,而

---

[1] Nonaka I, Takeuchi H. The knowledge-creating company: How Japanese companies create the dynamics of innovation[M]. New York: Oxford University Press, 1995.

[2] 郑燕林,李卢一,王以宁.SECI 模型视角下移动学习资源设计研究[J].远程教育杂志,2010,28(3):20-24.

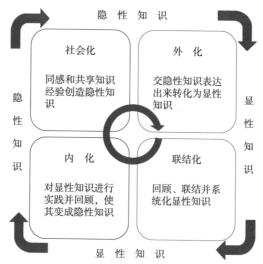

图 2-3-2　SECI 模型（Lkujiro Nonaka & Hirotaka Takeuchi，1995）

知识的内化过程中则产生操作性知识。①

2. 场（BA）：知识转化的平台

知识的转化离不开"知识场"。"场"的概念最早被用来描述人与人之间社会性交往的共享域，SECI 模型中的"场"是指知识创造所需要的共享域，其中的 4 个转化模式需要不同的"知识场"。知识的社会化是在知识的"原生场"中进行的，个人之间基于相互信任彼此交流坦露其感觉、情绪、经验与心态，这是知识创造过程中的起点，个体之间实时的交流对隐性知识的转化十分重要。知识的外化需要知识的"互动场"，需要将拥有特殊知识与能力的一些人组成小组，并秉持开放的原则彼此充分对话，将隐性知识转化为显性知识，同时也对自己的想法加以反省及分析。知识的联结化在知识的"虚拟场"中发生，即以语言、文字、会议、数据库、网络等媒介为基础促进显性知识的连接与系统化。知识的内化则在知识的"实践场"进行，知识主体通过练习与实践，消化自己所拥有的显性知识，并内化为自己的感想、心得与经验。每一个场产生的知识最终被共享而成为共同体的知识资产，如概念性知识、系统性知识等，作为组织创造价值的一种资源，

---

① Nonaka I, o Nonaka I, Takeuchi H., et al. The knowledge-creating company: How Japanese companies create the dynamics of innovation[M]. New York: Oxford University Press, 1995.

并反过来作用于知识转化的过程。

从 SECI 模型来看,教师共同体的专业发展也是显性知识与隐性知识、理论知识与实践性知识相互转化的过程,并且建立在不断积聚的共同体知识资产基础上。教师共同体在不同的"场"中实现行动—体验(原生场)、问题—对话(对话场)、问题—反思(虚拟场)、新的行动—体验(演练场)的知识创新与学习循环。①

SECI 模型已被广泛应用在教师专业发展的研究之中。例如,利用 SECI 模型来分析专家型和新手型教师在教师共同体中知识创新的循环过程,从而为教师共同体运行机制、学习场设计与信息技术作用提出建设性的思路。② 中国学者钟启泉提出,根据教师教学实践活动的线索,教师的知识发展或许是这样一种 4D 周期循环:①基于设想教材的教材知识的"教学设计"(designing);②基于隐性知识的"教学实施"(doing);③基于显性知识的"教学对话"(discussing dialogue);④基于课堂事件的理解及其学习轨迹的"教学实践记录"(documenting)。③4D 的循环正是教师"实践性知识"的合作建构过程。同时,教师的知识创生只能在学校现场通过复杂的教学问题解决来实现,这是一个行动研究的过程。

三、TPACK 理论

美国密歇根州立大学学者 Koehler 和 Mishra 于 2005 年提出了整合技术的学科教学知识(Technological Pedagogical and Content Knowledge,TPACK)这一理论框架,④⑤ 用以解释教师所需要的技术知识,并研究如何通过真实情境下的基于设计的活动来发展教师的这种知识。

TPACK 理论是在美国舒尔曼提出的学科教学法知识(PCK)基础上进一步发展起来的,它将技术知识引入原有的学科教学知识框架中,与学科内容

---

① 顾小清.行动学习:面向信息化的教师专业发展策略[J].全球教育展望,2005(3):52-55.
② 杨南昌,谢云,熊频.SECI:一种教师共同体知识创新与专业发展的模型[J].中国电化教育,2005(10):16-20.
③ 钟启泉.从 SECI 理论看教师专业发展的特质[J].全球教育展望,2008(2):7-13+23.
④ Koehler M,Mishra P. What is technological pedagogical content knowledge(TPACK)?[J]. Contemporary issues in technology and teacher education,2009,9(1):60-70.
⑤ Mishra P,Koehler M. Technological pedagogical content knowledge:A framework for teacher knowledge[J]. The Teachers College Record,2006,108(6):1017-1054.

知识、教学法知识相互作用形成了整合技术的学科教学知识结构。如图 2-3-3 所示,信息社会教师进行技术整合所应具备的知识结构包含 7 个主要成分:首先是学科内容、教学法和技术 3 种知识要素,教学过程中不仅要同时关注这 3 种知识要素,更要关注三者之间的复杂交互,这种交互将形成 4 种新知识,即学科教学知识(PCK)、整合技术的学科内容知识(TCK)、整合技术的教学法知识(TPK)和整合技术的学科教学知识(TPACK)。其中,TPACK 是教师创造性地将技术、教学法和学科内容 3 种关键知识整合起来,而超越三者的新兴知识形态,是教师知识结构中的最高形态。①

TPACK 框架呈现的是一个整合的视角,整合的含义有 3 层:一是强调教学法知识 P、技术知识 T 与学科内容知识 C,这 3 种知识都是有效技术整合必不可少的成分;二是强调为了帮助教师利用技术改善学生学习,这 3

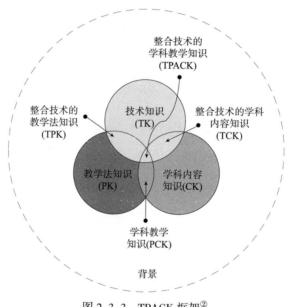

图 2-3-3　TPACK 框架②

---

① Mishra P, Koehler M. Technological pedagogical content knowledge: A framework for teacher knowledge [J]. The Teachers College Record, 2006, 108 (6): 1017–1054.

② Koehler M, Mishra P. What is technological pedagogical content knowledge (TPACK)?[J]. Contemporary Iissues in Technology and Teacher Education, 2009, 9 (1): 60–70.

种知识领域不能分离，而应形成一个整体（total package）；① 三是将 TPACK 看作一个作为发展结果的整体，是一种独立的知识形态。Niess 认为其包含 4 个核心要素：关于整合技术教授特定科目的整体观念；关于本学科将技术与学习整合的课程与课程材料的知识；关于学生使用技术理解、思考学习的知识；关于使用技术教授特定主题的教学策略与呈现形式的知识。② "值得关注的是作为核心要素的 TPACK，而不是诸如 TK、CK、PK 等子项"。③

其次是交互视角。3 种基本知识要素之间的复杂交互，构成了技术与教学整合的复杂情境与多元表现。Bull 等人认为在考察 TPACK 时，至少可以关注 3 种不同的交互方式：①可以关注教学法，然后看其如何与技术、内容交互；②可以关注内容领域，然后看教学法和技术如何最有效地促使学生对核心内容概念的理解与掌握；③可以考虑一种特定技术的功效（限制）及其与内容领域和教学目标之间的交互。④ 不仅如此，要素之间的交互在教师的实践性知识发展中存在不同的优先次序，如 Richardson 发现技术和教学法之间的交互处于优先地位。⑤ 而 Hsueh 在对优秀的语文课教师进行的案例研究中，发现内容知识处于主导地位，之后教师会同时考虑技术知识和教学法知识。⑥

同时在 TPACK 的基础上又出现了一种教师知识的转化模型。美国的格雷哈姆（Graham）和考克斯（Cox）阐述了教师 TPACK 结构的技术隐去本质，即当新技术被广泛接受时教师的技术知识将被转化为教学知识或内容知识从而使得 TPACK 结构消失，而当更新的技术出现时 TPACK 结构又被

---

① Thompson A D, Mishra P. Breaking News: TPCK Becomes TPACK! [J]. Journal of Computing in Teacher Education, 2007, 24 (2): 38-64.

② Niess M L. Preparing teachers to teach science and mathematics with technology: Developing a technology pedagogical content knowledge[J]. Teaching and Teacher Education, 2005, 21 (5): 509-523.

③ 焦建利, 钟洪蕊. 技术—教学法—内容知识（TPACK）研究议题及其进展[J]. 远程教育杂志, 2010, 28 (1): 39-45.

④ Bull G, Park J, Searson M, et al. Editorial: Developing technology policies for effective classroom practice[J]. Contemporary Issues in Technology and Teacher Education, 2007, 7 (3): 129-139.

⑤ Richardson K W. Looking at/looking through: Teachers planning for curriculum-based learning with technology[D]. Williamsburg. The College of William and Mary in Virginia, 2009.

⑥ Hsueh S L. An Investigation of the Technological, Pedagogical and Content Knowledge Framework in Successful Chinese Language Classrooms[D]. Provo. Brigham Young University, 2008.

建立起来。① 因此，TPACK 应该被看作一个方向，而胜于一个固定的知识基础，它是教师运用技术进行教学的知识基础相关的教学法和技术理念，这一点尤为重要。②

TPACK 理论直接面向信息时代的教育情境和教师专业发展，是当代教师知识分类研究的集大成者，是基于知识结构的视角探究教师信息化教学能力的一个理论成果。③TPACK 理论主要应用在教师信息化教学能力测评和教师 TPACK 发展策略与路径两个方面。

第一，它提供了一个概念性的分析视角，基于技术整合所涉及的教学要素，剖析教师专业知识的所有构成成分，为教师教学能力测评提供了直接的理论依据，目前也发展出许多成熟的 TPACK 评价量表可供参照。同时，评价方法不断完善拓展，如评价教师在不同设计任务上的真实表现④，利用概念图、卡片分类和绘图作品等考察教师内在的信念与知识倾向。

第二，指导教师技术与教学的整合。该模型有助于分析教师技术与教学整合能力的培养与发展的规律，设计相应的促进教师 TPACK 发展的策略，探索有效的发展途径。如 Mishra 和 Koehler 采用"基于设计的学习（learning by design）的途径来帮助教师对技术形成情境化的理解⑤；Angeli 和 Valanides 开发出技术映射（technology mapping）这一发展教师 ICT-TPACK 的方法论⑥；职前教师的 TPACK 还可以通过微格教学的方式得以发展等。

---

① Cox S，Graham C R. Using an elaborated model of the TPACK framework to analyze and depict teacher knowledge[J]. TechTrends，2009，53（5）：60–69.

② Bowers J S，Stephens B. Using technology to explore mathematical relationships：A framework for orienting mathematics courses for prospective teachers[J]. Journal of Mathematics Teacher Education，2011，14（4）：285–304.

③ Mishra P，Koehler M. TPCK101 [EB/OL]. [2022-06-28]. http：//www.matt-koehler.com/tpack-101/.

④ Angeli C，Valanides N. Epistemological and methodological issues for the conceptualization，development，and assessment of ICT-TPCK：Advances in technological pedagogical content knowledge（TPCK）[J]. Computers & Education，2009，52（1）：154–168.

⑤ Koehler M J，Mishra P，Yahya K. Tracing the development of teacher knowledge in a design seminar：Integrating content，pedagogy and technology[J]. Computers & Education，2007，49（3）：740–762.

⑥ Angeli C，Valanides N. Epistemological and methodological issues for the conceptualization，development，and assessment of ICT-TPCK：Advances in technological pedagogical content knowledge（TPCK）[J]. Computers & Education，2009，52（1）：154–168.

四、教师的实践性知识

从 20 世纪 80 年代开始，教师作为教学实践的反思者、教学实践的研究者的观念在教师教育中受到重视，教师的个人知识（或称为实践知识）成为教师专业素养的核心。实践知识是教师日常教学中发挥作用的、支配教师思想和行为的情境性知识形态，是教学情境的教师知识，是解决教学问题的教师知识，是"临床性"的教师知识。关注教师的个体实践知识，反映了教师专业发展的知识转向。

加拿大学者克兰蒂宁（D. J. Clandinin）与康奈利（F. M. Connelly）提出教师个体实践知识的概念，把教师作为一个有知识的并且正在认知的个体，强调经验对于教师知识的重要作用。他们认为知识不是客观的，也不是独立于教师被学习和传承的，教师的知识来源于个体经验，这就是教师个体实践知识的定位。个体实践知识体现于教师的工作实践之中，存在于教师的过去经验与现在的身心活动中，也存在于教师的未来教学计划与教学活动中。[①] 关于教师个体实践知识，还有现场知识（local knowledge）、案例知识（case knowledge）、情境知识（situated knowledge）和个体知识（personal knowledge）等相关概念，从不同角度强调了该类知识的最主要的特性。

中国学者陈向明长期关注教师的实践性知识的产生与发展，她对教师的实践性知识进行了分类，认为其包括 6 个方面：[②]

（1）教师的教育信念，具体表现为对如下问题的理解：教育的目的是什么？学生应接受什么样的教育？什么是好的教育？好的教育应该如何实施和评价？如何看待教师职业？

（2）教师的自我认识，包括自我概念、自我评估、自我教学效能感、对自我调节的认识等，主要体现为教师是否了解自己的特点和教学风格、扬长避短适度发展、能否从错误中学习并及时调整自己的态度和行为。

---

① Connelly F M, Clandinin D J. Teachers's Personal Practical Knowledge on the Professional Knowledge Landscape[J]. Teaching and Teacher Education，1997（7）：665-674.

② 陈向明. 实践性知识：教师专业发展的知识基础 [J]. 北京大学教育评论，2003（1）：104-112.

（3）教师的人际知识，包括对学生的感知和了解、热情（是否愿意帮助学生）、激情（求知的渴求、寻求答案并向别人解释的欲望、是否用这种激情感染学生）。

（4）教师的情境知识，主要反映为教师的教学机智是瞬间判断、迅速决定和自然展现的一种行为倾向，依赖于教师对情境的敏感、思维的敏捷、认知灵活性、对学生的感知等。

（5）教师的策略性知识，指教师在教学活动中表现出来的对理论性知识的理解和把握，包括对学科内容、学科教学法、教育学理论的理解，对整合上述领域的知识的把握，将原理应用到教学中的具体策略，对课程内容和教学方式的选择安排，对教学方法和技术的采用，对学生评估技术的选择与应用等。

（6）教师的批判反思知识，表现在教师日常"有心"的行动中，包括对实践反思、在实践中反思、为实践而反思3个方面。

教师的教育信念在教师的实践性知识中占据最中心的地位，对教师行为的影响最大，也最难改变。同时所有知识内容之间相互联系、相互影响，如教师批判反思知识的深化有助于教育信念的更新，教师人际知识的增长有利于教师情境知识的丰富和自动化，等等。

教师个体实践知识有两个典型的特征：一是经验性；二是情境性。首先，教师的实践性知识是由教师在教学实践中积累经验形成的。较早对此进行系统性研究的是加拿大学者艾尔贝兹（Elbaz），她提出"教师实践性知识"的概念，认为其包括5类：一是关于学科的知识，即学科内容；二是课程知识，即如何组织学习经验和课程内容等方面的知识；三是教学法知识，包含课堂常规、课堂管理以及学生需要等方面的知识；四是关于自我的知识，包括对个体特征的了解，如性格、年龄、态度、价值观与信念、个人目标等；五是关于学校背景的知识，包括对学校的社会结构和它周边社群的了解。[①] 这些知识是相互联系的，而且实践性知识中有许多不是教师能够清晰认识到的，而是通过教师的行为和信念折射出来的。

---

① Elbaz F. The Teacher's "Practical Knowledge": Report of a Case Study[J]. Curriculum Inquiry, 1981, 11（1）: 43–71.

另外，很多学者强调教师个体实践知识的情境性特征。他们认为，学习者的知识不仅仅是命题性知识，而且是在社会实践与具体情境中获取的情境性知识。莱夫（Lave J）和温格（Wenger E）1988年从心理学的学习理论视角提出了社会实践是个体知识发展的途径，强调了个人知识的情境性[①]。布朗（Brown J.S.）、克林斯（Collins A.）和杜盖德（Duguid P.）则强调知识是个体与社会情景和物理情境活动的结果，知识的运用不仅受其本身规则的制约，还受特定文化、活动和情境的制约。随着知识在每一次新的情境中的运用，其内涵都将发生变化。[②]

五、大学教学学术

大学教学被忽视，学生学习质量下降成为高等教育发展面临的重要问题，受到政府、社会和学者的高度重视。在这种情况下，美国学者博耶（Boyer E L.）写了《学术反思——教授工作的重点》一书，他基于对大学教学意义的深刻理解提出了"大学教学学术"的思想。[③] 随后在卡耐基教学促进基金会的推动下，一场大学教学学术运动迅速兴起，对世界高等教育教师教学发展产生了重要的影响。[④]

博耶在书中指出，"我们相信古老的对'教学与研究关系'的讨论已经过时，给予'学术'这个我们所熟悉的崇高的术语一个更加广泛的、更有内涵的解释的时候已经到来"。他认为，学术意味着从事基础研究，但一个学者的工作还意味着走出单纯的问题研究，寻找问题间的相互联系，在理论与实践之间建立桥梁，并把自己的知识有效地传授给学生。具体来说，教授的工作应该包括4个不同又相互重叠的功能，即发现的学术、综合的学术、应用的学术和教学的学术。这里，"学术"不再只是一个专为"科学发现"服务的术语，不只属于大学的科研，大学的教学也是学术，教授的

---

① Lave J, Wenger E. 情景学习：合法的边缘性参与[M]. 王文静, 译. 上海：华东师范大学出版社, 2004.

② Brown J S, Collins A, Duguid P. Situated cognition and the culture of learning[J]. Education Review, 1989, 18（1）：32-42.

③ Boyer E L. Scholarship reconsidered：Priorities of the professoriate[M]. Princeton, Princeton University Press, 1990.

④ Elieen T. Bender. CASTLs in the Air：The SOTL "Movement" in Mid-Flight[J]. Change, 2005, 37（5）：40-49.

工作只有得到他人理解才算有结果。这样博耶从一个更高的层次上定位了大学教学的意义和价值，改变了长期以来的传统大学教学观，消除了研究和教学的二元对立状态，试图重构学术的内涵来提升教学的地位，进而引起人们对大学教学问题的重视。

卡耐基教学促进基金会第八任主席舒尔曼（Shulman L S）继博耶之后对大学教学学术作了进一步阐述与发展，出版了《让教学成为共同的财富》一书。他认为，教学学术具体指向对教和学的问题进行系统的研究，具有这样一些特点：公开；能面对评论和评价；采用一种能够让他人进行建构的形式，而且能够对结果进行反思。[①] 正是这些特点使得教学成为能让学术团体其他成员共同分享的财富，而这正是教学学术的内涵。

传统上大学教学是一个私人性的活动，教师之间往往保持着一种"教学的藩篱"，而这种"教学的藩篱"让教学在大学中没有受到应有的重视。而打破这种"教学的藩篱"的途径就是将教学的研究成果公开，使之能够面对评价和批评，还要采用一种其他人可以建构的形式。具体可采用多种载体记录下教学活动或教学结果的形式，如用录像将课堂情况记录下来或用档案袋等方式让同行来评价。另外，教师在对教学进行创新性实验的时候可以总结、公开自己的研究经验，并与同行们进行交流。

同时，舒尔曼认为将教学视为学术的一种，就不仅要将教学作为一种活动，而且要作为一个探索的过程。教学像其他形式的学术一样是一种成果，这种成果的显露需要经过一段长时间的过程，当教师将工作公开、接受同行评价和批评，并与所在专业社区的其他成员进行交流时，反过来又加强了自己的工作。这时教学就变成了教学学术，而这些也是所有学术所具有的特点。

关于学校如何为大学教学学术创造环境，舒尔曼承认大学教学学术文化的产生并非一蹴而就的。他强调要改革对未来教师的培养机制，要在大学招聘方式中增加对教学能力的考察，要建立专门的教学学术发展的支持性机构；另外更重要的，要让教学在研究性大学中有一个合适且有尊严的位置。

---

① Shulman L S, Hutchings P. Teaching as community property: Essays on higher education[M]. San Francisco Jossey-Bass，2004.

"教学学术"理论深刻揭示出一个学科内知识的传播与其生产、应用一样具有同等的学术价值。大学必须重视教学,大学教师必须将研究教学作为一种共识。将知识传播上升到学术研究的层面,意味着要从就教学谈教学、为教学而教学、关注教学的技术和方法等教学层面上升到研究层面,注重教学中的问题发现与问题解决;注重通过数据收集来评估教学效果;注重教学思路与方法的迭代与改进,教师持续的反思与总结;注重教学学术成果的产出与交流,提炼出一般性的教学规律,发展对教学的新的理解。

六、"以学生为中心"的教学范式理论

"以学生为中心"的理念古已有之,但与基础教育相比高等教育领域一直对此有所忽视。工业化和大众化的深刻印记让大学课堂比较传统,学生课堂听课效率和参与度不高成为一个通病。20世纪中期美国学者提出了"以学生为中心"的本科教育理念,引发了本科教育基本观念、教学方法和教学管理的系列变革,给高等教育带来了巨大的影响。1995年美国学者巴尔(Robert B. Barr)和塔戈(John Tagg)首次提出高等教育教学范式从"传授范式"向"学习范式"的转换,使学生成为教学的中心,让学生成为主动积极的学习者,从而全面提高学生的学习质量,相应地大学将由"提供教学的机构"向"产生教学的机构"转型。

1998年联合国教科文组织在世界首届高等教育大会宣言中提出"高等教育需要转向'以学生为中心'的新视角和新模式",要求国际高等教育决策者把学生及其需要作为关注的重点,把学生视为教育改革的主要参与者,并预言"以学生为中心"的新理念必将对21世纪的整个世界高等教育产生深远的影响。

"以学生为中心",其内涵在于要实现以"教"为中心向以"学"为中心转变,即从"教师将知识传授给学生"向"让学生自己去探究、解决问题从而发现和建构知识"转变,从"传授模式"向"学习模式"转变。"重视学生学习、学习效果与学生的整体发展"是学习范式的核心特征。因此,大学要从"课堂、教师、教材"向"学生、学习、学习过程"转变[①],真正

---

① 刘献君.论"以学生为中心"[J].高等教育研究,2012,33(8):1-6.

关注学生的学习过程与学习体验。

"以学生为中心"范式的理论基础是认知心理学（特别是建构主义学习理论）、脑科学以及教育信息化理论，因此其在教学理念、教学目标、教学组织、教学策略、教学评价、教师角色等方面均与传授范式存在着较大差异。在学习范式下，教学的目的是为了产生和促进高质量学习，通过提供有意义的学习环境，帮助学生建构知识并形成思维方式；高质量教学的标准是学生的学习成果；教学的组织是动态变化的，教学空间和时间并不固定，强调跨学科性；教学假定知识在师生互动中产生；教师的作用是帮助学生学习，教师和学生构成完整的学习共同体，教师需要掌握以学生为中心的教学方法，积极吸引学生进行深度学习等。

"以学生为中心"的范式是对教育本质的深刻认识，是教育思想和观念的一次变革，应该全方位渗透到一流大学教学的各个角落：学校管理者转变教育思想和观念，以学生为中心对学校工作进行重新设计，探索有利于学生学习的组织管理形式和工作方式；教师要转变教学方式、方法和手段，要加强对学生学习的指导，要开展积极的师生互动与反馈以激励学习者参与。"以学生为中心"应占据大学教师教学理念的首要地位。

七、大学卓越教学理论

大学卓越教学不是具体某一个教学模式或教学过程，而是整合出来的一套指引大学教学的基本规则、共同理念或核心要素。[①]它源自教学与学习理论的推衍、实证研究的发现以及教师教学实践经验的高度抽象折射。它可以协助教师对教学成效作分析性思考，以创新弹性的方式设计教学活动，发现教学问题成因并加以修正，促进教师的教学能力提升。

已有研究提出了若干大学卓越教学的原则，归纳如表 2-3-1 所示。[②]

---

① 周仕德，刘翠青.何谓好的大学教学？——30 年来国外大学卓越教学研究的回顾、特点及启示 [J].现代大学教育，2019（04）：76-88.

② 同上

第二章 概念界定及理论基础

表 2-3-1 大学卓越教学的原则

研究者/机构	卓越教学原则
美国高等教育学会（AAHE），大学教育优良实践的7项原则（1987）	鼓励师生之间交流；发展学生间的互惠和合作；使用主动学习技巧；注重及时反馈；强调任务时间；传达高期望；尊重多样化才能和学习方式
Richard Tiberuis & Jon Tipping，12项卓越教学与学习原理（1990）	教师精通学科内容知识；学习者积极参与促进学习；师生互动；学生具有学习职责；多样化的学习方式；传达高期望；合作氛围增强学习；提供有意义的学习材料；描述性反馈促进教学和学习；合理使用批判性反馈；时间管理；教师反馈与经验反思
Ellis & Worthington，10条卓越教学原则（1993）	引导学生积极参与教学任务；学习成功率直接影响学习成果；提供丰富的学习内容；教师直接教授与监督的课堂更高效；精心的教学支架帮助学生成为自主学习者；重视策略性学习相关的知识形式（引导学生问题解决）；指导学生组织、存储与管理知识；加强策略教学；明确的学习指导能引导学生成为自我调整的学习者；教学法在不同学科中的一致和协同
Yelon，十大卓越教学原则（2000）	让学习更具有意义性；评估学生的先前条件；开放的师生沟通与反馈；组织精要的内容；善用学习辅助工具；让教学具有新奇性；提供示范；积极而适切的练习；愉快的情境和结果；教学要素的一致性
澳大利亚昆士兰大学，12项卓越教学原则	教学要营造一个学习社群；学习目标联结教学、学习与评价的历程；相互联结的知识网络；促进主动学习；给予有效反馈；高期望与适宜的支持；尊重不同才能与学习方式；传达教学热情；强调公平性；教学的学术性；跟踪学科领域前沿进展；促进卓越教学的各种机会
Kember & McNaught，卓越教学的10项理念（2007）	课程设计符合学生未来需求；学生透彻理解基础概念；教学内容与真实生活相关联；学生具备挑战新知的信念；学生积极参与各种学习活动；与学生建立积极的情感关系；各种积极的教学方法激励学生；教学要素与学习成果的一致性；课程设计有计划和弹性；评价指向学习成果和真实性任务
卡耐基·梅隆大学 Eberly Center Teaching Excellence & Educational Innovation，7项卓越教学理念	获取学生的相关背景知识；调整教学三个要素——学习目标、评估和教学活动；明确学习目标和策略的期望；优先考虑核心知识和技能；认识和克服专家盲点；设计适当的教学任务来支持学习目标；以反思和反馈持续改进课程
澳大利亚格里菲斯大学（Griffith University）Smith等，7项大学卓越教学原则	创造一种有吸引力、激励性和智力刺激性的学习体验；鼓励批判性思维和创新精神；理论知识与专业实践的整合，培养问题解决能力；培养具有社会和道德责任感的跨文化全球公民；尊重个人和文化多样性；有效的课程设计、教学和评估策略；教师专业发展和一系列评估方法促进教学实践的持续改进
布拉德利大学（Bradley University），卓越教学十大原则	营造主动学习环境；集中注意力；联结知识；帮助学生组织知识；及时提供反馈；需求质量；平衡对学生支持的高期望；增强学习动机；以各种方式传达你的信息；帮助学生有效管理时间

综合上述大学卓越教学的原则，尽管在表述上有不同之处，但一些共性亦十分明显：

（1）强调教学的核心要素，如学习目标、教学内容、教学活动和评估。强调学习目标与教学内容、教学活动、评价相互一致，要发挥学习目标和绩效期望对教与学过程以及评价历程的导向作用；要求组织精要的、丰富的教学内容，学习材料有意义，注意知识之间的关联性和结构性。

（2）学生为中心的教学范式转变。强调学生主动学习，积极参与学习任务；精心设计学习支架，给予有效反馈，引导学生成为独立的自主学习者，对学生进行时间管理、知识检索等方面的指导，加强学习策略的教学，帮助学生建立学习信心和挑战信念等；关注学生背景信息，尊重多元文化和不同的学习方式。

（3）强调高阶思维和问题解决。创造有吸引力的学习体验，注重策略教学、"教学生钓鱼的方法"，学生除了学科基础知识之外还要获得一些能力，包括沟通、如何学习、自我评估、建构知识、批判思考等，强调专业实践的重要性以探索现实世界问题的解决方案。

（4）从个别学习转向合作学习。鼓励团队合作学习、师生之间的交流互动。讨论是一项重要的学习活动，小组成员通过交流和分享思想形成一种支持性的氛围，从多元观点中获得对学习内容的新理解，获得更加有意义的学习经历。

（5）强调教学的反思性与持续改进。通过教师的教学发展计划、教学支持服务和一系列评估方法来提供教学反馈，促进教师对教学的批判性反思，不断改进教学实践；同时加强教学研究，提高教学的学术性。

八、信息化教学理论

信息化教学能力是目前大学教师不可或缺的专业能力之一。熟练掌握信息化教学理论对于信息时代大学教师的专业化发展、教学能力的提升具有促进作用。

（一）程序教学理论

程序教学是早期教育技术学科的三大理论之一，其重要价值在教育信息化发展进程中一直经久不衰。20世纪20年代发展起来的教学电影、教学机器和各种程序教学系统都是基于行为主义和认知主义理论的学习或教学系统，近年来高等教育兴起的 MOOCs 又使这一理论焕发出勃勃生机。

程序教学理论是新行为主义的代表人物、哈佛大学心理学家斯金纳（Skinner）在其强化理论基础上进一步提出的教学理论，他进而设计了"教学机器"并开展程序教学模式的应用研究。随后"教学机器"被计算机所取代，程序教学理论也成为计算机辅助教学的理论基础，现在又成了 MOOCs 的理论基础。这一变化过程中，变化的只是承载"程序教学"的机器、媒体和技术，不变的是程序教学的思想。

程序教学理论的要点可以概括为 5 个原理：

1）小步子原理。程序教学认为困难、复杂的任务需要拆解成一个个小步骤。程序教学将知识和行为拆解为一个一个的小步子，对知识点进行细化。前一步的学习为后一步的学习作铺垫，后一步的学习在前一步的基础上进行。小步子原理可以确保学生在掌握了上一个知识点后再进行下一个知识点的学习。由于两个步子之间的难度相差很小，所以学习者很容易取得成功，并建立起自信。

2）积极反应原理。斯金纳强调，在一个程序教学过程中必须使学生始终处于一种积极学习的状态。也就是说，学生应当对每一个问题都作出积极反应，然后教师给予学生强化或奖励以巩固这个反应，从而达到理想的教学效果。如果学生没有反应或仅作出被动消极的反应，真正的学习便不会发生。

3）即时反馈原理。程序教学特别强调即时反馈，即教师要对学生的反应作出即时的反馈。反馈本身是对学习的强化，即时知道自己的答案正确与否是学生树立信心、保持学习行为的有效措施。在实施中反馈通常伴随强化物一同出现，例如鼓励、表扬和惩罚等。

4）自定步调原理。程序教学允许学习者针对自己的情况来确定学习的速度，这与传统课堂中的"统一步调教学"不同。学习慢的学生在传统教学中难以跟上教师的节奏，而掌握知识较快的学生则存在已经掌握知识，但还需要等其他同学的情况，从而使班级内学生的差距逐渐加大。程序教学法的自定步调原理让每个学生按照自己最适宜的速度进行学习。自定步调原理满足了不同学生对不同学习速度的要求，让学生有时间思考并把握自己的学习速度，更利于实现学习的成功。

5）降低错误率原理。程序教学要求在教学过程中尽量避免学生出现错误的反应。错误的反应会对学生产生负面刺激，影响学生的情绪和学习的速度。少错误或无错误的学习则可以增强学生学习的积极性，提高学习效率。因此程序教学要保证学习者在学习过程中将错误降到最少，提高正确反应的频率。

这些原理在信息化教学设计、网络课程设计，尤其是在 MOOCs 的教学设计中能够较好地发挥指导作用：在课程设计时要遵循小步子原则，降低错误率；在互动模式上强调积极反应和及时反馈；在学习节奏上支持学习者自定步调；在学习质量保障上强调及时反馈与过程评估；通过不断降低错误率促进学习者参与，最终达成学习目标。

（二）建构主义与学习环境设计理论

要在真正意义上突破传统教学而实现教学范式的转变，需要理论与实践的双重建构。一种新的教学隐喻——设计建构主义学习环境在向"以学生为中心"教学范式转型的迫切需求下孕育而生。戴维·H. 乔纳森（David H. Jonassen）是当今国际教学设计领域的领军人物，他提出的建构主义学习环境设计理论直接推动了国际教学设计的重大转型——"教学系统设计"转向"学习环境设计"，如今绝大多数教学设计者已经将教学设计的基点转向了"以学习者为中心"，开始探索学习环境设计的方法和策略。

传统教学系统设计倾向于客观主义的知识观和认识论，即认为知识是客观存在于学习者之外的，可以通过教学激发和支持学习者的内部加工过程使学习者获得知识，这一目标的实现要通过精心设计的学习内容得以实现。而基于建构主义和情境认知的学习环境设计倾向于相对主义的知识观和认识论，它们强调知识是学习者与环境双向建构的结果，强调学习者主动建构的过程，鼓励学习者建构自己的理解，并通过社会协商证明各种见解的合理性。它关注的是如何为学习者提供学习的支撑，而不是将知识传递给学习者。[①] 学习环境设计最重要的是给学生提供一个开放的学习环境，同时为学习者提供学习的必要支持条件，以辅助学习者的学习过程。1999年乔纳森提出了建构主义学习环境（constructivist learning environments，CLEs）的设计框架，如图 2-3-4 所示。

建构主义学习环境包括 6 个要素：问题、相关的实例、信息资源、认知工具、会话与协作、社会境脉支持。教学即创造支持学生知识建构的学

---

① 李妍. 乔纳森建构主义学习环境设计研究 [D]. 上海：华东师范大学，2007.

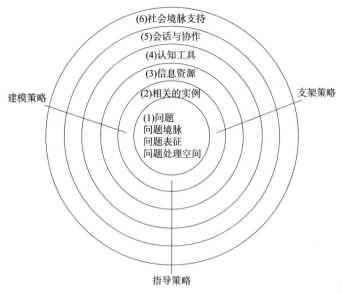

图 2-3-4 乔纳森的 CLEs 模型

习环境，教师要关注的不再仅仅是知识的组织与呈现，而要从真实情境、生活场和实践场出发设计好的问题，开发丰富的资源、认知工具、协作学习活动等，让学习者在一个整合的环境中与这些要素"相遇"，发生积极的互动，进而发展理解、协商意义并达成知识建构。其要点在于：

（1）由问题驱动学习。这是 CLEs 与基于客观主义的教学的最根本的区别。学习目标蕴含在问题、案例或项目之中，学生在解决问题的过程中习得领域知识。问题表征的核心部分是对问题发生情境的描述。问题须有趣味性和吸引力，与真实情境相关联，问题的解决要具有一定的操作空间，半结构化的、劣构的问题更能够吸引学习者去探索。

（2）相关案例的设计不可缺少。通过相关案例提供解决问题的已有经验，通过经验的表征来支撑学习者的记忆，同时为即将解决的问题提供多种观点或解释，提高学习者的认知弹性。

（3）提供丰富的信息资源。应该提供学习者在理解问题时所必需的那些信息，并提供丰富的可选的多媒体信息。互联网是一种天然的信息存储媒介，应该考虑到学生信息处理能力的不同而以某种适当的方式对信息资源加以组织和推送，鼓励以教学活动结构来组织和嵌入与问题解决相关的必需的信息资源。

（4）以认知工具支持学习者思考并辅助特定认知过程。例如，采用大量的视觉工具帮助表征知识；静态、动态的知识建模工具帮助学习者组织和生成知识结构；操作支撑工具和信息搜集工具等帮助学习者减少重复性劳动或低级的任务操作，减轻学习者认知负荷等。

（5）会话与协作工具。建构主义强调会话与协作，CLEs秉承的理念是以计算机为中介的通信技术支撑学习共同体的协作学习，支撑学习者围绕相同主题形成对话共同体、知识创建共同体和学习者共同体，实现知识的交流、共享与创造。

（6）重视来自社会的/情境的支撑。设计和实施CLEs时，适应外部境脉因素是成功的关键，因此需要通过各种方法为教师提供政策、管理、技术、环境等各方面的有力支持。

除了这些基本要素外，CLEs还需要为学习者提供一些软性的教学策略支持，即要求教师积极发挥指导者、帮助者、促进者的角色，为学习者提供灵活的、支撑学习的一般性策略和方法，如建模、指导和支架策略等，来有效地开展学法指导，引导学生学会学习。

乔纳森的学习环境设计理论的根基在于其对学习的建构主义理解，认为学习是社会协商；学习是知识建构，是概念的转变；学习是情境脉络的变化；学习是活动；学习分布在共同体中间等。由此，CLEs支撑的是有意义学习。有意义学习有5个特征：主动的、建构的、有意图的、真实的、合作的。问题解决就是一种典型的有意义的学习。在乔纳森的学习环境设计理论中，技术作为认知工具和协作对话工具的作用不可或缺，它强调"用技术"学习而非"从技术中"学习，即将技术看作学习的支撑工具以及学习伙伴，尤其体现在学生使用技术来进行知识建构和问题解决方面。

促进学习者创新能力的养成、整合技术应用是学习环境设计理论中的两个重要目标。信息时代的高等教育面临着教学范式主动或被动的转型，乔纳森的学习环境设计理论可以帮助我们透析支撑高质量人才培养的支撑性条件以及具体的教学路径，为高等教育课程改革提供解决方案与方法策略。

（三）联通主义学习理论

学习理论研究人类的学习过程和机制，一般可分为行为主义、认知主义和建构主义3类。乔治·西蒙认为这些学习理论无法解释网络环境下学习的基本特征，由此提出了基于网络环境的联通主义学习理论。该理论认为知识是网状结构的，学习是一种发生网络关系、增加和去掉关联内容的过程；联通主义的起点是个人，个人的知识组成了一个网络，这种网络被编入各个组织与机构，反过来组织与机构的知识又被回馈给个人网络，以供个人继续学习，因此学习的知识不仅仅在学习者个体内部，也存在于个体外部。联通主义表达了一种"关系中学"和"分布式认知"的观念。联通主义学习以教学交互为核心，教学交互的目标在于改变学习者，帮助学习者实现个人学习目标。[①]课程设计者事先提供的内容只是深度交互的导引或触发点，学习者的学习目标在交互的开展中逐渐明确，交互内容在交互过程中相互碰撞、激发、促进、动态生成。[②]

乔治·西蒙和斯蒂芬·唐斯基于联通主义的学习理论模型，创建了全球第一个 cMOOC 课程"联通主义与连接性知识"来探索 cMOOC 的教学模式。其主旨是将学习设计者、教学者、学习者和学习资源构成一个有机的整体，不仅仅关注批量知识传授的浅层次学习，更加关注将网络中不同人的思想进行联系，引发知识迁移和知识创造，使面向批判理解、信息整合、知识构建、迁移运用和问题解决的"深度学习"真正发生。这种教学创新体现在 3 个方面：[③]

（1）注重非结构化知识的传授和高阶思维能力的培养。主张通过多种社交媒体，整合社会化网络、领域专家和网络资源支持学习者思考、讨论和分享知识，认为课程知识不是事先确定的，而是在学习者交互与联通中生成的。教师与学习者形成知识创建和共享的"同盟"；要求学习者广泛与深度地参与，学习过程是教学者与学习者群体间交互作用的过程，这种教学的有意义结果支持深度学习的发生以及复杂性知识的建构。

（2）促进基于网络联结的分布式认知。人类适应社会复杂性的表现之一就是思维方式从个体认知向分布式认知转变。网络的联通性使成千上万的学习者联系在一起，共同兴趣不同主题的交互作用使学习者之间的知

[①] 王志军.远程教育中"教学交互"本质及相关概念再辨析[J].电化教育研究，2016，37（4）：36-41.
[②] 王志军，陈丽.cMOOCs 中教学交互模式和方式研究[J].中国电化教育，2016（2）：49-57.
[③] 韩锡斌，翟文峰，程建钢.cMOOC 与 xMOOC 的辩证分析及高等教育生态链整合[J].现代远程教育研究，2013（6）：3-10.

识结构发生关联。学习者所获得的知识不再是个体内部的独立认知,更多的是学习者群体之间相互作用而产生的分布式认知和群体认知。学习群体间通过邮件进行常规交流、论坛讨论、Twitter与WeChat等社交工具的信息关联,以及利用Wikipedia、概念图等在线协作工具进行知识构建、创造和可视化。集中式讨论平台和学习内容被分布式交互所取代,课程呈现出聚合式与分布式相结合的形态也成为在线课程中分布式认知的另一个重要特征。

(3)促进基于网络互联的学习型组织的建立。要在数字时代分布式、碎片化的"海量信息"之间建立联系,使之发生关系、生成知识,绝不是简单的个人学习所能够完成的,因此网络环境下群体间的协作学习就显得愈发重要。学习者建立不同的学习群体和学习社区,围绕共同感兴趣的主题进行深度互动,彼此间不断交换、汇聚信息,通过协作学习来共同创建知识,进而形成"学习共同体"和"实践共同体"。

联通主义理论作为"数字时代的学习理论",提供了Web2.0和社会媒体时代教与学如何发生的新视角,适合解释开放复杂网络环境中以教学交互为核心的学习生态和教学行为。

(四)信息技术与课程深层次整合理论

以中国学者何克抗教授为代表提出了"信息技术与课程深层次整合理论",[1]"整合"的实质与落脚点是要改变"以教师为中心"的教学结构,创建新型的既能发挥教师主导作用又能充分体现学生认知主体地位的"主导主体相结合"的教学结构。通常要发挥教师在教学过程中的主导作用必须有"以教为主"教与学理论的指导,要充分体现学生在学习过程中的主体地位必须有"以学为主"教与学理论的支持。而要实现"主导主体相结合"这种更高层次的教学需求,则要在吸纳以上两种教与学理论之所长(即分别从这两种理论中选出各自最精华的内容)并扬弃二者之所短(即抛弃这两种理论中对于信息化环境下的教学作用不大的元素与成分)的基础上,整合出一种新的教与学理论来支持和指导信息技术与课程的深层次整合。

---

[1] 何克抗. 我国教育信息化理论研究新进展[J]. 中国电化教育,2011(1):1–19.

"学教并重"教学设计通常包含下列实施步骤：

（1）教学目标分析——确定教学内容及知识点顺序；

（2）学习者特征分析——确定教学起点，以便因材施教；

（3）根据对教学内容和学习者特征的分析进行教学策略的选择与设计；

（4）学习情境创设；

（5）根据教学目标、教学内容和教学对象的要求，进行教学媒体选择与教学资源的设计；

（6）通过提问、测验或察言观色等方式对课堂教学作形成性评价（以确定学生达到教学目标的程度）；

（7）根据形成性评价所得到的反馈，对教学内容、方法、策略作适当的修改与调整。

需要说明的是，这里介绍的信息化教学理论只是冰山一角。随着教育信息化的风起云涌，信息化教学的理论与实践日益丰富。在基础教育领域，代表性的有信息技术课程整合/融合、智慧教育、学习科学、高阶思维、信息化评价等理论。在高等教育领域，代表性的是在线教学、混合教学、学习社区等理论，在《混合教学改革手册》部分有更为详细的内容。此外，信息化教学理论的来源是更为广泛的课程教学理论、学习科学、教育学原理等基本教育教学理论，这是一片广阔的空间，高校教师要提高自己的教学能力和教学效果，有必要从教育学中汲取大量的营养，来反思并改进自己的教学过程。

九、成人学习理论

成人学习理论对教师能力培养、能力发展等相关方面影响的研究起步较早，相关讨论较多。2010年，卢维兰在其《成人学习理论对教师培训的启示》一文中提出：教师作为成人学习者有其独特的学习特点，教师培训应遵循成人学习的特点和规律，以解决教育教学问题为契机促进教师专业发展，探索有效的参与式培训模式。[1]

方明建根据成人学习理论和高校教师信息化教学能力内涵，提出高校教师信息化教学能力培养应遵循教学发展、设计整合、分层递进、问题导向、行动本位、服务支持等原则，他设计建构了"三层次、六类型、五阶段"

---

[1] 卢维兰. 成人学习理论对教师培训的启示[J]. 继续教育研究，2010（1）：104-105.

的高校教师信息化教学能力培养模式,并提出了从"政策驱动下的被动学习"到"技术驱动下的带动学习",再到"发展驱动下的主动学习"等高校教师信息化教学能力提升的重要策略。①

彭明成提出为提高"双师型"教师培训的有效性,必须以促进教师专业成长的理念创新为前提,以问题为中心选择学员适合的培训模式为重点,以尊重学员自我建构的制度建设为保障。②裴淼等从成人学习理论视角,运用成人教育学理论、余力理论、熟练理论、知觉转换理论、自我指导学习理论以及嬗变学习理论的基本观点,解读了教师学习的取向、目标、动机和途径,提出在成人学习理论视角下,教师学习主张回归教师的成人身份,注重教师的自我概念和个体经验以及教师基于现实需求的内部动机,将教师从"一次性""片段式"的被动课堂学习中解放出来,使其立足于学校场域中,扎根于日常性的、真实的问题情境,通过学习共同体等社会性的形式和途径,借助于学校、社区、社会等复杂系统的支持,调动自身的已有经验,主动地使自我概念和个体经验发生持续的积极变化。持续变化是教师学习的灵魂,体现为教师自身的变化以及由于教师的变化所带动的学生的变化。这些变化包括知识、能力、精神、情感、价值观、身心健康等各个方面。③

十、终身学习理论

联合国教科文组织终身教育局局长保罗·郎格朗于1965年首先提出"终身教育"的理念,他认为"终身教育所意味的并不是指一个具体的实体,而是泛指某种思想或原则"。其含义包括以下方面:第一,每个人都要实现自己的抱负,发展自己的可能性,也都要适应社会不断变化而提出的新课题,因而未来的教育"不再是从任何一个学校毕业之后就算完结,而应该是通过人的一生持续进行";第二,现行的教育是"以学校为中心的",而且是"闭锁的、僵硬的",未来的教育则将对社会整个教育和训练的全部机构和渠

---

① 方明建.基于成人学习理论的教师信息化教学能力培养原则和模式研究[J].现代教育技术,2012,22(10):33-36.
② 彭明成.高职院校"双师型"教师有效培训研究——基于成人学习理论的视角[J].职业技术教育,2014,35(31):66-69.
③ 裴淼,李肖艳.成人学习理论视角下的"教师学习"解读:回归教师的成人身份[J].教师教育研究,2014,26(6):16-21.

道加以统合，从而使人们"在其生存的所有部门，都能根据需要而方便地获得接受教育的机会"。①

1996年，作为国际21世纪教育委员会主席的雅克·德洛尔先生向联合国教科文组织提交了《教育——财富蕴藏其中》报告，对20世纪末世界面临的冲突矛盾、新世纪的教育问题进行了全面探究和思考，并提出了迎接未来社会挑战的各种对策。在"终身学习"思想指导下，报告"界定了21世纪社会公民必备的基本素质"，即终身学习的四大支柱，包括学会求知、学会做事、学会共处以及学会生存。②2003年，联合国教科文组织教育研究所（UNESCO Institute for Education）又提出了学会改变的主张，并将其视为终身学习的第五支柱（见表2-3-2）。其中，学会求知是终身学习的基础，学习过程与工作经验的结合将日趋密切，教育应促进个人在工作内以及工作外的学习贯穿其一生。③

表2-3-2 终身学习的五大支柱

五大支柱	具 体 指 标	
学会求知	1. 学会学习 2. 注意力	3. 记忆力 4. 思维品质
学会做事	1. 职业技能 2. 社会行为 3. 团队合作	4. 创新进取 5. 冒险精神
学会共处	1. 认识自己的能力 2. 认识他人的能力	3. 同理心 4. 实现共同目标的能力
学会生存	1. 促进自我实现 2. 丰富人格特质	3. 多样化表达能力 4. 责任承诺
学会改变	1. 接受改变 2. 适应改变	3. 主动改变 4. 引领改变

---

① 高志敏. 关于终身教育、终身学习与学习化社会理念的思考[J]. 教育研究，2003（1）：79-85.
② 联合国教科文组织. 教育——财富蕴藏其中[M]. 北京：教育科学出版社，1996：76-85.
③ UNESCO Asia and Pacific Regional Bureau for Education. Learning to be: A holistic and integrated approach to values education for human development[C/OL]. Bangkok: UNESCO Asia and Pacific Regional Bureau for Education. 2002 [2022-06-28]. http://unesdoc.unesco.org/images/0012/001279/127914e.pdf.

对教师能力发展的研究也常常以终身学习理论为指导。朱世东在引介国外教师教育相关研究及其启示时，专门提到"教师教育的终身性"：一般知识和教育知识不断地更新和发展，教育体制经常发生变化，教师角色的多样化，以及教育教学活动的创造特性不断增加，这些因素都要求教师不断学习，全面提高自身的科学文化素质，否则必将无法应对挑战，承担教育教学任务。"当代教育教学过程的特点，现代科学技术的迅猛发展，经济与社会方面的急剧变化，这些条件促使教师教育首先成为终身性事业，教师是最先感受到终身受教育必要性的社会职业工作者之一"。正是时代要求教师不断完善自己的专业，经常地补充知识，理解学校周围世界生活的新现象。"可以说 20 世纪 50 年代以前没有一个国家有教师继续教育制度，但 60 年代以后，特别是近 20 多年，教师的终身教育即继续教育在世界各国都有迅速发展，成为世纪之交教师教育改革与发展的重要趋向[1]。"

唐松林从解决中国农村教师发展问题的角度，提出我国农村教师发展面临着"超编与缺人""人才溢流""人力资本贬值""素质提高难""劳动效益低""产品无出路"及"发展投入不足"等问题。要解决这些问题，政府、市场、教师教育机构、中小学校和教师个体 5 方必须承担一定的责任与任务，同时必须遵循"退出规则""吸入规则""价值规则"和"提高规则"，以达到有效解决农村教师发展问题、促进农村教师发展的目的。在讨论教师个体的责任时，其提出教师教育事业管理理论，认为教师教育由一次性教育制度向终身性教育制度转变进而向终身学习制度转变，这一过程不能完全依赖于教师个体以外的其他因素，关键依赖于教师自己的发展。[2]

沈欣忆站在终身学习的研究视域内，提出教师是终身教育提供服务的重要窗口，教师的服务能力决定着终身学习服务体系的服务能力。然而，目前的教师队伍无法应对新形势下快速发展的终身教育，跟国民教育体系的师资队伍相比，服务终身学习的师资队伍近乎被遗忘，各种问题不断涌现：数量不足、专业欠缺、年龄老化、劳动强度大、待遇低、无法满足社

---

[1] 朱世东. 国外教师教育及其启示 [J]. 继续教育，2004（9）：61-62.
[2] 唐松林. 解决中国农村教师发展问题的理论框架 [J]. 河南师范大学学报（哲学社会科学版），2006（3）：188-191.

会需求、教师专业技术职务晋升通道不畅、专业化发展道路受阻等。师资队伍的问题将严重影响终身教育的建设和发展。①

十一、实践共同体

从人类学角度来说，实践共同体（community of practice）是情境学习理论的核心要素。实践是学习的本源，学习的隐喻是实践参与，实践参与的过程就是意义协商的过程，协商需要一群有共同目标和共同兴趣的人形成实践共同体。

（一）实践共同体的概念

实践共同体的概念是由国外学者莱夫和温格首次提出的。他们认为一个实践共同体包括了一系列个体共享的、相互明确的实践和信念以及长时间追求共同利益的理解。②

Wenger和Snyder认为实践共同体是一个分享和创造真实知识的共同体，一个可供选择的知识创造模型，其强调学习者的积极性、参与性和创造性，学习者之间的深层次交互和知识共享，以及学习者在信任的基础上进行自主学习和协作学习。③Jameson等则认为实践共同体是在一个实践活动中，基于共同的兴趣和共享能力，非正式联系在一起（没有社会界限）的一群人，他们能够以一种非正式的和创造的方式找到问题的解决方案。④

综合而言，实践共同体是具有共同兴趣，为达到某一目标或完成某项任务自然地聚集在一起的一群人，他们可以随时参与到实践活动中，成员之间进行协作、交互、讨论；成员加入没有身份界定，彼此相互信任，共享共同体资源（经验、知识），最终个体形成共同体内部身份并获得知识，从新手发展成老手，共同体不断发展，继承实践文化和集体知识。

---

① 沈欣忆，史枫．首都终身学习服务体系教师发展动力研究：基于社会支持理论的分析[J]．职教论坛，2019（7）：103-109．
② J. 莱夫，E. 温格．情景学习 合法的边缘性参与[M]．王文静，译．上海：华东师范大学出版社，2004．
③ Wenger E C，Snyder W M. Communities of Practice：The Organizational Frontier[J]. Harvard Business Review，2000，78（4）：139-145．
④ Jameson J，Ferrell G，Kelly J，et al. Building trust and shared knowledge in communities of e-learning practice：collaborative leadership in the JISC eLISA and CAMEL lifelong learning projects[J]. British Journal of Educational Technology，2010，37（6）：949-967．

（二）实践共同体的基本要素

实践共同体都有一个包含 3 个要素的基本结构，这 3 个要素也是实践共同体与其他组织团体相区别的重要依据，具体如下：

（1）知识领域。知识领域为共同体内活动的统一提供了平台。成员首先应认同一种共有的知识领域，才能倾注时间和精力。

（2）社会情景。共同体为成员之间的交流提供社会情景，为成员提供参与机会，否则协商与认同就不复存在。

（3）共同实践。共同实践是一种特殊的与成员相关的工作情景。

（三）实践共同体的构建原则

实践共同体是一个自行建立、组织起来的团体，在其构建和发展的过程中会形成一些约定和规范。从整体宏观的角度出发，构建一个有效的实践共同体可参照如下 7 条原则。

（1）动态设计。动态设计的关键在于立足于共同体的发展，根据共同体所处的环境和社会特征、成员的职业特征、成员的参与程度以及可共享的学习资源等来设计实践内容和活动。

（2）内外兼顾。立足于共同体内部，从内部成员的角度来思考实践共同体的特点和发展，鼓励其他共同体的成员成为"边缘参与者"。

（3）参与者层次多元。构建有效的实践共同体必须吸引不同层次的人群参与。根据成员在共同体中的参与程度，参与成员一般可分成 3 种类型：核心成员、活跃成员、边缘成员。

（4）创设公共场所和可相互访问的个人空间。实践共同体的关键是通过某项活动或主题讨论会议将成员聚集起来，需要一个公共场所来连接成员，创建成员关系网，以使成员相互交流、共同探讨 / 商量解决问题的办法，探索新的思路、工具和技术。

（5）注重价值外显。通过一定的技术将共同体的价值进行量化才能将价值真正地外显出来，才能拥有具体的价值。

（6）非正式的交流空间与成员的兴趣相结合。实践共同体应为成员提供非正式的交流空间，为成员提供有吸引力、感兴趣的活动，以使成员间不断擦出新的思想火花，吸引更多人加入共同体。

（7）为共同体安排有规律的活动。有规律的活动才能体现实践共同体的活力。无论是常规会议还是非正式的聚会都必须从属于实践共同体的活动。

（四）实践共同体与高教教师能力发展研究

实践共同体不仅是一个诠释"知识产生于文化传承"的理论工具，也是可以从设计的角度加以驾驭的实践策略。尤其是在教育领域，实践共同体理论经常被用作理论框架来进行教师教学能力发展研究。

实践共同体理论认为学习者的知识构建存在于实践共同体当中，学习首要是社会参与而不是单纯的知识传输，学习过程实际是知识构建和意义协商的过程。这促使高等教育教师们重新思考学习的含义，同时也强调了构建能够促进学生参与、加强学生和老师以及学生之间交流互动的课堂的重要性。高等教育教师要从课堂互动、课程安排、课堂教学材料选择、课堂活动设计、学生的学习方式、教师的教学语言、教学方法和课堂组织方式等方面建设一个能使更多学生有热情参与、更适于学生全面发展的课堂环境。

第四节 研究进展

一、大学教师的教学专长

在教师教学专长的构成上，特纳-比赛特（Turnner-Bisset）发展了舒尔曼的分类，增加了一般教学法知识（general pedagogical knowledge）、教学模式和理论知识（knowledge about models/theories of teaching）、学生知识（knowledge of learners）、自我知识（knowledge of self）、教育情境知识（knowledge of educational contexts）、教育结果、教育目的和教育价值知识（knowledge of educational ends, purposes and values），以及如何通过完成近景目标来完成远景目标的知识和意识。[1] 显然，教学专长知识继承了教师知识结构（如舒尔曼的知识分类框架）中的大部分成分，同时增加了教学模式与理论知识、自我认知两类知识，意味着专家型教师在教学法和自我反思与认知两方面的知识更为突出。

---

[1] Turnner-Bisset, R. The knowledge bases of the expert teacher[J]. British Educational Research Journal, 1999, 25（1）: 39-56.

与知识分类研究的范式不同,邦德(Bond)等从教师行为的角度出发,将教师教学专长细分为13个原型特征,分别是:[①]

(1)充分利用知识;

(2)大量的学科教学法知识,包括对学科知识的深层表征;

(3)良好的问题解决策略;

(4)为不同的学生设定并调整适合他们的目标,具有更好的即兴发挥技巧;

(5)更好地作出决策;

(6)提出更具挑战性的目标;

(7)创造更好的课堂气氛;

(8)对课堂实践有更强的洞察力,能够更好地解读学生提供的信息线索;

(9)对情境有更强的敏感度;

(10)对学生的学习进行更好的监控,并给予学生更恰当的反馈;

(11)更经常检验假设的合理性;

(12)更尊重学生;

(13)表现出对教学更高的热情。

教师教学发展的目标是将新手型教师尽快地培养成为专家型教师。Manross等认为,专家型教师不是天生的,而是通过实践练习而成,教师教学专长随着经验、实践和知识的增长而形成。[②] 教师教学专长的获得并没有在训练上作太多的刻意强调,刻意训练的方法更多地用于实习教师专长的获得上,教师的教学实践和教学经验的积累都可以看作是训练的过程。Manross主张从备课技巧、培养洞察力、关注学生个体、教学策略和教学反思几个方面来训练获得教师教学专长。在备课技巧上,教师应该经常练习,参考其他教师的优秀教案和高效策略,并在回顾和改进课堂时进行反思;在洞察力的培养上,教师应该注意学生的行为、课堂情境以及自己的教学

[①] Bond L, Smith T, Baker W K, et al. The certification system of the National Board for Professional Teaching Standards:A construct and consequential validity study[C]. Greensboro:Center for Educational Research and Evaluation, The University of North Carolina at Greensboro, 2000.

[②] Manross D, Templeton C L. Expertise in teaching physical education[J]. Journal of Physical Education, Recreation & Dance, 1997, 68(3):29-35.

行为，洞察力培养不易，但可以努力练习；对于关注学生个体，教师在刚开始的时候，应先练习关注 1~2 个学生，分析和理解他们的行为，当关注学生个体的技能提高达到娴熟以后，可以练习关注更多的学生；而要发展教学策略，则应该借助其他教师的教学案例、专业书刊来寻求新的教学方法和教学理论；在教学反思方面，教师需要付出一定的刻意的努力，应积极地和其他教师进行交流和互动，观察他们的课堂讲解，课后及时回顾并反思他们的教学。①

教师时常抱怨在课堂之外的学习总是由于脱离日常教学实际而没有多大的意义，教师实践性知识具有情境性、经验性，教师大部分经验的积累还需在真实的教学情境中完成，教师教学专长的训练存在于真实教学的过程中。情境训练论大致可以分为实践情境获得和反思情境获得两种主张，对实践性知识的主张和探讨属于前者，而反思也是促进专业成长的重要途径。这两种观点并非对立存在，而是有着不同的侧重点，教师的教学专长获得往往通过实践和反思来完成。舍恩 DA.J 认为，反思性实践也是在实践过程中来强调反思的。教师是反思性的实践者，在实践中反思包括6个过程：对问题的认识；对不协调因素的认识；对问题的再构造；提出新的解决办法；在行动中检验新办法；评价结果。②

二、大学教师教学能力发展的模式

教师教学发展的过程就是一个从新手型教师成长为专家型教师的过程，在国际象棋、物理、数学、音乐、历史等领域对专长的研究都证明了任何一个专业领域内的新手要成长为专家都至少需要 10 年的工作经验。③ 在此过程中有不同的发展阶段，各阶段具有不同的特征。代表性的理论有以下几种。

（一）Glaser 的专业内化三阶段发展理论

专长的获得是一个从依靠外部条件支持转变到依靠内部监控的过程。基于这一假设，Glaser 提出从外部支持阶段到中间过渡阶段，再到内部监控

---

① Manross D, Templeton C L. Expertise in teaching physical education[J]. Journal of Physical Education, Recreation & Dance, 1997, 68 (3): 29-35.

② Schön D A. Educating the reflective practitioner: Toward a new design for teaching and learning in the professions[M]. San Francisco Jossey-Bass, 1987.

③ Robertson S L. 问题解决心理学 [M]. 张奇，译. 北京：中国轻工业出版社，2004.

阶段的专业内化三阶段发展理论。在外部支持阶段，新手需要依靠外部环境结构来获得他们所需的初步技能，并且会受到奉献精神、兴趣以及他们的指导者、父母和其他重要人物的影响。这一阶段社会学习和组织训练尤为重要。中间过渡阶段以新手减少对"脚手架"的使用并逐渐成为学徒为特征，因此需要更多的指导和训练。学徒在这一阶段中重点要学会自我监控和自我调节的技能，并总结出一些经验。在内部监控阶段，学徒会逐步转变为专家，开始掌控他们所处的学习环境，并进行有意训练以调整他们自己的状态。他们开始接受其所需要的反馈信息，并选择适合其发展阶段的训练难度。[1]

（二）Berliner 的五阶段发展理论

Berliner 将教师教学专长的发展分为新手型教师、熟练新手型教师、胜任型教师、业务精干型教师和专家型教师 5 个阶段。他认为，所有教师都是从新手阶段起步的，随着知识和经验的积累，经过 2~3 年会发展成为熟练新手型教师，再经过 1~2 年的教学实践和职业培训可以成为胜任型教师，这是教学专长发展的基本目标。在之后一年左右的时间内，一部分教师逐渐成为业务精干型教师，而其中的一部分在接下来的时间里继续发展，会成为专家型教师。不同阶段的教师具有不同的特征，如新手型教师以审慎和刻板为特征，不太知道灵活变通；熟手教师的洞察力强；胜任型教师的特征是理性，并且有更为强烈的成就动机和责任感；只有一小部分教师能够达到业务精干阶段，他们在教学技能方面具有接近认知自动化的水平，有一种教学直觉。极少的教师能够成为专家型教师，他们和其他教师有着质的不同，他们在处理问题时是非理性的，做事流畅，几乎不需要分析和思考，仅凭经验就能完成，可以说达到了完全自动化的水平。

（三）Fuller 和 Brown 的三阶段发展理论

Fuller 和 Brown 根据教师在不同阶段所关注对象的不同，将教师教学发展分为三个阶段：[2]

---

[1] Glaser R. Changing the agency for learning: Acquiring expert performance[M]. Ericsson KA. The road to excellence: The acquisition of expert performance in the arts and sciences, sports and games, mahwal: Lawrence Erlbaum Associactes, 1996: 303–311.

[2] Fuller F F, Brown O H. Becoming a teacher[J]. Teachers College Record, 1975, 76 (6): 25–52.

（1）关注生存阶段。这一阶段的教师主要是实习教师和新手型教师。他们特别关注自己的生存和工作的适应性，把大量时间用于教学之外的事务上，如处理人际关系、家庭关系等，专业发展还十分有限。

（2）关注情境阶段。这一阶段的教师开始关注学生的成绩，同时特别关注自己的课堂教学内容和教学效果，教学专长有所发展和提高。

（3）关注学生阶段。教师开始关注学生的个体差异，并考虑如何在教学活动中根据学生的个体差异进行因材施教。在这一阶段，教师的教学专长得到了充分的发展。

刻意训练对于教师知识与教学能力的发展很有必要，但更重要的是要在情境中训练，并且要求教师进行积极的反思。教师获得专长需要一定的时间，可以划分为不同的发展阶段，要抓住各个阶段的不同特征和规律，通过教师培训、教学实践和教学反思等促使其从一个阶段尽快跨越到另一个阶段，其中的方式、方法及效果是需要持续关注的。

三、大学教师的教学评价能力

对学生的学习评价是大学课程评价中最核心的维度，是学生学习效果的检验，直接反映了大学教学的质量。随着大学教育教学理念的变革，大学学习评价的理论与实践均发展很快。信息时代的高等教育对学生学习效果的评判越来越重视认知目标达成的高阶性；评价方式多采用多元评价、过程性评价以及真实性学习/实作评价。这些学习评价理论/理念往往首先在普通教育领域中提出，然后才推广到高等教育领域。

（一）学生高阶思维的评价

世界上对高等教育的关注点从数量转向质量，从注重院校绩效转向人的发展能力，高等教育在发展与变革过程中越来越强调尊重与发掘学生的主体性，强调发展学生的高阶思维与能力，高等教育评价也更加指向学生的发展本身。1991年美国出版《国家教育目标报告》，明确规定"应培养大量具备较高批判性思维能力、能有效交流、会解决问题的大学生"。中国教育部提出高校要淘汰"水课"，打造"金课"，高阶性、创新性和挑战度则是中国"金课"的标准。培养大学生的高阶思维已经成为大学教学的基本目标。大学普遍实行的注重批判性思维、问题解决、阅读写作、社交、人际关系等培养的博雅教育、通识教育被视为实现高阶思维能力的重要载体。

同时，越来越多的大学采用能力评估来评估学生的表现，如美国高等教育（Collegiate Learning Assessment，CLA）系统即针对高阶思维而展开，聚焦大学生的批判性思维、分析推理、写作交流及问题解决等4种高阶思维。

高阶思维在学界没有公认一致的定义，但对其包含内容的认识相对一致，经安德森修订后的布鲁姆教育目标分类中将学习目标分成6类，从低阶到高阶依次为知识、理解、应用、分析、评价和创造。高阶是相对的，即能实现排序较高的认知过程的能力，[1]最初提出这一概念的目的是使教师在教育教学活动中更加关注学生复杂思维能力的培养，而非对具体知识的简单记忆或程式化的学习。[2] 至于低阶和高阶的分界则有不同划分，3/3划分最多，即前三类属于低阶，后三类属于高阶；也有2/4划分、1/5划分。此外基础教育与高等教育领域的划分也不同。

在高等教育领域，高阶思维和深层学习的概念联系在一起。马顿和赛尔卓1976年首次提出表层和深层两种学习取向，表层学习表现为学习者在面对学习材料时，往往不愿意认真思考而只是机械地记忆所阅读的内容；深层学习表现为学习者对学习材料进行深层加工，进行理解、联系、融合等高阶思维过程。[3] 使用深层学习取向的学生学习成绩更好，保留信息时间更长，综合和转化信息的速度更快，学习体验更愉快。[4] 从这个意义上说，高等教育出于对"死记硬背大学印象"的强烈批判更倾向于1/5划分，恩尼斯等的高阶思维即将理解、应用、分析、评价和创造等5个层次认知过程的能力界定为高阶思维能力，如图2-4-1所示。

另一方面，批判性思维、分析性推理、反省思维、问题解决等相关概念经常与高阶思维一起出现，究其实质，它们的构成核心仍然是分析、推理、评价这些复杂度较高的认知过程，其差异是这些认知过程的不同组合。因此，高阶思维是这些不同类型较高级、较复杂思维的总称，是批判性思维、

---

[1] Hopson M H, Simms R L, Knezek G A. Using a technology-enriched environment to improve higher-order thinking skills[J]. Journal of Research on Technology in Education, 2001, 34（2）: 109-119.

[2] 杨翊，赵婷婷. 中国大学生高阶思维能力测试蓝图的构建[J]. 清华大学教育研究，2018，39（5）: 54-62.

[3] Marton F, Säljö R. On qualitative differences in learning: I—Outcome and process[J]. British Journal of Educational Psychology, 1976, 46（1）: 4-11.

[4] Biggs J B. Approaches to the enhancement of tertiary teaching[J]. Higher education research and Development, 1989, 8（1）: 7-25.

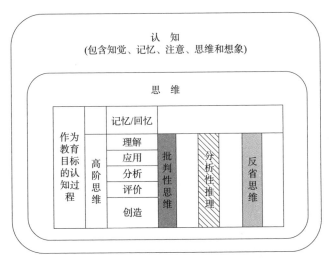

图 2-4-1　高等教育中的高阶思维模型

分析性推理、反省性思维等的上位概念。

如何评价学生的高阶思维？全美大学生投入调查（National Survey of Student Engagement，NSSE）团队构建的"深层学习方式"量表中包括 3 个子维度：高阶学习、整合学习和反思学习。① 其中，"高阶学习"维度包含 4 个题项，如表 2-4-1 所示。该维度结构稳定、内部效度高，很多国家都采用该量表来评估大学生的学习表现。清华大学对此进行了汉化，形成 China-NSSE 量表。对比研究表明，中国本科低年级课程更强调低阶思维，特别是一年级课程强调记忆和分析两项认知能力；与美国相比，中国本科课程在 5 项认知能力（含记忆）的强调程度上均不及美国，而且在高阶思维上的差距非常大。②

表 2-4-1　"高阶学习"维度的题项构成

本学年，你修的课程是否强调以下方面？（从不强调=1，有点强调=2，强调=3，非常强调=4）
分析某个观点、经验或理论的基本要素，了解其构成
综合不同观点、信息或经验，形成新的或更复杂的解释
判断信息、论点或方法的价值（例如，考察他人如何收集、解释数据，并评价结论的可靠性）
运用理论或概念解决实际问题，或将其运用于新的情境

---

① 岑逾豪. 本科教学中的高阶学习：问题、实践和挑战 [J]. 复旦教育论坛，2014，12（2）：47-53.

② 同上

(二)多元评价理论

创新人才培养一直是全球高等教育机构的内在使命,要培养多层次和多领域的创新人才,首先必须树立多元的价值体系来评估大学生的学业表现,促进大学生综合能力的提高。大学教学评价的现状为:学习评价方式单一,往往将考试测验视为学习评价的全部,容易产生"高分低能",有悖创新人才培养的使命。因此,多元评价体系的构建成为高等教育改革中的重要议题。多元评价以现代教育评价理论为基础,以促进创新素质的养成为核心目标,如今已形成比较成熟的理论体系。

多元评价指采用多种手段,在非结构化的情境中评价教学效果的多种评价方法组合。多元评价源于加德纳的多元智能理论。20世纪80年代,美国哈佛大学心理学教授霍华德·加德纳对当时盛行的智力测试提出了质疑,指出人的心理和智能由多层面的多要素组成,无法以任何传统的方式仅用单一的纸笔工具合理地测量出来。[①]他认为,人的智力不但包括语言智能、数理逻辑智能,还包括音乐智能、空间智能、身体运动智能、人际交往智能、自我认识智能等。由于每个人的智能组合不同,其存在形式各异,每个个体具有独特的智能特征,在完成不同的任务、解决不同的问题时,每个个体都表现出不同的特点,如有人逻辑能力强些,有人语言能力突出,还有人擅长与人沟通等,由此构成多元化的人类智能。基于人的智力的多元性,教学评价中的学科考试成绩不应成为评价的唯一依据,还应将学生的学习策略、互动交际、与人合作等能力考虑在内。

多元评价的独特内涵体现在以下5个方面:

(1)一元和多元相统一的价值取向。[②]多元评价主张教育的内在价值与外在价值相统一的价值取向,主张既要满足个人发展的需要,又要符合国家、社会发展的需要。

(2)注重发展的评价观。[③]多元评价理论认为,评价的主要功能不在于甄别,而在于以评价促进建设、促进发展,以评价反映出的信息促进评价对象识别自己的强项和弱项,不断发现问题、完善自我,以此促进个人的

---

① Gardner.H. 多元智能[M]. 沈致隆译. 2版. 北京:新华出版社,2004.
② 鲁静. 基于多元评价理论的辅导员职业准入标准[J]. 教育发展研究,2011,33(22):77-80.
③ 陈志旗. 多元评价视角下的教学评价改革[J]. 教学与管理,2011(36):26-28.

发展和社会的发展。可见，多元评价十分关注被评价者的个人成长，努力为个体的成长提供条件。

（3）强调发掘多元智能的评价目标。多元评价倡导真实性评价，强调评价的目标应在于评估人的每一种特定智能或智能的组合，激发人的内在潜能。评价的内容可以涵盖个体智能的各个方面，包括语言、逻辑、人际、内省、独立完成任务、合作、运用资料能力等。

（4）评价主体多元，突出学生的评价主体地位。与传统教学评价不同，学生主动参与多元评价，自我监控学习和评价学习成效，思考如何进行学习策略的调整。在这个过程中学生的自主性得到发挥，自信心得到激发。

（5）多元评价融教学与评价于一体。多元智能理论认为，智能是个人在实际生活中解决问题的能力和创造新产品的能力。评价应是自然学习环境中的一部分，评价只有在真实情境中才能反映出一个人的智能。在教学中，教师创设自然、与真实生活相关联的场景，并让学生在其中自由展现个人所知所能，评价被嵌入课堂教学，这样可以更客观、公正地发掘学生特点，辨别强项弱项，了解他们的学习需求。评价贯彻整个教学过程，教学与评价相长，评价的结果为下一步的教学提供反馈和目标依据，帮助能力各异的学生共同成长。

多元评价理论促使我们重新审视大学课程教学评价体系中的问题，发掘面向创新人才培养的教学评价体系改革的思路和方法，为大学课程教学中的学习评价带来如下启示：

（1）形成性评价与总结性评价相结合，关注学生成长。改变过去单一的教学评价手段，在总结性评价基础上增加形成性评价的比重。形成性评价指教学过程中进行的过程性和发展性评价，它利于教学效果跟踪与学习诊断，发挥评价对学生发展的反馈、调节与支持作用。

（2）学生评价与教师评价相结合。除了传统的教师评价之外，应鼓励学生自评与互评。学生作为学习的主体，应给予他们了解自己学习效果、反省学习策略、调整学习方向的权利和机会，学生撰写学习周记、自评量规打分等都是有效的手段，有助于强化学习，促进学生自主学习能力的提高；同时，互评机制能促进合作学习，加强学生间的交流，促进批判性思考。

（3）评价手段多样化。除了运用测验、考试考查学生阶段性知识认知掌握情况外，还可采用口头演说、书面表达、展示、实验以及其他一些非正式评价，如教师课堂观察、学生档案、日记、访谈等。如通过观察学生的课堂参与程度评价学生的表现，通过课堂提问发现他们对知识的掌握程度，通过辩论考查学生的口头表达能力和思辨能力，通过小组活动了解学生的团队合作能力等。

（4）教学评价真实化。真实化评价有别于传统的结构化的标准化考试，是通过学生在一系列应用知识的真实场景中的表现来评价其学习过程和学习效果，这是培养高阶思维的重要途径。通过真实情境中的问题或项目设计，引导学生运用专题知识完成某项任务，如专题讨论、主题演讲、角色扮演、作品的设计与创作、实验、社会实践等。学生通过有意义的课堂活动内化知识，激发他们探索知识的精神，展示他们的判断力和创造力，增强他们的知识应用能力。

（5）以学习档案袋促进评价的持续化与个性化。用发展的眼光对待每一位学生，评价应该是动态的、可持续的，档案袋评价能够较好地实现这一目标。档案袋评价为每个学生设立一个学习档案，记录该学生的整个学习过程和成长历程，包括关于学习目标与计划的资料，学习日记，自我评价的文章，学习讨论的记录，小组合作学习情况记录，同学、教师和专家给予的书面反馈，学科主题展示会成果，学科比赛的奖状等。无论教师或学生都可以从档案袋的记录中了解学习者成长的轨迹，促进师生的自我反思和教与学的调整与改进。同时，教师也能够通过档案袋深入了解每一个学生的特点，以便实施个性化的教学策略与学习引导。

多元评价强调评价的多元性、人本性、发展性和真实性原则，契合了高等教育人才培养的目标，大学自主招生的逐步实施、大学生综合测评体系的不断优化、大学课程教学评价的改革表明高等教育教学评价观念在不断更新，相应地，高等教育教学的多元评价体系的构建还有很多工作要做，例如应充分利用大数据、人工智能技术，数据驱动的智慧测评成为信息时代高等教育多元评价的新载体，同时也是一个值得持续探索的新课题。

（三）增值评价

公众对本科教育质量的重视使得高等教育的问责压力增大，高校需要提供"证据"证明高等教育在高质量人才培养上的绩效，以提升公信度。新的问责机制关注大学活动的"产出"而不是传统的"输入"，而所谓大学的"产出"并非传统意义上所指的学校培养了多少学生、完成了多少科研课题、发表了多少篇文章等，而是要通过可显性的、可比较的证据来表征学生的学习结果，增值评价理论与方法因而被引入到高等教育之中。

1985年，泰勒（Taylor）、麦柯克兰（McClain）首先提出了增值评价法，即通过对学生在整个大学就读期间或某个阶段的学习过程的学习结果的分析，来表述学生在学习上进步或发展的"增量"。[①] 因此，增值评价是考查学生在经历大学学习之后能力和知识的发展情况——增值意味着学生完成学业后的收获与学业开始前的差异，这个差异正是接受大学教育所带来的。增值评价主要关注学生从进入大学到毕业离开大学期间所发生的变化。学生质量是大学质量的根本体现，真正的质量在于大学对学生认知和情感发展的影响程度，学生大学期间学习和发展的变化越大，学校对学生发展的影响也就越大，因而学校的质量就越高。[②] 这种评价理念不仅能够考察学生大学阶段的核心能力发展状况及其增值幅度，而且其结果可以支持跨校、跨地区、跨文化的比较。

增值评价所体现的过程性、发展性评价的理念，本质上来源于人的发展理论，特别是20世纪60年代以来兴起于美国心理学界的大学生发展理论。在大学生发展理论集群中，最具代表性的流派包括个体与环境互动理论、认知结构理论、社会心理与认同发展理论、类型理论、整合型理论。这些理论分别论及了大学生在四年的学习生活中个体与校园环境的关系，个体所经历的认知、情感、能力与认同等方面的发展，学生群体间的人格类型差异，大学在学生发展过程中的介入作用等问题。[③] 这些理论中所包含的"参与""过程""全人发展""与环境的互动"等思想内核对增值评价理念与方法的完善以及在高等教育中的应用均产生了深刻影响。[④] 推进高等教育增值评价的首要任务是评价的具体内涵，要告诉利益相关者从哪些方面进行增值评估。正如哈维和格林（Harvey&Green）所认为的，增值是对质量的"衡量"，这里的质量是指教育经历对学生的知识、能力和技能等方面的促进程

[①] 刘海燕.美国高等教育增值评价模式的兴起与应用[J].高等教育研究，2012，33（5）：96–101.

[②] Astinwrited A. Achieving Educational Excellence: A Critical Assessment of Priorities and Practices in Higher Education[M]. San Francisco，Jossey-Bass Publishers，1985.

[③] 李湘萍，周作宇，梁显平.增值评价与高等教育质量保障研究：理论与方法述评[J].清华大学教育研究，2013，34（4）：40–45.

[④] 李湘萍，马娜，梁显平.美国大学生学习评估工具分析和比较[J].现代大学教育，2012（1）：30–35+112.

度。但大学教育究竟给学生增加了什么，增加了多少，这取决于评价的方法以及首先确定其中什么是有价值的。[1]

关于关键指标的量度，在高等教育情境下，学生的学习成果（student learning outcomes）是增值评价的关键指标，如何界定和量度学习成果直接影响评价结果。大学生学习成果是学生参与一系列学习体验后，在知识、技能、能力等方面的收获，根据不同的标准可分为认知、非认知的，心理、行为的，在校期间以及毕业后的成果。[2]学习成果的概念界定是广义的、宽泛的，但是在具体量度时则是狭义的、具体的。例如，在美国以及OECD的一些高教评估体系中，学习成果的量度主要采用"核心认知能力"或"一般技能"，包括书面交流能力、逻辑推理能力以及批判性思维能力等。除此之外，不同学科的专业技能，以及诸如情感、态度、人格等非认知层面的学习成果，也逐步纳入到关键指标中来。显然，大学生发展与成长的内涵十分丰富，不同院校的目标和使命也有很大不同，是否能够选取通用的、适合大多数院校的关键指标一直是增值评价不断研究的内容，此外关键指标量度的有效性至今仍存在争议。[3]

就测评方式而言，大学生学习成果的数据获得主要有3个途径：标准化测试、自陈式量表、课业考试成绩（college grades）。前两种是增值评价数据获得的最主要途径。[4]

标准化测试。以美国为例，2006年美国成立"自愿问责系统"（Voluntary System of Accountability，VSA）以测量"核心教育成果"，促进公众对高等教育机构运作情况的理解。VSA中用于评估大学生学习成果的标准化测试系统主要由美国教育考试服务中心等专业机构开发，代表性的测试系统包括ETS学术熟练程度测评（ETS Proficiency Profile，EPP）、大学学习评估（the Collegiate Learning Assessment，CLA）、大学生学术熟练程度评估（Collegiate Assessment of Academic Proficiency，CAAP）、大学生学术熟练程度与进步测

---

[1] Harvey L, Green D. Defining Quality[J]. Assessment and Evaluation in Higher Education, 1993, 18（1）: 9-34.

[2] Ewell P T, Assessing Educational Outcomes[M]. San Francisco, Calif: Jossey-Bass, 1985.

[3] 张青根，沈红. 中国本科生批判性思维能力增值再检验——兼议高等教育增值评价的实践困境[J]. 中国高教研究，2022（1）: 69-75.

[4] 李湘萍，周作宇，梁显平. 增值评价与高等教育质量保障研究：理论与方法述评[J]. 清华大学教育研究，2013，34（4）: 40-45.

量（Measure of Academic Proficiency and Progress，MAPP）、基础学科测试（Basic Academic Subjects Examination，BASE）等。这些标准化测试主要测量大学生的核心认知能力，包括书面交流、逻辑推理以及批判性思维等。VSA 建议高校根据各自情况，任选一种来收集本校学生学习成果的数据信息用于增值评价。国际组织 OECD 开发出相关的标准化测试系统，如高等教育学习成果评估（Assessment of Higher Education Learning Outcomes，AHELO），主要测试大学生的一般技能，支持跨文化的比较。除了一般的通用技能之外，AHELO 还致力于测试不同学科专业的专业技能，如分专业测试经济学和工程学专业的大学生学习成果。

自陈式量表。通过自我报告型问卷调查，由学生自陈课内外学习、活动的参与情况，以及自我感受到的个体发展和收获情况，间接地实现对大学生学习过程和结果的增值评价。代表性的自陈式量表有：CIRP 新生调查（CIRP Freshman Survey，CIRP-FS）、CIRP 大四学生调查（CIRP College Senior Survey，CIRP-CSS）、大学生就读经验调查（the College Student Experience Questionnaire，CSEQ）、全美大学生参与度调查（National Survey of Student Engagement，NSSE）、加州大学本科生就读经验调查（University of California Undergraduate Experience Survey，UCUES）等，这些自陈量表的设计理念源于大学生发展理论，学生的背景特征、院校组织特征、学生参与经历、学生的发展和收获是量表中的主要内容。

标准化测试和自陈式量表各有优势与弊端（如表 2-4-2 所示）。对高等教育管理实践而言，这两种方式代表不同的政策指导取向。标准化测试侧重考查学生核心认知能力的增值情况，对改进教师的教学过程与学生的学

表 2-4-2　标准化测试和自陈式量表的优势与弊端

评价手段	优　势	弊　端
标准化测试	测量核心认知能力； 测试成绩客观，有较高的信度和效度； 施测简单	未涉及情感、态度等非认知层面的学习成果； 一般认知能力，难以体现不同专业的技能之异质； 学生参加测试的动机影响测试效度
自陈式量表	维度更为丰富；更加丰富地反映课内外学习、活动的参与情况； 涵盖非认知层面的学习结果； 施测简单	作答的主观性大，测量效度不易建立

习过程有重要意义，有助于院校间的相互比较；自陈式量表侧重学生的学习经历与感受，对改进高校教学管理更具意义。

此外，增值评价关注的是输入、过程、输出以及毕业后的整个效果追踪，每个阶段都需要对学习成果数据进行采集，在不同阶段，代表性的高校学生发展性评价工具分布如表2-4-3所示。① 增值评价在基础教育阶段得以广泛应用，原因在于中小学生标准化测验成绩能为增值评价提供理想的数据。而在高等教育情境下，大学生的发展更为多元、复杂，不同专业学生的学习经历和收获存在较大差异，学生发展的增值很难通过统一的测量工具而获得，关于学生发展的关键指标的选择本身也存在争议。因此，对于高等教育的增值评价虽然在理论内涵上基本达成共识，但实践模式仍然需要进一步研究。但增值评价作为一种发展性评价方法，是高等教育质量保障体系中的重要内容，提供了一个新的有助于深入解释高校对学生发展的影响机制，进而改进高等教育质量的重要思路。

表2-4-3 高校学生发展性评价工具

阶段	代表性的评价系统
输入阶段	CIRP新生调查（CIRP-FS）
	大学生调查（College Student Survey，CSS）
过程阶段	大学生就读经验调查（CSEQ）
	全国大学生参与度调查（NSSE）
	全美大学生学习性投入调查——汉语版（NSSE-China）
	加州大学本科生就读经验调查（UCUES）
结果输出	CIRP大四学生调查（CIRP-CSS）
	大学学习评估（CLA）
	高等教育学习成果评估（AHELO）
效果追踪	大学生就读成果调查（Collegiate Results Survey，CRS）
	澳大利亚"课程学习经历问卷"（Course Experience Questionnaire，CEQ）

---

① 李恋，胡元. 以增值评价为基点的高校学生发展性评价体系探索[J]. 黑龙江教育（高教研究与评估），2017（3）：55-57.

四、高校教师信息化教学的进展

移动互联网、云计算、大数据、虚拟现实、人工智能等现代信息技术改变了人类的生产和生活方式，同时加快了高等教育信息化的发展进程，影响高等教育的教学模式、方法和评价方式。越来越多的高端新兴技术和开放的学习平台可供高校教师选择，引导教师开发高质量的网络课程，建设丰富的学习资源，开发相应的学习活动，探索课堂教学方式的变革，提升课堂教学效率，优化课堂教学效果。

（一）以 MOOCs 为代表的网络教学资源建设

2012 年 MOOCs（Massive Online Open Courses）的井喷式发展标志着全球高等教育教学信息化进入了一个新的高潮。从 Udacity、Coursera、edX 到 Udemy 等同世界顶尖大学进行合作，在线提供免费、高质量的课程，同时对学习者提供广泛的在线学习支持，包括课程任务布置、学习评估、师生和生生之间的互动交流，还可以为顺利完成课程的学生提供学习证书。

MOOCs 的建设始于全球范围内的开放教育资源运动。后者是近 20 年来影响高等教育信息化最重要的风向标，不断推动着高等教育的内部改革。2001 年美国麻省理工学院启动开放课件项目（Open Course Ware，OCW），将其二级学院的 3000 多门课程发布到互联网上供全球学习者免费使用。随着推广过程中用户规模的日渐扩大、资源需求的日益扩张，全球越来越多的高校和教育机构竞相加入开放课件联盟，促使教育资源在更大范围内实现共建共享。因此，2002 年联合国科教文组织（UNESCO）提出了开放教育资源（Open Educational Resources，OER）的概念，标志着信息通信技术在高等教育信息化中的发展已走到了一个特定阶段——开放教育资源成为高等教育信息化发展历程中相对完整的一种资源建设形式、一种新兴的大学课程模式。

开放教育资源运动直接推动了高等教育的信息化、国际化和民主化，成为破解"高教改革困局"的希望。[①] 因为 OER 附带了令人信服的高等教育大众化的逻辑：外在地，满足更多的人接受高等教育的需求，同时考虑

[①] 韩锡斌，朱永海，程建钢.MOOCs 在全球高等教育引发海啸的根源分析[J]. 北京大学教育评论，2014，12（3）：160-172.

现代经济发展下人力资本的集约化；内在地，是提高教学和学习质量的需要，以及 OER 为不同的教育参与者提供的潜在可能和机会。基于 OER 的理念，英国高等教育学会和联合信息系统委员会合作，在高等教育基金会资助下成立了教育资源项目 UKOER；[①] 印度国立开放大学建设了内容丰富、规模巨大的 eGyankoush 资源库；中国也积极推动高校精品课程建设，2003 年启动"国家精品课程"建设，其后陆续启动"国家精品开放课程""精品资源共享课"等，推动课程不断转型升级。2012 年（MOOCs 元年）之后，全球大学都纷纷投入到 MOOCs 课程建设之中。

　　OER 从 OCW 演变到 MOOCs，经历了一个从离散化资源到系统化课程建设的系统转变，并且实现了从"教为中心"向"学为中心"的转变、从教学共同体向学习共同体的转变，对高等教育教学理念与过程形成巨大的冲击，或成为撬动传统大学教育变革的一枚楔子。特别是 MOOCs 的发展，将对大学的课程设计与开发、教学组织、学分认证、师资队伍建设等诸多方面产生重要而深远的影响。MOOCs 作为在线课程，不仅能扩大大学的知名度，提升大学的社会影响力，有助于增进大学间以及大学与政府、社会和企业之间的协同创新，而且能使其他大学"草船借箭"优化自己的师资结构。MOOCs 对大学的影响可能更多地表现在教学策略和方法上，MOOCs 体现出来的是一种课程组织方式和呈现方式的变革，通过这样的方式，大学课堂将变得更加侧重互动和问题解决，而不仅仅是知识的传授，其开放特性彰显了其学习共同体的结构以及运作，这为传统大学的课程开发、教学组织提供了独特的思路。[②]

　　当然，以上是支持者的观点，他们认为 MOOCs 将掀起高等教育的一场革命，将通过"数字化海啸"把传统大学全部冲走。事实上，批判和质疑的观点也此起彼伏，人们质疑 MOOCs 的商业模式是否还能与大学使命紧密联结，传统的教学模式能否带来高质量的学习质量。因此，以 MOOCs 为代表的开放教育资源运动是变革大学教育的重要的催化剂，但并非一夜之间就能实现，MOOCs 并非在线教育整体解决方案的全部或"秘方"，需要客观和辩证地分析、认识和实践 MOOCs。未来的一大挑战

[①] 张轶斌.英国开放教育资源项目（UKOER）述评[J].电化教育研究，2011（7）：112-120.

[②] 焦建利.MOOC：大学的机遇与挑战[J].中国教育网络，2013（4）：21-23.

是让成千上万人的在线课程带给每个学生个性化的学习体验，以此为起点，探索高等教育信息化教学理论的创新和教学实践的不断优化与改进。

（二）大数据支持的高校教师信息化教学

2008年6月，第一届国际教育数据挖掘会议在加拿大蒙特利尔召开，大会讨论数据挖掘在教育中的应用问题。教育数据挖掘（Educational Data Mining，EDM）作为一门新兴学科，运用统计学、机器学习、机器挖掘和算法等各种科学和方法探究来自教育背景中各种类型的数据，并运用这些方法更好地理解学生和其学习的环境。[①] 教育数据挖掘可以建立学生特征模型，[②] 预测学生学习行为，监管网络学习过程，优化教学及课程设计，构建有效学习模式，进行教与学的评价，为页面推荐和智能化学习提供服务，也可用于网络学习学生流失分析、进行教学决策等。如为了帮助学习者确定最适合自己所学主题的学习路径，可汗学院的教授们对学习者学习行为数据进行挖掘，构建学习者体验模型，对线上课程进行评估。在信息化教学的条件下，学生能够通过信息技术获得丰富的教学资源。在保证教学资源可靠有效的条件下，构建信息化的教学环境能够实现传统教学方式和网络教学方式结合，从而为学生提供更加完善的教学环境。在大数据环境下，利用信息化技术能够根据学生的不同状况制订适合学生的学习计划，满足学生个性化学习的需要。[③]

（三）虚拟现实技术支持的高校教师信息化教学

虚拟现实（Virtual Reality，VR）是计算机生成的交互式人工世界。在这个人工世界中可以创造出一种身临其境的真实感觉。[④] "虚拟现实模式"目前更多地应用在大型的网络游戏中。为把这些游戏所使用的技术移植到教育领域中，MIT与Microsoft Research合作设立了Game-To-Teach项目计

---

① Calvet Linan，L Juan Pérez A A.Educational Data Mining and Learning Analytics：Differences，Similarities，and Time Evolution[J]. Universities and Knowledge Society Journal，2015，12（3）：98–112.

② 甘容辉，何高大.大数据时代高等教育改革的价值取向及实现路径[J]. 中国电化教育，2015（11）：70–76+90.

③ 罗红娜.大数据环境下高校信息化教学模式研究[J]. 科教文汇（上旬刊），2018（12）：27–28.

④ 王庆柱，陈海林.高校教师教育技术应用分析[J]. 清华大学教育研究，2004（4）：64–68.

划，专门研究学习科技领域的知识研发成果，使学习者在学习的过程中更具沉浸感、交互性以及想象性。2017年我国学者以高校思想政治理论课实践教学中红色VR展馆开发为例，提出了手机VR和VR一体机、主机VR、主机VR+大屏以及VR立体投影4种VR教学应用模式，探讨了VR场馆建设的原则和策略。① 虚拟现实作为一种新的实践教学模式提供了更为安全、快捷和高效的实践体验和学习效果，可以让更多的学生参与实践并获得较好的实习质量。通过进一步建立有效的监测和评价体系，可以更有效地保障实践教学效果的实现。②

（四）人工智能技术支持的高校教师信息化教学

"人工智能"（artificial intelligence，AI）这一专业术语最初在1956年举办的达特茅斯会议上被提出。在随后的60年间人工智能技术不断进化，时至今日其发展已突破一定的"阈值"。人工智能技术在教学中的应用重塑了高校教师的职业角色。③ 人工智能应用如今已在高校逐渐普及，例如越来越多的教师开始使用自适应课件，通过评估学生对学习内容的理解程度来分析学生未理解的概念，进而对学生提供补充指导。这种自适应课件的操作性极强，尤其是在理工科入门课程中。此外，机器人也成为广受欢迎的教学助手，例如美国国际商业机器公司（IBM）与美国佐治亚理工大学针对教师数量有限、时间有限的情况开发了Watson机器人助教，使学生走出了问题得不到及时反馈的困境，大大提升了教学效率。未来人工智能技术的应用能部分解决教师备授课效率及效果提升的问题，而更为关键的是促进教师在智能环境中持续发展。人工智能对高校教师部分日常重复性工作具有替代的潜力，如利用人工智能辅助教师进行课堂管理、开展课程资源建设、进行常规性专业问题的解答等，可以减轻教师的工作负担。同时，人工智能在教育上的应用对教师的能力结构带来冲击，教师不再是知识权威，教师的专业性不再体现在知识上，而是要通过对学生学习的陪伴、个性的

---

① 高义栋，闫秀敏，李欣.沉浸式虚拟现实场馆的设计与实现——以高校思想政治理论课实践教学中红色VR展馆开发为例[J].电化教育研究，2017，38（12）：73-78+85.

② 李小林，徐剑坤，潘程奇.虚拟现实技术在高校实践教学中的应用研究[J].教育教学论坛，2018（6）：140-141.

③ 任增元，刘军男.人工智能时代高校人才培养变革的思考[J].大学教育科学，2019（4）：114-121.

尊重、潜能的挖掘等更加人文的方式促进学生知情意的全面发展。①

因此，提高教师的信息化教学能力，可以确保高校整体竞争力的提高。高校教师应将信息技术与课程教学有机结合，优化教学评价体系标准，为教师开展信息化教学创造良好的环境，促进教师更好地完成教学目标。② 高校还必须坚持循序发展的原则，提高信息化教学的质量，并开展相关实践和尝试，加强自己的信息化教学队伍建设。③

---

① 刘德建.人工智能赋能高校人才培养变革的研究综述[J].电化教育研究,2019,40（11）：106–113.DOI：10.13811/j.cnki.eer.2019.11.015.

② Du H The Research on the Development Strategy of College Teachers'Informatization Teaching Ability[C]. 2020 4th International Conference on Economics，Management Engineering and Education Technology，2020.

③ Han R，Ye D Research on the Status Quo and Development of University Teachers' Informationized Teaching Ability[C]. 2020 4th International Conference on Advancement of the Theory and Practices in Education，2020.

第三章　教学能力标准框架及测评

信息通信技术促使教学与学习环境发生了巨大变化，高校教师教学也从传统面对面方式逐渐融入了在线学习、分布式学习和混合学习等情境特征，使得教学能力的内涵得到扩充。特别是信息时代的教师开展教学不仅仅是在教学方法层面叠加技术，更要考虑面向复杂多元的学习环境开展技术与教学的融合式应用。当前产业数字化的不断深化促使人工智能、大数据等新兴技术与传统产业结合，这些新兴信息通信技术进入教育领域使得教师要面对更加智能的学习环境，从而使高校教师教学能力的核心要素、框架和标准都需要作出与之相适应的调整。本章首先阐述信息时代高等教育教师教学能力标准框架构建的目标与原则，然后对相关标准框架进行综述分析，接着提出高等教育教师教学能力的标准框架，包括主要维度、评测指标以及发展水平的描述，继而讨论高等教育教师教学能力测评工具，最后就高等教育教师教学能力标准框架的应用提出建议。

第一节　教学能力标准框架构建的目标与原则

"教学能力标准框架"需要反映时代印迹和动态变化特征，应对信息时代教师教学能力的内涵与结构特点、数字经济时代人类社会的生存与认知方式进行思考，突出强调人类思维方式的变革，超越对不同地区、不同教学实践有效性的主观判断，从教师职业价值认知、教学必备知识技能和教学实践核心能力等3个方面分析教师教学专业表现和专业态度。

首先，教师教学能力标准框架应指向时代新要求，聚焦教师职业认知、必备知识和核心能力等发展性指标，借鉴有重要影响的国内外相关研究成果，在研究设计、方法和结果方面与时俱进。

其次，应突出重点，聚焦专业状态与专业支持。"能力框架指标体系"应兼顾教师教学发展的当前状态，及对应的各方面的专业支持。专业状态选取立德树人指向的教师职业价值认知，针对学校课程和教师专业共同体的表现，指导教师专业发展，为教育行政部门提供科学依据和决策咨询。

最后，应导向科学，具有可操作性。能力标准框架应在国际标准和国内外研究的基础上，对高等教育教师专业发展的过程进行系统性思考，并且为教师专业发展状态提供不同的支持，监测教师在一定时间内的专业发展程度。同时，也应反映不同学校、不同地区对教师教学发展的支持，从而对学校领导层和地区教育行政部门在教师教学发展的支持和保障方面的表现进行比较。

一、目标

（一）提升高等教育教师教学能力标准的认可度与权威性

教师作为高等教育质量体系建设的关键，正面临高等教育数字化转型带来的一系列挑战，因此构建与教育变革相适应的教师教学能力标准体系，提升高等教育教学作为专业能力的认可度和权威性变得非常关键。联合国教科文组织（UNESCO）在2021年11月发布的《共同重新构想我们的未来：一种新的教育社会契约》中提出"塑造和平、公正和可持续的未来，教育本身必须变革，教师本身必须革新，而数字技术所展现的潜力正在将其从可能性转化为现实"。[1] 建设具有认可度与权威性的教师教学能力标准框架，引导高校教师在不同的发展阶段参与有效的专业培训和教学实践活动，提升教学素养和关键能力，成为确保高校教师教学专业认可度和职业声誉的关键，构建与教师职业发展相适应的能力标准制度也成为高校教师队伍高质量发展的保障。

---

① UNESCO. Reimagining our future together: a new social contract for education. Paris [EB/OL]. (2021-11-10) [2022-6-28]. https://unesdoc.unesco.org/ark：/48223/pf0000379707.

（二）识别高等教育不同发展阶段教师教学能力的典型特征

通过制定适用于全球高等教育范围的教学能力标准框架，促进信息时代高校教师教学的专业化发展，促使每一名高校教师不断追求"卓越教学"，并且基于能力标准框架识别不同发展阶段中各类教师（新手型、熟手型和专家型教师）的典型特征。此外，基于国际能力微认证思想，凸显能力为本的教师发展理念，建设基于能力标准框架的教师教学资格认证、教师教育培训课程资源和教师教学能力诊断工具，有助于识别高校教师教学能力的现状水平，帮助学校教师发展中心等机构提升和改进教师发展工作。

（三）促进信息时代高等教育教师教学能力专业化发展

随着互联网、人工智能、大数据等技术在教育中的创新应用，线上与线下教学已经显现出边界模糊、相互融合的趋势，尤其是新冠疫情期间的全球大规模在线教学实践之后，线上与线下深度融合的教育形态逐步成为了发展方向。面向信息时代，高等教育教师需要有意识地探索和提升新兴智能学习环境下的教学知识与技能，具备信息时代教学的专业性和引领性。提出信息时代教师教学能力标准框架可以更加有力地指导高校的教学发展机构进一步促进教学的专业化，探索面向新时代、新环境和新问题的教学方法策略，探索更加智能化、精准化和个性化的教师研修发展体系，引导高校教师立足实践，开展面向信息时代的教学发展研究。

二、原则

（一）实践性与引领性

高等教育教师教学能力标准框架针对的是教师及其实践过程，是否符合教师的实际教学需求是检验标准框架有效性的重要考量。从这个意义上讲，能力标准框架要符合教师教学"现实需求"，突出教学实践性的知识与技能特征是构建能力标准框架的首要原则。而标准不仅仅只是描述当前的教学实践问题，还应体现对教师的实践预期，[1] 也就是说教师教学能力标准框架要高度强调能力水平的专业化，对教师教学具有一定的引领性和

---

[1] McMahon M A. Literature Review on Professional Standards for Teaching[EB/OL].（2021-08-02）[2022-06-28]. https://www.gtcs.org.uk/professional-standards/professional-standards-for-teachers/.

示范性，可以为高校教师在发现和解决教学实践问题过程中提供方向引领作用，促进教师作为实践个体和实践共同体的不断发展。

（二）系统性与可持续性

教师开展教学的过程需要学校组织、课程资源等多个子系统协同运作，这些子系统之间是相互依存的，教师教学过程从系统的角度来说是多个教学要素子系统的集合，①因此教师教学能力标准框架要具有系统性的结构特征。联合国教科文组织发布的《信息技术教学能力框架（ICT-CFT）》提出教师教学能力包括应用政策、课程与评估、教学方法、数字技能应用、组织管理和教师专业学习6个维度，共同构成了一个系统性的框架。②与此同时，标准框架要涵盖教师专业化发展的不同阶段，这就要求标准框架要具有可持续性，对新手型教师、熟手教师、骨干教师和专家型教师都具有可持续性的指导作用，以《信息技术教学能力框架（ICT-CFT）》为例，它涵盖知识获取、知识深化和知识创造3个不同的阶段。因此，基于系统性和可持续性原则构建能力标准框架可以与时代发展特征相吻合，在教育变革发展过程中持续发挥价值和作用。

（三）适用性与易用性

适应性原则指的是有能力或者有意愿适应不同的条件而改变。联合国教科文组织致力于确保所有人参与，鼓励制定易用性的政策。③因此，高等教育教师教学能力标准框架制定过程中要为不同国家（地区）高等教育教师教学能力标准的制定和培训项目提供参考，具有较好的适应性。与此同时，制定能力框架也要考虑不同国家（地区）的文化与情境，确保能力框架易于应用，为能力框架的广泛应用提供更大的便利条件。

---

① Miao C，Huang R，Liu D，et al. Ensuring Effective Distance Learning during COVID-19 Disruption: Guidance for Teachers[EB/OL].（2020-12-18）[2022-06-28]. http://sli.bnu.edu.cn/uploads/soft/201216/2_1753415031.pdf.

② UNESCO. ICT Competency Framework for Teachers.[M/OL].（2018）[2022-06-28]. https://unesdoc.unesco.org/ark:/48223/pf0000265721.

③ UNESCO. Internet Accessibility and the Disabled.[EB/OL].（2009-02-21）[2022-06-28]. https://unesdoc.unesco.org/ark:/48223/pf0000181357/PDF/181357eng.pdf.multi.

第二节 教学能力标准框架的研究回顾

研究高等教育教师的教学能力框架，需要首先思考两个关键性问题：一是对教师有效的教学行为该如何界定，即教师应该具备哪些核心的教学能力特征结构；二是技术变革进程下教师教学能力结构的内涵发生了哪些重要的变化。

一、能力标准制定的思路

能力标准在大多数定义中包含了对人类绩效行为的改善与支持，用来描述一种专业合格的状态。克莱因在1997年从工作任务、努力成效、产品、知识技能与情感态度、优秀品质和属性群等6个方面对能力标准进行了界定。[①]国际培训、绩效与教学标准委员会（IBSIPT）对能力标准进行了更为严格的界定，即一整套使得个人可以按照专业标准要求有效完成特定职业或工作职责的相关知识、技能和态度。[②] 因此，能力标准是与工作绩效显著相关的，是可以在较大范围被测量的。制定相关职业的能力标准，需要从被明确定义的职业角色开始，按照不同维度或层次来描述能力发展的绩效指标集合，一般首先需要确定职业角色胜任力的一级维度能力，接着围绕一级维度确定二级核心指标，最后将每个二级指标进行细化形成三级绩效指标。

二、高等教育教师教学能力结构框架的研究分析

（一）能力与教学能力

有关能力的概念，国外很多学者将其视为个人技能或造诣，同行为效率相关。[③] Preston在1995年提出将能力界定为在一定实践环境中为达到一定绩

[①] 克莱因斯佩克特，格拉博夫斯基等.教师能力标准：面对面、在线及混合情境[M].顾小清，译.上海：华东师范大学出版社，2007.

[②] 吕勇江.哲学视野中的能力管理[D].北京：中共中央党校，2006：.62-63.

[③] SPENCER L, SPENCER M. Competence at work: Models for Superior performance[M]. New York: John Wiley & Sons, Inc.1993.

效的个人特质的整合，认为：整合不是组合和简单的叠加关系，整合之后是一个整体，是不可分的；根据个体具备的特质可以推测个体可能具备形成能力的潜质，行为绩效能证明个体具备了哪些能力，但是个体实际的能力大小不完全等同于特质推测的结果和行为绩效展现的结果。①Gupta 在 1999 年指出，能力是能够成功完成工作所必须具备的知识、技能、态度、价值观、动机和信念等。②Westera 在 2001 年提出，将能力视为个人在专业情境中成功表现出的策略与行为能力。③Stoof 等在 2002 年和 Tigelaar 等在 2004 年将能力定义为个人特征、知识、技能和态度的综合水平。④王宪平在 2006 年将能力界定为个体在一定活动情境中基于一定知识和技能，直接影响活动目标达成及其成效的个性心理特征，包括：能力是一定活动情境下的，离开了活动就无所谓能力；能力是知识和技能的有机融合，需要一定的知识和技能来支撑；能力是直接影响活动目标达成及成效的个性心理特征。⑤经济合作与发展组织（Organization for Economic Co-operation and Development，OECD）下属的教育、就业、劳动和社会事务署在 2005 年将能力定义为成功完成任务所需的知识、技能和态度的一系列复杂活动。⑥

教学能力作为能力的下位概念，首先要从能力的内涵出发对其进行界定。从哲学层面来看，能力是人确立对象关系和对象化的手段、过程和结果，是置于主客体关系下的概念，⑦因此研究教学能力问题首先需要从师生关系的辩证视角去看待。从心理学层面来看，能力是一种符合活动要求、影响活动效果的个性心理特征，教学能力被视作个体顺利完成教学活动所

---

① Preston B, Kennedy K J. The national competency framework for beginning teaching: a radical approach to initial teacher education[J]. Australian Educational Researcher, 1995, 22（2）: 27-62.

② Gupta K, Lee H. A practical guide to needs assessment[J]. Performance Improvement, 2001, 40（8）: 40-42.

③ Westera W. Competences in education: A confusion of tongues[J]. Journal of Curriculum Studies, 2001, 33（1）: 75-88.

④ Tigelaar D E, Dolmans D H, Wolfhagen I H, et al. The development and validation of a framework for teaching competencies in higher education[J]. Higher Education: The International Journal of Higher Education and Educational Planning, 2004, 48（2）: 253-268.

⑤ 王宪平.课程改革视野下教师教学能力发展研究[D].上海：华东师范大学，2006：17-18.

⑥ OECD.The definition and selection of key competencies[Executive Summary][EB/OL].（2005-05-27）[2022-06-28]. http://www.oecd.org/pisa/35070367.pdf.

⑦ 吕勇江.哲学视野中的能力管理[D].北京：中共中央党校，2006：62-63.

必需的、直接影响教学活动效率的心理特征，是在具体学科教学活动中所表现出来的一种特殊专业能力。[①] 从组织行为学层面来看，能力是衡量个体工作绩效高低潜在的、持久的胜任力特征。[②] 教学能力被视为不同教学情境下的专业态度、知识和技能，以及个体满足他们自身角色和有效影响学习者学习过程的集合。

（二）高等教育教师职业标准与教学准入标准框架研究

为了促进高校教师教学能力发展，一些组织和机构相继制定高校教师教学能力标准。欧美等国家和地区为了促进教师专业发展推出了一系列的教师专业标准，例如：美国州际新教师评价与支持联合会（INTASC）和优质教师证书委员会（ABCTE）分别推出教师入职及在职标准和优质教师的严格标准；英国学校培训与发展司（TDA）推出教师从合格到入职、成熟、优秀、专家型的专业标准。澳大利亚教育部颁布《全国教师专业标准框架》。[③] 中国教育部高等教育司以全面推进高等教育"质量革命"，加快建设高等教育强国为目标，引导教师潜心育人，探索课程中真善美思政教学和育人实践；通过引导高校加强教师教学发展中心建设，促使卓越教学成为每一名高校教师的价值追求和自觉行动；促进教师将现代信息技术与教育教学深度融合，引导教师建立"互联网＋教学""智能＋教学"新形态，推进教育观念革命、课堂革命、技术革命、方法革命，激发教与学的活力。这些要求成为高校教师教学能力变革的重要导向。[④]

1. 伦敦大学学院 2017 年颁布的《学术职业框架》

将教学纳入大学教师职称评定是提高教学地位的重要途径。英国伦敦大学学院（University College London）2017 年颁布的《学术职业框架》（Academic Career Framework，ACF）就在教师晋升评价中凸显了对教学的关注。ACF 是一个教师晋升框架，与旧的教师晋升框架相比，其功能不

[①] 余承海，姚本先. 论高校教师的教学能力结构及其优化[J]. 高等农业教育，2005（12）：53–56.

[②] Vazirani N. Review paper competencies and competency model: a brief overview of its development and application[J]. SIES Journal of Management，2010，7（1）：121.

[③] 周文叶，崔允漷. 何为教师之专业：教师专业标准比较的视角[J]. 全球教育展望，2012，41（4）：31–37.

[④] 吴岩. 全面提升新时代高校教师教育教学能力[EB/OL]. （2020-10-20）[2022-06-28]. http://www.moe.gov.cn/jyb_xwfb/moe_2082/zl_2020n/2020_zl57/202010/t20201020_495742.html.

仅仅限于晋升评价，而且还包括制定教师职业发展规划、教师专业发展、教师学术任命、教师年度评价等。ACF 在关注教学方面的创新举措有：第一，基于"活动类型"设计教学评价标准。将教师可能从事的各种学术活动划分为教学、研究、大学公民身份和企业/外部参与4类，针对这4类活动分别设置7~10级的评价指标、证据来源以及影响范围。第二，依据"专业活动"区分教师晋升路径。ACF 针对4类活动分别设置了"核心活动"（core activity）和"专业活动"（specialist activity）两个类别，教师可根据各自的职业发展规划选择该活动维度的核心活动或专业活动作为评价指标。第三，设置教学活动的评价指标。ACF 在不同职级列举了该职级教师可能从事的各种典型教学活动，意即该职级的教学活动评价指标。这些指标大致可归纳为4个类别：学生参与的教学实践，包括课堂教学、课程讲授、指导学生、提供反馈、根据反馈改进教学等；课程开发，包括课程规划与设计、课程改革、课程评价等；教学学术，即参与基于研究的教学等；教学领导力，包括指导新同事、参与教学管理、制定教学策略、领导课程教学改革、教育审计与质量保障、成为大学和校外管理组织的成员、领导跨国/跨机构教育合作项目等。ACF 不同职级教学活动的评价指标如表 3-2-1 所示。[①]

表 3-2-1 ACF 不同职级教学活动的评价指标

职级	核 心 活 动	专 业 活 动
7级	- 将学科前沿知识引入教学过程 - 向学生提供及时有效的反馈 ……	- 在课堂以外指导学生 - 指导教职员工和学生，管理其他教育资源 - 更广泛或更深入的核心教学活动，或下一职级的一些核心教学活动
8级	- 课程规划和课程设计 - 参与教学委员会和考试委员会的活动以及招生等教学支持活动 - 参与课程改革活动 - 担任个人导师（personal tutor） ……	- 参与教育审计和教学质量保障 - 积极参加与教育发展有关的学科或跨学科网络 - 将新技术等手段嵌入教育改革和创新 - 持续参与基于研究的教学，并引起实践的变化 - 更广泛或更深入的核心教学活动，或下一职级的一些核心教学活动

---

① 莫玉婉. 英国研究型大学如何在职称晋升中评价教学——基于伦敦大学学院《学术职业框架》的考察[J]. 比较教育研究，2021，43（9）：95-103+112.

续表

职级	核 心 活 动	专 业 活 动
9级	– 与学生合作发现和解决问题，并根据学生反馈提高教学质量 – 参与其他国家的教育政策和实践 – 在重大教育项目上与外部同行有效合作 – 在开发创新性教学方法和管理专业发展短期课程方面发挥领导作用 ……	– 对相关教育战略的制定做出重大贡献 – 成功领导一些与教育相关的推进活动 – 领导或参与基于研究的教学，并引起实践的变化 – 在教学实施和提升方面享有全国性的声誉 – 更广泛或更深入的核心教学活动，或下一职级的一些核心教学活动
10级	– 领导课程的创新性改革 – 作为资深员工倡导包容性教学实践，并指导/鼓励同事参与其中 – 持续参与开发新的教学方法、管理专业发展短期课程 – 领导与国内或国际合作伙伴开展的教育合作项目 ……	– 持续领导跨机构教育项目 – 倡导大学或国家教学改革创新 – 在重要的国家或国际活动中持续地发挥主导作用 – 为政府或其他具有重大影响的大型组织提供教育咨询 – 参加国家层面和学科发展有关的委员会 – 参与其他大学的课程评价

2. 英国皇家工程学院的"大学教学职业框架"（CFUT）

英国皇家工程学院日益认识到唯有在教师评价制度上适当认可工程学者的教学贡献，工程教育才可能实现系统性变革来提高教育教学质量，继续保持英国在工程教育领域中的引领地位。因此，英国皇家工程学院委托 Ruth Graham 博士进行研究，于 2018 年颁布"大学教学职业框架"（the Career Framework for University Teaching，CFUT）。英国希望以工程教育为试点，最终将 CFUT 推广至整个高等教育领域。

CFUT 构建的核心是为不同教学工作者清晰地勾勒出教学水平、教学发展阶段及其在教学共同体中的位次。其基本结构是有效教师、娴熟教师、学术教师/教育机构教学领导者、国家或全球教学领导者 4 个逐渐递进的教学发展阶梯，明确每一个阶梯发展的教学成就水平和评价标准体系是其核心内容。[①] 有效教师处于教学职业发展的初级阶段。娴熟教师处于发展阶段，具有丰富的教学经验。第三阶梯有了两个分支——学术教师（scholarly teacher）和"教育机构教学领导者"（institutional leader in teaching & learning）：学术教师将兼顾科研和教学两个方面，其中科研强调的是教学学

---

① 潘海生，杨慧. 以职业路径为导向推动高校教师教学发展——基于英国"大学教学职业框架"（CFUT）的分析 [J]. 黑龙江高教研究，2021，39（3）：83-89.

术，主要开展促进学科教学发展的教育研究；教育机构教学领导者则开展本机构教学环境变革、优秀教学文化形成、教学战略制定等。国家或全球教学领导者（national or global leader in teaching & learning）是教师在教学方面发展的最高水平，为国内外甚至全球教育研究和教育实践做出持续、高质量、引领性的贡献。

CFUT 依据不同阶段教学职业发展所需的核心能力，共设计并确定了 5 个凸显教育价值的评价标准，具体见表 3-2-2。

表 3-2-2　CFUT 的教学成就评价标准

教学成就水平	评 价 标 准
有效教师	教学态度：教学理念、教学方法、教学气氛、教学内容等 教学交付能力：教学能力、评估反馈能力、专业能力、协调和管理能力、编写能力等
娴熟教师	教学技能：教学设计、教学经验、教学方式、教学创新等 协调能力：团队合作、沟通和交流能力等
学术教师	教育研究能力：促进教学知识的教育研究
教育机构教学领导者	领导能力：校内教学改革、教学文化、教学战略、战略合作、教学环境等（教育机构的领导能力）
国家或全球教学领导者	领导能力：国家或全球教学战略、教育合作、教育改革、学科内外教育研究等（教育领域的领导能力）

同时，CFUT 设计了多元化的评价方式，将教师、教学管理者、学生、社会相关人员作为教学评价主体，通过自我评价、同行评价、专业化评价、学生评价和社会评价方式来系统性反映教师教学全貌。

3. 荷兰的大学教师教学资格审定框架

2008 年，荷兰 14 所研究型大学出台了《关于大学教师教学资格审定项目的共同协议》，开展教师教学资格审定，对大学教师提出了 6 项能力要求，[①]包括：①学术导向的教学，即按照大学的教育理念，有能力根据自身专业领域的内容和水平设计教学计划，激发学生的探究性学习。②完善教学方案设计，能够分解学习过程的构成要素以监测教学过程；能将自身的研究

---

① 吴薇. 荷兰研究型大学教师教学资格审定项目的特点与启示 [J]. 教育研究，2018，39（2）：135-139.

材料加以改编运用到教学中；能帮助学生分析其作业和各方面表现。③备课和授课，能开展不同形式的教学；能及时应对教学突发状况；能引导学生掌握课程中较难的部分；能充分激发学生兴趣；能在教学中运用技术手段；具有熟练的语言技巧（如英语或荷兰语或其他语言）。④指导学生，有能力运用不同的指导方式，如分组指导、一对一指导、实习指导、项目指导等；有能力区分不同学生的学习类型，并有针对性地处理其中的差别（学习类型、天赋、态度、文化背景等）；有能力促使学生培养独立学习的习惯。⑤专业化，在信息与通信技术和教学领域与时俱进；能够阐释专业领域最新发展与自身教学实践之间的相关性；有意识地进行自我反思和同事互相监督。⑥国际化教学能力，即在国际化课程中设计和开展教学的能力，能总结国际化教学的有利和不利因素；融入跨国和跨文化内容拓宽课程视野；制定多种策略融合不同文化背景的学生；有针对性地向学生反馈其在跨文化学习中的学习成果。戈罗宁根大学基于该要求提出了设计和完善教学、授课和指导学生、测试和课堂评估、教学评价等更细化的标准，更具有操作性。①

4. 中国大学教师教学准入标准

中国学者李芒 2021 年针对中国大学教学的实际问题，在借鉴国际典型大学教学准入标准框架及标准的基础上，制定了中国大学教师教学准入标准框架及标准草案。②该标准框架以"专业价值观""教学核心知识"和"教学能动行为"为核心维度，涵盖教育理想、专业道德、自我认同、本体性知识、文化知识、实践知识、条件性知识、设计与组织、反思与评价、教学循证与合作 10 个关键领域，并在标准草案中细化为 39 项基本要求，为大学教师的聘任准入、职前培养、入职培训、在职研修、上岗评估等工作提供了直接参照。该大学教师教学准入标准如表 3-2-3 所示。

---

① University of Groningen. University Teaching Qualification（UTQ）[EB/OL].（2023-04-06）[2023-04-21]. https://www.rug.nl/society-business/centre-for-information-technology/education/teacher-development/basic-courses/bko-utq?lang=en.

② 李芒，段冬新.我国大学教师教学准入标准的制定[J]. 重庆高教研究，2022，10（1）：60-70.DOI：10.15998/j.cnki.issn1673-8012.2022.01.007.

表 3-2-3　大学教师教学准入标准

维度	领域	基 本 要 求
专业价值观	教育理想	1. 遵守教育法律法规，贯彻党和国家教育方针政策； 2. 热爱教育事业，承担传播知识、传播思想、传播真理的历史使命和塑造灵魂、塑造人的时代重任； 3. 理解中华优秀传统文化、革命文化、社会主义先进文化教育的意义，将优秀的民族文化与世界文化相结合，培育学生的中国情怀和全球视野，注重学生的全面发展； 4. 发挥课程教学的价值育人功能，引导学生树立正确的世界观、人生观、价值观
	专业道德	5. 尊重学生独立人格，关爱学生身心健康，与学生建立符合教育规律的师生关系； 6. 平等对待所有学生，维护学生的合法权益，积极促进教育公平； 7. 尊重学生个体差异，主动了解学生需求，努力创造条件，促进学生的自主发展； 8. 遵守学术道德规范、学术法律规范、学术写作技术规范； 9. 衣冠整洁得体，语言规范健康，举止文明礼貌
	自我认同	10. 认同大学教学的专业性和独特性； 11. 热爱学术事业，追求真理，促进人类进步，注重自身专业发展
教学核心知识	本体性知识	12. 掌握所教学科的专业知识体系、基本思想与方法； 13. 掌握所教学科内容的基本知识、基本原理、基本理论与基本技能； 14. 掌握所教学科前沿发展动态； 15. 整合教师个体研究成果； 16. 了解所教学科与其他学科和社会实践的联系
	文化知识	17. 不断丰富个人的自然科学和人文社会科学知识
	实践知识	18. 注重个人经验的积累、领悟、理解、运用和拓展"理论性知识"
	条件性知识	19. 树立先进的教育教学理念，掌握教育教学和学生学习的基本理论、主要方法； 20. 了解大学生身心发展规律及群体文化特点； 21. 关注未来社会对人才的要求，关注国内外大学教育发展动态； 22. 掌握所教学科的专业培养方案和课程标准； 23. 了解学生学习所教学科内容时的认知特点； 24. 掌握针对具体学科内容进行教学和学习的策略； 25. 掌握针对具体学科内容的现代教育技术应用方法； 26. 了解与技术相关的法律、伦理及哲学知识； 27. 了解学生所在国家或地区的基本情况，掌握跨文化交际原则和价值观念
教学能动行为	设计与组织	28. 科学设计学习目标和学习计划； 29. 有效转化科学研究成果，设计学习内容； 30. 选择多样化的教学方法，支持学生能动学习； 31. 掌握多元评价方法，合理利用数字化评价工具，多方面、全过程评价学生发展； 32. 创设良好的学习氛围，激发学生的学习兴趣、好奇心与求知欲，引导学生独立思考、积极探索和主动批判，提高学生的创造力；

续表

维度	领域	基 本 要 求
设计与组织	设计与组织	33. 运用项目式、启发式、参与式、讨论式等多种教学方式，有效组织教学； 34. 主动参与学生学习，鼓励学生建立多元学习共同体，增加师生之间、学生之间的互动与协作； 35. 合理选择现代信息技术应用到教学中； 36. 掌握课堂管理方法，有效调控教学过程
	反思与评价	37. 自我评价教育教学效果，主动分析来自他人的教学评价，不断反思，改进教育教学工作
	教学循证与合作	38. 将个人经验反思与科学研究证据相结合，开展循证教学 39. 针对教育教学中的现实问题和需要，加强与同行间的交流与合作

（三）高等教育教师教学能力的结构研究

教师教学能力的框架与标准可引领在职教师的教学实践和专业发展，有助于教师专业发展规划与教师教学能力评价，也可指导教师教育者针对教师发展项目进行设计和效果检验，此外教师教学能力的框架与标准适用于构建教师教育研究的理论框架，作为设计研究工具的参考。国内外学者在心理和行为层面都对教师教学能力提出了相应的定义，特别是高校教师的教学能力同中小学教师的教学能力具有明显不同的结构特征。

1987年，Streifer最早开始关注大学教师的教学能力划分问题，将其划分为学术技能、教学技能、评估学生的技能、专业知识和专业职责等5个维度；[1]Simpson和Smith在1993年根据大学教师的角色属性，将高校教师教学能力分为学术技能、计划技能、管理技能、表达和交流技能、评估反馈技能和人际交往技能等6个维度。[2]

Fink在2003年进一步将高校教师教学能力分为专业技术知识、课程设计能力、沟通交流能力和课程教学实施管理等4个维度；[3]Tigelaar等认为高校教师教学能力应该包括如下4个方面：教师个人职业方面的能力，包括善于

---

[1] Streifer P A. The Validation of Beginning Teacher Competencies in Connecticut[J]. Journal of Personnel Evaluation in Education, 1987（1）: 33-55.

[2] Simpson R D, Smith K S.Validating Teaching Competencies for Graduate Teaching Assistants: A National Study Using the Delphi Method[J]. Innovative Higher Education, 1993, 18（2）: 133-146.

[3] Fink L D. Creating significant learning experiences: An integrated approach to designing college courses[M]. San Francisco: Jossey-Bass, 2003.

交流，对学生包容理解和尊重所有学生；教师专业内容知识，包括学科专业知识和学科专业前沿知识等；促进学习过程方面的能力，包括课程设计开发能力、问题咨询反馈能力、评价学习效果能力、教学管理能力；终身学习/学术性能力，包括对教学效果进行反思、对教学进行创新和改革的能力。[1]

Molenaar 等在 2009 年提出的医学教师教学能力模型将教学能力分为相互独立的 3 个维度：教学领域、组织级别、能力构成[2]。教学领域维度中将教学能力分成 6 个领域：开发领域、组织领域、实施领域、指导领域、评价领域和评估领域。开发领域主要包括全新开发和适应现有的教学单元或项目；组织领域包括教育领域各个方面的组织管理；实施领域是与真实的教学相联系，包括开发的实施、评估与评价的实施等；指导领域包括微观层面的对学生学习过程（认知、元认知和情感）的指导，中观和宏观层面包括对整个教育活动的指导；评价领域包括采用书面的、口头的、观察的、报告的、档案袋的等各种方法开展形成性和总结性评价；评估领域关注教育领域所有方面，纵向上对子域探究的内容按照教学过程分成开发、实施、反思和讨论（质量保证）3 个阶段。

Guasch 等在 2010 年指出高校教师应该具备以下能力：设计/规划能力，对课程进行协调管理，按照教学目标激发学习动机，管理教学活动，评价教学过程；社会能力，包括情绪表达，非言语和言语的沟通交流；指导性能力，该能力同教师的专业知识、技能密切相关；技术领域中，信息技术应用和信息化教学能力；管理领域中，管理课程教学计划和执行，协调适应。[3]Selvi 在 2010 年从教师价值、行为、交流和教学实践等方面，提出了教师的教学能力通用性标准，包括专业能力、研究能力、课程能力、终身学习能力、社会跨文化能力、情感能力、交流能力、ICT 能力和环境能力等 9 个维度。[4]

---

[1] Tigelaar D, Dolmans D, Wolfhagen I, et al. The development and validation of a framework for teaching competencies in higher education[J]. Higher Education, 2004, 48（2）: 253-268.

[2] Molenaar W M, Zanting A, Van Beukelen P, et al. A framework of teaching competencies across the medical education continuum[J]. Medical Teacher, 2009, 31（5）: 390.

[3] Guasch T, Alvarez I, Espasa A . University teacher competences in a virtual teaching/learning environment: analysis of a teacher training experience[J]. Teaching & Teacher Education, 2010, 26（2）: 199-206.

[4] Selvi K.Teachers, Competencies[J]. International Journal of Philosophy of Culture and Axiology. 2010, 7（1）: 167-175.

徐继红在2013年从职业基础知识、个人特质、职业态度、专业建设能力和课程教学能力等5个维度对高校教师教学能力进行了划分。① 胡卫平在2021年提出教师教学实践能力包括教学设计能力、教学实施能力、教学反思能力、教学评价能力、课堂教学管理能力和信息技术与教学融合能力等6个维度。②

（四）国际培训、绩效与教学标准委员会（IBSTPI）发布的《教师通用能力标准》

《教师通用能力标准》考虑教学环境的变化，针对面对面、在线和混合3种不同环境提出了教师教学的能力标准，建构了包括5个核心能力维度、18项二级能力指标和97个绩效指标的专业标准。其中，专业基础包括沟通交流、更新和提高专业知识、职业道德和职业规范等4项能力指标；计划与准备包括教学准备与教学设计两项能力指标；教学方法与策略包括激发学习者动机和投入、表达、促学、提问、反馈、知识巩固、迁移、媒体技术等8项指标；评估与评价包括评估学习和绩效、评估教学效果两项指标；教学管理包括管理促进学习绩效的环境和使用技术管理教学两项指标。③ 该能力标准及其绩效指标经过了专业人员的广泛验证，样本来自世界各地的教育实践者，重点反映了教师的核心能力，即称职教师应该具备的知识、技能和态度。④

1. 专业基础

能力1：有效地交流沟通

①根据受众、情境及文化背景采用合适的语言。

②用合适的语言及非语言符号。

③寻求并吸收多样的观点。

④根据不同的情境采取积极有效的倾听技巧。

⑤运用适当的技术进行交流。

能力2：更新和提高自己的专业知识和技能

①拓展有关学习原理和教学策略的知识。

---

① 徐继红. 高校教师教学能力结构模型研究[D]. 长春：东北师范大学，2013.

② 胡卫平. 教师教学能力评价初探[J]. 中国考试，2021（10）：12—17.

③ IBSTPI. International Board of Standards for Training, Performance and Instruction（IBSTPI）（2004）. Instructor Competencies[EB/OL].（2004-06-01）[2022-06-28]. http：//ibstpi.org/instructor-competencies/.

④ 同上

②不断更新技术知识和技能。

③建立并保持专业联系。

④参加专业发展活动。

⑤建立个人工作文档备用。

能力3：遵守已有的道德规范和法律条文

①识别教学实践中潜在的道德和法律问题。

②遵循组织和职业道德规范。

③确保公平对待所有学习者。

④尊重保密及匿名请求。

⑤避免冲突。

⑥尊重包括版权在内的知识产权。

能力4：树立和维护职业声誉

①恪守职业操守。

②尊重他人的价值观和见解。

③具备学科专业知识。

④对变革和改进持开放态度。

⑤将教学与组织背景及目标相联系。

2. 计划与准备

能力5：设计教学方法和教学内容

①确定学习者、其他参与人员和教学环境的相关特征。

②设计或修改教学活动以适应学习者、教学环境和呈现方式的需要。

③明确目标、任务及次序。

④选择合适的教学方法、策略和呈现技巧。

⑤设计或修改课程内容、教师手册、评估工具和支持材料。

⑥根据需要创建或修改基于技术的资源。

能力6：教学准备

①对学习者的困难和问题进行预测并做好准备。

②进行学习者分析。

③确定关键知识点、相关实例、轶事及其他补充材料。

④确认支持教学的后勤和物质保障。

⑤确保所有学习者都能获取所需教学资源。

⑥确认设备、技术和工具准备就绪。

3. 教学方法与策略

能力 7：激发并维持学习者的学习动机和学习投入

①吸引并保持学习者的注意力。

②保证学习目标清晰明确。

③培养良好的学习态度。

④建立提高学习动机的策略。

⑤帮助学习者设定合理的期望值。

⑥为学生提供参与学习并获得成功的机会。

能力 8：表现出有效的表达技巧

①根据学习情境采用合适的表达方式。

②采用多种方式表述关键概念。

③提供案例，阐明含义。

④让学习者参与表达过程。

⑤根据学习者需要采用合适的表达方式。

能力 9：表现出有效的促学技巧

①利用所有参与者的知识和经验。

②为全体学习者指明努力方向。

③使学习活动高度聚焦。

④鼓励和支持合作。

⑤引领学习活动及时终止。

⑥监控、评估和适应动态变化的情境。

能力 10：表现出较高的提问技能

①提出清晰和恰当的问题。

②有效跟进学习者所提问题。

③使用多样的问题类型和问题层次。

④提出并重新引导到那些促进学习的问题。

⑤用问题激发和引导讨论。

⑥以回答问题来连接学习活动。

能力 11：提供阐释和反馈

①为学习者提供请求阐释的机会。

②使用多样的阐释和反馈策略。

③提供清晰、及时、中肯和具体的反馈信息。

④提供和接受学生反馈时保证开放与公平。

⑤为学习者提供机会进行反馈。

⑥帮助学习者提供和接受反馈。

能力 12：促进知识和技能的巩固

①将学习活动与已有知识联系起来。

②鼓励学习者对概念和观点进行细化。

③提供综合和整合新知识的机会。

④提供实践新学技能的机会。

⑤提供反思和回顾的机会。

能力 13：促进知识和技能的迁移

①提供与知识技能、运用环境相关的案例和活动。

②示范知识和技能在真实情境中的运用。

③提供在真实情境中的实践机会。

④提供为未来的运用作出规划的机会。

⑤和学习者一同探究可能促进或阻碍知识和技能迁移的情形。

⑥提供自主学习的机会。

能力 14：使用媒体和技术来加强学习、改进绩效

①认识教学媒体和技术的潜能与局限。

②运用媒体和技术开展最佳实践。

③以多样的方式呈现内容。

④为学习者使用媒体和技术做好准备。

⑤发现并解决小的技术故障。

4. 评估与评价

能力 15：评估学习和绩效

①针对评估标准进行交流。

②监测个人和小组绩效。

③评估学习者的态度情感和反应。

④评估学习结果。

⑤提供自我评估的机会。

能力16：评价教学效果

①评价教学材料。

②评价教学方法和学习活动。

③评价教师绩效。

④评价教学环境和设备的影响。

⑤记录与公布评价数据。

5. 教学管理

能力17：管理促进学习与改进绩效的环境

①预测并处理可能影响学习和绩效的情形。

②确保学习者能够获得所需资源。

③与学习者共同制定基本规章和学习期望。

④在教学中运用时间管理原则。

⑤采取合适的方式方法，及时阻止不良行为举止。

⑥及时并公正地解决冲突和问题。

能力18：适当地使用技术管理教学过程

①使用技术支持教学管理功能。

②使用技术查找和共享信息。

③使用技术存储和重复利用教学资源。

④使用技术维护学习者个人信息的安全及隐私。

IBSTPI将依据这些能力标准对教师在面授、在线及混合等多种教学环境中的教学进行指导，并依据这些能力标准开展教师资格认证工作。[1]

（五）英国高等教育研究会的《英国高等教育教学与支持学习专业标准框架》

作为高等教育领域全世界第一份专业的教学能力标准，《英国高等教育教学与支持学习专业标准框架》（UKPSF）以英国国家信息认证中心（NARIC）的关于国际教育框架、资格的相关信息作为指导教学人员开展教学和教育培训的指导标准。该标准框架被广泛应用在英联邦国家的高校教师发展领域，针对教师的活动领域、核心知识和专业价值等3个能力维度

---

[1] International Board of Standards for Training, Performance and Instruction（IBSTPI）(2004). Instructor Competencies[EB/OL].（2004-06-01）[2022-06-28]. http：//ibstpi.org/instructor-competencies/.

设置了 15 个二级标准，根据专业教学和学习实践的典型特征划分为初级教师、中级教师、高级教师和首席教授等 4 个等级，并进行了具体的能力指标描述。①

1. 框架设计

该标准框架包括 3 个维度：一是 5 个活动领域，主要是针对高等教育课程教学的相关活动；二是 6 个核心知识方面，针对不同高等教育水平的教学和学习活动所需要的核心知识；三是 4 个专业价值，用来说明教学实践的指导精神。框架中的具体指标针对高等教育 4 类不同教师角色进行了描述，主要包括 4 个对象：描述指标 1 对应初级教师，描述指标 2 对应中级教师，描述指标 3 对应高级教师，描述指标 4 对应首席教授。

2. 能力维度

UKPSF 框架针对教师的活动领域、核心知识和专业价值等 3 个方面分别设置了一级能力维度，不同等级的教师要对应完成上述能力等级维度的要求，具体见表 3-2-4。②

表 3-2-4　英国高等教育教学与支持学习专业标准框架和一级维度

活动领域 （areas of activity）	A1 设计、规划学习活动或研究项目 A2 教学与学习支持 A3 评价和给学习者反馈 A4 开发有效的学习环境和方法，给予学习者支持和指导 A5 不断更新学习/专业和教学方法，促进专业发展，把研究、学术和专业实践评价相结合
核心知识 （core knowledge）	K1 专业资料 K2 专业领域和同程度学术项目中采用合适的教学、学习与评价的方法性知识 K3 学习者如何学习的知识，包括通识性和学科/专业性的 K4 应用适当的有价值的学习技术 K5 评价有效教学的方法 K6 围绕教学的学术和专业实践中的质量保证内涵和质量改进措施

---

① Higher Educatoon Academy. UKPSF Dimensions of the framework[EB/OL]. （2009-01-23）[2022-06-28]. https：//s3.eu-west-2.amazonaws.com/assets.creode.advancehe-document-manager/documents/advance-he/UKPSF Dimensions of the framework_1596447476_1617701664.pdf.

② Higher Edacation Academy. The UK Professional Standards Framework for Teaching xnd Supporting Learning in Higher Education[EB/OL]. [2022-06-28]. https：//www.heacademy.ac.uk/sites/default/files/resources/ukpsf_2011_english.pdf.

续表

专业价值 （professional values）	V1 尊重个性化学习者和不同的学习群体 V2 致力于参与高等教育，为学习者提供公平的学习机会 V3 在研究、学术和专业发展领域采用基于证据和结果导向的方法 V4 认清高等教育发展的广泛背景因素，认识其对于专业实践发展的作用

3. 不同程度的教师发展能力等级

UKPSF 框架标准中的 15 个能力针对每一个等级教师在描述上有所不同，针对专业教学和学习实践的典型特征，描述指标 D1、D2、D3 分别对应初级、中级和高级教师，而描述指标 D4 对应首席教授，[①] 具体如表 3-2-5~表 3-2-8 所示。

表 3-2-5　D1（初级教师）的要求

D1 要求	典型的个人角色/职业阶段
针对有效教学、学习支持方法和学习者学习需要提供的证明包括： I 在 5 个活动领域能力维度至少达到两项 II 在达到相关能力要求的活动领域提供合适的教学实践证明 III 至少在核心知识维度达到 K1 和 K2 的能力要求 IV 致力于为促进他人学习提供合适的专业价值观 V 在上述活动中开展相关专业实践、学科和方法论研究或奖学金活动 VI 成功地参与有关教学、学习和评价责任的合适专业化发展活动	典型对应的教师包括： 职前教师（博士研究生、毕业生、合同研究人员或博士后研究人员） 新手型教师 提供教学服务人员（学习技术、学习开发、学习资源等相关专业技术人员/图书馆员） 承担教学相关演示者技术员角色的工作人员想从事教学的相关领域经验丰富人员，包括教学新手或教学档案较少的人员

表 3-2-6　D2（中级教师）的要求

D2 要求	典型的个人角色/职业阶段
针对有效教学、学习支持方法和学习者学习需要提供的证明包括： I 在 5 个活动领域能力维度都达到要求 II 在所有核心知识维度都具有合适的知识和理解力 III 在所有专业价值能力维度提供致力于教学的证据 IV 在有关活动领域维度提供成功参与合适教学实践的证明 V 成功地将学科、方法论研究和学术纳入上述活动，作为学术实践综合方法的一部分 VI 成功地参与教学、学习、评估以及合适的相关专业实践的持续专业发展	典型对应的教师包括： 早期学术研究者 承担实质性教学职责的学术研究人员/专业技术人员 提供教学服务人员（学习技术、学习开发、学习资源等相关专业技术人员/图书馆员） 有经验的学术研究者，但对英国高等教育不熟悉的新手 只负责教学（有时很重要）的教师，包括工厂中的教学人员

---

① Higher Edacation Academy. UKPSF Dimensions of the framework[EB/OL].（2009-01-23）[2022-06-28]. https://s3.eu-west-2.amazonaws.com/assets.creode.advancehe-document-manager/documents/advance-he/UKPSF Dimensions of the framework_1596447476_1617701664.pdf.

表 3-2-7　D3（高级教师）的要求

D3 要求	典型的个人角色/职业阶段
针对有效教学、学习支持方法和学习者学习需要提供的证明包括： I 在 5 个活动领域能力维度都达到要求 II 在所有核心知识维度都具有合适的知识和理解力 III 在所有专业价值能力维度提供致力于教学的证明 IV 成功参与活动领域维度相关的适当教学实践 V 成功地将学科教学法、教学学术作为学术实践综合方法的一部分纳入上述活动 VI 成功地参与教学、学习、评估以及合适的相关专业实践的持续专业发展 VII 成功地协调、支持、监督、管理/指导他人（无论是个人还是团队）的教学和学习	典型对应的教师包括： 经验丰富的教师，能够通过领导、管理或组织项目、学科和专业领域职责来展示个人影响和作用 经验丰富的专业导师，能够指导新手型教师的教学 经验丰富的教师，在教育机构内承担部门和（或）更广泛范围的教学和学习咨询职责

表 3-2-8　D4（首席教授）的要求

D4 要求	典型的个人角色/职业阶段
针对有效教学、学习支持方法和学习者学习需要提供的证明包括： I 通过与学生和教学人员开展机构发展的合作，积极致力于框架标准的所有方面的成功实施 II 展现成功的战略领导力，来提高学生的学习能力，特别关注（不局限于）提高本单位和国家环境中的教学质量 III 建立有效的管理政策或策略来支持其他人员开展高质量的教学活动 IV 成功地在本单位或更广的范围内，开展学术实验的综合方法（例如包括教学、学习、研究、学术、管理等） V 可持续和成功致力于相关学术、机构和其他专业实践的专业发展活动	典型对应的教师包括： 经验丰富的资深教授，在教学和支持学习的关键方面具有广泛的学术或学术相关战略领导责任 负责教学领域机构战略领导和政策制定的教授 在教学和管理方面具有战略影响的教授

为了有效分析高校教师教学能力的框架结构，对上述国内外学者的理论研究和相关标准进行关键因素归类分析发现：

第一，从职业态度、专业职责、情感态度、维护职业声誉等相关方面，可以总结归纳出第一个一级能力维度：教师职业价值认知，详见表 3-2-9。

表 3-2-9　教师职业价值认知维度的比较分析

作　者	分　析　内　容
Streifer（1987）	从专业职责进行的宽泛界定
Tigelaa 等（2004）	针对教师职业方面能力的宽泛界定
Teresa 等（2010）	社会功能中的职业态度；指导性功能中的职业价值观

续表

作　者	分　析　内　容
Selvi（2010）	情感能力；跨文化交流能力
徐继红（2012）	职业态度
IBSTPI（2022）	遵守已有的道德规范和法律条文；树立和维护职业声誉
UKPSF（2011）	V1 尊重个性化学习者和不同的学习群体 V2 致力于参与高等教育，为学习者提供公平的学习机会 V4 认清高等教育发展的广泛背景因素，认识其对于专业实践发展的作用

从表 3-2-9 的比较分析中可以看出，在教师职业价值认知维度上，很多学者从专业职责和情感态度和职业价值观等方面进行了比较宽泛的界定，IBSTPI 和 UKPSF 则从教师职业道德规范、职业情感能力、职业态度与专业信念等方面进行了细致的行为能力描述，整体上可以归类为：职业信念与专业精神、职业道德和法律知识两个能力指标。

第二，从教师的专业教学知识、职业基础知识、专业技术知识和教学方法策略知识、教学表达和沟通交流技能等相关方面，可以总结归纳出第二个一级能力维度：教师必备知识技能，详见表 3-2-10。

表 3-2-10　教师必备知识技能维度的比较分析

Streifer（1987）	专业知识
Simpson 和 Smith（1993）	沟通交流；表达交流和人际交往技能
Fink（2003）	沟通交流能力；专业技术知识
Tigelaar 等（2004）	教师专业内容知识；促进学习方面的知识
Teresa 等（2010）	社会沟通；专业知识指导
Selvi（2010）	沟通交流；交流和情感能力；专业能力
徐继红（2012）	职业基础知识
IBSTPI（2022）	有效表达技巧与交流沟通；提高自己的专业知识技能
UKPSF（2011）	K1 专业资料 K2 专业领域和同程度学术项目采用合适的教学、学习与评价的方法性知识 K3 学习者如何学习知识，包括通识、学科和专业的知识

从表 3-2-10 的比较分析中可以看出，教师必备知识技能维度可以分为专业技术知识、职业技能、专业学术知识、专业或学术教学与学习知识、学习方法策略知识、表达的知识技能和沟通交流的知识技能等，进一步可以归类为有效沟通交流能力、专业内容知识技能和教学方法策略 3 个能力指标。

第三，从教师的学术技能、教学技能、计划技能、管理能力、课程设计能力、教学实施能力、信息技术应用能力、课程学习过程管理能力等相关方面，可以总结归纳出第三个一级能力维度：教学实践核心能力，详见表3-2-11。

表3-2-11　教学实践核心能力维度的比较分析

作　者	分　析　内　容
Streifer（1987）	学术技能；教学技能；评估学生技能
Simpson 和 Smith（1993）	学术技能；计划技能；管理技能；评估反馈技能
Fink（2003）	课程设计能力；教学实施管理
Tigelaar 等（2004）	终身学习/学术性能力；促进学习过程的能力
Teresa Guasch 等（2010）	技术领域；设计/规划；管理领域
Selvi（2010）	研究/终身学习；ICT能力；课程与环境能力
徐继红（2012）	专业建设能力；课程教学能力
胡卫平（2021）	信息技术融合能力；教学设计；课堂管理与教学实施；教学评价与反思能力
IBSTPI（2022）	1. 学术研究：激发并维持学习者的学习动机和学习投入；促进知识和技能的巩固；促进知识和技能的迁移 2. 信息技术：使用媒体技术来加强学习绩效；适当使用技术管理教学过程；设计教学方法和教学内容 3. 教学设计准备 4. 教学管理：有效促学技巧；有效的提问技能；管理促进学习与改进绩效环境；适当使用技术管理教学过程 5. 教学评价与反馈：提供反馈；评估学习绩效、教学效果
UKPSF（2011）	1. 学术研究：A5 不断更新学习专业和教学方法；K6 围绕教学学术和专业实践中的质量保证内涵和改进措施；V3 采用基于证据和结果导向方法 2. 信息技术：K4 应用适当的有价值的学习技术 3. 教学设计：A1 设计、规划学习活动或研究项目 4. 教学管理：A2 教学与学习支持；A4 开发有效学习环境和方法，给予学习者支持和指导 5. 教学评价：A3 评价反馈；K5 评价有效教学的方法

从表3-2-11的比较分析中可以看出，教学实践核心能力维度分为教学设计能力、教学管理能力、教学实施能力、开发学习环境能力、教学评价能力、学习反思能力、促进学习巩固和迁移能力、信息化教学应用能力、教学研究能力、终身学习能力等，进一步可以归类为教学设计能力、教学管理能力、教学评价反思能力、信息化教学能力和教学研究能力等5个能力指标。

三、数字化转型变革中的高等教育教师教学能力研究

（一）高等教育教师信息化教学能力发展趋势分析

数字经济时代，人类的社会生存与认知方式都在发生着改变，适应信息社会特征的"数字智慧"成为人们生存的新技能。这种数字智慧凸显出信息社会要求人类转变思维方式，直接指向了数字时代人们应用技术的能力，以及借助技术实现超越自身天赋的能力。① 这种数字智慧也对教师的教学提出了更高的能力要求，数字时代的教师要学会应用信息技术促进教学变革。这种变革要求教师在身份感知、教学理念、教学方式和活动交往方面都作出创造性的改变，由知识的传授者变成学习的引导与组织者，由课程的执行者变成课程的开发者，由以教材为主的教书匠变成教育的研究创新者，由知识的固守者变成终身学习者。② 这种教学能力直接指向如何利用信息技术更加有效地重组与创造资源，为学习者提供更加个性化、灵活性的教学。数字时代教师教学能力同传统教师教学能力相比，重要的变革维度就是教师要掌握应用信息技术使得教学变得更加有效的能力。③

1. 基于"教育＋信息技术"思维方式的能力要素扩充

从技术支持教学的视角来看，教师首先面临的是在数字化环境下该如何开展教学的问题，这就要求教师在数字化或网络化环境下具备在线教学技术应用能力，在课程教学设计、资源开发、教学管理和教学交互活动等方面展现出更多的能力，④ 这种能力要素的扩充指向了信息技术能力和信息技术应用能力两个方面。信息技术能力是教师要掌握数字化技术工具的本体性知识的能力，而信息技术应用能力是技术与课程教学整合的教学技能，需要教师使用一种在具体课程中有效整合技术的框架，将技术性知识

---

① Prensky M H. Sapiens digital：from digital immigrants and digital natives to digital wisdom [EB/OL]. (2009-04-04) [2022-06-28]. http：//www.wisdompage.com/Prensky01.html.
② 杨宗凯. 创新模式培养数字化教师 [N]. 中国教育报，2015-05-26（11）.
③ 葛文双，韩锡斌. 数字时代教师教学能力的标准框架 [J]. 现代远程教育研究，2017（1）：59-67.
④ Guasch T, Alvarez I, Espasa A. University teacher competencies in a virtual teaching/learning environment：Analysis of a teacher training experience[J]. Teaching and teacher education, 2010, 26（2）：199-206.

纳入课程内容与教学方法之中。Koehler 等[①]和 Harris 等[②]提出的技术、学科内容和教学方法整合的 TPACK（technological pedagogical content knowledge）框架就为教师应用技术促进教学各种改变提供了可能。在教师 TPACK 整合能力发展的进程中一般会存在两种方式：一种是教师掌握技术工具应用，而后在自己课程教学中探索技术有效整合的实践方式；另一种是教师在专业发展中学习其他教师有效的技术，将其整合于教学的方法或经验，而后在自己课程教学实践中不断尝试形成一种有效实践的方式。

2. 基于"互联网+教育"思维方式的能力要素重组

回顾过去近 20 年信息技术促进教学变革的实践之路，可以发现单纯技术工具论指导下教师教学能力的发展对于提升教学质量作用不大，"教育+信息技术"的思维范式存在着狭隘的学科局限，这就需要从一种新的思维范式来构建有效的教师教学能力发展的体系。[③]

而"互联网+教育"打破了这种单一学科局限，为教学方式带来了多种可能，教学逐渐呈现出多元化的特征，诸如个性化学习、数据融合、翻转课堂、教育大数据、开放在线教育、适应性学习、教育公平、业务协同、智慧服务等。这需要信息技术与教学深度地融合，而教师教学能力要素也不再是技术工具能力与技术应用整合能力的简单叠加，而是一种以适应信息社会发展为前提的技术融入式的能力重组。这种能力重组直接指向了与知识创造相关的批判性思考、问题解决、创造性思考、独立学习能力、团队合作与灵活性、知识管理与数字化技能等。[④]而发展这种重组性的教学能力，需要我们基于真实教学问题去研究、反思有效教学的实践性知识体系，需要为教师提供能够定义、设计和不断修正教学问题甚至解决问题的方案，

---

① Koehler M J, Mishra P. Introducing TPACK[M] // Herring M C, Koehler M J, Mishra P.Handbook of technological pedagogical content knowledge（TPACK）for educators. New York：Routledge，2008：3–29.

② Harris J, Hofer M. Instructional planning activity types as vehicles for curriculum-based TPACK development[M]. Maddux C D. Research highlights in technology and teacher education，Chesapeake：Society for Information Technology in Teacher Education（SITE）. 2009.

③ 葛文双，韩锡斌.数字时代教师教学能力的标准框架[J]. 现代远程教育研究，2017（1）：59–67.

④ Bates A W. Teaching in a digital age：guidelines for designing teaching and learning[EB/OL]. （2019–10–10）[2022–06–28]. https：//opentextbc.ca/teachinginadigitalage/.

这将是未来教师数字化教学能力发展研究的关键问题。①

（二）高等教育教师信息化教学能力标准框架

高等教育数字化转型发展使得教师教学能力要素不断扩充，教师的信息化教学能力对于教师的专业发展和教学实践变得越来越重要，研究教师的信息化教学能力标准框架将为丰富和完善高校教师教学能力标准提供借鉴。

1. 联合国教科文组织教师 ICT 能力框架

联合国教科文组织的《教师 ICT 能力框架》先后有 3 个版本，分别发布于 2008 年、2011 年、2016 年，始终聚焦如何利用新兴技术培养教师的 ICT 能力，并且设想教师的信息技术能力框架需要动态发展，以适应不断变化的技术环境与教学生态。2016 版框架的主旨目标是：指导实践中具备信息技术应用能力的教师能够提供优质教育，并最终能够有效指导学生信息技术应用能力发展；目标受众为教师培训人员、教育专家、教育决策者、教育辅助人员和其他教师专业发展提供者，旨在为教师教学专业发展、培训政策和方案的制定提供依据，促进信息技术的教育创新应用。②该框架贯穿于教师专业发展的职前培训、在职培训和持续发展的全过程，将教师教学中使用信息通信技术的能力划分为 3 个层次：知识获取、知识深化和知识创造；同时划分为 6 个实践维度，分别是：理解信息技术教育应用的政策、课程与评估、教学方法、数字技能应用、组织与管理、教师专业学习。框架最终构建了 18 项信息技术应用能力，强调教师除了具备信息技术应用能力外，还必须能够利用信息技术帮助学生成为善于协作及解决问题、有创造力的学习者和有创新精神的社会成员（如图 3-2-1 所示）。

---

① Brush T, Saye J. Strategies for preparing preservice social studies teachers to integrate technology effectively: models and practices[J]. Contemporary Issues in Technology and Teacher Education, 2009, 9（1）: 46–59.

② UNESCO. UNESCO ICT Competency Framework for Teachers[M/OL]. Paris: The United Nations Educational, Scientific and Cultural Organizatiion.（2018）[2022–06–28]. https://unesdoc.unesco.org/ark:/48223/pf0000265721?posInSet=1&queryId=957eebca-92c9-41ee-979a-5fabff2183c7.

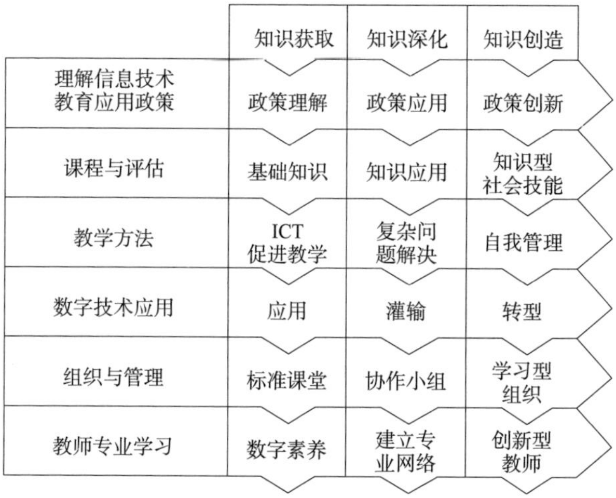

	知识获取	知识深化	知识创造
理解信息技术教育应用政策	政策理解	政策应用	政策创新
课程与评估	基础知识	知识应用	知识型社会技能
教学方法	ICT促进教学	复杂问题解决	自我管理
数字技术应用	应用	灌输	转型
组织与管理	标准课堂	协作小组	学习型组织
教师专业学习	数字素养	建立专业网络	创新型教师

图 3-2-1 UNESCO 教师 ICT 能力框架

18 项能力分布在 3 个层次 6 个实践维度上，具体细节见表 3-2-12[①]。

表 3-2-12 UNESCO 教师 ICT 能力框架（细节）

维度	知识获取层次的教师能力	知识深化层次的教师能力	知识创造层次的教师能力
实践维度一：理解信息技术教育应用政策	阐明如何基于机构和国家教育政策开展课堂教学实践活动	设计、修改相关机构和国家教育政策，实现国际承诺（如联合国公约）和开展课堂实践	评价相关机构和国家的教育政策，并据此提出修改建议，设计改进方案，并预测教育政策更新产生的影响
实践维度二：课程与评估	分析课程标准相关内容和目标，并确定如何利用信息技术开展教学，从而实现课程标准规定的目标	将信息技术融入学科教学和评估过程，并创造性地利用信息技术强化学习环境，让学生在信息技术的支持下展示对课程标准的掌握情况	确定信息技术如何融入以学生为中心的协作学习，确保学生达到多学科课程标准的要求
实践维度三：教学方法	选择适宜的信息技术，支持特定的教学方法	设计信息技术支持的项目学习活动，利用信息技术帮助学生创建、实施和监测项目计划，并解决复杂问题	确定学习参数，鼓励学生在协作学习中进行自我管理

① 兰国帅，张怡，魏家财，等. 提升教师 ICT 能力 驱动教师专业发展——UNESCO《教师 ICT 能力框架（第 3 版）》要点与思考 [J]. 开放教育研究，2021, 27（2）: 4-17.

续表

维　度	知识获取层次的教师能力	知识深化层次的教师能力	知识创造层次的教师能力
实践维度四：数字技术应用	使用硬件组件和常用软件应用程序并能识别其功能	融合各种数字工具和资源，创造综合性数字化学习环境，培养学生高阶思维和解决问题的技能	设计知识社区并使用数字工具支持常态学习
实践维度五：组织与管理	组织物理环境，确保技术包容性地支持不同的学习方法	灵活使用数字工具，促进协作学习开展，管理好学习者和学习过程	发挥领导作用，为所在学校设计技术战略，使其转变为学习型组织
实践维度六：教师专业学习	利用信息技术支持教师自身的专业发展	利用技术与教师专业网络的互动，支持自身专业发展	通过开发、试验、指导、创新和分享信息技术

这一框架专门针对教师的信息技术应用能力。根据联合国教科文组织对《教师ICT能力框架（第2版）》执行情况的调查发现，该框架能够对国家信息技术教育应用的政策制定、教师标准、信息技术应用能力评估标准、课程设计和教师专业发展培训课程开发等方面产生直接的影响，对信息时代教师教学能力发展极具指导价值。

2. 欧盟教师信息素养能力框架

欧盟教师信息素养能力框架（the European Digital Competence Framework for Educators，DigCompEdu）旨在以发展教师职业所需的特定信息素养能力为目标，将促进教师专业发展、提升教学实践、达成育人目标、提升学生信息素养融为一体，构建一个促进教育工作者信息素养发展的综合模型。① 教师信息素养能力框架模型包括三大维度，分别为教师专业发展、教学实践、学生素养发展；涵盖6个领域，分别为专业参与、数字资源、教与学、评估、赋能学习者、促进学生信息素养提升；共包括22个能力项，具体指标见表3-2-13。

3. 美国国际教育技术协会 ISTE 标准

2017年美国国际教育技术协会（the International Society for Technology in Education，ISTE）发布了新版《教育者标准》，其实质是一个教师信息技术应用能力标准。ISTE作为一个专业组织，具有近20年的标准制定历史，

---

① 马宁，陈庚，刘俊生，等.《国家高校教师教育技术能力指南》的研究[J]. 远程教育杂志，2011，207（6）：3-9.

表 3-2-13　欧洲教师信息素养测评指标（DigCompEdu Framework）[1]

维度	一级指标	二级指标
教师专业发展能力	专业参与	组织沟通：教师能够利用信息技术的有效支持与他人进行沟通，并不断改进组织沟通策略。
		专业协作：运用信息技术分享并交流知识和经验，主动在与他人的专业协作中不断创新教学实践
		反思性实践：对自身的信息化教学实践与教育社区的实践进行反思与批判性评估，从而作出相应改进
		持续专业发展：使用多样化数字化资源进行持续性的专业学习与发展
教学实践能力	数字资源	选择数字资源：关注特定的学习目标、背景、教学法和学习对象
		创建并修改：在现有的开放许可资源和其他许可资源基础上进行修改和创建
		管理、分享和保护：了解开放许可教育资源的使用和创建方法，通过有效管理使学生、家长和其他教育工作者都能共享；有效保护敏感性信息内容，尊重隐私和版权规则
	教学与学习	教学：在教学过程中恰当地利用信息设备和资源，通过优化管理和教学干预，不断尝试新的教学模式和方法，以提高教学有效性
		指导：使用信息技术和服务来加强和学习者的互动，利用信息技术提供及时、有针对性的指导和帮助，不断试验并开发指导与支持新形式
		协作学习：作为加强沟通以及协作知识创新与创造的手段，运用信息技术促进和加强学习者之间的协作
	评估	自主学习：利用信息技术促进学习者规划、监督和反思自我学习，从而见证进步、分享见解并形成创新思维
		评估：运用信息技术开展多样且适切的评价，以丰富评价形式和方法
		分析：选择、分析和解释学习者学习行为、活动、表现性证据，为开展精准教学，指导学生个性化学习提供依据
		反馈：利用信息技术为学习者提供有针对性的及时反馈
学生素养发展能力	赋能学习者	可达性与包容性：确保包括有特殊需要的学习者在内的所有学习者都能获取学习资源和参与学习活动
		差异化与个性化：允许学习者以不同的学习节奏、学习路径开展学习
		参与性与创造性：利用信息技术激发学生参与的积极性和创造性。通过联结真实世界的学习情境，促进学生应用信息技术解决复杂问题，培养学生创造性解决问题的能力

[1] 李宝敏，余青，于东兴. 教师信息素养评测欧盟经验的启示 [J]. 教师教育研究，2021，33（5）：101-108.

续表

维度	一级指标	二级指标
学生素养发展能力	促进学生信息素养提升	信息和媒体素养：帮助学生学会识别与明确信息需求，能辨别关键信息和资源，就信息及其来源的可靠性作出分析和判断，能够有效组织、加工、分析和解释信息
		信息通信与协作：帮助学生有效、负责地使用信息技术进行交流、协作和社会参与
		内容创作：帮助学生通过信息手段表达自己，并修改和创建不同格式的数字媒体内容。引导学生学会如何尊重版权、如何引用数字资源等
		负责任地使用：采取有效措施确保学生在使用信息技术时身心健康，使学生能够安全、负责地管理风险和使用信息技术
		问题解决：引导学生学会识别和解决技术问题或创造性地综合利用信息技术知识与技能创新性解决问题

其开发的中小学生、教师、管理者、技术教练、信息技术教师等的信息技术应用能力标准被国际社会广泛采纳，在中小学教育信息化领域享有很高的声誉。[1]ISTE 2017版《教育者标准》的主题是"使用技术创新教学"，与以往版本中的教师标准相比这一版有着根本性的转变，从关注技术向关注教学法转变，由支持教学向创新教学转变。从这个意义上说，它可作为教师信息技术创新应用能力标准。

该标准以教师在技术创新教学中的角色命名了教师标准的七大能力维度，分别为：学习者、领导者、公民、合作者、设计者、促进者、分析者。[2]同时，标准将创新应用能力划分为专业发展和教学两大领域，专业发展领域包含学习者、领导者、公民，侧重于教师作为自身专业发展的主体应该承担的角色；教学领域包含合作者、设计者、促进者和分析者，强调教师对学生学习的支持作用，角色定位为学生学习的指导者、帮助者和促进者，类似学生学习的催化剂。该框架的每个能力维度均包含3~4个能力指标，共24个能力指标，具体指标见表3-2-14。

---

[1] 尹睿.未来学习者，你准备好了吗——美国ISTE《学生标准》解读及启示[J].现代远程教育研究，2018（1）：58-67.

[2] 王永军.中小学教师信息技术创新应用能力框架构建研究——基于ISTE 2017版《教育者标准》[J].远程教育杂志，2019，37（6）：50-60.

第三章 教学能力标准框架及测评

表 3-2-14 ISTE 2017 能力指标

领域	能力维度	具体指标
专业发展	学习者	1. 有意识地给自己设定专业发展目标，有目的地进行学习； 2. 主动建立或者积极参与本地或全球的专业发展学习社区，以更好地提升自身的专业发展水平； 3. 追踪包括学习科学在内的关于教学的研究成果
	领导者	4. 分享技术赋权学习的价值观，塑造、提出并加速形成利用技术赋权学习的共同愿景，联合利益相关者帮助学生实现技术赋能学习； 5. 倡导所有学生公平地获取技术，应考虑到学生身体、情感、文化等方面的差异和偏好，为学生提供多样化的技术获取机会，充分照顾学生差异，使学生公平而又个性化地参与到技术与教学的整合中； 6. 在辨认、试验、评价、有意义组织和采纳新数字资源和工具方面发挥示范带动作用，带领其他教师共同使用数字资源和工具，帮助其他教师更好地实现信息技术与教学整合的专业发展
	公民	7. 给学生设计和创造数字化学习活动，培养学生的数字公民素养，使学生在活动中做出积极贡献，同时展现同理心，帮助学生建立良好的人际关系和社区互动关系； 8. 为学生创造良好的文化氛围，这种文化氛围能够激发和促进学生对网络资源的好奇心和批判性思维，同时能够培养学生的数字素养和娴熟运用媒体的能力； 9. 培养学生安全、合法、合乎伦理道德地使用数字工具并保护知识产权的行为习惯； 10. 给学生等利益相关者示范如何管理好个人数据和数字身份，促进他们对个人数据和数字身份的管理，保护好学生个人数据的隐私
教学	合作者	11. 专门抽出时间与同事合作，为学生创造基于技术的真实的学习活动体验； 12. 和学生合作，一起探索使用新技术来诊断和排除教学中的技术故障； 13. 利用合作工具与当地乃至全球各地的专家、团队和其他学校学生等进行虚拟合作； 14. 在与学生、家长和同事合作时，能够以积极恰当的方式互动，并能体会到各类群体在合作中的经验、身份和观点的不同之处
	设计者	15. 为学生创造自主学习的机会，创设适应学习者不同特征和需求的学习活动和学习环境，并对学习活动和学习环境进行动态调整，使其适应学习者的学习需求变化； 16. 设计的学习活动要符合课程标准，让学生在学习活动中掌握知识，在此基础上使用技术工具将学习活动推向主动学习和深度学习； 17. 在教学设计中探索和使用最优化的教学设计原则，去设计创新型学习环境，增强学生的学习主动性，不断优化教学
	促进者	18. 创造有利于发挥学生学习能动性的文化氛围，使学生在独立学习和集体学习中都能够掌控其学习目标和学习结果； 19. 鼓励和指导学生在数字平台、虚拟环境、创客空间、现场教学中使用技术，并给予学习策略上的指导； 20. 为学生创造富有挑战性的学习情境，激励学生使用设计流程和计算思维去创新和解决问题； 21. 示范并有意识地培养学生的创造力和创意表达能力

续表

领域	能力维度	具 体 指 标
教学	分析者	22. 在评价学生学习效果时为学生的学习展示提供多种选择途径，以更好地促进学习； 23. 利用技术设计和实施形成性评价和总结性评价，利用数据不断分析学习者的学习需求，及时为学习者提供反馈，促进学习者自我引导地学习； 24. 使用评价数据分析学生的学业差距，更好地指导学生取得进步，同时，教师应和学生、家长等利益相关者分享评价数据，以更好地培养学生的自主学习能力

ISTE 2017 具有很强的信息技术创新应用特性，强调实现学生核心素养发展，给学生的学习赋能，用教师创新型角色来引导教师行动定位，鼓励教师用技术来创新教学方法。

4. 美国 iNACOL 混合教学教师能力框架

在线教学是对面授教学的必要补充，线上线下融合的混合教学将成为教育教学必然的一种形态。美国 K-12 在线学习国际联盟（International Association for K-12 Online Learning，iNACOL）一直致力于在线教育质量标准体系的制定以使在线教育规范发展，发布了很多相关质量标准，如《在线教育教学质量全国标准》《在线教育课程质量全国标准》等。2014 年，iNACOL 发布了混合式教学教师能力模型，指出混合式教学中教师应具备的能力包括理念、素质、适应能力和技术能力等 4 个方面，该框架更多强调了教师开展信息时代教学改革所需具备的通用素质与能力。[1]

5. 中国高校教师教育技术能力指南

2010 年，中国教育技术学会制定了《国家高校教师教育技术能力指南（试行）》(*National Educational Technology Guides for Teachers in Higher Education*, *trial version*)，NETG-THE，以下简称《指南》，[2] 旨在为各个学科专业的高校教师的专业化发展提供指导，也适用于高校新教师入职培训、继续教育等，为高校的教师培训活动提供参考。《指南》将教育技术的特色

---

[1] Powell A, Rabbit B, Kennedy K. INACOL Blended Learning Teacher Competency Framework[R/OL].（2014）[2022-6-28]. https://aurora-institute.org/resource/inacol-blended-learning-teacher-competency-framework/.

[2] 马宁，陈庚，刘俊生，等.《国家高校教师教育技术能力指南》的研究[J]. 远程教育杂志，2011，207（6）：3-9.

与学科特色、高校教师工作特点相结合，从教育技术在学科教学、科研等方面应用的角度来描述相关指标和要求。《指南》的一级维度包括意识与责任、知识与技能、设计与实施、教学评价、科研与发展5个方面。

四、高等教育教师教学能力发展的阶段性分析

高等教育教师教学能力发展具有时代性和专业性的内涵，教师教学能力发展是指教师在立德树人等教育价值观指引下，从教学活动规律和自身教学学情出发，自觉更新教学观念、优化教学方式、增强教学改革意识、持续提升自身教学专业品质，积极适应社会发展、学校发展与自身专业发展要求的过程，可以说教师教学能力发展是一个由教学认知、发展方式和发展意识构成的三位一体的过程。[①] 高等教育教师教学能力发展需要考虑教师教学认知能力、教学策略应变能力和教学自我变革决策能力等不同阶段的特点，从教学能力发展的过程来看，高校教师可以从以下3个不同阶段来持续提升教师的教学能力。

（一）从多元角度提升教师的教学认知水平，发展教师的教学元认知

首先，高等教育教师教学能力发展过程是教师自身知行合一的实践发展过程，教师对于教学工作功能、属性和主体关系的认知是教师开展教学的逻辑起点，高校教师应从时代背景、教学经历、知识文化结构等方面认识教学，不断发展自身的教学元认知。高校教师教学认知首先应该面向时代要求，结合新时代的发展特点，不仅要做教学知识和技能的传播者，更应该成为理想信念和思想道德的传播者。当前教师在学习者思想道德价值上的培养和塑造，是教师提升自身课程育人能力的首要要求。第二，高等教育教师提升教学自我认知，有利于推进教学理念和教学模式的系统革新，特别是针对人才培养的根本问题，教学认知是提升教师在教书育人中教学责任感和荣誉感的关键，是促使学习者在大学阶段的学习中做到知识技能、行为能力和思想道德情感价值观全面发展的关键指导性因素。第三，高校教师需要从信息社会的时代发展方面深入理解"互联网＋教育教学"的理念与范式变化，从课程教学重构的视角来达到更高的教学认知，通过创新教学不断促进教学的卓越。

---

① 李辉，龙宝新，李贵安. 高校教师教学发展能力的结构与培育[J]. 中国高教研究，2020（11）：60-65.

（二）通过常态化的教学问题诊断，提升教学精准性和个性化教学的应对能力

当前，提升高等教育教师的教学实践能力非常关键，特别是针对教学必备的知识技能、教学设计能力、教学管理能力、教学评价反思能力和信息化教学能力等方面的能力提升尤为重要。针对教师教学关键能力，开展教师教学常态化的问题诊断是一种非常有效的发展方式或途径。首先，开展教师教学意识和理念方面的诊断帮助高校教师逐步形成"以学生为中心"和"能力发展为主"的现代大学育人培养理念，并且将信息技术支持的精准化和个性化人才培养理念落实到位。第二，创新高校教师教学实践能力方面的培养方式，从教师教学必备知识与技能和教学实践中的核心能力进行体系化培养，将网络在线研修同集中培训相结合，将教学观摩、微格教学实践和网络研修相结合，形成一个兼具系统性和灵活性的教学能力发展模式。第三，通过开展案例教学提升教师教学应对能力的精准性和个性化程度，让教师通过研修和讨论教学案例进一步提升自身对于课程教学反馈、评价和指导的精准度和个性化程度。

（三）通过教师不断进行自我反思和学术研究，持续更新并发展教师的专业能力

针对高等教育教师专业系统性支持较强，但普遍缺少教师教育培养的实践现状，需要构建促进教师自我反思和教学学术研究的持续能力提升方式。首先，需要针对新入职青年教师建立分层分类的能力提升培养模式，针对高等教育教师教学的必备和核心能力建立能力认证的培养模式，让青年教师先具备从事教学的相关能力素养。第二，通过将教学观摩示范课、教学技能比赛和国内外的教师教学能力提升访学项目相结合，形成一个持续性的教学能力发展阶段体系，特别是要加大对于骨干教师队伍教学能力的再提升，聚焦他们在人才培养模式方面开展教学改革的实证研究指导，形成科教融合的新型人才培养改革模式。第三，通过教学发展中心发挥教学学术共同体的功能，通过专家指导、团队研讨、同伴互助等活动进一步探索形成教学学术共同体组织，探索发展性的评价方式促进教师队伍建设的专业化。

五、高等教育教师教学能力的发展性评估方法

高等院校通过教师教学发展中心来促进大学新入职教师或中青年骨

干教师的教学能力提升，包括提供各种面向课程教学组织、课堂教学管理和教学设计实践等不同维度的能力提升项目。本部分以俄勒冈大学 TEP（Teaching Effectiveness Program）项目为例，介绍通过对教师培训项目来提升教师的教学评价能力水平。在如何有效评价学生的教学咨询方面，TEP 项目包含学习目标、评价方法、利用学生反馈来评价、量规、测试、在线评价和小组学习等 7 个部分。[①]

（1）学习目标。TEP 给出书写学习目标的技巧，为广大教师书写学习目标进行了案例剖析。学习目标包括初稿、修改稿、再修改稿、明确和高阶思维等 5 个阶段。通过这 5 个阶段的修改，使得学习目标由模糊到可测量。

（2）评价方法。TEP 分别提供了学生在课堂学习的头脑风暴、概念图、决策等 3 个阶段的学习评价方法。在课堂评价技术（classroom assessment techniques，CAT）中，TEP 项目采用卡宁汉（Cunningham）和莫尔（Moore）提出的 50 种课堂评价技术。这些评价技术覆盖了与课程相关的知识和技能的评价，对学习者态度、价值观和自我认知的技术的评价，学习者对教学的反应的评价等三大领域。

（3）利用学生反馈来评价。学生的反馈对于教师教学能力的提高是很关键的。通过搜集学生期中测试反馈，可以对课程适时进行调整。通过对学生期末测试的反馈，可以使课程的质量得到提高。询问学生的反馈启示是创设了学生和教师之间的连接并创造了善意的感觉。教师首先是询问，然后准备倾听和行动。

（4）量规。量规是评估学生作业的一套标准。量规可以随着任务发放给学生以帮助他们了解完成的程度和评分指南。特别是在课程中，不止一个人来做相同的任务，量规有助于评价的一致性。另外，当学生们对自己的成绩不满意的时候，根据量规给出成绩就显得很重要。

（5）测试。成绩被用来衡量学生作业的价值，以激励学生努力学习。成绩是学生和教师的反馈形式，经常被视为一种奖励和惩罚系统。TEP 项目为俄勒冈大学的教师提供课程的测试方法，指导教师们如何开发既公平

---

① 多强，钟名扬. 俄勒冈大学 TEP 项目及其对我国高校教师教学能力发展的启示 [J]. 黑龙江高教研究，2017（4）：121-125.

又有效的评价工具、如何防止学生作弊等。

（6）在线评价。TEP项目提供由Blackboard公司开发的数字化教学平台来进行在线评价。Blackboard系统通过运用不同类型的问题进行在线评价，并根据学生的回答进行及时反馈，自动评分，分数会自动记录到在线成绩中心。教师利用在线评价可以检测学生的知识掌握情况，衡量学生的进步情况，并从学生的答案中搜集信息。

（7）小组学习。在对小组学习的评价中，TEP主要是从创设一个成功的团队任务出发，让教师们了解团队学习评价的一般规则、有效的团队任务的标准、结构良好的团队任务的案例、同伴评价等方面的知识。

第三节 高等教育教师教学能力标准框架

一、框架结构

综合上一节的分析结果，本书提出高等教育教师教学能力标准框架，包括教师职业价值认知、教学必备知识技能和教学实践核心能力3个一级维度和10项能力标准，框架结构如图3-3-1所示。

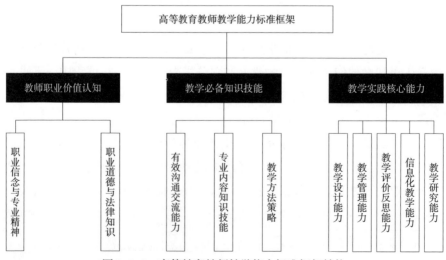

图3-3-1 高等教育教师教学能力标准框架结构

二、主要内容

高等教育教师教学能力标准框架的内容如表 3-3-1 所示，包括 3 个一级维度、10 个二级指标和 40 个三级指标。

表 3-3-1　高等教育教师教学能力标准框架的内容

一级维度	二级指标	三级指标
教师职业价值认知	1. 职业信念与专业精神	1.1 热爱教育事业，坚持职业理想，增强国家政治思想的价值认同
		1.2 坚持育人为本，立德树人，遵循教育规律，提高教学质量
		1.3 坚持学术良知，恪守学术规范，坚决反对滥用学术资源和影响
		1.4 坚持职业操守，树立和维护职业声誉，尊重和理解多元价值观
	2. 职业道德与法律知识	2.1 强化教育法治和纪律教育，具备教育法律法规基本知识
		2.2 强化法治素养和教学规则意识，做到依法执教和规范执教
		2.3 尊守国家教师职业道德规范，确保公平对待所有学习者
		2.4 具备知识产权保护意识，尊重保密和匿名协议，避免社会冲突
教学必备知识技能	3. 有效沟通交流能力	3.1 根据学习者特征、情境和文化背景进行有效语言教学和书写表达
		3.2 在教学过程中进行有效书写表达
		3.3 能够寻求并吸收多方不同的观点，达成有效沟通交流
		3.4 根据不同的情境采取积极有效的倾听技巧
		3.5 使用网络等合适信息通信技术进行沟通交流
	4. 专业内容知识技能	4.1 具备有关学习原理和教学策略的知识
		4.2 具备学科专业知识，同学科专业组织建立并保持联系沟通，参加专业发展实践活动
		4.3 将教学与组织背景及目标相联系，对教育教学改革持积极态度
		4.4 建立个人教学和研究文档，不断搜集和学习专业前沿知识
	5. 教学方法策略	5.1 具备教学计划准备技能：对学习者的困难问题进行诊断分析，确定关键学习知识内容，准备教学资源和技术工具
		5.2 能够激发学习动机和学习投入：维持学习者注意力，帮助学习者设定合理的预期学习目标，为其提供参与学习活动获得成功的机会
		5.3 具备有效知识表达技能：能根据不同情境采用合适的知识呈现方式，采用多种方式表述关键概念、提供案例阐述，让学习者参与知识表述的过程
		5.4 具备有效提问技能：为学习者指明方向，能提出清晰和恰当的问题，有效跟进学习者的问题，以多种类型的问题引导和连接学习活动，监控和调整学习活动的动态变化
		5.5 促进知识和技能的巩固：能将学习活动与已有知识相联系，鼓励知识梳理细化，提供整合知识和实践教学技能的机会

续表

一级维度	二级指标	三级指标
教学必备知识技能	5. 教学方法策略	5.6 促进知识和技能的迁移：示范知识和技能在真实情境中的运用，提供真实情境中的实践机会，和学习者共同探究促进或阻碍知识和技能迁移的情况，为学习者未来作出规划
教学实践核心能力	6. 教学设计能力	6.1 具备教学设计方法性知识，能确定学习者、其他参与人员和教学环境的特征，理解分析教学目标和任务，设计合理的教学呈现方式，选择合适的教学媒体，并设置有效的教学评价
		6.2 具备教学设计实践能力，能够在课程中选择合适的教学方法、策略和呈现技巧
		6.3 设计个性化的课程内容、教师手册、评估工具和支持材料，使用信息技术设计合适的教学活动和相关资源
	7. 教学管理能力	7.1 管理教学环境，通过确保学习者活动所需资源，应对影响学习绩效的各种情形，制定学习规章制度，设立合适的学习期望，合理分配和调控教学进度
		7.2 采用合适的手段管理课堂教学行为，及时公正地处理教学问题
		7.3 具备使用信息技术管理教学过程的能力：能够使用信息技术支持教学管理，进行查找和信息共享
		7.4 能够使用信息技术存储和重复利用教学资源，维护学习者个人信息的安全
	8. 教学评价反思能力	8.1 能够评估学习绩效，针对评估标准监测学习者个体和小组的学习绩效，评估学习者的态度情感、反应和效果
		8.2 具备提供学习反馈的能力：采用多样策略为学习者提供交流的机会，提供清晰、及时、中肯和具体的反馈信息
		8.3 能够使用合适的信息技术评价教学过程，包括评价教学材料、教学方法和教学绩效及环境设备对教学的影响
		8.4 具备教学反思能力，能够针对教学反馈、学习绩效和教学效果对教学问题及时总结、梳理，以便改进优化课程质量
	9. 信息化教学能力	9.1 理解信息技术教育应用政策，使信息技术与教育发展政策优先内容保持一致，明确信息技术与教学融合应用的目的
		9.2 理解信息技术在课程教学目标和教学评估方面的作用，具备信息技术应用技能，选择和使用有效的教学融合应用方法
		9.3 在教学过程中有效使用各种数字化媒体工具，管理和组织教学设备、课程活动和数字化资源，开展专业化学习实践
	10. 教学研究能力	10.1 具备针对人才培养视角下课程体系建设和学科专业发展的专业性知识，为课程教学提供有效的专业内容和专业方法支撑
		10.2 开展课程教学专业研究，从不同学科专业、不同学习情境和具体课程教学情境等视角进行循证教学研究
		10.3 具备利用教学数据改进课程的思维，能够利用人工智能等技术进行智慧教学应用和管理，基于学习分析对课程教学进行设计和干预，优化教学效果，促进教师专业发展

1. 教师职业价值认知

高校教师对从事教师职业和开展教学工作所必须具备的教师职业价值认识，包括职业信念与专业精神、职业道德与法律知识2个二级指标，8个三级指标。其中需要特别说明的是，职业信念与专业精神重点指向高等教育教师从事教师职业和开展教学工作所必须具备的专业信念和专业精神，要求一名教师必须有理想信念，有道德情操，有扎实学识，有仁爱之心；政治要强，情怀要深；思维要新，事业要广；自律要严，人格要正。①

2. 教学必备知识技能

高校教师开展教学所需的教学必备知识技能，包括能够有效沟通、清晰表达呈现教学知识，具备专业内容性和教学方法性的知识，能够达到教学基本标准要求，包括有效沟通交流能力、专业内容知识技能和教学方法策略3个二级指标，15个三级指标。

3. 教学实践核心能力

高校教师开展教学实践过程中的核心教学能力促使教师在教学发展中不断追求教学卓越和教学专业化，其包括教学设计能力、教学管理能力、教学评价反思能力、信息化教学能力和教学研究能力5个二级指标，17个三级指标。

三、针对不同发展阶段的教学能力指标

经济合作与发展组织（OECD）发布的 OECD Future of Education and Skills 2030 报告中指出教师未来要能够为学习者赋能，使他们具备自定航向和变革的能力。②欧盟数字化胜任力标准也提出要为教师建立专业化参与性（professional engagement）的环境，为学习者赋能，让其具备更好适应未来的能力。③因此，本教学能力标准框架以教师专业发展为导向，针对教师

---

① 新华社．习近平主持召开学校思想政治理论课教师座谈会 [EB/OL]．（2019-03-18）[2022-06-28]. http：//www.gov.cn/xinwen/2019-03/18/content_5374831.htm.

② OECD.The OECD learning compass2030[EB/OL].（2017）[2022-06-28]. https：//www.oecd.org/education/2030-project/.

③ INTEF.Common digital competence framework for teachers [EB/OL].（2017-10-24）[2022-06-28]. https：//aprende.intef.es/sites/default/files/2018-05/2017_1024-Common-Digital-Competence-Framework-For-Teachers.pdf.

应用、深化和创新3个不同阶段分别提出了每个阶段教师应该具备的能力指标，为高校教师教学能力发展提供参考。

（一）应用阶段

该阶段主要针对职前培养和新入职阶段的教师，应当具备10个二级指标里面的28个三级指标所对应的能力，如表3-3-2所示。

表3-3-2 应用阶段教师应具备的能力指标

一级维度	二级标准	三级指标
教师职业价值认知	1. 职业信念与专业精神	1.1；1.2；1.3；1.4
	2. 职业道德与法律知识	2.1；2.2；2.3；2.4
教学必备知识技能	3. 有效沟通交流能力	3.1；3.2；3.3
	4. 专业内容知识技能	4.1；4.2；4.3；4.4
	5. 教学方法策略	5.1；5.2；5.3；5.4；5.5
教学实践核心能力	6. 教学设计能力	6.1
	7. 教学管理能力	7.1；7.2；7.3
	8. 教学评价反思能力	8.1；8.2
	9. 信息化教学能力	9.1
	10. 教学研究能力	10.1

（二）深化阶段

该阶段主要关注教师职后专业成长过程，重点提升在职教师职业发展中的教学专业性能力，除了要具备应用阶段的28个三级指标之外，还应具备另外8个三级指标，如表3-3-3所示。

表3-3-3 深化阶段教师应具备的能力指标

一级维度	二级标准	三级指标
教学必备知识技能	3. 有效沟通交流能力	3.4；3.5
	5. 教学方法策略	5.6
教学实践核心能力	6. 教学设计能力	6.2
	7. 教学管理能力	7.4
	8. 教学评价反思能力	8.3

续表

一级维度	二级标准	三级指标
教学实践核心能力	9. 信息化教学能力	9.2
	10. 教学研究能力	10.2

（三）创新阶段

该阶段面向教师卓越教学的目标需求，为教师创新教学实践和培养未来学习者提供教学创新路径与方法，除了具备应用阶段的 28 个和深化阶段的 8 个三级指标之外，还应当具备 4 个三级指标，如表 3-3-4 所示。

表 3-3-4　创新阶段教师应具备的能力指标

一级维度	二级标准	三级指标
教学实践核心能力	6. 教学设计能力	6.3
	8. 教学评价反思能力	8.4
	9. 信息化教学能力	9.3
	10. 教学研究能力	10.3

第四节　高等教育教师教学能力测评工具

目前相关研究文献中尚无能够全面测量高等教育教师教学能力框架中所列能力的测评工具，本节从教学知识、技能与实践行为能力，信息技术融入教学的过程能力，单项知识技能测评，以及教学能力主观评价等 4 个方面介绍高等教育教师教学能力相关测评方法和工具。

一、高等教育教师教学知识、技能与实践行为能力观察量规

根据高等教育教学能力标准框架，从"教学必备知识技能"和"教学核心实践能力"两个一级维度编制"高等教育教师教学行为观察量规"。该量规主要对有效沟通交流能力、专业内容知识技能、教学方法策略、教学设计能力、教学管理能力、教学评价反思能力、信息化教学能力和教学研究能力 8 个指标进行设计，对教师教学实践行为进行等级评分，包括优秀、良好和一般 3 个等级，如表 3-4-1 所示。

表 3-4-1　高等教育教师教学知识、技能与实践行为能力观察量规

观察维度	观测指标	分值	等　级
有效沟通交流能力	根据学习者特征、情境和文化背景进行有效语言教学和书写表达	15	A（优秀）12~15 B（良好）9~11 C（一般）9以下
	根据不同的情境采取积极有效的倾听技巧		
	使用网络等合适信息通信技术进行沟通交流		
专业内容知识技能	具备学科专业知识，同学科专业组织建立并保持联系沟通，参加专业发展实践活动	15	A（优秀）12~15 B（良好）9~11 C（一般）9以下
	将教学与组织背景及目标相联系，对教育教学改革持积极态度		
	建立个人教学和研究文档，不断搜集和学习专业前沿知识		
教学方法策略	具备教学计划准备技能：对学习者的困难问题进行诊断分析，确定关键学习知识内容，准备教学资源和技术工具	20	A（优秀）17~20 B（良好）12~16 C（一般）12以下
	能够激发学习动机和学习投入：维持学习者注意力，帮助学习者设定合理的预期学习目标，为其提供参与学习活动获得成功的机会		
	具备有效知识表达技能：能根据不同情境采用合适的知识呈现方式，采用多种方式表述关键概念、提供案例阐述，让学习者参与知识表述的过程		
	具备有效提问技能：为学习者指明方向，能提出清晰和恰当的问题，有效跟进学习者的问题，以多种类型的问题引导和连接学习活动，监控和调整学习活动的动态变化		
	促进知识和技能的巩固：能将学习活动与已有知识相联系，鼓励知识梳理细化，提供整合知识和实践教学技能的机会		
	促进知识和技能的迁移：示范知识和技能在真实情境中的运用，提供真实情境中的实践机会，和学习者共同探究促进或阻碍知识和技能迁移的情况，为学习者未来作出规划		
教学设计能力	具备教学设计方法性知识，能确定学习者、其他参与人员和教学环境的特征，理解分析教学目标和任务，设计合理的教学呈现方式，选择合适的教学媒体，并设置有效的教学评价	10	A（优秀）9~10 B（良好）7~8 C（一般）7以下
	具备教学设计实践能力，能够在课程中选择合适的教学方法、策略和呈现技巧		
	设计个性化的课程内容、教师手册、评估工具和支持材料，使用信息技术设计合适的教学活动和相关资源		

续表

观察维度	观测指标	分值	等级
教学管理能力	管理教学环境,通过确保学习者活动所需资源,应对影响学习绩效的各种情形,制定学习规章制度,设立合适的学习期望,合理分配和调控教学进度,采用合适的手段管理课堂教学行为,及时公正地处理教学问题	10	A(优秀)9~10 B(良好)7~8 C(一般)7以下
	具备使用信息技术管理教学过程的能力:能够使用信息技术支持教学管理,进行查找和信息共享		
	能够使用信息技术存储和重复利用教学资源,维护学习者个人信息的安全		
教学评价反思能力	能够评估学习绩效,针对评估标准监测学习者个体和小组的学习绩效,评估学习者的态度情感、反应和效果	10	A(优秀)9~10 B(良好)7~8 C(一般)7以下
	具备提供学习反馈的能力:采用多样策略为学习者提供交流的机会,提供清晰、及时、中肯和具体的反馈信息		
	能够使用合适的信息技术评价教学过程,包括评价教学材料、教学方法和教学绩效及环境设备对教学的影响		
	具备教学反思能力,能够针对教学反馈、学习绩效和教学效果对教学问题及时总结、梳理,以便改进优化课程质量		
信息化教学能力	理解信息技术教育应用政策,使信息技术与教育发展政策优先内容保持一致,明确信息技术与教学融合应用的目的	10	A(优秀)9~10 B(良好)7~8 C(一般)7以下
	理解信息技术在课程教学目标和教学评估方面的作用,具备信息技术应用技能,选择和使用有效的教学融合应用方法		
	在教学过程中有效使用各种数字化媒体工具,管理和组织教学设备、课程活动和数字化资源,开展专业化学习实践		
教学研究能力	具备针对人才培养视角下课程体系建设和学科专业发展的专业性知识,为课程教学提供有效的专业内容和专业方法支撑	10	A(优秀)9~10 B(良好)7~8 C(一般)7以下
	开展课程教学专业研究,从不同学科专业、不同学习情境和具体课程教学情境等视角进行循证教学研究		
	具备利用教学数据改进课程的思维,能够利用人工智能等技术进行智慧教学应用和管理,基于学习分析对课程教学进行设计和干预,优化教学效果,促进教师专业发展		

二、高等教育教师信息技术融入教学过程能力测量问卷

有研究者从教师信息技术融入教学过程的角度开发了能力测量问卷，提出了教师应用意愿、技术应用素养、教学应用能力和教学研究能力等4个维度。其中，教师应用意愿是指教师信息化教学运用意识，对政策导向和教学能力标准具有敏锐的感知度；技术应用素养是指教师从单纯学科技术、资源开发、网络教学平台等教学技术工具扩展到应用各种轻巧的智能终端实现"时时、事事、人人、处处"的终身泛在学习，最后嵌入学习、工作和日常生活环境中，形成数字化工作与学习的典范；教学应用能力是指技术与课程教学整合应用能力，形成以问题解决为主的技术与课程教学融合应用能力；教学研究能力是对信息技术融入课程教学的分析、设计、开发、实施和评价等全过程开展精细化研究分析，对数字化环境下教师教学实践性知识发展的有效程度进行证伪，科学有效地创新各种教学模式、方法与策略。该问卷针对教师基于网络教学平台开展混合教学的情境开发了28个测评题目，采用李克特五点量表，1表示非常不符合，5表示非常符合。作为教师的自评量表，由教师在对应题项进行自我打分。[1] 测量问卷根据教师在上述4个不同能力指标的特征值为不同教师描述信息技术融入教学的能力水平画像，如表3-4-2所示。

表 3-4-2　高等教育教师信息技术融入教学过程能力测量问卷

测评维度	测 量 题 项
教师应用意愿	（1）我愿意应用信息通信技术（ICT）来改善自身的教学； （2）我应用适当信息化教学方法提升效率与质量； （3）我设计开发的混合课程对学生的培养作用显著；
技术应用素养	（1）我利用互联网检索、查询教学资源的非常熟练； （2）我使用信息化办公工具软件非常熟练； （3）我对教室多媒体数字设备的操作使用非常熟练； （4）我根据教学需要选择合适技术去呈现不同内容的效果非常好； （5）我使用知识管理工具（如思维导图软件）非常熟练

---

[1] Ge W, Han X, Shen X. Developing a Validated Instrument to Measure Teachers' ICT Competencies for University Teaching in a Digital Age[C]// 2018 Seventh International Conference of Educational Innovation through Technology（EITT）. 2018.

续表

测评维度	测量题项
教学应用能力	（1）我使用网络教学平台建设在线课程栏目与学习单元非常频繁； （2）我为自己课程进行混合教学设计非常频繁； （3）我为自己课程设计、开发适合多种数字终端微视频资源非常熟练； （4）我使用网络教学平台上传微视频、文本等教学资源非常熟练； （5）我使用网络教学平台添加讨论区、小调查等教学活动非常熟练； （6）我为自己课程设计、开发适合多种数字终端课件资源非常熟练； （7）我使用合适技术对不同水平学生给予个性化指导非常频繁； （8）我在自己教学过程中及时获取学生反馈信息效果非常好； （9）我使用各种在线测试、作业对课程学习效果评价非常频繁； （10）我在自己课程中针对项目合作任务实施多元评价效果非常好； （11）我运用网络教学平台手机端 APP 组织教学活动非常频繁； （12）我在自己教学中开展合作学习或项目化教学效果非常好； （13）我在自己课堂教学中使用混合式教学、翻转课堂等方法效果非常好； （14）我自己设计并运行一门在线课程非常熟练； （15）我使用社交媒体组织学习交互效果非常好
教学研究能力	（1）我利用数据分析学生的知识与技能非常熟练； （2）我利用各种电子评价或分析系统提取并分析学生学习行为与效果非常频繁； （3）我对自身信息化教学实践进行反思、改进非常频繁； （4）我同本学科专业的教师就信息化教学问题进行交流非常频繁； （5）我利用各种技术、方法策略丰富自身专业研究能力非常频繁

三、针对单项知识技能的测评方法

从高等教育教师教学能力标准框架中可以发现教师职业价值认知和教学必备知识技能 2 个一级维度是高校教师从事教师职业任职资格须具备的知识与技能，需要通过单项知识考核方式来测评。这种单项知识考核一般由国家或地方政府教育机构围绕教师任职资格来组织程序，一般包括教师职业信念与专业精神、教师道德规范与法律知识、教师有效沟通表达和教学专业方法策略知识等 4 个能力维度的测评。以中国 S 省的高校教师任职资格考试为例，高校教师任职资格考试由各省级政府教育部门组织，出台《省级高校教师资格考试办法》和《省级教师资格考试的相关通知》；主要进行《教育政策法规》《教师职业道德》《高等教育学》《教育心理学》等 4 门课程的考试，考试一般采用笔试的方式，包括单选题、多选题、名词解释、简单题、问答题和论述题等题型，一般采用百分制。考试试卷需要组织相关命题专家进行编制，对题目的难度和区分度进行试测，最后形成考试试卷;[①] 除了 4 门课程的考试之外,教师还要参加普通话能力水平的培训与测试,根据中国教育部最新修订的《普通话水平测试管理规定》,考试一般包括系统机器测评和普通话测试员现场测评两种方式。[②]

四、教师主观教学能力水平评价量表

一些高等教育机构针对教师教学能力开发了主观报告的评价量表,如下所述:

(一)教学能力评价量表

美国佛罗里达大学学者 Swank 从教师主观评价的视角,制定了教学能力评价量表(Teaching Competencies Scale,TCS),通过对 288 个研究样本数据进行探索性因素分析确定了评价的 4 个主要维度(教学指导和评估;教学知识、伦理和准备;教学处理和实施过程;教学行为技术应用),总共设计了 48 个评价题目:第一个维度量表针对教学的指导和评估,包括 18 个题目,重点是教师的课程指导和评估的技能;第二个维度量表针对教学的知识、伦理和准备,包括 15 个题目,重点是关于理论、认证和最佳实践、伦理和研究考虑,以及课程指导的准备;第三个维度量表针对教学的处理和实施过程,包括 9 个题目,重点关注教师作为教育者的个人特征;第四个维度量表针对教学行为技术的应用,包括 6 个题目,重点关注教师教学专业和道德行为以及技术的使用。

TCS 量表采用了李克特五点量表的编制方式,范围从无到非常胜任,评估结果是每个维度的总分和子量表得分。TCS 量表作为一个测评教师主观心理测量的工具为教师开展教学提供了一种新的评价思路或方法。

(二)教学绩效评估问卷

西班牙米格尔·埃尔南德斯·德埃尔切大学 Moreno-Murcia 从学生评教的主观视角,开发了教学绩效评估问卷(Evaluation of Teaching Performance Questionnaire),对高校教师教学过程和教学能力进行动态的评估和测量。评估问卷作为一个评估大学教师表现的策略工具,通过对 1297 名大学生评

---

① 西北大学教师发展中心. 2021 年陕西省高校教师岗前培训暨教师资格 教育基础理论知识培训报名及培训安排的通知 [EB/OL]. (2021-10-25) [2022-06-28]. https://sxsz.nwu.edu.cn/info/1031/1471.htm.

② 中华人民共和国教育部. 普通话水平测试管理规定 [EB/OL]. (2021-11-27) [2022-06-28]. http://www.gov.cn/zhengce/zhengceku/2021-12/09/content_5659561.htm.

教样本数据的探索性和验证性分析，提出了规划、发展和结果3个维度的心理测量结构。评估问卷共包括28个题目，分为3个因素：一是规划，包括4个题目，例如"他/她提供关于学科课程的目标、书目、教程、内容和评估方法的明确信息"；二是发展，包括17个题目，例如"他/她促进团队合作"；三是结果，包括7个题目，例如"他/她应用学科课程中确立的活动评估标准"。①

评估问卷采用李克特五点量表的编制方式，评分范围在1（完全不同意）和5（完全同意）之间，作为一个有效、可靠的学生评教工具，可以用于学校教务处或教学研究中心对教师教学能力现状进行绩效评估。

第五节　高等教育教师教学能力评价的发展趋势

高等教育教师教学能力评价大量借鉴了学习评价中的方法，本节介绍可用于高等教育教师教学能力评价的学习评价发展趋势。

一、自动测试与实时反馈

学习评价中的自动测试技术主要针对客观性和主观性两类试题进行基于计算机的自动化评价。

针对客观性试题的自动测试主要采用自动标记的多项选择和短文字简答方式，通过对答案的自动检查来自动评价学习者的知识掌握程度。② 学习者在参与这类测试任务时，系统会自动判定他们的答案是否正确，并针对答案给出简单的提示与分析信息。这类自动测试技术最初被应用于传统课堂的形成性评价环节，主要采用电子应答系统对学习者的概念性知识掌握情况进行诊断。例如英国开放大学的 OpenMark 系统，其对测试的交互性和

---

① Murcia J, Torregrosa Y S, Belando N. Questionnaire evaluating teaching competencies in the university environment. Evaluation of teaching competencies in the university[J]. NAER – Journal of New Approaches in Educational Research, 2015, 4（1）: 54–61.

② Admirral W, Huisman B, Pilli O. Assessment in Massive Open Online Courses[J]. Electronic Journal of E-Learning, 2015, 13（4）: 207–216.

反馈的即时性进行了加强，并实现了断点测试的功能。[1]

目前这类技术在MOOCs中有着广泛应用，其通过小测试或阶段性考试的形式来进行过程化评价，以帮助学习者更好地了解自己的学习状况，同时也将教师从繁重的阅卷工作中解放出来，使其有更多的时间关注课程教学本身。

针对主观性试题的自动测试主要利用自然语言处理技术，将学习者答案与参考答案进行基于语义相似度的文本特征比对，以此来评判学习者的回答是否正确。[2]针对主观性试题的自动测评最初被用于短文本简答题，如OpenMark和Moodle系统针对简答题都提供了基于关键词和同义词匹配的测评功能，以对学习者的回答进行语义文本分析性评判。[3]而潜在语义分析技术的出现使在线测评系统可以利用信息检索功能对文本概念、文字风格和语法结构进行更为精准的分析[4]，这促使e-rater、Intelligent Essay Assessor和Open Essayist等写作类自动测试系统得到了大范围应用。

在上述两类自动测试技术中实时反馈技术的即时性和有效性是关键。已有的实时反馈技术主要通过智能导师模块来实现，其往往对于事实性、概念性和程序性知识的测评比较有效，而对于思维策略性知识的测评效果则并不显著。[5]

二、同伴互评

为弥补上述测评技术在思维策略性知识测评方面的不足，同伴互评被引入课堂教学和在线教学过程，其已被证实是替代传统评价的一种较为有

---

[1] Jordan S.E-assessment：Past，present and future[J]. New Directions in the Teaching of Physical Sciences，2013（9）：87-106.

[2] 刘伟，元子森，王目宣. 主观题自动测评研究[J]. 北京邮电大学学报（社会科学版），2016（4）：108-116.

[3] Jordan S.E-assessment：Past，present and future[J]. New Directions in the Teaching of Physical Sciences，2013（9）：87-106.

[4] Warschauer M，Ware P.Automated Writing Evaluation：Defining the Classroom research agenda[J]. Language teaching research，2006，10（2）：157-180.

[5] Bates T.The strengths and weaknesses of MOOCs：Part2：learning and assessment[EB/OL].（2014-11-07）[2022-06-28]. https：//www.tonybates.ca/2014/11/07/the-strengths-and-weaknesses-of-moocs-part-2-learning-and-assessment/.

效的测评技术。① 同伴互评的主要实现机制如下：第一步，教师通过系统发布互评任务和评价量规；第二步，学习者按照规定的时间提交任务；第三步，系统根据互评机制将需要评价的任务分发给学习者，学习者要在规定时间内完成评价，并给出评分和评语意见；第四步，系统对成绩进行审核，并公布学习者成绩和评语意见。通过分析上述互评机制可以发现，互评者的信赖程度（即内在信度）以及互评者与教师评价间的相似性（即聚合效度）是互评有效的关键保证。②Coursera、edX 等主流 MOOCs 平台都采用了基于匿名随机分组的互评机制，其将学习者分为 4~5 人一组，确保学习者可参与的评价任务数量一致，并规定学习者要严格根据评价量规进行互评。③ 加利福尼亚大学的标准化同伴互评系统（Calibrated Peer Reviews）要求参与互评的学习者先对教师评价过的论文或作品进行评价，再根据学习者评价与教师评价间的相似程度对前者进行信度赋值，并将其作为同伴互评成绩的计算依据。④ 此外，同伴互评中用于学习者之间相互评分的评价量规对于互评的有效性也极为关键。一个有效的互评量规要包含明确的指标、权重和评分内容，并需要对其信效度进行验证。美国大学协会针对论文、学习项目、口头报告和课堂合作等主观性任务提供了经过检验校正的 VALUE 评价量规，为在线学习中同伴互评任务的设计提供了借鉴。⑤

三、基于学习分析的测评

计算机自适应测试技术的引入促使在线学习测评系统变得更加智能。基于项目反应理论（Item Response Theory）构建的适应性测试模型可以将学习者能力和试题难度进行关系映射，根据学习者能力水平的不同来调整

---

① Formanek M, Wenger M C, Buxner S R, et al. Insights about large-scale online peer assessment from an analysis of an astronomy MOOC[J]. Computers&Education, 2017（113）: 243-262.

② Bouzidil L, Jaillet A.Can online peer assessment be trusted[J]. Journal of educational technology & society, 2019, 12（4）: 257-268.

③ Briggs L L. Assessment Tools for MOOCs[EB/OL].（2013-09-05）[2022-06-28]. http://campustechnology.com/articles/2013/09/05/assessment-tools-for-moocs.aspx.

④ 郑燕林，李卢一. 超越大规模，追求大智慧: MOOC 学习同伴评价的实施路径选择 [J]. 电化教育研究，2015（9）: 42-48.

⑤ Rhodes T, Finley A.Using the VALUE rubrics for improvement of learning and authentic assessment[EB/OL].（2013-08-15）[2022-06-28]. https://commission.fiu.edu/helpful-documents/competency-based-courses-degrees/using-the-value-rubrics-for-improvement.pdf.

试题难度和选择试题的类型，从而初步实现了对学习者知识掌握程度的分析与助学功能，这为规模化学习测评创造了条件。① 但这类学习测评系统所存储的学习时长、行为特征和成绩等数据均为反映学习者客观行为的痕迹型数据，缺少能够反映学习者参与度、投入度的状态型数据，而学习分析技术的出现正好弥补了这一不足。美国教育部教育技术办公室在其发布的《通过教育数据挖掘和学习分析技术来优化教学》（Enhancing Teaching and Learning Through Educational Data Mining and Learning Analytics）报告中提出：学习分析可以利用更为广泛的教育大数据来开展学术性分析、行为性分析和预测性分析；学习分析要综合运用信息科学、社会学、计算机科学、统计学、心理学和学习科学中的理论、技术、方法和模型，去解释和分析对学习者学习有影响的各种重要问题；从更为全面和系统的视角来看，不仅要对学习者的学习行为表现进行测评，也要为其学习提供适应性的反馈支持。② 学习分析技术在测评中的应用一般不是孤立的，需要将其同已有的在线学习系统及其他管理系统进行关联，从而构建更加完善的基于学习分析技术的测评体系。学习分析涉及数据采集、数据存储、数据分析、数据表示与应用服务等环节，这些环节构成了学习分析的核心组成要素。③ 为强化学习分析与预测过程的有效性应做到以下3点：首先，需要保证分析模型的适切性；其次，数据采集不能只针对课程属性、学生成绩等表层数据，更需要关注学习过程中的事务级数据（transaction-level data）；最后，在处理和分析事务级数据时要更有针对性地运用技术和方法，不能以简单的维度性指标来进行呈现分析结果，而需要就学习者的知识差距与特殊需求提供详细的分析报告。④

总体而言，当前较为有效的基于学习分析的测评更多是从课程层面对学习的评价和对学习服务的重构，并将学习目标、学习活动、学习评价

---

① Rossano V, Pesare E, Roselli T.Are computer adaptive tests suitable for assessment in MOOCs[J]. Journal of e-Learning and Knowledge Society，2017，13（3）：71–81.

② U. S. Department of Eduation，office of Educational Technology. Enhancing teaching and learning through educational data mining and learning analytics： A Iosne Brief [R/OL]. (2012)[2022-06-28]. Washington D. C. http：//www.ed.gov/technology.

③ 李艳燕，马韶茜，黄荣怀.学习分析技术：服务学习过程设计和优化 [J]. 开放教育研究，2012（5）：18–24.

④ Nyland R，Davis R S，Chapman J，et al.Transaction-Level Learning Analytics in Online Authentic Assessments[J]. Journal of Computing in Higher Education，2017，29（2）：201–217.

和学习反馈进行关联进而为学习者、教师和管理者提供不同视角的分析报告。

四、数字徽章

数字徽章（digital badge）作为一种以图标或徽标表征学习成果的数字标记（digital tokens），被用于学习者在正式和非正式学习中的成就或能力认证。[1] 数字徽章的用途主要有以下 3 点：一是用于激励学习者的学习动机，即采用奖励的方式来激励学习者获取学习积分，而这些积分可被用于学习身份升级和礼物兑换；[2] 二是用于标识学习成就，即采用不同的徽章去代表各类学习成就，如小徽章用于标识学习单元或知识点，大徽章用于标识课程，更大的徽章则作为职业技能资质的标识；[3] 三是用于识别学习者的学习路径，即不同的数字徽章代表不同等级的知识水平和技能经验，通过分析学习者取得的徽章便可以追踪其学习过程。[4] 目前，数字徽章已经在技术应用层面确立了标准和规范，例如美国谋智基金会（the mozilla foundation）的开放徽章基础架构、数字化承诺联盟（Digital Promise）的"微证书"，这些标准和规范推进了数字徽章的标准化应用。[5] 目前应用数字徽章的全球性学习项目数量尚较为有限，其中 IBM 的开放徽章项目（Open Badging Program）的成功预示了该技术光明的应用前景，已被全球超过 40 个学习项目采用，通过开放徽章认证获得了职业发展和晋升的学习者

---

[1] EDUCASE. things you should know about Badges[EB/OL]. (2012) [2022-06-28]. https://library.educause.edu/-/media/files/library/2012/6/eli7085-pdf.pdf

[2] Newby T, Wright C, Essor E, et al. Passport to creating and issuing digital instructional badges[M]//Ifenthaler D, Mularski B N, Mah K D.Foundations of digital badges and micro-credentials: Demonstrating and recognizing knowledge and competencies. New York: Springer, 2016: 179-201.

[3] Ellis L E, Nunn S G, Avella J T. Digital Badges and Micro-credentials: Historical Overiew, Motivational Aspects, Issues, and Challenges[M]//Ifenthaler D, Mularski B N, MAH K D.Foundations of digital badges and micro-credentials: Demonstrating and recognizing knowledge and competencies. New York: Springer, 2016: 3-21.

[4] West D, Lockley A. Implementing digital badges in Australia: the importance of institutional context[M]//Ifenthler D, Mularski B N, Mah K D.Foundations of digital badges and micro-credentials: Demonstrating and recognizing knowledge and competencies. New York: Springer, 2016: 467-482.

[5] Mozilla F. Open badges for lifelong learning. Exploring an open badge ecosystem to support skill development and lifelong learning for real results such as jobs and advancement [EB/OL]. (2012-01-23) [2022-06-28]. https://wiki.mozilla.org/images/b/b1/OpenBadges-Working-Paper_092011.pdf.

超过 16.8 万名。可以预见，未来数字徽章的规模化应用将为在线学习与混合式学习的发展带来契机。

第六节　高等教育教师教学能力标准框架的应用建议

一、国家层面

（一）构建适合本地的高等教育教师教学能力标准框架

不同的国家或地区可以基于第三节介绍的高等教育教师教学能力标准框架开发适合本地的高等教育教师教学能力标准，用于指导不同教学情境或教学场所下的教学活动。通常来说，一个国家或地区建立标准认证制度往往需要一个较长周期，该标准框架可以方便当地政府教育部门结合本地需求快速开展调研和标准试验，从而加快本地能力标准的制定速度和进程。

不同国家或地区可以依据高等教育教师教学能力标准框架开发国家或区域层面的教师资格考核与认证项目，对考核内容的各项指标依据能力标准进行细化，设置知识技能考核、教学语言表达书写和教学实践行为展示等环节，形成具有权威和公信力的高等教育教师教学专业能力认证制度。

（二）国家层面未来变革的可能性

教育改变生活，实现包容、公平、优质教育和终身学习是国家未来变革的前提。

应充分认识教育对社会发展提供主要驱动力和可持续发展的重要作用，未来社会的发展愿景是通过教育改变生活，根据联合国教科文组织（UNESCO）的《2030 教育宣言》，未来要实现包容和公平的全面优质教育和终身学习的发展目标。[①] 从终身学习的角度认识教师教育教学的重要作用，将工作重心放在获得公平、包容、有质量的学习成果上是实现教育变革性发展的基础，主要体现在以下方面：

---

① United Nations. Transforming our world：the 2030 Agenda for Sustainable Development[EB/OL].（2015–09–25）[2022–06–28]. https：//sustainabledevelopment.un.org/post2015/transformingourworld.

第一，要培养具有教育公平和包容理念与价值观的教师。面向未来社会新时代核心素养教育目标，要注重教育体系的效率、效果和公平，教育体系应当照顾、吸引和留住那些目前被排斥或有可能被边缘化的人。为确保优质教育和取得有效教育成果，各国政府应当强化教育体系，为此它们需要实施和改进适当、有效和包容的施政和问责机制、质量保证机制、教育管理信息系统、透明有效的融资程序和机制以及机构管理安排，还需要确保能够获得有效力、及时、便于使用的数据。必须利用创新方法与信息和通信技术来强化教育体系、传播知识、提供获得信息的机会、促进优质和有效的学习以及更有效率地提供服务。

第二，要引导教师更加关注质量和学习问题。国家层面应当为教育机构发展提供充足、合理的资源，并且为教师开展教育教学提供安全、环保和便于使用的环境，为保障教育和学习质量要建立教师专业发展体系和教师专业能力标准，保证未来教育要采用以学习者为中心、积极和协作的教学方法的高素质教师和教育工作者；利用图书、其他学习资料以及不含歧视性内容，有利于学习、照顾学习者需要、适应具体情况、成本效益高、可供所有学习者（儿童、青年和成人）使用的开放教育资源和技术；实施教师政策和规章，以确保增强教师和教育工作者的权能，确保妥善招聘教师和教育工作者，给予他们适足的报酬，确保他们训练有素、具备专业资格、富有干劲，确保在整个教育体系内公平和有效地为他们分配工作，确保他们在资金充足、效率高和有效管理的系统内工作；应当实施或改进评估优质学习的制度和惯例，包括对于投入、环境、过程和结果的评价，必须明确规定认知和非认知领域的相关学习成果，而且作为教学和学习过程的一部分必须连续评估相关学习成果。

第三，构建终身学习的教师发展模式。应当在地方、地区、国家和国际层面，通过体制方面的各项策略和政策、资金充裕的方案和牢固不破的伙伴关系，在各类环境和各级教育中将全民终身学习观念植入教师教育系统。这就需要在各级教育中提供多种形式和不拘一格的学习途径、适合各个年龄的切入点和再切入点，加强正规和非正规教育机构之间的联系，承认、验证和认证通过非正规和非正式教育获得的知识、技能和能力。终身学习还包括公平获取和扩大优质的职业技术教育与培训以及高等教育和研究，并对相关的质量保证给予应有重视。

二、院校层面

（一）开展教师专业发展培训项目

基于能力标准框架，高等院校的教学发展机构可以开发专业化教师能力提升培训项目，并进一步结合自身特色来构建校本教师专业发展培训体系。在项目前期评估教师教学能力，有助于了解教师的能力现状和特征，挖掘教师能力发展需求，精准把握能力发展方向，开展有针对性、精准的项目设计与支持。在项目过程中或末期评估教师能力，有助于精确把握教师能力发展状况，为项目设计与支持的优化改进及教师能力的持续发展提供依据。

（二）开展教学研究或政策咨询

高等院校的教学发展机构可以基于该标准框架开展教学能力水平发展调查研究，完善学校教学领域的相关政策，为学校适应高等教育数字化转型提供研究支持和政策咨询。

（三）研发教师教育数字化资源

基于能力标准框架，各高校可以构建教师教学发展的课程资源体系，为教师提供各类精品资源课、视频公开课和开放教育资源，支持教师进行自主学习和网络研修。同时，各高校还可以进一步制定校本课程资源，促进本校教师开展网络共同体研修。

（四）院校层面未来变革的可能性

建立高校教师教学发展专业机构，实现教师教学高度专业化。对教师教学能力的评估既是教师发展项目的终点，更是起点。各高校应建立教师教学发展的专业机构，从教学学术视角开展有效的教学研究实践工作，完善和制定学校教学领域的相关政策，为学校适应高等教育数字化转型做好准备：

1. 研究专业学习规律

深度揭示教师专业学习的发生机制和影响要素的内在逻辑关系，通过采集和挖掘教师专业学习数据对教师个体和群体的专业学习过程和效果进行精细化分析，对认知、情感、动机、行为等影响要素进行系统性挖掘，实现对教师专业学习发生规律的证据式呈现，推动对教师专业学习影响因素的整体性理解。[①]

---

① 冯晓英，郭婉瑢，黄洛颖. 智能时代的教师专业发展：挑战与路径[J]. 中国远程教育，2021（11）：1–8+76.

2.研究教与学规律

基于人工智能支持的高校数字校园环境探索教师专业发展规律。以大数据、人工智能为代表的智能技术能够为深度挖掘和解释教师专业发展的本质规律和内在机理提供支撑，如教师的专业学习规律、教与学规律、教师的知识生成规律、教师专业发展的组织进化规律等。在"2030年教育"的全球和地区架构范围内协调集体行动，通过分享人工智能技术、能力建设方案和资源等途径，促进教育人工智能的公平使用，同时对人权和性别平等理念给予应有的尊重。基于人工智能技术进一步丰富和完善当前高校数字校园环境，利用大数据分析和人工智能技术深入教与学的全过程，开展全量教学数据的采集和建立数据分析模型，开展人工智能时代教与学的研究。

虽然人工智能为支持教师履行教育和教学职责提供了便利，但应确保教师和学生之间的人际互动和协作作为教育的核心，要意识到教师无法被机器取代，应确保他们的权利和工作条件受到保护。在教师政策框架内动态地审视并界定教师的角色及其所需能力，强化教师培训机构并制定适当的能力建设方案，支持教师为在人工智能强化的教育环境中有效工作做好准备。① 在特定的教育情境下将教师、学生、环境、资源及其教学的各种影响因素作为有机共同体来探索，人工智能技术改变了认识教与学规律的方式，拓展了教与学规律的认知范畴，如采用学习分析技术、人工智能技术，通过对测试、试卷、文本、语言、表情、行为、视频等的自动识别与分析，能够帮助教师对教学互动规律、协作学习规律和学生认知发展规律等形成更加全面、深入的认识。②

三、教师层面

（一）不同角色人员的应用方法

教师是高等教育教师教学能力标准框架的直接受益者。高校不同角色人员可以基于标准指导教师改进教学实践。

---

① UNESCO. Beijing Consensus on Artificial Intelligence and Education[EB/OL].（2009-08-29）[2022-06-22]. https://unesdoc.unesco.org/ark:/48223/pf0000368303.
② 郑永和，王杨春晓，王一岩.智能时代的教育科学研究：内涵、逻辑框架与实践进路[J].中国远程教育，2021（6）：1-10+17+76.

高校教师基于标准对自身的教学对象、情境和文化背景等特征进行反思，并对教学设计和活动实践环节进行合理性应用思考，有助于发展教师自身的教学专业能力，提高教学绩效，成长为反思型和专业型的教学实践者。

教学（培训）管理者基于标准可以开发教师专业发展项目，从提升教学（培训）机构的绩效改进视角出发，针对教师的教学实际问题有针对性地提供教师发展解决方案。

人事管理者基于标准在高校教师聘用管理过程中提出教学能力的基本要求，在教师教学岗位选聘过程中发挥作用。

教育研究者基于标准可以开发教师能力发展测评工具，对教师的教学能力发展进行量化或质性分析，并且可以指导教师教育类相关课程的开发和建设。

（二）教师层面未来变革的可能性

丹尼斯·斯帕克斯（Dennis Sparks）和苏珊·劳克斯·霍利斯（Susan Loucks Horsley）将教师自我指导专业发展作为教师个人专业成长的重要模式。[①] 一般传统上，教师可以通过提升学历、访学交流或参加外部机构的职业技能培训课程来寻求自身发展；教师自身还可以通过行动研究的方式在教学实践行动中进行反思，由此形成新的教学计划，再进行实践应用，再从中反思，这样从教学实践行动的反复循环中获得教学能力的提升。而数字信息时代教师自我发展方式由于技术的发展而得到了更大程度的支持，教师可以通过自我制定个人规划，借助开放教育资源（OERs）、开放在线课程（MOOCs）或各种在线职业技能培训课程（E-training）等互联网各种学习资源促进自身教学能力的提升与不断发展。

（三）四点建议

面向未来，本手册针对教师教学能力专业发展提出如下建议：

第一，提升个人的信息素养。面向未来，教师需要具备高度专业化的信息素养，借助互联网的学习方式，开展高度专业化的自主学习，利用各种 MOOC 和优质在线职业培训精品学习资源提升自己的能力。

---

① 丹尼斯·斯帕克斯，苏珊·劳克斯·霍利斯. 教师专业发展的五种模式[M]// 奥恩斯坦，贝阿尔 – 霍伦斯坦，帕荣克. 当代课程问题. 杭州：浙江教育出版社，2004：414-450.

第二，提升个人的数据分析能力。未来信息技术提供的教与学数据将成为教师有效教学的关键一环，利用大数据和学习分析技术，针对常态化教学过程建立持续性、周期性教师教学监测，为教师的有效教学提供"价值反馈"，为学习者提供更为精准化与个性化的学习资源推荐与针对性辅导成为教师未来的关键能力。

第三，构建个人的终身学习能力。教师需要构建可持续性的个人教学发展规划，基于教学能力建立个人职业成长的教学发展路径，开展终身学习。教师需要借助各种教师教学能力测评工具开展个人能力水平规划，通过诊断性和过程性的分析报告制定符合个人特点的教学发展路径，通过终身学习有效提升自己。

第四，追求个人的教学创造力。教师应基于新时代教学环境、信息技术工具、教学模式方法和教学评价方法以及教育目标价值来培养更加具有创新、创造能力的学习者，开创更加可持续发展的未来社会，这使得教师创新教学的理论与实践能力成为核心追求。

第四章 教学能力提升行动

教师的教学能力决定着高等教育的教学质量，为提升高等教育教学质量需要开展教师教学能力提升行动。高等教育教师教学能力提升行动涉及多种目标、多方主体、多样形式，如何科学有效地提升教师教学能力是高等教育教师发展的重要内容。本章第一节概述高等教育教师教学能力发展的特点及其提升行动的总体框架；第二节介绍教师教学能力提升的国际合作行动；第三节说明政府教育主管部门层面的教师教学能力提升行动；第四节阐述社会层面的教师教学能力提升行动；第五节分析高等院校层面的教师教学能力提升行动；第六节讨论教师层面的教学能力自主提升行动方式及内容；第七节介绍教师教学能力提升效果的评价方法。本章面向的读者包括高等教育教师教学能力的研究者、高等教育的政策制定者、与高等教育教师教学能力提升相关的社会机构及高等教育机构的管理者、高等教育机构教师发展中心管理与服务人员及高等院校教师。

第一节 高等教育教师教学能力提升行动概述

本节对高等教育教师教学能力提升行动进行概述，介绍信息时代高等教育教师教学能力发展的特点及其提升行动的总体框架。

一、信息时代高等教育教师教学能力发展的特点

信息技术与高等教育教师教学能力发展的关系体现在两个方面：信息

化教学能力是教师教学能力的组成部分；信息技术是教师教学能力提升的途径、方法和环境。

第一，随着各类信息技术在教学中的进一步广泛应用，信息化教学能力成为教师教学能力中越来越重要的一部分。教师教学能力提升需要注重教学内容、教学法与信息技术的深度融合，从而形成教师个性化的、综合化的知识和技能。信息时代的教师教学能力提升应更注重构建技术愿景、在教学实践基础上的反思、创建新的学习理念、教学能力提升过程中理念和行动的相互作用、重视和培养教师学习共同体等。[①]

第二，信息技术作为实现高等教育教师教学能力提升的途径、方法和环境。应用信息技术开展教师教学能力提升具有如下优势：个性化的网络学习平台更有利于教师基于个人需求开展个性化学习与反思；在线交流工具可实现时间和空间的解耦，更有利于教师间相互学习与评价；数字化资源的特性更有利于学校积累教师教学能力发展的资源；教师在线学习数据挖掘与学习分析更有利于学校对教师教学发展进行管理与决策；网络环境下的学习共同体更有利于教师与专家及同伴开展合作等。[②][③]

二、教师教学能力提升行动的总体框架

高等教育教师教学能力提升是一个复杂的系统工程，涉及国家和地区的高等教育整体发展程度及教师发展的政策、社会对教师发展的期望与投入、大学对教师的定位和要求，以及教师自身发展的内在动机和方法等。高等教育教师教学能力提升行动总体框架包括行动目标、行动主体、行动对象、行动内容、行动方式、行动评价等要素（如图4-1-1所示）。

（一）行动目标

教师教学能力提升的需求来自3个方面，包括教师对个人教学能力发展的需要、高等教育机构对自身教学创新与发展的需要及社会对高等教育教学质量的期待。因此在开展高等教育教师教学能力提升行动时也应按照影响范围考虑3个层次的目标：上层目标面向社会，其核心是通

[①] 顾小清.信息时代的教师专业发展：理念、方法[J].电化教育研究，2005（2）：35-39.
[②] 谢忠新.信息技术支持下教师校本研修的研究[J].中国教育信息化，2009（7）：17-20.
[③] 赵建华，姚鹏阁.信息化环境下教师专业发展的现状与前景[J].中国电化教育，2016（4）：95-105.

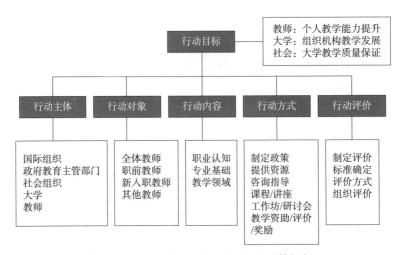

图 4-1-1　教师教学能力提升行动总体框架

过保证教学质量，达成社会期望的人才培养目标；中层目标面向大学自身，旨在通过教师教学能力的提升建设更好的课程与实施更好的教学，提升教学质量；下层目标是大学中教师的自我发展，即教师个体的教学能力提升。

（二）行动主体

高等教育教师教学能力提升的行动主体包括国际组织、政府教育主管部门、高等院校、社会组织、教师个人等。国际组织主要在发起高等教育教师教学能力提升的倡议、推出国际合作项目等方面开展工作。政府教育主管部门进行标准规范制定、政策制度发布、提供资金、开展质量评估等方面的工作。高校是高等教育教师教学能力提升行动的主要实施主体，涉及组织机构设置、规章制度制定、资金与人力资源管理、能力提升项目开发等多方面的工作。基金会、学会以及私营机构等社会组织主要提供资金、组织实施、资源与平台建设等方面的支持。

（三）行动对象

教师在高等教育教师教学能力提升行动中不但是行动的主体，更是行动的对象。不同阶段的教师其教学能力具有不同的现状和发展特点，其教学能力提升行动的内容、方式和评价也均有所不同。研究者对教师教学能力发展阶段的划分并不完全统一，但在高等教育领域普遍将教师发展分为职前阶段和职后阶段，在职后阶段又将新入职教师作为独立的阶段。职前阶段的高等教育教师教学能力提升行动主要是对尚在学校阶段的未来教师开展教学发展类课程的学习与培训、教育教学见习与实习、研讨等活动。职后阶段的高等教育教师教学能力提升行动涉及新入职的教师及其他教师两类行动对象。

（四）行动内容

高等教育教师教学能力提升的内容可以依照国家、地区、大学的教师教学能力标准及本手册第三章提供的教学能力标准框架具体制定，包括教师职业价值认知、教学必备知识技能和教学实践核心能力3个方面，按能力发展阶段可以划分为应用阶段、深化阶段和创新阶段。应用阶段主要是针对职前教师培养和新入职阶段的教师，重点关注教师基础教学能力的发展；深化阶段主要关注教师职后专业成长过程，重点关注在职教师教学能力发展，为其提供必备的知识与技能，促进其逐步形成与职业发展相适应的教师专业能力；创新阶段面向教师卓越教学的目标需求，为教师创新教学实践和培养未来学习者提供教学创新路径与方法。

（五）行动方式

为了确保高等教育教师教学能力提升的效果，需要教师所在的教育机构及上级教育主管部门出台相应的政策措施支持教师教学能力提升活动，出台标准规范对教师教学能力提升行动进行指导及开展效果评价工作。

高等教育教师教学能力提升行动既包括教学知识和技能的学习，也包括相关知识与技能在具体的教学实践中的应用与反思。根据行动主体和能力提升内容侧重点的不同，高等教育教师教学能力提升可采取咨询指导、课程讲座、工作坊、研讨会、支持服务（资源类、技术类）、教学奖励、教学评价和教学资助等具体方式。研讨会通常用来讨论某一个领域的具体议题，而工作坊则通常用来向教师（尤其是新教师和助教）介绍教学方法和教育技术培训。[①]

---

① Lu B. A Comparative Study of Faculty development Programs in the United States and the People's Republic of China[D]. Lubbock，Texas Tech University，1991：76.

为顺利开展高等教育教师教学能力提升行动，需要考虑在知识和技能培训、具体教学实践应用等环节所需要的技术工具与资源。在信息化环境下，可考虑建立基于互联网的教师教学培训网站，提供教师教学能力提升相关的课程资源、培训讲座、教育学书籍和文献、教育技术软件、培训课程供教师学习参考。

（六）行动评价

对高等教育教师教学能力提升行动的质量评价包括制定评价标准、确定评价方式和组织评价3个方面。对行动质量的评价主要体现为提升行动对教师教学能力提升的效果。评价标准、测评方法与工具请参考第三章的相关内容。评价方式根据评价主体可分为机构外部评价、机构内部评价、同伴评价、自我评价等。

（1）机构外部评价。机构外部评价是指行动主体外部对教师教学能力提升的效果评价，一般针对实施主体为组织机构类型的提升行动，如国际组织、社会组织、大学，通常以认证、奖项、资格考试、结项的方式进行评估。评估主体可以是第三方评估机构，也可以是教育主管部门。

（2）机构内部评价。机构内部评价同样针对实施主体是组织机构类型的提升行动，实施主体与评估主体来自同一组织。如高校组织教师教学能力提升培训项目，在项目结束后对教师进行考评。可以采用量表测量、专家听评课等评价方式。

（3）同伴评价。同伴评价具有较强的通用性，在各类提升行动中均可使用。一般在教研室模式中使用较多。通常由相同学科、专业或课程的教师相互观摩课程教学，并给出评价反馈。

（4）自我评价。无论是哪种类型的教师教学能力提升行动，都离不开教师自己的反思与评价，自我反思与评价是教师教学能力提升的必要条件，通常以非正式的形式进行。在有组织的提升行动中也会以正式的形式组织教师进行自我评价，并以量表、测试、调查表等方式进行收集。

从行动评价的内容上可以参考柯氏评价模型，分为反应评价、学习评价、行为评价、成果评价4个层次。评价的4个层次，实施从易到难，费用从低到高。一般最常用的是反应评价，而最有用的是成果评价。是否评价，评价到第几个层次，应根据教师教学能力提升项目的重要性确定。

拓展阅读 4-1-1

柯氏四级培训评价模式

柯氏四级培训评价模式（Kirkpatrick Model）由威斯康星大学（Wisconsin University）教授唐纳德·L.柯克帕特里克（Donald L.Kirkpatrick）于1959年提出，是世界上应用最广泛的培训评估模式。主要包括4个层面的评估内容：

Level 1. 反应评价（reaction）：评价被培训者的满意程度。主要包括对学习内容设计的反应，对学习内容、质量的反应，对学习活动组织的反应，是否会在将来的工作中用到所学习的知识和技能等。

Level 2. 学习评价（learning）：测定被培训者的学习获得程度。即教师在学习结束时，是否在知识、技能、态度等方面得到了提高或转变。

Level 3. 行为评价（behavior）：考察被培训者的知识运用程度。即确定参与学习的教师在多大程度上通过学习而发生了教学行为上的改进。

Level 4. 成果评价（result）：计算培训创造出的效益。从教师所在部门、大学、地区、国家或更大范围内了解因学习带来的教育组织与系统上的改变。

第二节　教师教学能力提升的国际合作行动

国际组织为提升全球高等教育领域的教师教学能力采取了多种行动，一些国家的教育主管部门和社会机构为推动教师教学能力提升也设置了各类国际合作项目。为开展高等教育教师教学能力提升的国际合作，可以从不同维度采取相应的行动，如表4-2-1所示。

表 4-2-1　教师教学能力提升的国际合作行动维度

1. 提出教师教学能力提升的行动倡议与建议
2. 成立教师教学能力提升的专门国际组织机构
3. 指导具体地区的教师教学能力发展政策与标准制定
4. 开发教师教学能力提升的数字化教学资源与平台
　（1）开发教师教学能力提升的数字化教学资源
　（2）建设教师教学能力提升的数字化交流平台
5. 开展教师教学能力提升的国际合作项目
　（1）培训项目
　（2）交流会议项目
6. 为教师教学能力提升项目提供资金支持

一、联合国教科文组织

联合国教科文组织针对教师发展提出了多项建议、计划，成立了专门的组织机构，同时指导、参与地区教师专业发展政策制定。

（一）教师发展倡议与建议

在教师教学能力提升方面，《联合国劳工组织／教科文组织关于教师地位的建议》（1966年）和《教科文组织关于高等教育教学人员地位的建议》（1997年）中强调了教师专业发展的重要性，并针对教师教学能力发展提出了具体的建议：教育的进步在很大程度上取决于全体教师的资格和能力以及教师个人的人力、教学和技术素质；教学应被视为一种职业，它是一种公共服务形式，需要教师通过专注和持续的学习获得和保持专业知识和专业技能；在教育政策与目的方面强调在教师准备和在职培训领域进行协调、系统和持续的研究和行动是至关重要的，包括在国际层面开展合作项目和交流研究成果；在教师专业准备方面应向准备教学的职前教师提供足够的补助金或财政支持使他们能够学习所提供的课程，主管部门应尽可能建立免费教师培训机构制度；职前教师和其他希望为教学做准备的人应随时获得有关教师准备的机会、补助金或财政支持的信息。

在教师教学能力培训方面，上述建议明确提出：当局和教师应认识到在职教育的重要性，确保系统地提高教育质量和内容以及教学技术；教师培训的目的体现在发展每个学生的普通教育和个人文化、教学和教育他人的能力、对良好人际关系基本原则的认识，以及通过教学和榜样为社会、文化和经济进步做出贡献的责任感等方面。在教师培训方案中明确提出教师培训应包括：

①一般研究；②应用于教育的哲学、心理学、社会学、教育理论和历史、比较教育、实验教育学、学校管理和各学科教学方法的主要内容；③与学科教学领域相关的研究；④在具有胜任力教师指导下进行教学和课外活动的实践。对于在职教师继续教育提出了以下建议：①当权者应与教师组织协商，建立广泛的在职教育系统，向所有教师免费提供服务，这一制度应提供多种安排，并应包括教师培训机构、科学文化机构和教师组织的参与；②课程设计应使教师能够提高其资历，改变或扩大其工作范围或有助于晋升，并在内容和方法上紧跟教师的学科和教育领域的最新发展，同时向教师提供书籍和其他材料；③教师应获得参与课程和使用设施的机会和激励；④学校应尽一切努力，确保教师能够将相关研究成果应用于学习科目和教学方法；⑤应鼓励并尽可能协助教师集体或个人在国内接受进一步教育；⑥在国际或区域基础上发展和补充财政和技术合作。

（二）教师发展组织机构

联合国教科文组织成立了各种组织机构，以促进教师教学能力提升。2015年联合国教科文组织在上海成立了教师教育中心（UNESCO TEC），旨在促进全世界教师教育的发展，特别注重支持亚太和非洲等发展中国家提高教师质量和教育质量。在联合国教科文组织的支持下 TEC 致力于并努力成为全球教师教育领域的服务提供商、标准制定者和研究与资源管理中心，它具有知识生产、能力建设、技术服务、信息共享四大职能。

（三）教师发展政策与标准

联合国教科文组织拉丁美洲和加勒比区域教育局（OREALC/UNESCO）实施教师政策区域战略，目的是通过产生和传播专门知识促进拉丁美洲和加勒比国家教师专业政策的制定。这项战略由天主教智利大学教育政策与实践研究中心（CEPE）支持。[①] 联合国教科文组织联合委员会建议：劳工组织理事会和教科文组织执行局鼓励成员国将信息和通信技术能力作为教师职业的核心组成部分，为各级教师提供信息和通信技术支持；支持教师积极将信息和通信技术融入其专业活动的各个方面（教学、研究、规划活动、管理、与学生、同事、学校管理层、家长和其他合作伙伴的关系）；在

---

① UNESCO. Critical issues for formulating new teacher policies in Latin America and the Caribbean: the current debate[M/OL]. Paris: United Nations Educational Scientifoc and Cultural Organization, 2015.

职前和在职专业发展两级教师教育方案和机构中实施富ICT教学法。联合委员会同时建议劳工组织理事会和教科文组织执行局鼓励劳工组织、教科文组织、成员国、高等教育机构和其他相关组织开展活动和联合区域讲习班、研讨会和专题讨论会，以便根据《1997年公约》达成共识、分享经验及提供建议。保持高等教育教学专业化，从入职到终身专业发展，要求高等教育教学人员开发新的教学技能，尤其是在线课程，强调改进对初级高等教育教学人员的指导。联合委员会建议成员国通过以下方式促进高等教育的优质教学文化发展：通过课程、讲习班和教学/学习中心为高等教育教学人员及准备从事高等教育教学职业的学生培养教学技能；建立平台，通过平台分享最佳教学法；提供合作教学机会，特别是初级和高级高等教育教学人员之间的合作教学机会；建立机制，在课堂上留住优秀的教师。[1]

在标准制定方面，联合国教科文组织分别于2008年、2011年、2016年发布《教师ICT能力框架》的3个版本，始终聚焦于如何利用新兴技术培养教师的ICT能力，并且设想教师的信息技术能力框架需要动态发展，以适应不断变化的技术环境与教学生态。

（四）教师教学能力提升国际合作项目

由全球教育伙伴支持、教科文组织和教育国际联合实施了"改善教师对当地教育团体的支持和参与"系列项目，其中包括中国信托基金"加强教师教育，弥合非洲教育质量差距"项目、阿拉伯联合酋长国哈姆丹·本·拉希德·阿勒马克图姆杰出学术表现奖支持的"教师培训师和课程支持教师能力建设"项目等。

二、其他国际层面的高等教育教师教学能力提升行动

除联合国教科文组织外，其他国际组织机构及各国政府教育主管部门、社会组织、高等院校也通过各种合作项目开展国际间的高等教育教师教学能力提升行动。

---

[1] Hilsdon A M, Randell S. Joint ILO-UNESCO Committee of Experts On the Application of the Recommendations concerning Teaching Personnel（CEART）[R/OL]（2012-10-12）[2022-06-28]. https：ilo.org/sector/activitues/sectoral-meetings/wcms-214115/lang-en/index.htm.

第四章 教学能力提升行动

拓展阅读 4-2-1

芬兰国家教育局高等教育机构合作发展计划（Higher Education Institutions Institutional Cooperation Instrument，HEI-ICI）

芬兰国家教育局发布高等教育机构合作发展计划，支持芬兰高校和发展中国家高校间加强合作，以促进双方高等教育的提升与发展，同时也为芬兰高校提供参与加强发展中国家高等教育的机会。由芬兰外交部利用芬兰的发展合作基金为该计划提供资金，教育与文化部负责该计划的管理。在 2017 年至 2020 年期间，芬兰高校和合作国家的高校共同合作，在不同的研究领域开发和改革了近 30 个学位课程和 50 多个单独课程，教师的教学方法和教学能力均得到了发展，并特别关注以学习者为中心的创新方法。HEI-ICI 计划在 2020 年至 2024 年期间利用远程学习平台加强教师在线上教学方面的教学能力。

第三节 政府教育主管部门层面的教师教学能力提升行动

高等教育教师教学能力直接关系到人才培养质量，许多国家或地区的教育主管部门已经对教师教学能力提升出台了一系列的政策支持并提出了要求和建议，同时不少国家和地区教育主管部门还针对教师专业发展推出了各种具体项目和计划。政府教育主管部门为提升高等教育教师教学能力可以从以下维度实施行动（如表 4-3-1 所示）。

一、教学能力提升的法律与政策

在高等教育教师教学能力提升的法律与政策方面，全球高等教育教师教学能力发展在大部分地区呈现出从自愿到义务的发展趋势：大多数欧盟

表 4-3-1　政府教育主管部门层面教师教学能力提升行动维度

1. 制定法律与政策
   （1）制定支持与保障教师教学能力提升的法律
   （2）出台提升教师教学能力的政策制度
   （3）出台推进高等教育机构教师发展中心建设的政策制度
   （4）出台社会机构开展高等教育教师教学能力提升的政策保障制度
2. 出台能力标准与规范
   （1）出台高等教育教师教学能力标准
   （2）出台高等教育教师教学能力培训标准
3. 成立教师教学能力提升的组织机构
   （1）成立教师教学发展中心
   （2）设置教师教学发展基地
4. 推出能力提升项目与计划
   （1）综合类项目
   （2）教师培训项目
   （3）竞赛与荣誉项目
5. 建设教师教学能力提升的数字化教学资源与平台
   （1）教师教学能力提升的开放教育资源建设
   （2）教师教学能力提升的信息化交流平台建设
6. 开展高等教育教师教学能力测评与资格认证

国家要求教师完成专业发展活动并明确需要多少时间，没有此类要求的国家则在晋升、加薪和奖励方面考虑教师的专业发展。在拉丁美洲，教师参与教学能力提升活动不是强制性的，而是自愿的。在中国，新手型教师的入职培训是必需的，对于进一步的发展则根据教师的实际发展状况有选择地安排培训活动。

1. 中国

中国政府历来重视高等教育教师教学能力提升，针对教师队伍建设和教师教学能力发展，在不同时期出台了一系列的政策文件。在《国家中长期教育改革和发展规划纲要（2010—2020 年）》中提出通过研修培训、学术交流、项目资助等方式提升教师教学能力，应促进高校教师跨学科、跨单位合作，形成高水平教学和科研创新团队。《教育部 2011 年工作要点》首次提出加强"教师发展中心建设"，2016 年《教育部关于深化高校教师考核评价制度改革的指导意见》"第六条 引领教师专业发展"强调"落实每 5 年一周期的全员培训制度。加强教师教学基本功训练和信息技术能力培训。鼓励青年教师到企事业单位挂职锻炼，到国内外高水平大学、科研院所访学以及在职研修等"。2018年《教育部关于加快建设高水平本科教育全面提高人才培养能力的意见》又特别强调要全面提高教师教书育人能力，提出：加强高校教师教学发展中心建设，全面开展教师教学能力提升培训；深入实施中西部高校新入职教师国培项目和青年骨干教师访问学者项目。2020年《教育部等六部门关于加强新时代高校教师队伍建设改革的指导意见》"第三条 建设高校教师发展平台，着力提升教师专业素质能力"提出"高校要健全教师发展体系，完善教师发展培训制度、保障制度、激励制度和督导制度，营造有利于教师可持续发展的良性环境。积极应对新科技对人才培养的挑战，提升教师运用信息技术改进教学的能力。鼓励支持高校教师进行国内外访学研修，参与国际交流合作。继续实施高校青年教师示范性培训项目、高职教师教学创新团队建设项目。探索教师培训学分管理，将培训学分纳入教师考核内容"。

拓展阅读 4-3-1

上海地区的高等教育教师教学能力提升的相关政策

上海市针对高校教师教学能力提升出台了一系列的计划，对教师尤其是中青年教师访学的培养方式、时长等进行了明确规定。

《上海高校中青年教师国外访学进修计划》规定，每年选派一批具有较大发展潜力的优秀中青年教学、科研和管理骨干教师到国外高水平大学、科研机构访学进修。进修分为高级研究学者、一般访问学者和核心课程进修三类，高级研究学者、一般访问学者进修期限一般为1年（不少于9个月），核心课程进修根据接收学校要求，不少于1个学期。

《上海高校青年骨干教师国内访问学者计划》规定，每年选派300人左右赴国内高水平大学做访问学者。入选青年教师与接收导师共同协商制订访学期间的进修计划，并在导师指导下根据本人进修要求和目的参加导师安排的科学研究、课程讲授等工作。访学进修期限一般为1学年。

通过对中国的高等教育教师教学能力提升的相关政策文件的变化和侧重点的梳理，发现其具有如下特点：

首先，中国政府一贯重视新入职教师的岗前培训，将其作为教师专业发展的必经途径；

其次，高度重视中青年教师的专业发展，提供多种形式的支持；

再次，针对不同阶段的教师制定相应的培训方案，注重教师专业发展可持续性；

最后，重视信息技术发展对教师专业发展的影响，全面开展高校教师教育技术培训工作，提高教师运用现代教育技术的能力和水平。

2. 美国

美国联邦政府在教育中的政策作用是有限的，大多数教育政策由州和地方两级制定。美国政府同样高度重视青年教师教学能力发展，出台了一系列支持青年教师教学能力发展的法律法规。早在20世纪80年代美国高等教育领域就开始关注大学教学如何促进学生学习，1984年美国教育科学研究所（the National Center for Education Research，NCER）发布著名报告《投入学习》（Put Into Learning），提倡全美高等院校努力探索具有表现力的教学改革措施，让学生不仅增长知识，还能在能力、技巧和态度上获得重要进步或改变；1998年的《高等教育法》（Higher Education Law）强调为青年教师教学能力发展提供资金支持；2001年的《新教师入职指导：一座至关重要的桥梁》（Beginner Teacher Induction：the Essential Bridge）指出要加大青年教师入职培训的力度；2005年的《走进学习社区的教师入职指导》（Induction into Learning Community）提到将青年教师入职教育作为学习型社会的重要任务。①

为了适应信息技术在教育领域逐渐渗透的趋势，美国政府对高校教师网络教学技能培训提出了要求和支持。克林顿在1997年2月的国情咨文（the State of the Union）中提出要培训10万名教师，以满足网络教学的要求。奥巴马在联邦政府内设"首席技术官"，为高校教师网络教学提供技术服务。②

---

① 熊华军，刘兴华. 美国高校青年教师教学能力发展机制及其启示[J]. 比较教育研究，2015，37（1）：60–65.

② 凯蒂·阿什，韩亚菲. 奥巴马要以教育技术刺激经济增长[EB/OL].（2012-02-03）[2022-06-28]. http://wuxizazhi.cnki.net/Article/JQJY200906059.html.

3. 英国

2003年英国政府出台的白皮书《高等教育的未来》(the Future of Higher Education)指出，要促进高等教育高质量发展，教师的教学能力尤为重要。白皮书提出建立一个全国性的机构，制定教师教学职业标准，还要求高校对教师进行教学能力培训，特别是2006年以后新入职教师必须参加经过认证的培训。

2015年11月英国政府发布高等教育绿皮书《实现我们的潜能：卓越教学、社会流动与学生选择》(Fulfilling Our Potential: Teaching Excellence, Social Mobility and Student Choice)，提出通过"卓越教学评估"的机制实现三个改革目标：建立竞争性的高等教育市场；为学生提供更多的择校空间；完善高等教育的管理架构。2016年5月英国政府在此基础上形成了《知识经济的成功：教学、社会流动与学生选择》(Success as a Knowledge Economy: Teaching, Social Mobility and Student Choice)高等教育白皮书，强调了绿皮书提出的三个改革目标，重申实施卓越教学评估，以鉴别和激励优质大学教学，帮助学生更好地选择大学。之后卓越教学评估被写入《高等教育和科研法2017》(Higher Education and Research Act 2017)，评估工作由新成立的英格兰教育部下属"学生事务办公室"(Office of Students)负责实施。①

二、教学能力的标准与规范

高等教育由于院校类型差异、学科专业差异导致教师需要具备的教学能力差异较大，因此国家和地区教育主管部门的教师教学能力相关标准与规范通常以标准框架的形式呈现。

英国高等教育研究会2011年正式颁布了《英国高等教育教学与支持学习专业标准框架》(the UK Professional Standards Framework for Teaching and Supporting Learning in Higher Education，UKPSF)，这是世界高等教育领域第一个教师教学能力标准框架。② 该标准框架明确提出了"活动领域、核心

---

① 侯定凯.英国大学卓越教学评估：为何评、评什么、如何看[J].高校教育管理，2018，12（2）：88-97.

② 戴少娟，许明.英国大学教师专业发展标准述评[J].福建师范大学学报（哲学社会科学版），2014，188（5）：146-153.

知识和专业价值"3个方面,既可以作为高校教师专业发展的目标和效果定位,也可以作为高校教学评估的内容。①

2017年,欧盟委员会联合研究中心发布了欧盟教师数字胜任力框架(the european digital competence framework for educators, digcompedu),期望通过此框架指导和提升教师的数字胜任力,以赋能学习者数字胜任力的发展,从而培养富有竞争力的数字公民。②

三、推动教学能力提升的组织机构

为直接推动高等教育教师教学能力的提升,各国家和地区教育主管部门可通过建设国家和地区级别的教师教学发展中心、教师发展基地等组织机构推进相关工作的开展。

2011年7月中国教育部联合财政部决定在教师教学能力提升方面重点建设30个高校教师教学发展示范中心。2012年4月中国教育部颁布《教育部关于全面提高高等教育质量的若干意见》提出:"推动高校普遍建立教师教学发展中心,重点建设一批国家级教师教学发展示范中心"。2012年30所研究型高校申报并获批准建立"国家级教师教学发展示范中心"。

为进一步加强北京市属高校教师队伍建设,提升北京市属高校教师教学科研能力和水平,北京市教委建设了北京大学、清华大学、北京师范大学、中国人民大学、北京外国语大学、北京交通大学和北京航空航天大学等7个市属高校教师发展基地。自2011年起共录取了近650余名市属高校青年骨干教师到基地参加为期1年的研修。

四、教学能力提升的项目

教师教学能力提升项目是教育主管部门推动高等教育教师教学能力提升政策与标准落地的重要载体。教育主管部门的教师教学能力发展项目应具有较强的针对性、阶段性的特点,既可以是针对某一类型或某个发展阶

---

① USPSF. The UK Professional Standards Framework for Teaching and Supporting Learning in Higher Education[EB/OL].(2011)[2022-06-28]. https://www.heacademy.ac.uk/sites/default/files/resources/ukpsf_2011_english.pdf.

② 郑旭东,马云飞,岳婷燕.欧盟教师数字胜任力框架:技术创新教师发展的新指南[J].电化教育研究,2021,42(2):121-128.

段教师的持续发展规划项目,也可以针对教师教学能力的某个具体方面设置专项项目。教育主管部门的高等教育教师教学能力提升项目通常具有目标精确化、功能具体化、内容精细化和评价多元化等特点。

（一）综合性的教学能力提升项目

国家和地区教育主管部门可以将教师教学能力提升的培训、实践、竞赛、交流及相关的教学环境建设、教师发展组织机构建设等多种项目形式进行结合,形成综合性的高等教育教师教学能力提升项目。

拓展阅读 4-3-2

中国的人工智能助推教师队伍建设试点行动

为贯彻落实《中共中央 国务院关于全面深化新时代教师队伍建设改革的意见》,深入推进人工智能等新技术与教师队伍建设的融合,推动教师主动适应信息化、人工智能等新技术变革,积极有效开展教育教学,教育部启动了人工智能助推教师队伍建设试点工作,目前已经有两批试点单位。

首批以宁夏回族自治区和北京外国语大学为试点单位,借助宁夏作为国家首个"互联网+教育"示范省（区）建设的契机,先期在宁夏基础教育领域开展人工智能助推教师队伍建设行动试点。同时,考虑到语音识别、自然语言处理是当前人工智能技术应用的重要领域,在北京外国语大学开展高等教育领域人工智能助推教师队伍建设行动试点。宁夏试点工作具体包括：教师智能助手应用行动,遴选一批具备条件的学校,建立人工智能助推教师队伍建设行动实验校；未来教师培养创新行动,在宁夏大学和宁夏师范学院建立教师教育创新基地,与人工智能骨干企业或高水平师范大学联合建立实验室；教师智能研修行动,升级宁夏教师网络研修平台,探索建立教师发展测评系统；智能教育素养提升行动,遴选一批信息化管理能力较强的优秀校长、信息技术应用能力较强的骨干教师,分别开展智能教育领导力研修和教学能力研修。此外,还将实施智能帮扶贫困地区教师行动和宁夏教师大数据建设与应用行动等。北京外国语大学的试点工作包括：建设一批智能教室，对高校教师进行智能教育素养培训，建立高校教师发展智能实验室，实现教育教学的智能测评和诊断，采集教师教学、科研、管理等方面的信息，形成高校教师大数据，建立教师数字画像等。①

第二批以北京大学等为试点单位，试点工作要求："积极推进人工智能、大数据、第五代移动通信技术（5G）等新技术与教师队伍建设的融合，形成新技术助推教师队伍建设的新路径和新模式，打造高水平专业化创新型教师队伍，支撑教育强国战略与教育现代化。高等学校要重点推进四项工作，包括：创建智能化教育环境，提升教师技术素养与应用能力，推进教师大数据建设与应用，服务地方教育教学改革与创新等。地市和区县要重点推进六项工作，包括：推动教师应用智能助手，创新教师培养模式，开展教师智能研修，提升教师智能教育素养，建设与应用教师大数据，智能引领乡村学校与薄弱学校教师发展等。"主攻方向包括："要着力推进师生应用智能助手（平台、系统、资源、工具等），促进教学方式和学习方式改革，为教师减负和赋能。要着力依托智能教育平台系统，探索推进人人协同、人机协同的'双师课堂'，解决区域、学校、城乡教育不均衡难题，探索缓解教师编制供给不足的新路径。要探索利用平台系统，提升教师作业设计和点评能力，减轻学生作业负担。要探索建立或应用教师能力诊断测评系统，诊断教师学习发展需求，开展精准培养培训。要建设和应用教师大数据，采集动态数据，形成教师画像，支撑教师精准管理，支持教师评价改革。"②

---

① 中国教育报. 人工智能助推教师队伍建设行动启动将在宁夏和北京外国语大学开展试点[EB/OL].（2018-09-03）[2022-06-28]. http://www.moe.gov.cn/jyb_xwfb/s5147/201809/t20180903_347027.html.

② 中华人民共和国教育部. 教育部关于实施第二批人工智能助推教师队伍建设行动试点工作的通知[EB/OL].（2021-09-08）[2022-06-28]. http://www.moe.gov.cn/srcsite/A10/s7034/202109/t20210915_563278.html.

(二)教师培训类项目

教育主管部门可以组织国家及地区范围内的高等教育教师教学能力提升培训项目，直接推动教师相关教学知识的学习。

拓展阅读 4-3-3

北京市的高等学校师资培训项目

北京市高等学校师资培训中心（https://gaoshi.cnu.edu.cn/）成立于1992年，隶属北京市教育委员会，挂靠首都师范大学，该中心负责北京地区高校教师培训、组织协调和信息咨询工作。国内培训项目包括高校教师岗前培训、教育技术（考试）培训、国内访问学者进修、硕士生导师培训、教师发展基地研修、青年教师教学能力培训、科研能力与师德培训、管理干部培训、外语培训等。国外培训项目包括国外访问学者研修、双语教学培训、双语国内深造培训、英语教学培训、导师深入合作等。

(三)竞赛与荣誉项目

教育主管部门可以通过竞赛与荣誉类的项目激发高等院校和教师在提升教学能力方面的动力，通过竞赛作品和荣誉教师的事迹示范教师教学能力发展的模式、引领高等教育教师教学能力发展的方向。

教学比赛是综合培养和提高教师教学能力和专业素养的一种重要方法，对教师各方面的提高具有极其重要的意义：①有助于教师对自身教学工作的审视与反思。教师教学能力比赛让教师重新审视自己的课件、知识授予的逻辑、案例的选定等，对于其本身的教学工作有极大的促进作用。②有助于教师之间的交流与学习。教学比赛提供了一种开放的平台，供教师通过观摩进行学习，对于优秀的教学范本可以学习其教学技巧和手段，对于有失误的教学可以反思其经验教训并自审自身的短板，避免同样的失误发生。

拓展阅读 4-3-4

中国高校青年教师教学竞赛

中国高校青年教师教学竞赛由中国教科文卫体工会全国委员会主办，竞赛围绕立德树人根本任务，以加强师德师风建设、锤炼教学基本功为着力点，充分发挥教学竞赛在提高教师队伍素质中的示范引领作用，进一步激发广大高校青年教师更新教育理念和掌握现代教学方法的热情，努力打造一支有理想信念、有道德情操、有扎实学识、有仁爱之心的高素质、专业化教师队伍，推动我国高等教育现代化发展。竞赛设立五个组别，分别为文科、理科、工科、医科和思想政治课专项。全国各级各类高等院校从事教育教学工作的 40 周岁以下青年教师均可报名。

五、教学能力提升的数字化教学资源与平台

教育主管部门可以通过建设高等教育教师教学能力提升的数字化教学资源与信息化学习交流平台引领和推动教师的教学能力提升。

拓展阅读 4-3-5

中国的高等教育虚拟教研室信息平台

试点建设旨在通过 3~5 年的努力建成全国高等教育虚拟教研室信息平台，建设一批理念先进、覆盖全面、功能完备的虚拟教研室，锻造一批高水平教学团队，培育一系列教学研究与实践成果，打造教师教学发展共同体和质量文化，全面提升教师教学能力。具体建设任务包括：
①创新教研形态。充分利用信息技术，探索突破时空限制、高效便捷、形式多样、"线上+线下"结合的教师教研模式，形成基层教学组织建设管

理的新思路、新方法、新范式,充分调动教师的教学活力,厚植教师教学成长沃土。②加强教学研究。依托虚拟教研室,推动教师加强对专业建设、课程实施、教学内容、教学方法、教学手段、教学评价等方面的研究探索,提升教学研究的意识,凝练和推广研究成果。③共建优质资源。虚拟教研室成员在充分研究交流的基础上,协同共建人才培养方案、教学大纲、知识图谱、教学视频、电子课件、习题试题、教学案例、实验项目、实训项目、数据集等教学资源,形成优质共享的教学资源库。④开展教师培训。组织开展常态化教师培训,发挥国家级教学团队、教学名师、一流课程的示范引领作用,推广成熟有效的人才培养模式、课程实施方案,促进一线教师教学发展。

第四节 社会层面的教师教学能力提升行动

社会机构教师教学能力提升行动主要涉及基金会、学会、协会、私营机构等多种主体。为提升高等教育教师教学能力,社会机构可以从以下维度考虑实施相应的行动(如表 4-4-1 所示)。

表 4-4-1 社会层面教师教学能力提升行动维度

1. 制定教师教学能力标准
2. 开展教师教学能力认证
3. 提出教师教学能力提升的行动倡议
4. 提供教师教学能力提升的各类资源
   (1)提供资金资源
   (2)提供人力资源
5. 实施教师教学能力提升项目
   (1)培训项目
   (2)交流会议项目
   (3)竞赛项目
6. 开发教师教学能力提升的数字化教学资源与平台
   (1)开发教师教学能力提升的数字化教学资源
   (2)建设教师教学能力提升的数字化交流平台

一、非营利组织的教师教学能力提升行动

非营利组织在教师教学能力提升中可以起到中介作用,通过教学能力标准制定、培训项目的设计、实施及评估等活动将统一的教师专业化标准贯彻到教师教学能力发展的培训实践中,同时也将高校及其他机构的已有培训纳入教学质量保障体系中。

（一）制定教师教学能力标准

英国高等教育研究会于 2011 年正式颁布了《英国高等教育教学与支持学习专业标准框架》(*The UK Professional Standards Framework for Teaching and Supporting Learning in Higher Education*, UKPSF),这是世界高等教育领域第一个教师教学能力标准。[①] 标准框架明确提出了"活动领域、核心知识和专业价值" 3 个范畴,既可以作为高校教师专业发展的目标和效果定位,也可以作为高校教学评估的内容。[②]

（二）进行教师教学能力认证

在线教育质量保障机构 Quality Matter（QM）旨在推进和提高全球在线教育和学生学习质量。QM 会员主要是美国本土大学如 Arizona State U 等,也包括其他地区大学,如中国的复旦大学等。教师可以自行参加由 QM 组织的一系列提升在线课程教学能力的 workshop,QM 会给教师颁发相关的 QM Teaching Online Certificate（在线教学证书）。

[①] 戴少娟, 许明. 英国大学教师专业发展标准述评[J]. 福建师范大学学报（哲学社会科学版）, 2014, 188（5）: 146-153.

[②] USPSF. The UK Professional Standards Framework for Teaching and Supporting Learning in Higher Education[EB/OL].（2011）[2022-06-28]. https://www.heacademy.ac.uk/sites/default/files/resources/ukpsf_2011_english.pdf.

拓展阅读 4-4-1

英国高等教育学会促进高等教育教师教学能力提升

英国于 1997 年出台的《迪尔英报告》(Dearing Report) 建议成立教师专业学会"高等教育教与学研究会",建立高校教师教学标准并提供培训,要求所有新教师在试用期必须通过其培训,获得非正式会员资格。在政府的推动下,2000 年"高等教育教与学研究会"(Institute for Learning and Teaching in Higher Education) 建立,这是英国第一个在政府倡导下建立的提高高等教育教师教学能力的全国性机构。2003 年"高等教育教与学研究会"与其他两个机构合并,成立了英国高校教师高等教育学院 (Higher Education Academy, HEA)。HEA 建立后,政府通过英格兰、苏格兰及威尔士 3 个拨款委员会及其他政府部门向其拨款。政府也通过人员派驻、检查财务、监察治理等 3 种方式对 HEA 实行远距离监督。2017 年政府停止了拨款,但允许 HEA 为第三方提供服务时收取费用,因此 HEA 积极开展商业服务,通过全方位、多样化、优良的面向高校的服务项目获得运作的资金,不但使得国内的业务扩大而且还在海外如亚洲、大洋洲等的一些国家开展教师教学能力培训项目。

HEA 处于中观层面,它既是政府政策的执行者,又是高校各种教师教学能力培训项目的提供者、质量保障者。首先,HEA 执行和落实国家政策。2006 年 HEA 按照政府要求制定《英国高等教育教师教学及帮助学生学习的职业标准框架》,明确界定高校教师教学知识和能力结构,根据教师会员教学能力发展的不同阶段以及在教学中扮演的职业角色对其进行级别划分,并详细规定了每一类会员应达到的教学能力标准。这一标准框架为大学教师教学能力发展提供了统一、具体的依据,有效促进了高校教学发展的专业化,对教学实践质量的提升有着重要意义。其次,HEA 以教学职业标准为依据,为高校教师提供丰富的、高质量的教学能力培训,同时也为高校提供个性化的定制服务。最后,最为重要的是,

HEA对已经建立了教师教学能力培训机制的会员高校或其他专业组织进行认证或认可,保障高校的教学能力发展项目符合教学职业标准,体现了专业组织在质量方面对高校的约束。

以HEA为中介,英国高校教师教学能力发展呈现出独立性、配合性及制约性兼顾的三主体特征,政府对高校和专业组织的独立性给予充分的尊重,同时三者之间彼此配合且存在一定的相互制约、协同作用。

(三)筹集促进教师教学能力提升的各类资源

为帮助非洲国家提升教师队伍素质,增强教师教学能力和水平,中国政府2012年与联合国教科文组织合作,出资设立信托基金(UNESCO-Chinese Funds-in-Trust Project,CFIT项目),专门用于非洲教育发展,旨在"促进教师教育发展,弥合非洲教育质量差距"。

美国1974年成立的高等教育专业与组织发展网络(Professional and Organizational Development Network in Higher Education,POD)拥有的会员包括教师、教师发展专员、研究生、高校行政人员等。该机构通过提供资源、发表文章、组织会议、提供咨询、组织奖项等方式为会员服务。

阿拉伯联合酋长国哈姆丹·本·拉希德·阿勒马克图姆杰出学术表现奖的设立主要用于支持"教师培训师和课程支持教师的能力建设"。

(四)开展教学能力提升项目

 拓展阅读4-4-2

美国学院与大学联合会职前教师教学能力提升项目

美国的师资研究者认识到高校教师职业生涯不是从"初次获得教职"开始的,而是更早。1993年美国学院与大学联合会和研究生委员会发起了"未来教师准备项目"(The Preparing Future Faculty Program),旨在对有志于从事高等教育事业的博士研究生进行职前教育,以使博士研究生能够胜任未来的高校教师教学工作。① 具体举措包括：①研究生选修教学类相关课程，获得相应学分。例如康奈尔大学为研究生提供两门高等教育方面的课程：高等教育教学（teaching in higher education）和高等教育教学研究（teaching as research in higher education）。前者涵盖了与高校教师职业相关的有效教学和专业发展的知识、高等教育的背景和文化、教师角色和职责、教学风格、教学方法以及教学技术的运用等。后者督促学生参与自己所学学科的教学研究，通过设计和完成原创性的研究项目来提高研究生的教学能力。爱荷华州立大学则设立了1个学分的系列研究会和3个学分的选修课程，邀请大学教师向学生们介绍教学经验，指导学生教学实习。②教学证书项目或教学认证计划，旨在向对教学感兴趣的研究生提供教学训练，训练结束且测试合格后学校会向其颁发教学证书。布朗大学为研究生和博士后提供为期1年的教学证书项目（certificate programs），涵盖内容广泛，包括课程与教学大纲设计、课程与教学计划实施、基础性教学和评价策略、有效的课堂交流和沟通技能等。美国哈佛大学的教学认证计划则对参与者提出3个要求：至少学习3门博克教学中心的课程；进行教学和教学实践；批判性反思自己的教学并编写教学档案袋，其内容主要基于教育学、课程与作业设计、专业化沟通、多元文化课堂、评估和教学反思五大关键领域。美国宾夕法尼亚州立大学为研究生提供一系列以"教学方法讨论与训练、教学体验、观摩与评说、教学哲学"为核心内容的教学认证计划，以帮助他们成长为一名"未来大学教师"。③研究生助教项目。美国研究生助教制度发轫于19世纪末的哈佛大学，初衷是减轻教师繁重的教学任务，现在已经发展为培养研究生教学能力的主要途径之一，对研究生从"不会教"向"会教"转变起到了十分重要的作用。研究生助教的任务是协助1名教师完成课堂内外所有特定的教学工作，包括课程教学、偶尔的演讲准备、组织讨论、实验教学指导、辅助性教学任务（如批改作业、习题、测验和考试等）。研究生助教每学期会接受专门的教学培训服务。这种高校教师教学能力发展的"前移"模式将高校教师的职前培养与博

---

① 张胤，武丽民. 跨越职业生涯的高校教师发展——美国高校教师发展服务体系[J]. 比较教育研究，2016，38（12）：101–106.

士研究生培养体系贯通,有效地支持了高校教师教学能力的提升。该项目提供的良好范式带动了一股将研究生纳入美国高校教师教学发展的风潮。①

 拓展阅读 4-4-3

中国面向普通教师的教学大赛项目

中国高校教师教学创新大赛是由中国高等教育学会主办、教育部高等教育司指导的高等教育教学比赛。2020年9月30日中国高等教育学会发布《关于举办首届全国高校教师教学创新大赛的通知》(高学会〔2020〕107号),为深入学习贯彻全国教育大会精神和《中国教育现代化2035》,全面落实新时代全国高等学校本科教育工作会议精神,坚持立德树人根本任务,落实"以本为本、四个回归"的要求,以"新工科、新农科、新医科、新文科"建设理念为引领,聚焦教学创新、掀起学习革命,引导高校教师潜心教书育人,形成卓越教学的价值追求和自觉行动,打造高校教学改革的风向标,全力推进高等教育"质量革命",中国高等教育学会决定举办首届"全国高校教师教学创新大赛"。

---

① 唐纳德·吴尔夫,安·奥斯汀.教授是怎样炼成的[M].赵文,译.北京:北京大学出版社,2011:166.

第四章　教学能力提升行动

 拓展阅读 4-4-4

中国面向职前教师的教学大赛项目

中国 iTeach 大学生数字化教育应用创新作品展示活动由中国教育信息化产业创新平台与广东技术师范大学主办。大赛旨在贯彻全国教育大会精神，落实《国务院办公厅关于深化高等学校创新创业教育改革的实施意见》（国办发〔2015〕36号）、教育部《教育信息化2.0行动计划》要求，发挥产教协同育人优势，鼓励更多优秀大学生关注教育发展、提高创新意识、培养团队合作精神，增强其学习和应用信息技术的兴趣与潜能，通过学以致用的创作实践提高综合素质。比赛面向全国普通高等学校全日制在籍在读学生，不限专业和年级均可报名（包括专科、本科、硕士研究生和博士研究生）。为体现面向教育应用创新并方便活动管理，投递作品分为数字媒体技术类、课件类、工具系统类、教育服务应用类（人工智能教育方向）。

（五）开展教师教学能力交流活动

为促进教师教学能力提升，可以举行教师教学能力交流活动。如1998年起由中国中央电教馆主办的中国教师教育教学信息化交流活动（简称"教师交流活动"）是在推进教育信息化、重视和加强教育资源建设的过程中，逐渐发展起来的一项具有广泛影响、涵盖各级各类教育、面向广大教师和专业技术人员的重要活动。"教师交流活动"是"全国教育教学信息化交流展示活动"的重要内容之一，其指导思想是：提高教师教育技术及网络应用能力、信息素养和软件制作水平，促进信息技术与学科教学整合，推动信息技术在教育教学中广泛应用。

二、私营机构的教师教学能力提升行动

私营机构可以通过开发教师教学能力提升的资源、工具、平台及组织相关的教学能力提升培训项目等活动参与到高等教育教师教学能力的提升行动中。

拓展阅读 4-4-5

中国私营机构开展的教师教学能力提升培训项目

高教国培是由中国高校知名的教育专家、教育技术专家、科研管理专家组成的以高等院校教师培训为核心业务的私营机构,专注于高等教育的研究与服务、科研技术的研究与推广,与国内多所高等院校、职业院校及其他社会机构长期保持良好的合作关系,致力于中国教育事业的发展研究,服务范围包括高校的教育教学、教育咨询、教师培训、教学方法和教育技术培训,教改项目的培训,教育管理的培训,大学生就业、创业的教育,教育信息化与软件研发,数据管理等多个领域。

第五节 高等院校层面的教师教学能力提升行动

高等院校是高等教育教师教学能力提升的主要实施机构,相关高等教育机构管理者可以从以下维度考虑实施相应的行动(如表4-5-1所示)。

表4-5-1 高等院校层面教师教学能力提升行动维度

1. 制定学校教师教学能力提升的目标
2. 建立教师教学能力提升的组织机构
3. 制定教师教学能力标准
4. 出台教师教学能力提升的政策
5. 开发教师教学能力提升的项目
   (1)培训项目
   (2)实践、交流项目
   (3)竞赛项目
6. 建设教师教学能力提升的数字资源与平台
   (1)开发教师教学能力提升的数字化教学资源
   (2)建设教师教学能力提升的数字化交流平台
7. 评估教师教学能力提升的实施效果

一、高等院校教师教学能力提升的体系构建

高等院校为提升教师教学能力需要提供组织保障、政策保障、资源保障等。

（一）组织机构

大部分高等院校都设立了高校教师发展中心或高校教学中心，该部门是提高教师教学能力的重要组成部门。据保守估计，2011年美国至少有21%的高等院校拥有教学中心，而该比例在研究型大学中更是高达3/4。[1] 教学中心的建立是为了满足日益变化的教师发展需求，其使命在于整合全校资源形成发展合力，开展教师培训、产学交流、教学研究、教学咨询、评估管理以及职业发展咨询等。教学中心支持教师自主提升教学能力，以满足教师发展(faculty development)的个性化和专业化需求。Sorcinelli等指出，教学中心的重点一般是满足高等教育机构内部对于教学评价的需求，多样化学生群体的需求，以及在教学中使用新技术的需求。[2] 一般来说，教学中心并非学校的教学评价部门，大部分教学中心都不负责学校的学生评教工作。[3] 在提升教学能力方面，教学中心的服务对象涵盖全校所有的老师和学生，包括新入职或在职的教授和讲师、博士后、研究生助教和本科生教学助理。教学中心和教师之间是合作关系，教师主动希望提升教学能力从而向教学中心寻求帮助。一般教学中心的人员构成包括教授委员会成员、研究科学家、教育技术专员、研究和评价专员、数据分析师、教育专员等。

---

[1] Kuhlenschmidt S. Distribution and penetration of teaching-learning development units in higher education[J]. To Improve the Academy, 2011, 29（1）: 274–287.

[2] Sorcinelli M D, Austin A E. Developing faculty for new roles and changing expectations[J]. Effective Practices for Academic Leaders, 2006, 1（11）: 1–16.

[3] Cook C E, Kaplan M. Advancing the culture of teaching on campus: how a teaching center can make a difference[M]. Herndon, VA: Stylus Publishing, 2011.

拓展阅读 4-5-1

美国加州大学圣迭戈分校教学中心组成与定位

美国加州大学圣迭戈分校（UCSD）的教学中心（Teaching + Learning Commons）隶属于学术事务的执行副校长（Executive Vice Chancellor-Academic Affairs），作为学校指定的教学创新支持部门，聘任大量拥有博士和硕士学位的教育专员（educational specialist），为教师提供教学能力提升的支持服务。

该教学中心由6个部门组成，其中主要有3个分部门参与教师教学能力提升计划：

教育研究和评价部门（Education Research + Assessment Hub）主要为教师提供课程评价（course assessment）、专业项目评价（program assessment）、教学有效性评价（teaching effectiveness）和为研究项目提供支持。该部门有数据分析专员和教育测评专员。该部门从研究设计和数据分析的角度贯彻基于证据及包容性视角（evidence-based and inclusive perspective）的原则。

数字化学习部门（Digital Learning Hub）主要为在线课程服务。该部门拥有大量的教学设计师并和信息中心紧密合作，主要通过一对一的培训咨询帮助希望开设在线课程的教师提升在线教学的能力（参照 Quality Matter Course Design Rubric Standards），并提供教学平台的技术支持、教学资源开发支持等。

深入教学部门（Engaged Teaching Hub）主要为教师提供教学咨询和课堂观察。该部门聘有教育专员和博士后，定期组织工作坊和课程给教师们介绍新的教学方法和目前流行的教学工具。该部门通过组织教师们通过基于证据、学习者为中心及公平的教学实践达到提升教学能力的目的。该部门会承接教育研究评价部门的数据报告，为教师提升教学能力提供个性化的方案。

高校教师教学发展中心普遍开展的教师教学能力提升服务有教师培训、教学咨询、教学改革研究、教学质量评价、优质教学资源提供、区域服务与引领等 6 个方面。

组织教师开展各类培训，包括新教师岗前培训、在职教师专项培训等。以宾夕法尼亚州立大学为例，新教师岗前培训主要通过培训课程进行，开设最多的课程是课前的教学设计和课堂中的讲授方法、技巧，包括教学目标的设定、教学大纲的制定、课堂的授课方法、提问技巧、组织讨论、评价学生等内容。[①] 俄勒冈大学设立工作坊开展主题活动和教学基础培训：主题活动是每个学期围绕一个主题展开学习培训，例如"如何培养学生在课堂上的归属感"；教学基础培训是关于教学基本技能的培训，例如如何描述教学理念、如何引领讨论、如何编写在线的教学档案等。[②] 北京大学的新入职教师教学培训项目基于 TPACK 框架设计课程体系，分为 4 个模块：北大教学与教师职业发展；教学理念与教学方法；信息化教学；教学观摩与演练。后 3 个模块覆盖了教学方法、信息技术和教学实践 3 个维度。[③]

开展教学咨询服务，为教师教学提供个别化咨询、诊断与指导。有简单咨询与深度咨询之分，一般基于真实课堂观察，就教学中存在的问题进行个别化指导。耶鲁大学的"私人定制"式教学咨询主要以讨论的方式进行，咨询者通过与顾问就课程目标、学期计划及其关注的教学实践问题进行讨论，获取相关建议。讨论还可以邀请图书管理人员以及相关部门的管理人员、技术人员参与，以确保教师个体能够获得合适的教学资源来支持教学有效开展。[④] 中国正在实行的课堂中期反馈（Mid-term Student Feedback，MSF）也是一种非常有效的督导咨询方式，通常在一门课程教学的早期或中期进行，流程包括：教师自愿申请、咨询师进行前期会谈、课堂观摩、征集学生反馈、创建反馈报告、同教师后期会谈、教师在后续的课堂教学活动中及时改进等。[⑤]

[①] 冯晖.美国研究型高校教师教学发展机构的案例研究[J].外国教育研究，2016，43（6）：95-104.

[②] 多强，钟名扬.俄勒冈大学 TEP 项目及其对我国高校教师教学能力发展的启示[J].黑龙江高教研究，2017，276（4）：121-125.

[③] 王胜清，于青青.北京大学新入职教师教学培训项目设计与实践[J].中国大学教学，2019，352（12）：80-84+91.

[④] 陆道坤.高校教师教学能力发展的"教""学"融合模式——基于耶鲁大学教与学中心的研究[J].高校教育管理，2017，11（3）：88-94.

[⑤] 庞海芍，朱亚祥，周溪亭，等.教师发展中心如何才能告别边缘化[J].高教发展与评估，2018，34（6）：91-97+114.

组织教师开展教学专题研讨与经验分享活动。宾夕法尼亚州立大学的"施莱尔卓越教学中心"针对在职教师设有"教学卓越促进项目",通过设定具体主题,由有经验的优秀教师主持,以沙龙、教学成功经验交流、讲座、小型研讨会等多种形式进行,在呈现已准备好的材料的基础上展开研讨,推广教学中的新技术、新方法,研讨教学中的新问题,探讨新知识。俄勒冈大学的研讨会是每周都开展的长期活动,大学为研讨会的举行提供了固定的会议室,每周固定时间举行。[①] 耶鲁大学有"教学与学习系列午餐会",每月举行一次,并设定了特定的主题,推动教师围绕特定主题就教学实践问题进行交流,此外还有"合作的耶鲁"系列研讨会、高阶教学研讨会等。

信息化教学的专项支持服务。许多高校有专门的教学技术中心,如宾夕法尼亚州立大学的 TLT(Teaching and Learning with Technology)负责通过研讨会、专题报告、座谈会等形式为全校师生提供技术培训及在教学、学习、专业发展等领域提供技术学习的机会,为新教师提供岗位技术培训以提高工作能力。[②] 同时院系也可以向 TLT 提出申请,对院系教师进行专题培训或组织研讨会,以加深教师理解信息技术策略对教学作用的认知。耶鲁大学设立了罗森克朗茨教学发展奖,该奖项主要用于教师数字化教学创新和实验,重点支持数字化课程建设。

为提升教师教学水平提供资源服务。高校教师发展中心还会为教师提供教学研究的资源和交流平台,以更好地服务于教师的专业发展。大学教师教学发展中心一般都建有专门网站,提供大量教学方面的网上资源,包括与教学相关的图书馆资源,推荐教育期刊文献、卓越教学视频、课程与教学网站、在线开放课程、特色课程资源、教学软件资源等。耶鲁大学的《教师教学指南》由教学中心主任比尔·兰多(Bill Rando)组织制定,自 2001 年公布之后经过数次修订,可以为从初登讲台的新手型教师到成熟教师的教学能力发展提供全面的指引。《教师教学指南》将其核心原则确定为"立足学生",在新教师的"教学首秀"、备课"五步法"、

[①] 多强,钟名扬.俄勒冈大学 TEP 项目及其对我国高校教师教学能力发展的启示 [J]. 黑龙江高教研究,2017,276(4):121–125.

[②] 冯晖.美国研究型高校教师教学发展机构的案例研究 [J]. 外国教育研究,2016,43(6):95–104.

讲课过程、开展讨论等环节均有详细的指导方案；耶鲁大学的教师教学"典型问题"库凸显了教学培训与服务的"问题解决"导向：为帮助教师打开课程设计的思维天窗，推动教师基于学生发展目标进行教学设计，教与学中心通过课程总体目标设定、分解和学期教学计划制定3个步骤为教师准备解决方案；围绕多样性文化的课堂管理，教与学中心为教师提供小贴士；围绕"讲授课"的开展，教与学中心为教师提供教学策略辅助和相应的资源支持等。

开展教学质量评估，为教师教学提供评价反馈。密歇根大学学习与教学中心（CRLT）在教师开展课程中期评估时，会多方面收集学生对课程的评价和建议，在此基础上提出具有可操作性的改进策略，使评估能有效促进教师的专业成长。近年来 CRLT 还新推出了线上教学诊断服务，教师只需上传课堂教学视频，便可得到专业人员的反馈和指导。[①] 北京大学进行了教师教学档案袋建设工作，在此基础上搭建高校教师教学发展的综合评价体系，汇总教师教学发展全方位的数据，为教师教学发展工作的设计、实施与评估提供数据支持与参考依据。档案袋中存储的数据有个人对教学基本情况的描述、教学中的个人反思、教学产出与成果、外部评价等。[②] 英国帝国理工学院的教学能力提升证书项目为教师设置了教学发展的弹性进修课程，可颁发大学教与学研究生结业证书（PG Cert ULT）、大学教与学研究生毕业证书（PG Dip ULT）、大学教与学硕士学位证书（MEd ULT），3类证书分别对应大学教与学研究项目的3个阶段，学校的教师可根据需要以及课程完成情况获得相应的证书。[③] 颁发证书激发了教师的兴趣和成就感，有利于克服"职业倦怠"问题。

教学展示与同行评议。耶鲁大学的教师"斗牛犬日"是全校范围内开展的一项大型活动，教师可以进入其他教师的课堂听课并体验课堂教学创新。活动由耶鲁大学教与学中心组织实施，每学期举行一次，每次持续一周。英国帝国理工学院设立"教育日"，每年的教育日都会有不同的主题，并邀

[①] 康世宁. 中美高校教师发展中心建设的比较研究——以美国密歇根大学学习与教学研究中心为例[J]. 现代教育技术, 2019, 29（11）: 60-66.

[②] 于青青, 冯菲. 构建高校教师教学发展的综合体系——北京大学教师教学档案袋建设初探[J]. 中国大学教学, 2020, 360（8）: 65-70.

[③] 邓嵘. 世界一流大学教师发展中心的运作模式及启示: 以帝国理工学院为例[J]. 黑龙江高教研究, 2019（9）: 56-61.

请知名的专家以及学校的相关教师作为演讲者就最新的教学理论和共同关心的问题进行分享和探讨。要求帝国理工学院的教师全员参与教育教学研讨，形成全员学习的氛围，通过大范围的经验交流，有利于大学教师对自身的教学进行反思和总结。

组织和指导教师开展教学改革研究。鼓励全校教师开展教学研究，提供多种途径支持教师探索新的教学方法、参与各种教学论坛、与国内外同行交流思想等，同时还通过联系外部资助机构帮助教师为课程教学及本科教育实践等研究项目申请经费资助。俄勒冈大学研讨会的特点是跨学科视角和小规模教学实验。小规模的教学实验也是美国大学注重量化研究的特色。在小规模教学实验中得出的数据可以验证研究假设，为教学设计的完善提供证据支持。耶鲁大学设置年度教学促进基金，用于支持教师的教学活动与本科生课程融入的实践探索，涵盖了教学方法、技术、材料的改进等方面，其中包括教室用品和设备更新、教学项目开发、学生实地考察项目、教育研讨会、演讲嘉宾酬金等。

（二）政策规范

在政策和制度层面为教师教学能力提升提供保障，如建立教师专业发展制度、建立教师工作坊咨询制度等。高等院校层面的政策规范一般是对国家或地区层面教师教学能力提升政策的具体化，通常以国家或地区层面的政策为指导，结合本校的具体情况制定教师教学能力提升的具体政策规范。

（三）人力资源

人力资源主要包括3类：一是组织管理人员，主要负责落实教师教学能力提升政策、实施教师教学能力提升项目；二是教师教学能力提升的指导者、引导者，如教师合作学习共同体中的专家型教师、教师在线学习社区中表现突出的教师；三是参与教师教学能力提升项目的教师，他们既是学习者、实践者，也是示范者，如参与各类教师培训项目的教师、教师合作学习共同体或在线学习社区中的教师成员等。

（四）学习资源

学习资源主要指教师教学能力发展过程中所需要的资源，其内容较为丰富，涉及教学理念、教学方法、信息技术、优秀教学活动等，形式较为多样化，包括讲座、报告、在线课程和视频等。

（五）培训体系和项目

基于教师发展阶段及教学能力提升的侧重点，制定教师教学培训体系及配套项目。如，新入职教师培训、骨干教师发展项目、教师教育技术能力培训等。

美国高校的教学中心一般会配有教学相关的支持基金、教学奖项或者组织教学竞赛活动。这些活动旨在校内创建教学环境并形成教师学习社区，为对先进教学方法和达成卓越教学感兴趣的教师提供支持。以加利福尼亚大学圣迭戈分校为例，该校设有课程开发和教学提升专项基金（Course Development and Instructional Improvement Program），旨在为教师们提供资金，帮助和鼓励教师们在课堂上尝试新的教学设计方法（比如翻转课堂），或者开发新的电子教学资源（公开教科书、在线实验室等），或者进行任何帮助更多学生在课堂上取得成功的教学改进等。教师可以申请该基金，然后和教学中心相关部门合作完成整个教学能力提升的项目。另外，该校还设有交叉学科学术交流中心（the Center for Advancing Multidisciplinary Scholarship for Excellence in Education CAMSEE）。该中心由各个学科和专业的研究者、图书管理员、教育技术专家等组成，旨在开展教学研究，以促进信息时代各学科（特别是STEM，即科学、技术、工程和数学）的专业建设，提高学生学习兴趣和成绩。加利福尼亚大学圣迭戈分校教学中心有专职人员支持该中心的研究项目，该中心的项目包括"教师与助教交流频率是否影响成绩？"等。

二、基于校本培训及教学应用的教师教学能力提升模式

教师培训是有效促进教师专业发展的途径与方法之一，也是解决教师专业发展过程中所遇到障碍的最好方式之一。教师培训这一过程一般是有组织、规范化的教师学习过程。其目标定位是指向教师的持续发展能力，注重教师个体内在持续变化，以培训的形式帮助教师完成自身专业成长，其根本目的就是强化教师个体的自我学习能力、实践创新能力以及教育科研能力，基于教师培训的教师学习也是最常见的一种促进教师能力提升的手段。教师培训过程中常见的形式有：专家报告和讲座形式，是可以实现众多教师"了解"层面学习目标的快速而直接的方式；工作坊形式，通过

小组协作学习进行，近年来为国内外教师培训广泛采纳。①

基于校本培训及教学应用的教师教学能力提升模式（如图 4-5-1 所示）主要包括制定培训目标、确定培训内容、制定培训计划、实施培训、培训评价等环节。

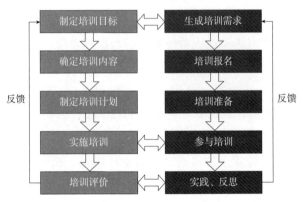

图 4-5-1　校本培训及教学应用组织流程

（一）制定培训目标

教师发展中心根据培训制度收集培训需求，形成主题，确定培训目标。依据教师教学能力发展的阶段、能力维度，形成不同层次的教师教学能力发展目标或者不同维度的教师教学能力目标。如，对于新入职教师群体，培训定位于了解教育法律法规和政策，掌握有关教育学、心理学的基本理论，熟悉教师职业要求等内容；而"教育技术培训"旨在通过教育技术基本理论的学习、基本技能的实际训练和优秀教学案例的示范研讨促进高校教师教学能力的提高，增强教师应用现代教育技术的主动性和自觉性。在制定培训目标时需要考虑教师的发展需求。成人学习者在学习的第一阶段就要作出开始学习的决定。作为成人学习者，教师应参与到设置行动目标、评价自我学习兴趣、寻找确定机会的有关信息等过程中。②

---

① Tam T P, Cole S C, Jill Z. A systematic literature review of faculty development for teacher educators[J]. Higher Education Research & Development，2018，37（2）：373-389.

② 索耶. 剑桥学习科学手册 [M]. 徐晓东，等译. 北京：教育科学出版社，2010.

（二）确定培训内容

教师发展中心基于培训目标选取培训内容，选择最合适的知识和技能，设计培训内容体系。通常每类培训项目都对应一系列的内容。如，新教师入职培训，其内容体系包括教育政策法规、教师职业道德规范、教育理念、教育教学方法、网络教学技术操作、网络课程设计与开发等。其中教师职业道德规范主要指相关的政策法规文件。教育理念、教育教学方法则涉及教学相关的基本理论，这部分内容主要以专家报告的形式进行，培训内容一般根据报告主题由专家决定，从主题范围方面进行设计。网络教学技术操作的内容主要包括网络学习平台的功能、结构、作用、操作等。网络课程设计与开发的主要内容是教学设计知识、课程建设知识，其中：课程的设计单元由前期分析、课程整体设计、学习单元设计 3 部分构成；课程建设部分的内容同样为 3 个部分，包括基本信息建设、课程整体建设、学习单元建设。

（三）制定培训计划

此阶段教师发展中心需要确定培训形式、模式，制定培训计划，确定评价方式及工具。培训的形式较为多样化，根据培训与技术融合的程度，教师培训的实施形式可总结为面授培训、远程培训、混合式培训 3 类。面授培训是以面对面的方式、在固定的地点组织教师参与的周期较短的培训，通常以专家报告、讲座、工作坊研讨等形式开展，主要用于大规模、集中时间内传授完整的学习内容。远程培训利用互联网为教师提供学习资源、在线交流，周期较长、学习地点不固定，通常采用网络课程学习、视频会议、在线讨论等形式。远程培训学习时间灵活，教师能够随时开始、暂停学习，并可反复学习，符合不同教师的学习习惯，便于其掌握学习进度，并且易于学校组织管理，经费投入一般少于面授培训，易实现在线学习的过程评价。混合式培训既可保证教师充足的个性化学习，又可保证与专家的交互效率；既可保证教师灵活的学习时间，又可方便学校的组织管理与评价，是当下教师培训的新常态。[①]

根据培训的内容，可以设计相应的培训环节。以网络课程设计与开发为例，可以将其分为理念学习环节、技术操作学习环节、网络课程学习环

---

① 魏非，李树培. 混合式研修：内涵、现状与改进策略 [J]. 教师教育研究，2017, 29 (5): 26–30.

节和工作坊协作学习环节。"理念学习"环节涉及教学相关的基本理论，介绍实践成果，鼓励引导教师积极参与，该环节采用专家报告的形式进行。"技术操作学习"环节主要目标是教师对网络教学平台的功能、结构与作用的认识与理解，解决教师技术操作的问题，目标在于：教师完成本环节的学习后，知道网络教学平台能够实现哪些线上教学功能，并能够根据功能需求完成操作任务。"网络课程学习"环节是教师教学能力提升项目的主要在线学习环节，这一环节的主要内容是教学设计知识、课程建设知识的学习。"工作坊协作学习"环节的内容包括课程设计与建设重难点串讲、问题集中解答、教学资源制作与应用、教学设计与实施案例分享等部分。教学设计与实施案例分享则主要邀请具有一定教学经验的教师以报告的方式分享真实案例，同伴指导对教师日常教学中应用培训所学有重要影响。

教师培训常见的教学模式有示范－模仿、情景体验、现场诊断、案例教学、参与－分享、合作交流、任务驱动、问题探究、主题组合、自主学习等，[①] 具体如表4-5-2所示。

表4-5-2　教师培训的10种常见教学模式

教学模式	过程	适用范围
示范－模仿	示范→参与性练习→自主练习→迁移	适用于培训内容中涉及动作行为
情景体验	创设问题情境→展示问题情境→情境体验→总结转化	适用于教材处理、教法分析、课堂组织管理等方面的培训
现场诊断	课前准备→现场观察→课后分析→形成报告→反思讨论	适用于个别指导，通过真实情境信息为教师反思提供机会
案例教学	案例形成：前期准备→确定主题→情景描述；案例运用：案例引入→案例讨论→诠释与研究	适用于各类培训，能够帮助学员学习理论，丰富实践经验，学会评价和反思，提高教学应变能力
参与－分享	情感沟通→头脑风暴→小组交流→全班研讨→小结评价	适用于小规模的培训；有一定的时间周期
合作交流	独立思考→小组讨论→组际要求→集体性评价	该模式对培训者的组织协调能力要求较高，适用于开放性的探究问题
任务驱动	明确目标和任务，将一项活动的目标变得具体、可操作、可评价，富有挑战性和激励性	需要一定的设备条件和专业人员指导

---

① 朱旭东. 教师学习模式研究 [M]. 北京：北京师范大学出版社，2017.

续表

教学模式	过　　程	适　用　范　围
问题探究	提出问题→形成假设→拟订计划→验证假设→总结提高	要求培训者深谙认知活动的规律并进行精心设计，需要较多时间，以较小的班级规模来完成参与式培训
主题组合	学员学习的出发点是自主的，学习过程是自控的，学习结果是自测的	要求培训者有很强的主题开发能力和组织研究活动的能力，培训对象具有完全合格的学历与相应的学科知识和学科能力水平；对外部环境的要求是具有教师岗位竞争的机制
自主学习	自主设定目标、自主选择学习内容与材料、自主选择有效学习策略，进行自我评价，自主探索信息收集渠道等	学校能够提供必要的自学时间和自学条件，对培训者有较高的能力要求

（四）实施培训

在实施培训阶段，首先需要确定培训参与者，对于必选项目通知教师参与，对于选择性项目则需要组织教师报名，同时为参与培训做准备工作。其次按计划组织实施培训，教师参与培训，完成培训过程中的学习活动，并在教学实践中应用。教师教学能力的提升是通过教师学习—实践的不断循环而实现的过程，该模式教师教学能力提升的过程包含培训学习与教学应用两个阶段。

无论是培训学习还是应用实践，教师学习都覆盖整个能力提升过程。教师教学能力提升模式的结构围绕教师"学习—应用"两阶段而构建，每个阶段由学习环节、教学模式、支持手段、学习结果、效果评价5个部分构成，其中学习环节是主要的构成部分，教学模式、支持手段、学习结果、效果评价基于各学习环节的特点进行设计匹配。以下分别对培训学习阶段与教学应用阶段中的五部分结构与内容进行描述。

1. 培训学习阶段

（1）学习环节。学习环节从"理念学习"开始。在各学习环节的实现形式上，工作坊是最常用的教师能力提升手段，建立专业联系（如一对一指导、分组指导）、提供培训课程、举行专家会议等方式也是常用的教师能力提升手段。[1] 线下面授学习主要以工作坊的形式进行，工作坊实施过

---

[1] Tam T P, Cole S C, Jill Z. A systematic literature review of faculty development for teacher educators[J]. Higher Education Research & Development, 2018, 37 (2): 373-389.

程中加入分组指导促进教学效果。培训学习阶段的学习环节可划分为"面授理念学习、面授技术操作学习、网络课程学习、网络学习成果评价、面授工作坊协作学习、面授学习成果展示与点评"6个部分。

（2）教学模式。根据各环节的特点，分别采用不同的教学模式。①"理念学习"环节以面授专家报告的形式展开，采用传统讲授式教学模式。②"技术操作学习"环节主要解决教师对陌生网络教学平台的技术操作问题，属于程序性知识，教师通过多次训练即可学会，因此在此过程中教师集中训练并当面解决操作问题的形式最为合适。该环节使用"示范—模仿"与"案例教学"模式，首先为教师提供不同类型网络课程建设效果案例，之后讲解每类课程的建设思路与特点，同时介绍网络教学平台相关功能模块的操作步骤，以供教师学习并实操。③"网络课程学习"与"网络学习成果评价"两个环节是教师相关教学知识的学习环节，采用"自主学习"的方式供教师在线自学，同时采用"任务驱动"的教学模式，在每一个知识点教学结束后设计子任务，教师需要完成每一知识点的子任务才可以顺利完成学习，最终通过在线作业批改的方式评价教师的网络学习成果。④"工作坊协作学习"环节是对"网络课程学习"环节的延续，主要解决教师网络学习过程中、任务完成过程中出现的问题，采用工作坊分组"协作学习"的形式，每组均安排教学专家负责指导，继续完成相关任务。在此环节中，网络课程学习过程中教师在线提问的问题会通过集中讲解进行解答，并筛选教师网络学习成果中的优秀作品进行点评示范，以便教师模仿。⑤"学习成果展示与点评"环节是培训学习阶段的最后一个环节，主要目的在于帮助教师整理前面几个环节的学习成果，并对这一阶段的成果进行现场诊断，"参与—分享"与"现场诊断"结合使用是本环节采用的教学模式。通过教师的个人汇报，专家有针对性地解决个性问题的同时抛出共性问题，引导全体教师参与讨论，相互分享解决方案，帮助教师总结、反思与提升。

（3）支持手段。根据已设计的学习环节与教学模式，教师培训学习阶段的支持手段可根据支持方式分为线下支持与线上支持两种。其中线下支持主要包括培训前介绍性资料分享与信息回收、培训过程资料分享、现场专家指导与点评、教学设计专家交流答疑几种手段。线上支持主要围绕网络课程学习与评价进行，包括在线学习结果评阅、在线答疑两种手段；此外对于技术操作的问题,通过电话、邮件、在线答疑3种形式持续为教师提供远程服务。

(4)学习结果。培训学习阶段的学习结果主要包括教师对教学认识的提升、掌握网络教学平台操作的知识与技能、掌握教学与课程等知识与技能3个部分。

(5)效果评价。针对以上的教师学习结果,本阶段教师教学能力提升的效果评价内容包括教师对这一阶段学习过程的满意程度、教师教学设计方案完成情况等。

2. 教学应用阶段

(1)学习环节。教学应用阶段主要是在实践中自主学习,该阶段的教学反思是促进教师教学能力提升的重要手段。[①] 教师教学反思是一个多重螺旋式发展的过程,需要反复多次进行。在本阶段教师学习环节以一个学期为实践周期,每个学期教师首先通过对目标课程进行教学设计与课程建设加深对上一阶段所学知识与技能的理解,之后实施教学,通过"发现—探索—解决"教学实施过程中的问题进行自主学习,最后在阶段性总结与评价过程中反思并分享教学设计、课程建设、教学实施经验,进入下一周期的"做中学"环节。在教师教学实践过程中,学校普遍以教学改革立项的方式给予支持,一般的教学改革项目以年为单位,因此教师教学的整体的案例梳理以年为单位进行总结,这是教师对自己教学实施情况的进一步反思,旨在使教师教学能力进一步地提升。

(2)教学模式。本阶段教师以自学为主,自主学习模式贯穿教师教学应用的整个阶段,教学过程主要侧重基于不同的教学模式引导教师学习或创设环境帮助教师学习。教师应用阶段以每学期为周期进行循环实践,每个周期教师均经历"设计与建设、实施、反思交流"3个环节。高校教师在首次完成教学设计与课程建设过程中往往由于缺少经验而不知如何规划,在第一轮"设计与建设"环节,"案例教学"不可或缺,相同或类似课程的实际案例学习对教师而言十分有必要。此外,在每一轮"设计与建设"环节通过提供助教、组织同类课程教师研讨学习的方式为教师提供"合

---

① 张学民,申继亮,林崇德.中小学教师教学反思对教学能力的促进[J].外国教育研究,2009,36(9):7-11.

作交流"机会,在"阶段性反思与交流"以"参与-分享"模式为教师提供反思、经验分享与集体讨论的机会也不可或缺。

(3)支持手段。教学应用阶段的支持手段也分为线上与线下两个部分。线下支持手段由学校提供,主要从教改氛围、应用支持、激励措施、组织机构4个方面为教师提供支持,具体包括领导支持、管理措施、工作条件、设施建设、资源服务、交流辅导、技术支持、跟踪评价、激励措施、组织机构10项。线上支持手段主要由培训学习阶段的实施机构来完成,包括通过QQ、微信等社交软件提供持续、即时的答疑,邀请专家指导支持和专家座谈。

(4)学习结果。这一阶段的学习结果需要反映教师运用新学知识与技能的程度与质量,相对培训学习阶段的学习结果而言稍显复杂。

(5)效果评价。主要通过满意度调查与学习成绩判定进行效果评价[①],重点突出对教学应用阶段的效果评价,即对新知识与技能在教学应用中的效果进行评价。

(五)培训评价

在培训实施过程中,需要对实施过程进行监督,发现培训中存在的问题,及时反馈;在培训结束后,对培训效果进行评价,形成新的培训需求。

三、基于学科团队的教学能力提升模式

基于学科团队的教学能力提升模式旨在发挥教学名师和优秀教师的示范引领作用,对青年教师的教学理念、方法、技能以及职业规划等给予指导,帮助青年教师提升教育教学水平。优秀教师传帮带团队协作机制有助于青年教师参与教学团队、创新团队的建设与发展。基于学科团队的教学能力提升模式有2种子模式,分别是师徒制教学能力提升模式、教研室教学能力提升模式。

(一)师徒制教学能力提升模式

师徒制教学能力提升模式是以学徒制为基础的,丰富的境脉可以促进学习的发生。传统的学徒制有4个主要特征:首先,密切关注在某一领域中执行任务的特殊方法。其次,技能是顺利完成现实任务的工具,学习是嵌入在社会和功能的情境中的。学徒们通过观察、指导和练习的组合方式

---

① 王姣姣. 基于培训迁移理论的教师培训有效性分析 [J]. 教育理论与实践, 2016, 36(5): 25-27.

来学习某领域特定的方法。在这些活动的顺序中，学徒们反复观察师傅和他（或她）的助手执行（或示范）目标过程，这通常包括一系列不同而相关的次级技能。然后，学徒在师傅的指导和帮助下试着执行过程（即指导）。指导的一个重要内容是引导性参与（guided participation）。师傅几乎在新手们获得每个必要技能之前都提供密切的反馈来帮助新手完成整个任务。当学徒掌握了越来越多的技能时，师傅会减少自己的参与，对学徒提供更少的提示和反馈。最后，当学徒已经能够顺利而稳定地执行整个任务时，师傅就完全退出指导。[1]学徒制强调知识必须用来解决现实生活中的问题，既关注专家指导又关注情境学习。[2]然而，传统学徒制必须要有动手的技能学习，以制作手工产品为目标。Collins 等人提出的认知学徒制的概念[3]强调认知学习轨迹，如将概念处理过程可视化。在这种方法中，教师或其他有知识的人要解释教师所采取行动背后的思考，从而通过一种认知学徒制形式来为学生示范。然后教师给予指导和学习支架，目标是渐渐减少教师的干预，最终使学生能够在没有教师支持下开展行动。[4]认知学徒制注重构成学习环境的 4 个维度：内容、方法、顺序和社会学。[5]在师徒制教学能力提升模式中，一般由教学经验丰富、教学能力强的专家型教师担任师傅角色，而新手型教师则主要充当学徒。[6]

师徒制较为突出的特点是观察、模仿和反复练习，在练习的过程中发现问题，通过反思、提问获得知识，或者通过再次观察与模仿获得实践技能。专家型教师不仅要做好示范，同时还需要为新手型教师提供"脚手架"，体现为对新手型教师教学实践的评价与指导。师徒制教学能力提升模式的主要环节有观察、模仿、反思、提问、练习，其流程如图 4-5-2 所示。

---

[1] Lave J. The culture of acquisition and the practice of understanding(Report No. IRL880007)[R]. Palo Alto, CA: Institute for Research on Learning, 1988.

[2] 索耶.剑桥学习科学手册[M].徐晓东，等译.北京：教育科学出版社，2010.

[3] Collins A, Brown J S, Newman S E. Cognitive apprenticeship: teaching the craft of reading, writing, and mathematics[M]//Resnick L B, Knowing, learning, and instruction: Essays in honor of Robert Glaser. Hillsdale, NJ: Lawrence Erlbaum Associates, 1989: 453-494.

[4] 斯伯克特，加迈瑞尔，迈里思波.教育技术传播手册[M].3 版.上海：华东师范大学出版社，2012.

[5] Collins A, Hawkins J, Carver S M. A Cognitive Apprenticeship for Disadvantaged Students[M]// Means C. Chelemer, Knapp M S. Teaching advanced skills to at-risk students. San Francisco: JosseyBass, 1991: 216-243.

[6] 索耶.剑桥学习科学手册[M].徐晓东，等译.北京：教育科学出版社，2010.

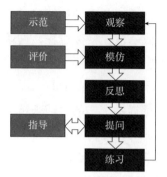

图 4-5-2 师徒制教学能力提升模式流程

1. 观察

观察是师徒制学习模式的首要环节,学徒通过观察对所要学习的行为有了直观的认识。在观察环节,教师观察专家型教师的教学过程,既可以是教学现场的观摩,也可以是教学过程视频观摩。观察内容既可以是教学方案设计的过程,也可以是教学实践的展示,也即过程实例和产品实例。面向产品的工作实例通过向学习者提供初始状态、目标状态和一组问题解决步骤描述解决问题的过程。① 产品实例仅提供某个问题的解决方案。学习者在处理问题之前需从一些包含解决方案的问题中学习②,在学习中经历自我解释、图式建构、自动化实践 3 个环节。③ 通过工作实例,学习者研究问题的状态、目标状态和专家的问题解决方案④,获得问题状态、操作和应用操作引发的结果的知识,然后将其整合到认知图式中,这样有利于后面的问题解决。新手型教师通过观察能够获得好的教学设计或教学实践的主要要素及其之间的关系。在观察的过程中教师对专家型教师的教学结构、教学过程组织、教学技巧、语言组织与表达、教态等进行较为全面的

---

① Gog T V, Paas F, Merrinboer J J G V. Process-Oriented Worked Examples: Improving Transfer Performance Through Enhanced Understanding[J]. Instructional Science, 2004, 32 (1-2): 83-98.

② Renkl A. The worked-out-example principle in multimedia learning[M]//Mayer R. Cambridge handbook of multimedia learning. New York: Cambridge University Press, 2005: 229-246.

③ Renkl A. Toward an instructionally oriented theory of example-based learning[J]. Cognitive science, 2014, 38 (1): 1-37.

④ Hoogveld A W M, Paas F, Jochems W M G. Training higher education teachers for instructional design of competency-based education: Product-oriented versus process-oriented worked examples[J]. Teaching and Teacher Education, 2005 (21): 287-297.

了解和认识。而面向过程的工作实例不仅可以解释如何解决给定的问题，而且可以解释为什么要使用这些操作。① 面向过程的工作实例不仅呈现发现问题解决方案的过程，还可解释所提供解决方案背后的基本原理，其不仅向学习者说明"是什么"，而且说明"为什么"。即新手型教师通过观察专家型教师设计、组织教学的详细过程，能够进一步了解为什么要这样设计、组织教学，其背后的教学理论依据是什么。这些基本原理是实现迁移的重要因素，从理论上来说以过程为导向的工作实例能够带来更有效的迁移。过程信息最初可能会给学习者施加一种有效的认知负荷并带来更高的效率，但在训练过程中可能会变得多余并施加一种无效的负荷，从而影响效率。②③ 观察通常不是一次完成的，需要观察多位专家型教师或者反复观察一位专家型教师的教学过程。每次观察结束后应对所观察的内容进行梳理、总结、提炼。新手型教师在观察的基础上提取其所观察到的核心要素及要素之间的基本结构，将其纳入自身的认知图式中，通过认知加工形成自己的理解。

2. 模仿

学的本意即模仿，建模是教师教学能力提升的必要环节。模仿是一个建模的过程，学习者通过建模和使用模型进行学习。④ 仅仅观察一个模型并模仿属于间接学习⑤，而通过建构模型并操控它则可以学到更多⑥。建模是概念性参与最强的认知过程之一，要求学习者明确地表达因果推理同时为认知提供支持，包括检验假设、猜想、推理等重要认知技能。建模包括对真

---

① Gog T V, Paas F, Merrinboer J J G V. Process-Oriented Worked Examples: Improving Transfer Performance Through Enhanced Understanding[J]. Instructional Science, 2004, 32 (1-2): 83-98.

② Gog T V, Paas F, Merrinboer J J G V. Effects of studying sequences of process-oriented and product-oriented worked examples on troubleshooting transfer efficiency[J]. Learning & Instruction, 2008, 18 (3): 211-222.

③ Gog T V, Paas F, Merrinboer J J G V. Process-Oriented Worked Examples: Improving Transfer Performance Through Enhanced Understanding[J]. Instructional Science, 2004, 32 (1-2): 83-98.

④ 乔纳森. 技术支持的思维建模 [M]. 顾小清, 译. 上海: 华东师范大学出版社, 2008.

⑤ Bandura A. Social foundation of thought and action: A social cognitive theory[M]. New York: Prentice Hall, 1986.

⑥ 乔纳森. 技术支持的思维建模 [M]. 顾小清, 译. 上海: 华东师范大学出版社, 2008.

实世界建模和对专家解决问题过程的模拟，使策略和细节可视化。① 在建模过程中，学习者找出合适的元素以呈现理论或现实，或将两者同时呈现。学习过程即存在于建模所进行的特定选择中。基于项目的学习的建模包括领域知识建模、问题建模和思维建模。领域知识建模是对领域知识及其结构进行建模。问题建模是为问题构建一个思维空间，即由精心选择的问题要素及其相互关系组成的思维模型。② 思维建模是学习者对自己的学习过程进行反省，然后再对他们在解决问题、作出决定或完成某项任务时所使用的思维类型进行建模。③ 模型工具可以帮助学习者超越自己的思维局限——包括记忆、思维或问题解决方面的局限。④ 新手型教师通过观察所获取的信息经过认知加工形成自己领域知识与教学方式方法的认识，并将其以外化的教学设计方案或教学实践的形式表征，该过程即是模仿。模仿在初始阶段更多地体现出"照猫画虎"的特点，表现为新手型教师更多地对专家型教师外显行为的形式进行模仿。通过模仿新手型教师将对于领域知识的理解和教学方式方法等知识的认识转换为外显的教学技能。新手型教师所模仿的专家型教师的教学行为通常是一些比较典型的、突出的行为。通常一次模仿并不能达到期望的目标，模仿是一个反复的过程，通常与观察、反思、练习交织在一起。

3. 反思

为了使学习者获得学习和理解的洞察力，经常性的反馈至关重要：学习者需要监控自己的学习，主动评估其策略和目前的理解水平。⑤ 引发建构的因素是认知上的不平衡，消除认知不平衡在微观层面表现为同化和顺应的心理操作，在宏观层面表现为反思。⑥ 反思既是一种思维方式，也是一种元认知过程。在反思活动中学习者回顾并分析自己的表现，比较自己与他

---

① Collins A. Cognitive apprenticeship and instructional technology[R]. Champaign-Urbana, University of Illinois at Urbana-Champaign, 1989.

② Mcguinness C. Problem representation: The effects of spatial arrays[J]. Memory & Cognition, 1986, 14 (3): 270-280.

③ 乔纳森. 技术支持的思维建模 [M]. 顾小清, 译. 上海：华东师范大学出版社, 2008.

④ Pea R D. Beyond amplification: Using the computer to reorganize mental functioning[J]. Educational psychologist, 1985, 20 (4): 167-182.

⑤ 布兰思福特, 布朗, 科金. 人是如何学习的：大脑、心理、经验及学校 [M]. 程可拉, 孙亚玲, 王旭卿, 译. 上海：华东师范大学出版社, 2013.

⑥ 杨开城. 教学设计：一种技术学的视角 [M]. 北京：电子工业出版社, 2010：39.

人（同伴或专家）的表现。[①] 不是在反思的基础上形成的"接受"并不意味着建构，而是知识的机械堆积或死记硬背。在反思过程中进行的思辨和检验显著地促进了领域知识整合[②]，也促使学习者对认知活动过程进行审视，改进学习策略。教师教学提升过程中的反思主要指教师对自己的模仿行为的反省。模仿行为是教师教学能力的外显化，具有人工制品的性质。新手型教师通过反观自己的教学行为重新认识自己对于教学的理解，从中发现冲突之处。通过人工制品反思并根据其他人给出的反馈来修改自己的理解，知识在人际交流互动以及自我的反思中内化。

4. 提问

问题是教师教学能力提升的驱动力。首先，问题是认知上的不平衡状态在宏观层面的体现，提出问题本身就是一个学习的过程，学习者在对已有认知图式的反思过程中发现认知冲突，形成学习需要。其次，问题可以促使学习者的注意力持续聚焦于要解决的问题，注意重要事项。[③] 认知冲突所带来的认知不平衡驱动学习者进入认知同化或顺应活动。如检索信息、建立已有知识与新信息之间的关联，使新知识在原有经验的基础上"生长"起来，形成新的认知图式；或者调动知识之间的逻辑关系，发展已有认知图式。解决问题可以体现学习者积极的思维活动过程和结果：一方面，在应用知识解决问题的过程中，学习者将发现自己所简单接受的知识与能够运用并发挥实效的知识之间存在着差距。这种认识将进一步促进和刺激他们对已学的知识概念进行重构和反思，从而加强对知识的深度理解和领会，使呆滞的惰性知识转化为内化的活性知识，同时也进一步使其理解新知，促进思维发展和能力提升。在某种程度上问题成为选择知识、检验思维、发展能力的依据和途径。[④] 另一方面，问题促进学习者的知识与思维能力协同发展。问题解决代表一个由各种认知技能和行动所组成的复杂智力活动

[①] Collins A. Cognitive apprenticeship and instructional technology[R]. Champaign–Urbana, University of Illinois at Urbana–Champaign，1989.

[②] Bandura A. Social foundation of thought and action: A social cognitive theory[M]. New York: Prentice Hall，1986.

[③] Barron B J S, Schwartz D L, Vye N J, et al. Doing with understanding: Lessons from research on problem and project–based learning[J]. Journal of the Learning Sciences，1998，7（3–4）：271-311.

[④] 胡小勇. 问题化教学设计：信息技术促进教学变革［M］. 北京：教育科学出版社，2006.

的完成。新手型教师在反思中产生疑问,在将自己的教学行为与专家型教师行为的对比中发现不足之处,形成新的学习需求。

5. 练习

《说文》中言"习,数飞也",练习是对建模结果的外显化。教学是实践性很强的活动,练习是教学能力提升的必要途径。新手型教师在反思的基础上完善其对教学内容及其教学方法的内部认识,而练习则将其关于教学的内部建模结果外显化。另外,通过练习专家型教师能够对新手型教师的教学行为进行观察,发现其对相关知识的理解以及教学技能的掌握程度。因此,练习一方面使得教学技能日臻熟练,另一方面有助于暴露教师教学中存在的问题。练习与观察、模仿交织在一起,"学"与"习"在实践中达到统一。

6. 指导

指导是专家型教师在对新手型教师的教学技能进行评价的基础上所给予的引导和帮助,是教师教学能力提升的"脚手架"。其表现形式较为多样,如提示、反馈、暗示、示范、引导等。问题引导是较为常用的"脚手架策略"。

(二)教研室教学能力提升模式

教研室教学能力提升模式是师徒制与实践共同体模式的结合。教研室教学能力提升模式注重导师和同伴在学习共同体中的作用,该模式的一个突出特点是其具有较为严格的组织制度、评价与监督机制。

教研室教学能力提升模式的主要流程包括集体备课、互评与反思、完善改进、教学实践、总结反思等,如图4-5-3所示。

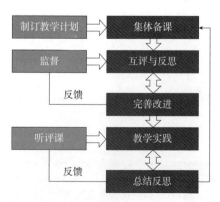

图4-5-3 教研室教学能力提升模式流程

1. 集体备课

教学计划通常由教研室统一制定，教研室成员根据自己的课程教学任务制订教学方案。在该阶段，教研室成员应进行集体备课，规定每周集体备课的次数、内容和时长。根据教研室的具体规定，通常每隔一段时间（如一周）组织一次教研活动，教研室成员之间非正式的交流则不限于该活动。

2. 互评与反思

教研室成员相互评价教学方案和教学实践，学习其他教师的教学方案和实践优点，指出不足之处，提出改进建议。在这个过程中，经验较为丰富的教师应对其他教师进行指导，提供较多的"脚手架"。发挥老中青教师传帮带机制的作用，通过教学观摩、教学能力竞赛等形式促进青年教师的教学能力发展。

3. 完善改进

教师根据反馈意见和反思结果修改完善教学方案，对修改后的方案可以再次进行互评，教师将修改完善后的教案付诸教学实践。教研室成员参与听评课活动，对教师的教学过程进行观摩、点评，针对教学薄弱点提出改进建议，对于较为普遍或突出的问题组织教师参与学习、培训等活动。

4. 监督与评价

在教研活动的整个过程中，有专人负责监督与评价，确保教研成效。

四、基于数据分析的教师教学能力提升模式

基于证据的方法描述了在教育实践中注重实证证据（empirical evidence）的研究方法。[1][2] 在教育领域，实验研究是最具代表性的实证研究方法，该方法可以非常有效地为教师改进教学设计、提高学生学习效果提供科学的证据和依据。在探讨教师教学能力提升的时候，最终的科学证据一般是学生是否受惠于教师的教学能力提升，具体体现为学生课程满意度提高、学习成绩提升、学习兴趣增加等。

---

[1] Mayer R E. Applying the science of learning: Evidence-based principles for the design of multimedia instruction[J]. American Psychologist, 2008, 63 (8): 760.

[2] Davies P. What is evidence-based education?[J]. British Journal of Educational Studies, 1999, 47 (2): 108-121.

美国加州大学圣迭戈分校教学中心根据学生反馈为教师提供咨询并提高教学水平的项目一般步骤如表4-5-3所示。

表4-5-3 基于学生反馈的教师教学水平提升项目实施步骤

步骤	内容	输出文件或研究内容
初步咨询	教师或院系负责人和教学中心相关部门第一次项目会议	教学能力提升项目备忘录（项目计划书）
第一阶段 确定提升方案	实施初始研究方案，收集数据	客观主观问卷、课堂观察、访谈、焦点小组、学习平台数据等
	得出研究结果	根据上一步选择的证据收集方式，教学中心选择相应的分析方法进行分析，反馈不同学生群体的调查结果
	提供咨询	教学中心针对研究结果（主要问题）进行反馈，提出改进意见，并和教师确认第二阶段项目方式
实施教学改革	实施教学设计改革	教师根据学生的反馈和学校教学中心的建议进行教学改革，并实施到新一轮的教学中
第二阶段 评价效果	进行第二轮研究方案的数据收集	主观问卷、课堂观察、访谈、焦点小组、学习平台数据等
	咨询并总结这一轮教学能力提升的结果	教学中心对比第二阶段和第一阶段的数据，总结项目效果，再次为教师提升教学能力给出建议。如有需要可继续下轮提升计划

拓展阅读 4-5-2

基于数据分析的教师教学能力提升模式

美国加州大学圣迭戈分校（UCSD）的教学中心（Teaching + Learning Commons）把聚焦公平和基于优势的方法结合在各项服务中，鼓励教师检验和反思他们的教学实践是否为所有学生给出公平的结果。教学中心的教育研究和评价部门拥有学校的行政数据和学习平台数据权限。该部门主要依据学生客观学习成果和主观反馈的方式体现教师的教学有效性。比如该部门会协助教师用实证研究的方法设计实验、设计和发布问卷、对学生作业进行抽样，并帮助数据分析。在质性研究过程中，会应用主题模型和情感分析等机器学习的方法，分析学生在开放问题中的文本涵义，了解学生的情感态度。而在定量的研究报告中，一般会依据不同学生分组来分解数据（例如第一代移民、代表人数不足的学生等）。这样少数族裔学生的反馈和学习成果并不会因为他们在学生群体里的人数少而没有得到重视。教师也会关注教学是否有效地帮助不同的学生群体都取得成功。该部门从研究设计和数据分析的角度贯彻基于证据和聚焦公平的原则。

第六节 教师层面的教学能力自主提升行动

教师既是高等教育教师教学能力提升行动的实施主体之一，又是行动最终的目标主体。从思考与实践的维度及显性与隐性的维度，可以将教师个人教学能力的提升活动分为4类：反思性实践者、元认知方法、从新手到专家及行动研究。[1]

高校教师教学能力提升的常见形式有现场参与式和基于网络的学习。Akahori等研究发现，在线培训支持系统可以极大地提升参训教师的知识水平和技能。[2]Falcinelli等认为，把受训者的在线活动、小团队活动和培训课程进行整合是一种较为有效的教师培训方式。[3] 本节将对基于开放教育资源的教师自主学习与教学实践、基于在线社区与学习共同体的教学实践交流与反思、教学相长模式以及基于自适应学习系统的教师发展模式进行介绍。

---

[1] Pill A. Models of professional development in the education and practice of new teachers in higher education[J].Teaching in Higher Education，2005，(10) 2：175-188.

[2] Akahori K，Horiguschi H，Suzuki K，et al. Development and Evaluation of Web-based In-Service Training System for Improving the ICT Leadership of Schoolteachers.[J]. Journal of Uniuersal Computer Science，2001，7 (3)：211-225.

[3] Falcinelli，E，Falcinelli，F. Experience of Blended E-learning in Post-graduate Training for High School Teaching Qualification[C]. 18th International Conference on Database and Expert Systems Applications，Proceedings，2007：663-667.

一、基于开放教育资源的教师自主学习与教学实践模式

自主学习是"学生在学习活动之前自己能够确定学习目标、制订学习计划、作好具体的学习准备,在学习活动中能够对学习进展、学习方法作出自我监控、自我反馈和自我调节,在学习活动后能够对学习结果进行自我检查、自我总结、自我评价和自我补救"[①]。自我调节学习是一个各阶段相互衔接、循环的学习过程,包括认知、情绪和社会情境等因素,能够支持教师的自我反思过程,帮助他们看清自己是如何建构核心知识的。因此,基于自我调节学习的教师学习模式能够比较完整、系统地支持教师的自主学习和专业发展。[②] 近二三十年来,学界对自我调节学习进行了大量的研究,提出了一系列自我调节学习模型。温内和哈德汶提出了一个4阶段的自我调节学习模型:定义任务;目标设置和计划;制定学习策略;元认知适应未来的学习。[③] 齐默曼从大学生对学习进行自我调节以提高表现方面入手,也提出了一个四阶段的循环模型:自我评价和监测;目标设置和策略计划;策略执行和监测;策略成果监测。温内和哈德汶的模型更倾向于自我调节学习的前期准备阶段,齐默曼模型更强调过程的完整性。[④]

后来齐默曼等又提出了自我调节学习的社会认知模型,将学习过程划分为3个阶段的学习活动循环,包括事先计划阶段、执行阶段和自我反思阶段。它丰富了每一阶段过程中所涉及的行为、动机和认知等方面的内容,是目前使用较多的自我调节学习过程模型[⑤] 该模型将学习过程划分为3个阶段的学习过程循环,每个阶段包含了丰富的内部认知活动和过程:

---

① 庞维国. 论学生的自主学习 [J]. 华东师范大学学报(教育科学版), 2001(2): 78-83.

② Burton E P. Student work products as a teaching tool for nature of science pedagogical knowledge: A professional development project with in-service secondary science teachers [J]. Teaching & Teacher Education An International Journal of Research & Studies, 2013(29): 156-166.

③ Winne P H, Hadwin A F. Studying as self-regulated learning[M]//in Hacker D J, Dunlosky J, Graesser A C. Metacognition in educational theory and practice, Mahuah, NJ: Lawrence Enbaum Associates, 1998: 277-304.

④ Zimmerman B J. Academic studying and the development of personal skill: a self-regulatory perspective[J].Educational Psychologist, 1998, 33(2-3): 73-86.

⑤ Zimmerman B J. Investigating Self-Regulation and Motivation: Historical Background, Methodological Developments, and Future Prospects[J]. American Educational Research Journal, 2008, 45(1): 166-183.

①计划阶段。该阶段主要进行任务分析和自我动机信念两种类型的活动。任务分析活动是对目标进行设置，并根据目标对学习策略进行规划。自我动机信念则包括一系列的自我动机调节，具体包括自我效能感、对结果的期望、任务兴趣性或价值、目标以及目标导向等。②执行阶段。该阶段进行自我控制和自我监测两种类型的调节过程。自我控制过程由自我教学、想象、集中注意力和任务策略构成。自我监测过程包括元认知监测和自我记录。③自我反思阶段。该阶段进行自我判断以及在此基础上的自我反应。自我判断过程包括自我评价和对评价结果的归因。自我反应则包括自我的满意度以及针对结果所采取的主动调整。教师自主学习是一个循环，包括目标导向、策略活动（包括定义问题和期望、目标设置、选择、调整、创造合适的策略）、自我监测结果和调整目标与方法，以更好地实现想要的结果。[1]

（一）基于资源的学习环境与自主学习策略

利用开放教育资源实现个人自主学习，基于资源的学习环境和自主学习策略都将扮演重要的角色。开放教育资源目前面临的一个重大挑战就是如何实现其在教学和学习过程中的有效应用。基于资源的学习环境为基于开放教育资源的自主学习提供了一种理论研究框架，而自主学习策略是重要的自主学习支架（引导学习者设置和规划学习任务、制定学习目标、选择和使用合适的学习资源，并对学习过程进行自我监控和反思）。加涅的教学九事件指出，仅仅呈现教学信息并不能保证有效学习，需要更多的教学和支持，比如如何维持学习动机，完成学习任务。Deimann 等指出只给予学习者开放教育资源无法有效实现其意义，因为学习者需要支持和引导以维持学习。他们认为需要使用教育设计的知识促进开放教育资源的有效应用，并提出了一些整合开放教育资源和教学设计的整体原则，包括提供情境信息、支架、工具和学习模块等支持，支持他们使用开放教育资源实现教学目标。因此，在自主学习概念框架的指导下设计基于开放教育资源的自主学习环境，有助于帮助学习者通过动机、元认知和学习策略的监测和调整，为学习者的个人自主学习提供支架，帮助他们维持学习动机，达成学习目标。

---

[1] Butler D L, Schnellert L. Collaborative inquiry in teacher professional development[J]. Teaching & Teacher Education An International Journal of Research & Studies，2012（8）：1206-1220.

基于开放教育资源的自主学习过程包括：设置自主学习目标，制订学习计划，根据学习目标查找和组织学习资源，在学习过程中进行元认知监测和过程调节，学习反思和自我评价，以及在此基础上对学习目标和学习计划进行修改与完善。

（二）基于开放教育资源的教师自主学习与教学实践步骤

对于基于开放教育资源的教师自主学习与教学实践，首先应为其构建基于资源的学习环境，一般包括情境、资源、工具和支架等4个构成要素。情境是指引导学习者到某一具体的学习需要或问题的学习环境，其主要作用是针对具体的学习目标和学习需求，为学习者提供匹配的学习问题或学习环境，主要包括3种不同的情境：①外部营造的学习情境，由教师和外在环境提供，与客观主义认识论相对应；②个人内在生成的学习情境，由学习者根据自己独特的环境和需求创建，与建构主义认识论相对应，学习者自行定义知识和技能需求，确定相关资源，并在这些资源和自己的需求之间建立意义关联；③合作协商的情境，是上述两种情境的综合，外在环境给出一个比较宏观的问题，学习者根据内在需求选择一个比较小的问题。资源是构成学习环境的基础，包括用于支持学习过程的所有媒体、人、场所和观点。自主学习必须建立在足够的学习资源的基础上，开放教育资源为自主学习者提供了大量的开放课件、教材、课程、教学媒体素材、个人资源和社区资源等，它们免费向社会开放，为基于开放教育资源的自主学习提供了较为充分的学习资源储备。工具用于辅助学生使用资源进行学习，其主要功能是帮助学习者定位、访问、操作、解释以及评价资源的有用性。它能够帮助学习者以具体的方式组织和呈现它们的理解。基于资源的学习环境的支持工具一般包括查询工具、处理工具、操作工具和交流工具等4种类型。支架是辅助学习者参与学习任务过程中所有类型的支持，基于资源的学习环境下支架的主要功能是对学习者参与和完成学习任务的过程进行辅助和支持，有过程支架、概念支架、元认知支架和策略支架等4种类型。①过程支架强调如何帮助学习者使用既有资源，它让学习者能够在学习活动过程中集中使用资源；概念支架能够引导学习者识别与问题相关的知识，并在概念之间建立连接而使其更加明晰化；

---

① Hill J R, Hannafin M J.Teaching and Learning in Digital Environments：The Resurgence of Resource-based Learning[J]. Educational Technology Research and Development，2001（3）：37-52.

元认知支架通常用于探究式学习环境中，提示反思、比较，以及在自我评价和理解的基础上进行的改变；策略支架主要支持学习者确定分析、计划和反应的方法，比如确定和选择信息、评价资源。①4种支架融入到自主学习的过程模型中。

（三）自主学习过程的环节

具体来说，基于开放教育资源的自主学习过程包括：设置自主学习目标，制订学习计划，根据学习目标查找和组织学习资源，在学习过程中进行元认知监测和过程调节，学习反思和自我评价，以及在此基础上对学习目标和学习计划进行修改与完善等环节，具体流程见图4-6-1。

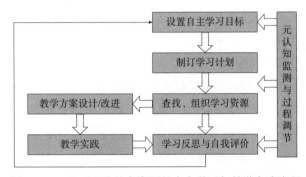

图4-6-1　基于开放教育资源的自主学习与教学实践流程

1. 设置自主学习目标

教师自主学习的目标一般来自对教学实践的反思。通常教师通过观摩、反思等活动对自身的教学能力现状、发展方向能够有一些基本的判断，往往缺乏明确的问题和具体的发展目标。建议参考前文中的高校教师教学能力框架、指标和标准对自己的教学能力进行测评，也可以通过同伴、学生的评价、反馈进一步认识自己的教学能力现状。基于所处的发展阶段设置适当、可行的发展目标，并将其分解为具体的、具有连续性的学习目标。

2. 制订学习计划

基于自主学习目标制订学习计划，包括学习任务、学习内容、学习路

---

① Hannafin M J, Hill J. Resource-based Learning[J]. Handbook of Research on Educational Communications and Technology, 2007（3）: 525-536.

径以及时间安排等。在制订学习计划时应对学习任务进行适当的分解，使其具有可操作性；学习内容的选取注重学科匹配性、目标针对性以及形式多样性；制订学习路径时应结合自己的学习风格、自主学习能力等因素设置学习活动类型及序列；安排学习时间应考虑工学矛盾、家学矛盾，保持学习的连续性和持续性。

3. 查找、组织学习资源

运用一定的检索策略查找学习资源，如按资源类型、知识内容或问题类型检索。选取所需要的学习资源，并对所检索的资源进行梳理、对比，如对于教学法方面的学习，观摩相同内容的优秀教学案例，分析不同案例所运用教学法的优点、特色，总结其共同点，理解教学法方面的知识，并将其运用到自己的教学设计与实践中。

4. 元认知监测和过程调节

为了使学习者获得学习和理解的洞察力，经常性的反馈至关重要：学习者需要监控自己的学习，主动评估其策略和目前的理解水平。[1] 根据对学习认知的反思调节学习过程，元认知监测贯穿于自主学习和教学实践的所有环节和过程，根据监测结果调整学习过程。监控和策略使用是自我调节学习最关键的两个方面。[2][3]

5. 学习反思和自我评价

教师的自主学习过程与教学实践融合为一体，教师应经常对自主学习过程和教学实践进行反思与评价。在反思活动中，学习者回顾并分析自己的表现，比较自己与他人（同行或专家）的表现。[4] 在反思过程中进行的思辨和检验显著地促进了领域知识整合[5]，也促使学习者对认知活动过程进行

---

[1] 布兰思福特.人是如何学习的：大脑、心理、经验及学校［M］.程可拉，孙亚玲，王旭卿，译.上海：华东师范大学出版社，2013.

[2] Winne P H, Hadwin A F. Studying as self-regulated learning. In D.J. Hacker, J. Dunlosky and A. Graesser, ed, Metacognition in Educational Theory and Practice[M]. Erlbaum: Hillsdale, NJ, 1998: 277-304.

[3] Winne P H . Self-regulated learning viewed from models of information processing. In B. Zimmerman and D. Schunk, ed, Self-regulated Learning and Academic Achievement: Theoretical Perspectives[M]. Erlbaum: Mawah, NJ, 2001: 153-189.

[4] Collins A. Cognitive apprenticeship and instructional technology[R]. Champaign-Urbana, University of Illinois at Urbana-Champaign, 1989.

[5] Bandura A. Social foundation of thought and action: A social cognitive theory[M]. New York: Prentice Hall, 1986.

审视，改进学习策略。具体来说，教师可以将所学应用于教学实践，通过实践检验所学。如将学习结果反馈到教学方案的改进过程中，修改并完善教学方案。将教学方案付诸教学实践，同时录制教学过程视频并反复观看，梳理未达到预期效果的环节，分析原因，提出解决方案。

6. 学习目标和计划的修改与完善

自主学习的目标和计划不是一成不变的，教师应根据学习进展情况和学习过程中出现的问题适当调整学习目标和计划。

二、基于在线社区与学习共同体的教学实践交流与反思模式

基于在线社区与学习共同体的教学实践交流与反思是一种增强归属感与改进教学的专业成长过程。教师通过经验分享，提供反馈、支持与协助的过程来达到熟练掌握旧技巧、学习新技巧、解决教学问题等目标。[①] 它立足于教学实践，其价值诉求在于通过指导解决实际问题；它倡导协作交流与互动，是教师共同进步的一种手段；它的最终目的是让教师改进或建构新技能，提高教学绩效。在教师教学能力自我提升的过程中，教师作为成人学习者完成学习过程。一方面，成人学习者的一个很大特点是具有丰富的工作经验[②]，这些经验将成为相互之间进行学习的资源。教学实践体验是教师最为宝贵的教学能力发展资源，教学实践与教师发展所要学习的内容整合为一体，通过教学观摩、教学经验总结与分享活动更易于形成适合教师能力最近发展区的学习资源。同时，基于教学实践中的真实问题进行互动，有助于教师形成相互依存的伙伴关系，从而形成高质量的建构过程和结果，教师的专业知识在其与同伴交流的过程中得到积极发展。另一方面，成人之间的交流有助于促进个体的教学反思。两个或多个教师同伴一起，共同反思当前的教学实践，改进与建立新的技能，相互指导，共享经验，共同参与教学研究并在工作中解决实际问题。[③] 通过对他人教学实践的观摩，教师更容易将其与自我的教学经验进行对比，明确教学中的问题与不足，形

---

① Galbraith P, Anstrom K.Peer coaching: An effective staff development model for educators of linguistically and culturally diverse students[J]. Direction in Language Education, 1995, 1 (3): 1-7.
② Knowles M, Holton E, Richard A.Swanson.The adult learner[M].Burlington: Elsevier, 2005.
③ Robbins P. How to plan and implement a peer coaching program[R/OL] (1991) [2022-06-28]. https://files.eric.ed.gov/fulltext/ED337881.pdf.

成新的学习需求。教师之间应充分利用教学经验开展教学观摩评价、进行专业反思、定期总结与交流实践经验、增加教师之间的反馈过程，从而改进教学行为，在协作中实现教学与学习的共同发展。基于在线社区或学习共同体的协作式专业学习是教师专业发展的一部分，是一种将教师培训过程恢复为涉及共同行动的活动方式，其主要理念是对教师从他们的教学实践中学习的认可：他们学会学习、探索、选择、实验、创新，最终学会教学。因此，协作式专业学习结合了各种涉及同伴互动的策略，例如学习新的教学方法、反思课堂事件以及制定和审查机构教育项目。协作过程包括互动、对话和反思性分析，以改变一个人的存在方式，并在实践中产生教学知识。导师、同事、观察员对教师的演示提出建议或提出建设性批评，尤其是在教学观摩前后进行讨论最有效。同样有效的是小组工作，包括有经验和无经验的教师，或基于专业的混合工作组，或涉及教师和管理人员或教师与学生的混合工作组。教师专业发展取决于实践反思，这种反思可以通过观察他人、描述自己的经验、课堂观摩和交流来为被观察者提出建议。① 基于在线社区与学习共同体的教学实践交流与反思模式的主要流程如图 4-6-2 所示。

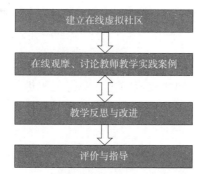

图 4-6-2　基于在线社区与学习共同体的
教学实践交流与反思模式流程

---

① Calvo. G. Teachers' professional development：collaborative professional learning[M]//Critical issues for formulating new teacher policies in Latin America and the Caribbean：the current debate. Paris：United Nations Educational, Scientific and Cultural Organization, 2015.

1. 建立在线虚拟社区

借助博客、播客、Wiki、RSS 和 Delicious 等工具，联合一线教师和教育专家构建一个虚拟教研社区，教师参与到虚拟教研社区中进行实践性知识的建构和提升。在线虚拟社区可以根据所覆盖的高校范围或学科类别分为不同层次或类型，如国家层次、省市层次、区县层次，以及工程教育、医学、教师教育等类型，教师基于所教学科形成学习共同体。

2. 在线观摩、讨论教师教学实践案例

教师在线观摩其他教师的教学设计方案或教学实践视频，尤其是优秀教学案例。一方面，优秀案例能够为其他教师提供模仿的对象。通过分析、讨论其优点，总结教学策略、教学方法以及不完善之处，形成典型教学模板。讨论是一种表达过程，通过表达缄默知识得以外显化，从特定的情境知识转换为一般化知识。另一方面，被观摩的教师在同伴的反馈中会发现他人关于同一观点的看法及面临的困难。[1]Webb 的研究表明，当学习者相互之间给出解释和进行提问时，学习则得到强化。[2][3] 在解释过程中学习者能够澄清概念、重组思考，对材料重新概念化。同伴提问使学习者参与到更多的问题解决和知识建构的解释和推理中。[4][5] 基于在线社区与学习共同体的教学实践交流，教师通过在线分享、对比，发现个体有关教学实践的知识与同伴的不同之处，针对不同之处提出质疑、讨论协商，在观点的碰撞中达成共识，实现教学技能知识的共建与发展。

---

[1] Collins A. Cognitive apprenticeship and instructional technology[R]. Champaign-Urbana, University of Illinois at Urbana-Champaign, 1989.

[2] Webb N M. Group composition, group interaction, and achievement in cooperative small groups[J]. Journal of Educational Psychology, 1982, 74（4）: 475-484.

[3] Webb N M. Peer interaction and learning in small groups[J]. International journal of educational research, 1989, 13（1）: 21-39.

[4] King A. Effects of training in strategic questioning on children's problem-solving performance[J]. Journal of Educational Psychology, 1991, 83（3）: 307-317.

[5] King A, Rosenshine B. Effects of guided cooperative questioning on children's knowledge construction[J]. The Journal of Experimental Education, 1993, 61（2）: 127-148.

3. 教学反思与改进

教学观摩有助于促进教学反思，在反思过程中进行的思辨和检验能够显著地促进领域知识整合[1]，这也促使教师对认知活动过程进行审视，改进教学策略。教师需要经常对教学实践和基本假设进行反思，也需要确定基本的教学原则，制订符合原则的教学活动与实践计划、监控结果并对他们的教学活动进行批判性反思。在基于在线社区和学习共同体的教学实践交流中反思体现在两个方面：一是在与同伴的教学进行对比的过程中产生的反思行为，对于教学的不同看法形成了认知冲突的来源，教师通过将自己的教学行为与他人进行对比、辨别，然后决定是否调节自己的教学行为并在教学实践中进行检验；二是对自己的教学行为的反思，如将自己的教学过程进行记录或录制，事后查看或观看，或者通过回忆的形式对教学过程进行分析、判断、调整。一般来说，在线社区的协作学习环境能够支持教师在改进和反思教学过程中的自我调节学习，但即使在没有协作支持的情况下，教师也能够通过系统的、有计划的和反思性的自我调节学习提高教学实践水平。[2] 通过反思，教师将所建构的知识应用于教学方案的完善与教学实践的改进中。

4. 评价与指导

教师将教学方案或教学过程视频发布到在线学习社区，共同体成员对教学方案或教学视频进行分析，指出不足之处以及提出改进建议。在该过程中，多位教师针对同一个教学方案或视频进行讨论，尤其是其中存在的问题能够引发同伴的思考，通过头脑风暴显化同伴对问题的认识，在此基础上形成具有共性的问题解决方案。在该过程中，具有教学经验的专家型教师应充分发挥引领作用，引导问题讨论的方向，为其他教师提供发展的"脚手架"。

---

[1] Bandura A. Social foundation of thought and action: A social cognitive theory[M]. New York: Prentice Hall, 1986.

[2] Butler D L, Lauscher H N, Jarvis-Selinger S, et al. Collaboration and self-regulation in teachers' professional development [J]. Teaching & Teacher Education An International Journal of Research & Studies, 2004（5）: 435-455.

拓展阅读 4-6-1

基于在线社区与学习共同体的教学实践交流与反思案例

1. 委内瑞拉玻利瓦尔共和国全国教师培训网络

教师利用在线交流技术（论坛、聊天室和视频会议）交流经验，以及分享个人和团体作品，这些作品可以在全国任何地方的教育环境中传播（见 http：//aulavirtual.me.gob.ve）。

2. 虚拟实践社区主题网络

阿根廷的教师专业发展计划包括使用电子邮件、电子邮件组和虚拟平台等新技术创建一种工具，促进远距离交流和联合工作。我国一些省份在入职培训过程中也使用了这些方法（教育、科学和技术部，国家教师培训学院，2007年）。（见 http：//www.colombiaaprende.edu.co/html/productos/1685/）

3. 巴西网络会议

工作组定期在网上举行会议。这促进了沟通，使教师能够分享他们的工作。协调员是一名合格的教师，被选来监督该项目，协调员的职责是规划、实施、支持和评估参与专业发展小组的教师的工作。

三、教学相长模式

教学是一项需要集体努力的活动。学生学习是一组教师干预的结果，这些教师以历时或同步的方式与学生合作并对学生进行干预。因此，学习是互动关系的结果。同时，教师在教的过程中实现了自身的发展。《礼记·学记》中有这样的论述："虽有嘉肴，弗食，不知其旨也。虽有至道，弗学，不知其善也。是故学然后知不足，教然后知困。知不足，然后能自反也；知困，然后能自强也。故曰：教学相长也。兑命曰：'学学半。'"即教师在教学的过程中一半在教、一半在学，教与学相互促进。在教的过程中，教师通过教学设计与教学实施呈现自己对所教领域知识的理解，同时呈现其所具备的领域知识和教学能力，该过程更多的是一个析出观念的过程。要在这个过程中实现辨分观念、增加观念和知识整合，学生反馈是很重要的信息来源。"在职教师的专业学习与发展活动必须与他们已有的教学经验和学习需求密切结合。教师自身所秉持的学生观及其满足学生需求的教学方式方法对于学生获得积极的学习体验具有更为显著的能动作用。满足学生需求不仅要求学校教育为他们提供国家规定的知识、技能，还要求教师应当以适合学生心理、情感、社会交往等方面的实际特点来满足他们的成长需求。同时，关注学生对学校生活的真实体验，特别是师生之间的互动影响，能够改进学科教学，促进教师专业能力发展。"[1] 其有效性主要体现在学生的认知发展方面，与学生的交流能够获得学生对教学的反馈，基于学生的反馈反思教学，从而改进教学。教学相长模式的主要流程如图 4-6-3 所示。

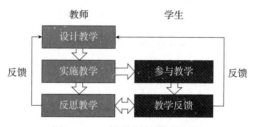

图 4-6-3　教学相长模式流程

1. 设计教学

教师基于学科教学目标和学生的整体学习需求设计教学，形成教学方案。

2. 实施教学

根据教学方案进行教学实践，在教学过程中与学生充分互动，通过互动获得更真实的学生需求，包括教学内容所体现的领域专业知识和教学方式、方法方面的实践反馈。

3. 反思教学

教师根据教学中的师生活动和学生的反馈思考教学中存在的问题以及教学中形成的困惑，形成学习发展的驱动力，修改完善教学设计方案，将其应用于教学实践。

---

[1] 张铁道. 教师研修：国际视野下的本土实践[M]. 北京：教育科学出版社，2015.

四、基于自适应学习系统的教师发展模式

人工智能与数据挖掘技术的发展为教师进行自适应学习提供了技术支持。自适应学习系统不仅为教师发展提供功能支持,同时能够实时诊断教师的在线学习情况并提供动态的支架。教师作为学习者,其先验知识、学习风格和自我调节学习能力水平等均存在差异,自适应学习系统通常具有学习分析功能,可以在教师在线学习的过程中根据教师学习的轨迹对学习过程进行监测、跟踪,分析教师的学习风格特点、认知偏好、自我调节学习水平等,在此基础上给予干预,如提供符合其认知特点和水平的资源、给出学习反馈和建议、推荐学习路径等学习支架。支架有隐式支架和显式支架[1],概念性、元认知性、程序性和战略性支架[2][3][4],以及固定支架和适应性支架之分[5]。理想情况下,自适应学习系统还应该能够建模有效策略,同时监测和跟踪无效策略的使用(或缺乏有效策略的使用),设计提示和反馈来鼓励有效的策略,并阻止使用无效策略。[6]

基于自适应学习系统的教师发展模式主要用于教师自主学习,对系统的研发需要投入大量的工作,包括学习者分析、学习行为分析、学习策略的生成规则等。在系统研发过程中技术是一个要素,而技术分析所基于的理论决定了系统的质量。可以从不同维度分析学习风格,如场独立型和场依存型、视觉型和听觉型、顺序型和整体型等。对于不同的学习风格,应

---

[1] Winne P H. Self-regulated learning viewed from models of information processing. [M]//B. Zimmerman and D. Schunk, ed, Self-regulated Learning and Academic Achievement: Theoretical Perspectives Mahuah; NJ: Lawrence Erlbanm, 2001: 153-189.

[2] Vye N, Schwartz D, Bransford J, et al. SMART environments that support monitoring, reflection, and revision[M]//Hacker D, Dunlosky J, Graesser A. Metacognition in educational theory and practice. Mahuah; NJ: Lawrence Erlbanm, 1998: 305-346.

[3] Hannafin M, Land S, Oliver K. Open learning environments: Foundations, methods, and models[M]//Reigeluth, C M., ed, Instructional Design Theories and Models. Mahuah; NJ: Lawrence Erlbanm, 1999: 115-140.

[4] White B, Shimoda T, Frederiksen J. Facilitating students' inquiry learning and metacognitive development through modifiable software advisors. [M]//Lajoie, S. ed, Computers as Cognitive Tools: No More Walls Mahuah; NJ: Lawrence Erlbanm, 2000: 97-132.

[5] Azevedo R, Cromley J G, Seibert D. Does adaptive scaffolding facilitate students' ability to regulate their learning with hypermedia? [J]. Contemporary Educational Psychology, 2004 (29) 344-370.

[6] Lucy B B, Lan W Y, Paton V O. Profiles in Self-Regulated Learning in the Online Learning Environment[J]. International Review of Research in Open and Distance Learning, 2010, 11 (1): 61-79.

思考提供何种类型和形式的学习资源，推荐什么样的学习路径，提供什么样的学习策略。对于教师的认知水平的判断，应结合学习目标判断认知水平所处的学习阶段，推荐其认知最近发展区的学习任务。对于教师的自我调节学习水平的判断，则应设置判断标准、指标，分析不同层次教师的学习策略，并提供相应的监测、调节策略。由于技术的成熟度以及教师在线学习数据的丰富程度不同，学习系统的自适应程度有差异，尤其是对于规则性不强的学习分析与干预，则更多地体现了系统的智能性。具体应用时应考虑所具有的系统的智能化程度，适度地进行人类导师的干预。

五、教学设计能力提升

从教师自身角度提升教学设计能力有两个前提：第一，具备一定的教学设计理论基础；第二，了解在实践中提升、发展自身教学设计能力的路径。因此，下面首先对教学设计理念与模式进行介绍，其次对两种教学设计能力的提升与发展路径进行介绍。

（一）教学设计理念与模式

教学设计不同于其他教育相关实践的独特之处在于它强调用系统方法来分析和解决教学问题。[①]而教学设计理念与模式则是对这些系统化思想与系统方法的精准表达。本部分首先介绍教学设计发展史上经典的、在数字化转型背景下仍然对高等教育教师开展教学设计有借鉴价值的经典教学设计理念与模式，其次介绍信息化背景下与当今高等教育特点直接契合的教学设计理念与模式。

1. 经典教学设计理念与模式

（1）加涅的教学系统设计理论

· 理论概述

加涅教学系统设计理论的核心思想是"以学习为中心设计教学"，因此在开展教学设计时需要考虑影响学习的各种因素，包括学习者的内部和外部因素，这些因素统称为学习的条件。[②]其中外部因素包含学习的环境、学习资源、学习活动安排、学习者之间的关系等，而内部因素则是指学习者

---

① 张祖忻，章伟民，刘美凤，乌美娜.教学设计——原理与应用[M].北京：高等教育出版社，2011：6.

② 加涅.学习的条件和教学论[M].上海：华东师范大学出版社，2001：12.

在学习活动开始前便拥有的、带到学习任务中去的心理状态、个人目标、先验知识等,这两种因素相互作用,影响着学习的有效发生。教学设计的目的就是调控安排外部因素,以激发学习发生的内部因素。因此加涅从学习者内部加工过程出发,建立了描述学习过程的信息加工模型(图4-6-4),并以该模型为依据安排学习环境,对应提出九大教学事件,以获取5种学习结果,即智慧技能、认知策略、言语信息、态度、动作技能(具体阐释如表4-6-1所示)。需要注意的是这5种学习结果在每次教学中并不一定都会实现,可能实现几种结果的组合。其中九大教学事件基本描述如下:

引起注意:利用各种活动引起学习者的注意,如动画演示、一些出乎意料的事件等。

告知学习者目标:给学生呈现学习目标,表达对学生的期望,保证学生自身目标和教师希望达到的目标一致。

刺激回忆先前学过的内容:由于新的学习大部分建立在已知内容的基础上,因此需要帮助学生回忆先前学习过的内容,为新的学习做准备。

呈现刺激材料:将教学内容以适当的形式呈现给学生。

提供学习指导:为学习过程中的学习者提供支持(如支架),帮助学习者将已知内容和所学内容建立新的联系。

引出行为表现:在学习者理解学习内容后,引导学习者展示自己的理解。

提供反馈:提供外部反馈,证实学习者行为表现的正确性或正确程度。

测量行为表现:当合适的行为表现被引导出来后,就标志着学习已经发生,这就是对学习结果的测量,需要保证测量结果的有效性。

促进保持和迁移:帮助学习者保持对知识、技能的记忆,并提高其回忆、迁移应用知识、技能的能力。

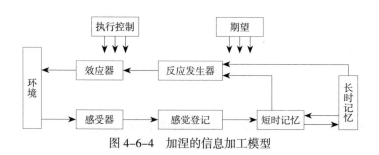

图4-6-4 加涅的信息加工模型

表 4-6-1　加涅的学习种类划分表

学习结果	解　释
智慧技能	该技能允许学习者使用辨别、概念、规则和问题解决技能来执行符号控制程序
认知策略	学习者对自身学习过程实施监控的手段
言语信息	存储在学习者记忆中的事实以及有组织的关于"世界的知识"
态度	影响学习者个人作出行为选择的内部状态
动作技能	有组织地完成有目的的行为的骨骼肌运动

·理论核心观点

加涅提出的九大教学事件是从教学角度提出一系列外部支持，以促进内部信息加工各个阶段的进行（二者之间的关系如表4-6-2所示[①]），最终实现学习结果的获得。由此可知，加涅教学系统设计的实施首先需要确定学习结果，即学习目标，在目标指导下确定所需的外部条件，即确定对应的教学事件，据此五种学习结果和九大教学事件交叉形成了著名的"九五矩阵"，该矩阵具体描述了对应学习结果的教学要求。[②] 例如，智慧技能对应的教学事件3表述为在学习之前向学习者提问，该问题需要与早期学习内容相关，以帮助学习者回忆起先前的概念技能等，将其提取到短时记忆当中。而态度对应的教学事件3则表述为帮助学生回忆起与个人选择有关的情境和行为，可以为学习者呈现人物榜样。

表 4-6-2　九大教学事件和信息加工过程对应表

教学事件	与学习过程的关系
1 引起注意	接受各种神经冲动
2 告知学习者目标	激活执行控制程序
3 刺激回忆先前学过的内容	把先前学过的内容提取到短时记忆中
4 呈现刺激材料	有助于选择性知觉
5 提供学习指导	语义编码，提取线索，有助于激活执行控制过程
6 引出行为表现	激活反应器

[①] 加涅，布里格斯．教学设计原理[M]．上海：华东师范大学出版社，1999．
[②] 武振华．基于加涅"九五矩阵"理论的生物教学设计与分析[D]．济南：山东师范大学，2017．

续表

教学事件	与学习过程的关系
7 提供反馈	建立强化
8 测量行为表现	激活提取,使强化成为可能
9 促进保持和迁移	为提取提供线索和策略

·该理论在高等教育中的使用建议

加涅的九大教学事件提供了流畅的教学步骤,为高等教育教学提供了教学设计模板,但在应用九大教学事件时,需要根据高等教育中学科专业的特殊性进行适应性修正。

第一,加涅的九大教学事件更偏向于对知识点的教学设计,而部分专业同时强调技能的获得,因此需要在加涅教学事件的基础上强调技能的回忆与运用,而非知识的简单记忆与理解。例如对于教学事件3,以往应用九大教学事件的案例多数采用知识呈现的方式进行回顾,而在部分操作型课堂中则需要唤起学生的技能操作流程和肌肉记忆等。

第二,加涅九大教学事件自身具有强调知识内容分解、忽略综合的缺陷,但高等教育强调的是理论与实践相结合的真实问题解决能力,这就要求教学设计重视对学生综合能力的培养,而非单个知识、技能的获得,因此在高等教育中可以围绕主题开展教学设计,核心是能力培养,加涅的教学事件则作为基本流程的指导。

(2)瑞格卢斯的教学设计理论框架

·理论概述

瑞格卢斯于1982年提出了精细化理论(Elaboration Theory),主要包括内容选择和排序选择,其中内容分为领域知识和任务知识:任务知识是让学生完成任务,对此类任务的解决游刃有余;领域知识是要求学生掌握某个领域的原理性知识,成为领域专家,如物理学家。而排序则是将所选择的内容进行精细化,整体从简到繁、从概括到详细地开展教学设计。因此,基于精细化理论的教学设计要求,在设计之初就需要对整体教学内容有系统性规划,形成"框架－细节"结构图,需要采用简化条件法选择具有代表性且认知负荷相对较低的学习任务来设计教学,任务的难度也是逐渐升级的,以实现最终的教学目标。

· 理论核心观点

精细化理论的核心内容如图 4-6-5 所示，其核心是两个选择，即内容和排序。如上所述，内容主要包括领域知识和任务知识。任务知识根据目的又分为过程任务和启发任务，前者是过程性的，具有一系列操作步骤；后者是启发性的，引导学生在任务完成过程中掌握某些技能。而领域知识则涉及概念知识（是什么）和原理知识（为什么）。精细化理论针对两种任务知识和领域知识给出了不同的排序指南，以指导教学设计中的知识安排。①

在对概念的细化中，应绘制具有层次关系的概念图，在教学安排中需要先学习宽泛的概念，即上位概念，再学习更为细节的概念；而在对原理理论的细化中，则将其划分为若干规则，其中一些规则组合在一起便形成了因果模型。原理理论的细化与概念细化相同，需绘制理论结构图，阐明各个规则之间的细化关系，在教学安排中需要从通用的、大范围的规则教学逐渐细化到特定规则的教学。在对两类任务的细化中需要采用简化条件法，与上述细化方法不同，该方法要求从复杂模型的简化版开始教学设计，其中简化版同复杂模型一样具有完整的任务，只是复杂度有所降低。

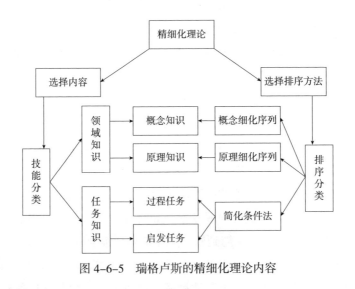

图 4-6-5　瑞格卢斯的精细化理论内容

---

① 查尔斯·M.瑞戈鲁斯，杨非.细化理论：学习内容选择和排序的指南[J].开放教育研究，2004（2）：23-26.

·该理论在高等教育中的使用建议

瑞格卢斯的精细化理论主要根据整体性思想对概念、规则、任务的顺序安排提供指导。在高等教育中进行应用时需要解剖的则是高阶思维，形成思维进阶序列图，循序渐进复杂化培养学生思维。同时在任务设计中需要遵循简化条件法，即使最简单的任务也应该具有最完备的框架，类似于螺旋式架构。

（3）梅瑞尔的成分显示理论

·理论概述

梅瑞尔最早提出成分显示理论（Component Display Theory，CDT），围绕知识描述从目标和内容两个维度提出二维模型，以此指导教学设计。其中目标以行为表现水平来表示，该模型的横向是教学内容的类型，包含事实性、概念性、过程性、原理性4种类型的教学内容，而纵向是行为表现水平的类型，包括记忆、运用、发现3种类型的行为表现水平，二者交叉形成了该模型，如图4-6-6所示。该理论源于加涅的思想，但更注重教学实效。[①] 同时，梅瑞尔认为所有教学呈现都是由一系列具体呈现形式构成的，据此将教学呈现形式的策略分为三种，即基本呈现形式、辅助呈现形式和呈现之间的联系，如基本呈现形式由内容和呈现（讲解、探究）组成。

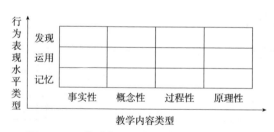

图4-6-6 梅瑞尔"目标-内容"二维模型

·理论核心观点

在"目标-内容"二维模型中，行为水平维度（即目标维度）中的"记忆"要求学习者能够回忆并确认头脑中存储的信息；"运用"要求学习者将所学内容（如规则）运用在新的情境事物中；"发现"则要求学习者能够自

---

① 邱婧玲，吴秀君. 教学设计理论体系综述[J]. 河西学院学报，2008（5）：100-104.

已归纳、推导一些规则、要求。而教学内容类型维度中的事实是描述客观存在的知识、事件以及它们之间的关系；概念是指给予具有相同特征的事物等统一的、综合的称呼、符号；过程是指为了解决问题、达成目标而采取的一系列步骤；原理则是运用相关关系、因果关系等对事物的发生加以解释和预测。通过阐释、明晰横纵两个维度的内容，最终交叉形成了12项基于不同目标的教学活动成分，而事实性的知识更多以记忆为主，因此将应用和发现事实成分从图中删除，最终形成10种成分，如表4-6-3所示。①该理论要求呈现形式契合、对应每个教学活动成分，呈现形式越符合其要求，学生在该活动成分上的目标达成越有保障。

表4-6-3 教学活动成分与学生能力

教学活动成分	学生应达到的能力	
	行为目标	教学目标
记忆事实	能够回忆事实	能够说出有关的事实内容
记忆概念	能够陈述定义	能够用自己的语言表述概念定义
记忆过程	能够陈述步骤	能够做出流程图、写出步骤、进行步骤排序
记忆原理	能够说明关系	能够用文字或图表等表示原理中事物之间的关系
运用概念	能够分析概念	能够区分概念的本质属性和非本质属性
运用过程	能够演示过程	能够实际操作、演示过程、步骤
运用原理	能够运用原理	能够将所学的原理应用在新情境当中，并对结果作出预测和解释
发现概念	能够发现概念之间的关系	能够对概念进行分类，发现概念之间的关系
发现过程	能够设计新的过程	能够设计、分析和验证新的过程、步骤
发现原理	能够发现事物的性质和规律	能够通过观察分析等发现事物之间的内在联系及性质

· 该理论在高等教育中的使用建议

梅瑞尔的成分显示理论对事实、概念、过程、原理4个教学内容类型逐级进阶设计，实现从事实性内容的学习到问题解决流程、活动的掌握再到原理的应用，该理论中内容类型的进阶与高等教育中从事实性知识到思

---

① 刘树林. 信息技术与ET、CDT和4MAT理论视域下的英语语音习得能力培养模式研究[D]. 昆明：云南大学，2015.

维培养相匹配，具有很强的适配性。由于该理论强调知识内容和目标行为表现的匹配，在学习效果上有所保障，因此在教学设计时可以将梅瑞尔的成分显示理论作为评价和目标设定的指导理论，以准确描述教学目标。

（4）肯普模式

·模式概述

肯普模式以行为主义的联结学习（即刺激-反应）作为其理论基础，是以"教"为中心的教学设计代表模型。该模式于1997年由肯普（J. E. Kemp）提出，起初模式中的各个要素按照顺时针连接，作为教学设计的序列，但肯普在随后的研究与实践中意识到，教师和相关的科研人员在实际教学中面临许多复杂问题和情况，真实的教学并不能完全遵循他所设计的顺序来实现，因此又将该模式进行多次调整和逐步完善，形式上表现为不再采用线性方式排列，而是使用环形结构来表示各环节相互交叉、相互连接的关系，最终形成如图4-6-7所示的模式。

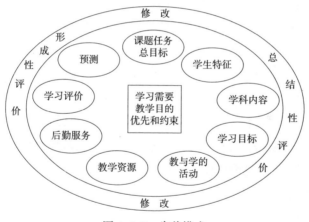

图4-6-7 肯普模式

·模式图及其阐释

肯普认为教学设计中应强调4个基本要素，着重解决3个问题，以及适当安排10个教学环节。[①] 其中4个要素为学习者特征（学生）、教学目标、教学资源（方法）和教学评价，这些基本要素及其关系是教学系统设计的出发点，可以基于此构建整个教学设计框架。

---

① 何克抗.教学设计理论与方法研究评论（上）[J].电化教育研究，1998（2）：3-9.

肯普指出，任何教学设计都需要解决3个主要问题：首先教学设计者需要明晰学生必须学习什么，即确定教学目标；其次，为达到预期的教学目标，教师应如何进行教学，这需要教师根据确定的教学目标选择教学内容和教学资源，分析学习者特征并以此为依据设置教学起点，在此基础上进一步确定教学策略、教学方法等；最后一个问题为，如何检查和评定预期的教学效果，即如何进行教学评价。

模型图内部包含10个教学环节：①确定学习需要和教学目的，为此应先了解教学条件，包括优先条件和限制条件；②制定课题任务总目标，选择课题和任务；③分析学习者的特征，明确教学起点；④分析学科内容；⑤阐明教学目标；⑥实施教学活动；⑦利用教学资源；⑧提供辅助性服务，即学习支持服务；⑨进行教学评价；⑩预测学生的准备情况。

· 该模式在高等教育中的使用建议

以行为主义为理论指导的肯普模式与高等教育中专业知识传授、技能提升两方面比较契合。教研工作者应以21世纪社会人才培养需求为出发点，结合学习者特征设立课程与教学目标，开辟多元化的人才培养路径，在此过程中教师应注重教学内容和资源的选择，提供全面的学习支持服务，制订教学评价方案以审视教学的有效性。肯普模式没有规定教学环节的顺序，教师需灵活处理这些教学设计因素，根据教学需要持续进行教学设计的评价和修改工作。但需要注意的是，该模式不适于高阶思维培养，因此对于思维培养需要其他理论的指导。

（5）史密斯－雷根模式

· 模式概述

史密斯－雷根（P. L. Smith–T. J. Regan）模式于1993年被提出，是在"狄克－柯瑞模式"的基础上发展而来的，它吸收了瑞格卢斯的教学策略分类思想，将重点放在教学组织策略上。史密斯－雷根模式较好地实现了行为主义与认知主义的结合，考虑到认知学习理论对教学内容组织的重要影响，充分体现了"联结－认知"学习理论的基本思想，在国际上有较大的影响力。该教学设计模式将教学目标、学习者的特点、教学资源、教学策略、形成性评价和修改教学等重要成分归类为3个阶段，分别为教学分析、策略设计和教学评价。

第四章 教学能力提升行动

· 模式图及其阐释

史密斯－雷根模式如图 4-6-8 所示。在该模型的第一阶段，教学设计者需同步分析学习环境、学习者特征（一般特征、起点水平等）、学习任务（教学目标、学习类型、内容等），制订初步的设计项目。

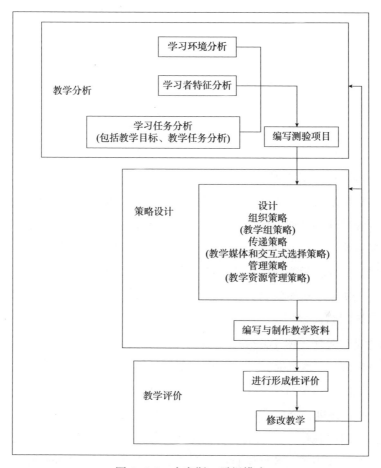

图 4-6-8　史密斯－雷根模式

分析结束后的第二阶段，需要针对教学目标设计 3 类教学策略，分别为组织策略、传递策略和管理策略。其中组织策略决定教学内容应按何种方式排列组合，涉及学习活动设计的具体决策，包括向学生提供的教学材料与资源的类型、次序、方式等，这一策略涉及认知学习理论的基本

221

内容。而为了实现信息从教师到学生的有效传递，设计传递策略十分必要，它包含媒体、教学交互方式的选择，对于教学媒体有较强的制约作用。管理策略是对需要得到帮助的学生与学习活动互动的方式作出决策，即如何对教学资源进行计划和分配。该阶段最终产出教学资料。

模型的第三阶段是进行形成性评价，并对教学分析和策略设计方案予以修正。这一过程模式中可以包含多种学习理论的内容，例如行为主义学习理论、信息加工学习理论、建构主义学习理论和人本主义学习理论。

· 该模式在高等教育中的使用建议

史密斯-雷根模式明确指出教学设计中应设计的3种教学策略——组织策略、传递策略、管理策略，对于突破高等教育传统讲授式教学具有启发性意义。在教学组织过程中应充分考虑学生、教师两个主体要素，教学目标、教学内容、教学方法、教学反馈4个过程要素，注重学习者原有认知结构，通过对学习内容、活动、材料资源的有机排列结合促进知识、技能、思维发展。信息技术的发展拓宽了教学空间，丰富的数字化学习环境、专业教学资源库为优质资源的共建共享提供了可能，教学设计者需设计传递策略，促进教师、学生、环境三方面的深度交互，保障教学信息流通，同时实现教学资源的规范管理、合理分配。

（6）迪克-凯瑞模型

· 模型概述

迪克和凯瑞（W. Dick & L. Carey）于20世纪60年代提出了系统化教学设计模型（在本节中，"模型"的内涵同"模式"，对二者不作细致区分）。该模型充分利用了行为主义、认知主义、建构主义3种主要流派的理论观点和技术，并进行合理采纳与调整。[①] 他们坚持教学的系统观，认为教学过程本身可以被视作一个系统，由学习者、教师、教学资源以及学习环境等成分构成。而为了达到教学目标，引发和促进学习，需要通过教学设计使这些成分之间产生互动。

迪克-凯瑞模型最大的特点是它不仅以教育教学理论和已有研究为构建模式的基础，而且建立在大量的实践应用基础上，吸纳充足的教学经验，能够切合教育工作者的实际教学情况。该教学设计模型涵盖10

---

① W. 迪克，L. 凯瑞，J. 凯瑞，等. 系统化教学设计 [M]. 上海：华东师范大学出版社，2007.

个相互连接的成分,这些成分代表的是教学设计人员在进行设计、开发、评价和调整教学所使用的各种方法步骤、材料资源、技术工具等,如图 4-6-9 所示。

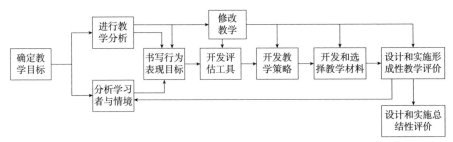

图 4-6-9 迪克—凯瑞教学设计模型

· 模型图及其阐释

该模式的第一步是确定教学目标,即通过教学之后,学习者将掌握什么知识,他们能够做什么,此外还有学习者态度的转变,是否产生新的技能等。教学目标存在多样性,可以通过对社会需求、学科特点以及学习者特点综合分析得出。

在确定教学目标之后,将要进行教学分析。例如学生在教学开始前应达到的起点水平,包括入门的技能和知识、学生态度等,以及要实现预设目的,学生在整个过程中需要逐步做什么等问题。迪克和凯瑞强调,对于该过程中识别出的各种知识、技能之间的关系需要用一张示意图来描述。

与教学分析并行开展的工作是分析学习者与情境。学习者分析需要了解学生现有知识技能、学习风格、偏好、态度、学习动机、学业能力水平等,充分掌握个人特征和群体特征,这并不是将学生所具有的知识和技能都一一罗列出来,而是确定在即将开展的学习任务中学习者已经具备哪些能力,从而确定需要提供哪些学习资源;情境分析指向教学环境及技能运用的情境,例如教学场地(教室、操场等)、设施设备、学习条件、实践条件等,教学设计者应选择学习者适宜的教学情境。

经过以上步骤,教学设计者能够书写行为表现目标,具体描述教学结束后学习者能够做什么。这包括:基于教学分析和入门技能编写目标;详细而清晰地描述学生将学习的技能、技能实施条件和相应的成功标准;学习结束后产出的结果物等。

接下来可以开发评估工具，用于检测学生对目标中所描述的行为和成功标准的达成情况。需要强调的是，评价应与教学目标中所描述的技能类型、行为种类相对应。而后可以开发教学策略，确定为了达到目标，教师应该采用什么样的教学策略；开发和选择教学材料主要包括准备教师手册、学习手册、课件，教师是否开发材料取决于教学策略、学习结果的类型、现有材料是否满足教学需求等因素。

设计和实施教学的形成性评价包含一系列评价活动，用于审视教学效果。在整个过程中持续进行修改教学，通过整理和分析形成性评价所收集数据确定学生在完成目标过程中遇到的问题，依据问题找出教学中存在的不足，必要时教师应重新思考教学需求和目标，并迭代改进。最后一步是设计和实施总结性评价，然而它通常不属于教学设计过程，而是教学设计者之外的评估者对于整个教学有效性的判断，用以检验教学的价值。

·该模式在高等教育中的使用建议

高等教育中人才培养模式改革与教学建设是一个值得关注的话题，传统课堂的讲授式教学依旧存在，大学生仍是课堂中的倾听者，无法积极主动参与到知识建构当中。为此首先应以先进理念引领，促成教师、学生固有角色和思想的转变，在迪克－凯瑞的系统化教学设计模型中，教师、学生不是系统中单一的、被特定强调的成分，而要关注两者及其互动对预期结果的产生所发挥的作用。此外教师、学生作为系统中时刻处于动态变化过程中的成分，需要采用大数据深度分析，实现持续性的监控和调节；注重人才培养需求，加强信息化平台建设，制定教学内容，开发符合特定专业发展的、可持续使用的工具、资源和材料，完善教学评价体系，提高教育质量。

2. 信息化背景下职业教学设计理念与模式

（1）信息化背景下促进深度理解的教学设计

·理解性教学概述

随着智能时代的到来，知识创新和技术进步对提升国家核心竞争力越来越重要，培养出专业基础扎实的高精尖创新型人才成为高等教育在数字化转型中承担的重任。教学设计作为开展人才培养的直接抓手也在新时代面临着新的挑战。有学者指出，长期以来教学设计理论存在着对教学现象解释力不够，只注重教学设计的流程，过分强调教学设计的形式范畴，而忽视了促进学生理解教学内容这个教学中的本质问题。[①] 因此，如何在信息化背景下开展促进深度理解的教学设计，同样成为高等教育教学所面临的问题。

· 理解性教学设计模式及其阐释

从事理解性教学研究的学者陈明选教授构建了信息化背景下促进深度理解的教学设计模式，该模式基于如下理念：理解的含义并不仅仅是"知道、明白和懂得意思"，更是一种应用知识的能力，也是进行创新的基础与前提。[②] 该模式如图4-6-10所示。

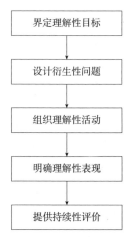

图4-6-10 信息化背景下的理解性教学设计模式

界定理解性目标是教学设计的第一个步骤。对课程内容的理解是一种抽象的过程，具有只可意会不可言传的特性。所以，理解的过程常常伴随着各种各样的误解。很多时候学生对课程内容可能知道但并没有理解。真正的理解意味着洞悉支持知识的内在依据，同时也指把孤立的技能转换成一种有意识的、自动化的指令系统。[③] 达到对课程的理解意味着能够灵活地、创造性地运用知识。知识与技能是实现理解不可缺少的因素，但是，

[①] 陈明选，刘径言. 教育信息化进程中教学设计的转型——基于理解的视角[J]. 电化教育研究，2012，33（8）：10-16.

[②] 陈明选，来智玲. 智能时代教学范式的转型与重构[J]. 现代远程教育研究，2020，32（4）：19-26.

[③] 陈艳. 以理解为目标的网络课程设计研究[D]. 无锡：江南大学，2009.

两者显然不同。因此，在界定理解性目标时需要注意以下几点：第一，理解性目标要具有高度聚焦性。理解性目标设计必须高度聚焦于理解主题的本质问题和容易出错、难以理解的要点，这些目标要能够引领学生迈向重要的学习目标中心，推动学生进行更深入复杂的理解。第二，理解性目标要具有深度挖掘性。理解性目标不局限于对知识的呈现，而是更加关注知识建构和生成的过程、知识之间的结构和关系，更能够调动学生的思维，要求其运用高级思维，发展高级认知。第三，理解性目标要明确化和公开化。理解性目标在教学设计中应被明确地表述，而且在理解活动之前公开呈现给学生，让学生带着目标进入学习活动的探索中。

设计衍生性问题是教学设计的第二个步骤。衍生性问题是那些能够派生、衍生出更多、更深入的新问题的问题。通常衍生性问题都具有开放性，答案也不唯一。它的呈现既简单又复杂，简单到每一个学生都能给出自己的答案，复杂到每种答案都体现出不同层次的理解水平，每一种答案之后又可以挖掘出新的问题。这样的问题可以被用来贯穿整个教学过程，使得单元和课程的连贯性、联系性得以体现和实现。而且衍生性问题往往是情境化的导入性问题，这种联系生活实际的体验能够吸引学生的注意力并激发学生思考那些他们曾不以为然的问题。正因为这样，衍生性问题往往是课程教学的核心问题。[①] 在设计衍生性问题时需要注意以下几点：第一，衍生性问题要在学科中占有核心地位。一个问题如果是相关范畴或学科的核心所在，或与学科的核心概念相关，并且具有启发意义，能够经得起持久的探讨，能够使学生利用信息资源在不断的探索中学习，那么它就具有衍生性和理解价值。[②] 第二，衍生性问题要能够激发师生兴趣。要促进学生理解，教师对有关问题的投入程度举足轻重。问题能使教师感兴趣，才有利于唤起学生的兴趣。而对于学生来说，该问题要具有大量的相关资料来帮助他们学习，并与他们已有经验和关注的事物相关，可以运用他们先前所学的知识。第三，衍生性问题要具有相关性和联系性。问题如果可以与学生的经验联系起来，可以与学科内、学科间的主要观念联系起来，那么对问题所作的探究会引申出更多、更深入的问题。如果教师通过讲授形

[①] 张鹤. 初中理解性教学实验研究 [D]. 无锡：江南大学，2013.
[②] 陈明选. 论网络环境中着重理解的教学设计 [J]. 电化教育研究，2004（12）：49-51.

式，或利用信息技术手段把这些问题表现为一系列正确的答案，那么任何衍生性都会荡然无存。

组织理解性活动是教学设计的第三步。理解性活动是在理解性教学中要求学生参与的一系列学习活动。通过这些活动，学生可以形成理解、纠正错误的理解、显示出他们理解和不理解的东西。理解是一种抓住事物本质的思维活动，而有意义的学习活动的关键，在于其作为一种思维活动而存在于学科教学当中。在组织理解性活动时需要注意以下几点：第一，理解性活动要能够利于学生建立良好的认知结构。理解性活动要帮助学生为知识建立丰富的联系，并形成良好的认知结构。这些联系包括学科内部知识之间的联系、学科之间的联系、学科知识与现实生活的联系等。各种联系相互关联就形成了学生内部的网状的认知结构，而这种建立联系的过程则需要参与理解性活动来完成。第二，理解性活动要充分体现网络环境的优势。理解不是一蹴而就的，需要学生在表达、交流、反思中逐渐形成。学生表达时需要整理自己的观点，在该过程中有助于完善个人的认知结构；学生之间交流时，外部大量的信息刺激到其自身已有的旧知识经验，新旧知识经验间产生更多的联系，从而使得学生获得新的认知；反思对于理解来说也非常重要，学生在实践的过程中与人交流时，面对各种各样的观点、看法内心会出现挣扎，其结合自身实践反思，意识到自我认识的不足，从而将反思形成的认识连接到旧有认知上，形成新的认知结构。而让学生能自我表达、能与他人交流并自我反思的前提是，理解性活动充分体现网络环境的优势，让学生在参与活动的过程中，借助网络环境充分表达、交流、反思。[①]

明确理解性表现是教学设计的第四步。学生要学习某项事物，并要显示自己有所理解，就要把自己的理解表现出来。这就意味着在教学中要明确不同类型的理解性表现，这些表现包括诠释、分析、建立关系、比较、展示作品等。运用各种富有创意的方式来表现理解，要求学生建立自己的理解，而非只是复习或重建他人已建立的知识。在引导学生表现理解时一方面应注意关注学生的兴趣，另一方面还应注意使各种引导表现的方式具有衍生性和挑战性，通常有以下三个阶段：第一，乱打乱撞。

---

① 任甜. 网络环境下基于理解的初中数学活动设计研究[D]. 无锡：江南大学，2012.

这是在初始阶段引导学生进行探究及表现理解的方式。这个阶段涉及的探究问题是开放性的，由学生自主确定主题开展探究活动，从而让教师清楚认识到学生已经掌握了哪些知识以及兴趣所在。这种方式可以推动学生把他们初始阶段已具备的理解表现出来。第二，引导式探究。在教师引导下对特定的问题进行探究，应用学科理论和方法，达到某个理解性目标，这个阶段培养学生对复杂深奥问题的理解，并引导其把这种理解表现出来。第三，终极表现。这是指一个课程单元教学结束时要求学生完成的作品。作品可以清楚地显示学生对指定的理解性目标的掌握程度。与初级阶段相比，这个阶段要求学生独立学习，表现出具有综合理解的能力。[1]

提供信息技术支持的持续性评价贯穿整个教学过程，也是教学设计时要考虑的最后一步。通常情况下采用一次性评价方法很难测定学生的理解水平。在理解性教学中需要将评价视为理解性教学不可或缺的一部分，通过评价结果调整教学节奏，利用评价为学生提供持续的学习反馈，支撑和追踪学生的理解。即：通过技术支持的过程性评价，促使教师不断调整自己的教学、学生不断调整自己的学习，使学生加深对知识的理解与运用。同时，理解是一种内在的多层次心理建构过程，具有不同的表现方式，并没有绝对的是或非之分，因此要设计一定连续、系统性的参照标准，来评价理解性目标的实现。[2] 提供持续性评价需要注意以下几点：第一，变传统的总结性评价为形成性评价。将评价贯穿于教学活动的始终，在真实的环境中进行评价，以便为学生提供及时的反馈，让教师及时了解学生的理解状况并调整教学。第二，采用多元化的评价方法。将学生自评、同侪互评等多种评价方式相结合。第三，公开评价标准。在使用这些标准来评价学生的表现之前，教师需向学生说明这些评价标准，使学生及早了解和应用这些标准。

· 理解性教学设计在高等教育中的使用建议

理解性教学设计强调围绕真实情境中的衍生性问题开展教学，这与高等教育倡导"理论与实践结合"的思想充分契合。在应用理解性教学设计时，

---

[1] 陈明选. 论网络环境中着重理解的教学设计 [J]. 电化教育研究, 2004（12）: 49-51.
[2] 徐旸. 初中信息技术课程理解性教学实验研究 [D]. 无锡：江南大学, 2013.

教师需要凝练本专业在现实场景中的劣构问题,并引导学生通过理解性学习活动来解决上述问题。在该过程中,教师不应该只注重传授知识,而应该围绕问题重构教学内容并设置理解性活动,引导学生在参与活动过程中用行为展示出自身的理解。在该过程中教师需要结合信息技术,持续追踪学生的理解性表现,通过评价再次加深学生的理解水平。

(2)项目式教学理念指导下的教学设计

信息化教学设计是使学习者在意义丰富的情境中主动建构知识,强调现代信息技术的利用以及学习者的自主学习。项目式教学是以学习者为中心,教师提供充分的资源和引导帮助的教学模式,同时提倡多元化的评价方式,能较好地体现信息化背景下的教学设计理念。

· 项目式教学概述

美国巴克教育研究所把以课程标准为核心的"项目学习"描述为一套系统的教学方法,是对复杂、真实问题的探究过程,也是精心设计项目作品、规划和实施项目任务的过程,在这个过程中学生能够掌握所需的知识和技能。[①]该教学方式是基于课程标准、以小组合作方式对真实问题进行探究,以学习者为中心,教师引导帮助,从而获得学科知识的核心概念和原理,发展创新意识和培养一定学科能力的教学活动。[②]

· 项目式教学设计模式及其阐释

项目式教学模式是项目式教学设计的基础,因此本部分重点阐述项目式教学在设计与实施过程中可以参考的成熟模式。项目式教学模式是指师生通过共同实施一个完整真实的项目工作而进行的教学活动,改变了以往"教师讲,学生听"的被动教学模式,创造了学生主动参与、自主协作、探索创新的新型教学模式。[③]该模式是基于建构主义学习理论、杜威的实用主义教育理论和情境学习理论而形成的一种教学模式,实质上是一种以实践活动为主导的理论与实践有机结合的"做中学"教学模式,这一模式在教学过程中突出以学生为主体、以素质为核心、以能力为本位、以实践活动

---

① 巴克教育研究所. 项目学习教师指南——21世纪的中学教学法 [M]. 北京:教育科学出版社,2007.

② 胡红杏. 项目式学习:培养学生核心素养的课堂教学活动 [J]. 兰州大学学报(社会科学版),2017,45(6):165-172.

③ 廖洪清,黄斯欣,苏烈翠. 应用型本科项目式教学模式——基于建构主义学习理论的实践教学形式 [J]. 教书育人(高教论坛),2017(30):78-79.

为主线、以典型工作任务（项目）为载体，通过理论与实践的有机结合来组织教学。

《项目学习教师指南》对项目式教学模式进行了详细介绍，主要包括启动项目、设计驱动问题、制定项目评价表、规划项目进程、管理项目进程和实施项目6个步骤，具体结构如图4-6-11所示。① 一个成功的项目应从开始就对项目结果做出规划；需要从项目主体和课程标准中提炼有意义的驱动问题，吸引学生积极投入项目进程；制定项目评价表，每个项目都应有明确的学习目标（核心知识与素养），需要对学生的学习成果进行有效且全面的评价；规划和管理项目进程，使项目符合教学需求、学习井然有序。②

因此，项目式教学模式是把课程理论知识融入项目中，以学生为中心，在完成项目的过程中自己收集并处理信息，将理论知识应用到项目

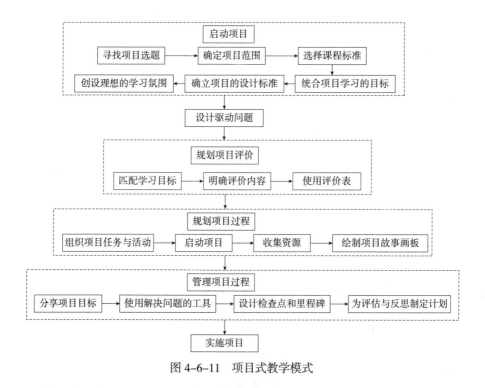

图 4-6-11　项目式教学模式

---

① 任伟. 项目学习教师指南 [M]. 北京：教育科学出版社，2008.
② 蔡艺鸣.《项目学习教师指南——21世纪的中学教学法》评介 [J]. 地理教学，2021（16）：1.

解决中，教师在此过程中给予一定的帮助，从而提升学生的信息素养和实践能力。

・项目式教学设计在高等教育中的使用建议

项目式教学是以项目为载体、以主题任务为单位、以完成任务为途径的教学模式。它能够打破传统教学桎梏，通过一系列措施来建构学生在实践活动中所需要的知识、技能和素养，并让学生感受到快乐，最终从"要我学"转变到"我要学"，进而培养其创新精神和团队意识。在具体设计、应用实施时，要充分考虑学生专业的特殊性，结合学生、学校和企业等外部资源的实际情况，因地制宜，才能充分发挥其作用。

首先，要研发具有专业特色的教学材料。教学材料是学生学习的主要载体，也是学生不断建构自己认知能力的客体，更是师生展开教学活动的媒介，学生心理结构的生成必须有教学材料的参与。在研发教学材料时，要保证其科学性、专业性等，充分了解专业发展趋势、前沿动态，设计符合人才培养需求的项目式教学的教学材料。

其次，结合项目情景构建主体任务并规划其具体操作。结合学校情况，创新教学方案过程，确保项目情景的适切度和吻合度，从而对项目式教学方案不断创新和优化。要让学生在现有的教学资源基础上结合自己的知识结构、能力水平、思维特征、兴趣爱好，将主题任务分解成一系列具体的工作任务，同时要确保任务的可操作性、挑战性和关联性。由于知识的缺乏和实践的生疏，学生在这一阶段也许会面临很多问题，教师要及时给予指导，打消学生的顾虑，促使他们对主体任务的回归。

最后，产出、评估典型产品或服务。这个过程需要综合社会需求和学生个性的差异化，在具体的运作上要以"教师指导、同学协助和个人独立"的方式为主导，对包括主体工作任务"完整性、有效性和主体性"3个维度的完成情况，产品或服务是否达到"数量准确、质量达标、尺寸适合、准确及时、经济实用、价廉物美、节能降耗、造型美观和结构新颖"等需求进行评估。评估的目的是让学生在这个过程中体验到效率、效果、效益和效应及学习乐趣、专业魅力。

综合来看，项目式教学模式是一种科学有效且可行的教学模式，其设计路径的科学性、合理性和完善性对我国高等教育教学质量的提高、教学理论的不断完善有促进作用和借鉴意义。

（二）教学设计能力提升与发展路径

教学设计与实施能力的提升是有迹可循的，下面介绍两种常见的教学设计与实施能力提升与发展路径。

1. 促进 IDE 的教学设计能力提升与发展路径

（1）路径阐释

教学设计专长，即 IDE（instructional design expertise），也被表述为 Teacher's Design Expertise，即教师的设计专长。① IDE 是专家型教师所拥有的不同于普通教师的分析和解决教学问题的能力，是专家型教师所具有的一种优秀的技能。

赫伊津哈对教师教学设计专长的结构和成分作了划分，他认为教学设计专长是由"一般设计专长"（generic design and process expertise）和"特殊设计专长"（specific design expertise）两个维度构成的。② 其中，一般设计专长是指教师进行教学设计活动普遍所需的一般性知识与技能；特殊设计专长是指教师在制定具体课程时所需的特定的知识和技能，比如设计不同学科不同年级的具体课程所需的知识和技能，包括课程设计专长、学科内容知识、教学内容知识和课程一致性专长（如图 4-6-12 所示）。

解决复杂问题任务的专业知识的一个重要因素是专业知识的适应性。因为每个问题的具体特点不同，专家在解决复杂问题时必须能够识别和运用必要的原则，以开发与需求相匹配的解决方案。因此，教学设计专长的本质是

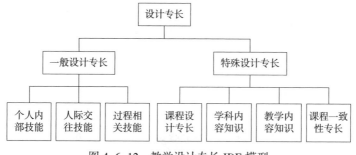

图 4-6-12　教学设计专长 IDE 模型

---

① Huizinga T, Handelzalts A, Nieveen N, et al. Teacher involvement in curriculum design: need for support to enhance teachers' design expertise[J]. Journal of Curriculum Studies, 2014, 46（1）: 33-57.

② 刘新阳. "教师-资源"互动视角下的教师教学设计能力研究[D]. 上海：华东师范大学, 2016.

开发出灵活的适应性技能，使设计者能够识别出基本的问题特征，应用适当的设计原则，以一种独特的方式为每一个新的教学任务设计出能满足需求的解决方案，这就是由波多野谊余夫和稻垣佳世子共同提出的"适应性专长"（adaptive expertise）的概念。①② 具有适应性专长对于成功的学习和教学是非常重要的，它被认为是教师学习与专业发展的新目标。与 IDE 模型中所涉及的常规的两类专长相比，适应性专长把关注点从学习者如何获得既有知识并直接应用于问题解决转移到了学习者如何在没有现成知识可用的新问题情境中学习。适应性专长不仅包括专业知识和技能，更强调灵活、变革与创新能力。在以不断变革和创新为特征的知识社会背景下，以发展适应性专长为目标的教育观应运而生。鉴于此概念的研究尚处于起步阶段，国内倾向于采用学者王美的观点进行理解，将适应性专长的表现维度界定为深度的概念性理解、新情境中的适应性改变、学习的倾向与元认知。③

哈卓构建了促进 IDE 的教学设计能力提升模式，为新手型教师成长为专家型教师提供了清晰的路径，如图 4-6-13 所示。该模式描述了从教学设计新手到教学设计专家在思维、实践和产品这 3 个方面的发展，而这 3 方面的发展受知识、技能和元认知即反思的影响，教学设计能力的提升不仅需要教学设计知识、技能的增加，还需要设计者对自己的设计思想、设计实践及设计产品的深入反思。这些方面都能有效地促进教学设计专长的发展，从而推动教学设计新手朝教学设计专家的方向迈进。④

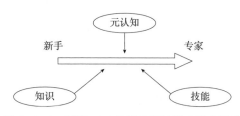

图 4-6-13　促进 IDE 的教学设计能力提升模式

---

① Perez R S, Emery C D. Designer Thinking: How Novices and Experts Think About Instructional Design[J].Performance Improvement Quarterly, 2010, 8（3）: 80–95.

② Hatano G. The nature of everyday science: A brief introduction[J]. British Journal of Developmental Psychology, 1990, 8（3）: 245–250.

③ 王美.逼真教学问题解决情境中教师适应性专长表现的实验研究 [J]. 中国电化教育，2011（10）: 24–32.

④ 乔新虹.KI 课程促进职前科学教师教学设计能力发展的研究 [D]. 上海：华东师范大学，2019.

（2）高等教育教师使用该路径的建议

高等教育的核心是培养人的各种能力、素养，从而帮助青年为未来工作及生活做好充分的准备。IDE 模式涉及的多维度技能与专长对教师提出了更高的要求，不仅需要具备一般设计专长，更要在特殊设计专长上提升教学吸引力。

第一，IDE 模型的本质是开发适应性专长。作为一名高等教育教师，必须在保证教授专业基础知识的同时结合研究前沿动态拓展新的教学情境，引入新的领域方向，形成由浅入深的教学序列。

第二，当前社会呼唤新型人才，需要具有高素养、强适应力的大学生参与到社会建设中去。这就要求教师在课程设计方面根据社会需求、行业变化设计，将新的应用情境纳入其中，提升学生面对多问题情境的能力，牢牢掌握专业理论。

2. 促进 PDC 的教学设计能力提升与发展路径

（1）路径阐释

PDC 的全称是 Pedagogical Design Capacity，又称为 Teacher Design Capacity，即教师的设计能力。PDC 将教学视为受教学资源（如工具和专业发展）和教师资源（如信念和教学内容知识）影响的设计活动。

戈戴和特鲁克等研究者构建了 PDC 教学设计模型（图 4-6-14），该模型以教师为主体，课程标准、教材等资源组为人工制品，教师利用资源组生成教学设计方案（图中的"文档"）的过程本质上是利用人工制品生成工具的过程，而教师的教学即是运用工具（文档）的过程。① 该过程受到制度和课堂情境的影响。

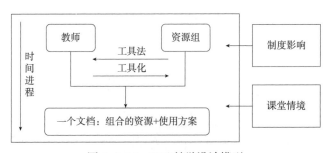

图 4-6-14　PDC 教学设计模型

---

① 乔新虹. KI 课程促进职前科学教师教学设计能力发展的研究 [D]. 上海：华东师范大学，2019.

由于高等教育教学具有资源多元、整合性不强等特点,因此资源配置与应用在教学设计中是亟须解决的问题,PDC教学设计模型为高等教育教师提升自身教学设计能力指明了一条"整合资源开展教学设计"的实践发展路径。

(2)高等教育教师使用该路径的建议

秉持资源整合观,充分利用资源开发教学设计方案,以此提升自身的教学设计能力,这本质上是一种迭代的路径。因此对高等教育教师使用该路径的建议有二:

第一,教师在开展教学设计的过程中,需要与资源进行充分互动,结合教学理论,将资源构建过程整合到教学设计过程中,对资源进行充分梳理和统整。

第二,教学设计能力的提升不是一蹴而就的,更不是对资源的生硬拼接,而是要在对教学理念充分理解的基础上进行逐轮次提升,因此教师要在设计、行动、反思的循环迭代过程中优化资源本身的配置和教学设计方案。

六、思维导图及其应用能力提升

(一)思维导图的定义

思维导图(mind map)是20世纪60年代英国的托尼·巴赞(Tony Buzan)创造的一种笔记方法。托尼·巴赞认为:传统的草拟和笔记方法有重点不突出、不易记忆、浪费时间和不能有效地刺激大脑四大不利之处,而简洁、高效和积极的个人参与对笔记的质量提升有至关重要的作用。草拟和笔记的低效越来越成为大家的共识,高效便捷的思维导图由此应运而生。尽管思维导图的初始目的只是为了改进笔记方法,但它的效用也逐渐在其他领域的研究和应用中显现出来,目前已被广泛应用于学习、工作和生活。

托尼·巴赞认为思维导图是发散性思维的表达,是人类思维的自然呈现。同时,他认为思维导图也是一种非常有用的图形技术,是打开大脑潜能的万能钥匙,可以应用于生活的各个方面。使用思维导图可以提高人的学习能力,也有助于厘清思路,优化人的思维方式和行为表现。思维导图呈现的是一个思维过程,学习者能够借助思维导图促进发散思维,并可供自己或他人回顾整个思维过程。[1]

---

[1] 赵国庆,陆志坚."概念图"与"思维导图"辨析[J].中国电化教育,2004(8):42-45.

（二）思维导图的结构与分类

思维导图的呈现形式多种多样，不同结构的思维导图功能也不同。最常见的有圆圈图、气泡图、双重气泡图、树状图、流程图、多重流程图、括号图、桥状图等，如图 4-6-15 所示。

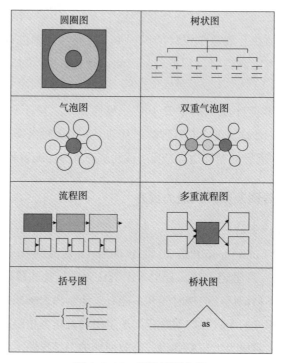

图 4-6-15　思维导图分类

（1）圆圈图，定义一件事

圆圈图（circle map）定义法主要用于把一个主题展开，联想或描述细节。它有两个圆圈，里面的小圈中为主题，外面的大圈中为和这个主题有关的细节或特征，如图 4-6-16 所示。

（2）气泡图（bubble map），描述事物性质和特征

圆圈图表示的是一个概念的具体展开，而气泡图则更加侧重于对一个概念的特征描述，如图 4-6-17 所示。

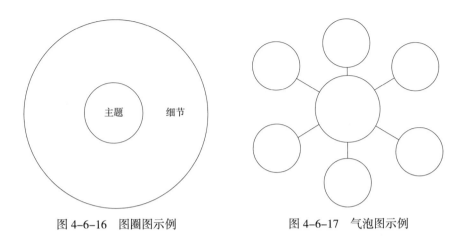

图 4-6-16　图圈图示例　　　　图 4-6-17　气泡图示例

（3）双重气泡图（double bubble map），比较和对照

气泡图还有一个"升级版"，叫双重气泡图。这也是一件分析"神器"，它的妙处在于可以将两个事物作比较和对照，使人容易看出它们的区别和共同点，如图 4-6-18 所示。

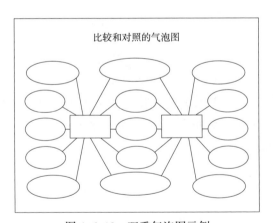

图 4-6-18　双重气泡图示例

（4）树状图（tree map），分类

树状图是主要用于分组或分类的一种图，可以分为主题、一级类别、二级类别等。可以用这种图帮学生整理归纳一些知识，如图 4-6-19 所示。

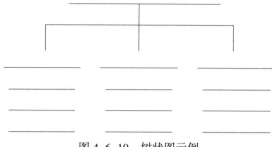

图 4-6-19　树状图示例

（5）流程图（flow map），次序

流程图可以根据先后顺序分析事物的发展、内在逻辑等，如图 4-6-20 所示。

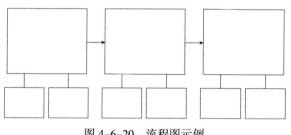

图 4-6-20　流程图示例

（6）多重流程图（multi flow map），因果关系

多重流程图也称因果关系图，用来分析一个事件产生的原因和它导致的结果。中间是事件，左边是事件产生的多种原因，右边是事件导致的多个结果，如图 4-6-21 所示。

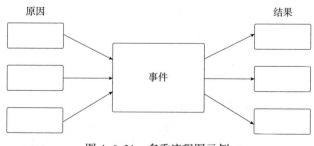

图 4-6-21　多重流程图示例

（7）括号图（brace map），局部和整体

括号图平时用得很多，用于分析整体与局部的关系，如图 4-6-22 所示。

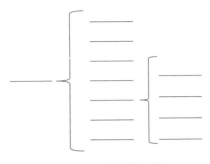

图 4-6-22　括号图示例

（8）桥状图（bridge map），类比

这是一种主要用来进行类比和类推的图。在桥型横线的上面和下面写出具有相关性的一组事物，然后按照这种相关性，列出更多具有类似相关性的事物，如图 4-6-23 所示。

图 4-6-23　桥状图示例

（三）思维导图的制作步骤

1. 手工绘制思维导图[①]

手绘思维导图只需要一张纸和几支彩笔就可以开始制作，一幅思维导图的制作只需以下几个步骤就可以完成。

● 一开始就把主题摆在中央。在纸中央写出或画出主题，要注意保持清晰及有强烈的视觉效果。

---

① 高丽，孟素红. 思维导图在教育教学中的应用[J]. 中国现代教育装备，2007（6）：123-125.

● 向外扩张分支。想象用树形格式排列题目的要点，从主题的中心向外扩张。从中心将有关联的要点分出来，主要分支最好有 5~7 个。近中央的分支较粗，相关的主题可用箭号联结。

● 使用"关键词"表达各分支的内容。思维导图的作用是使人把握事物的精髓，方便记忆。不要把完整的句子写在分支上，多使用关键的动词和名词。

● 使用符号、颜色、文字、图画和其他形象表达内容。可用不同颜色、图案、符号、数字、字形大小表示类形、次序等，图像愈生动活泼愈好，应使用容易辨识的符号。

● 用箭头把相关的分支连起来，以立体方式思考，将彼此间的关系显示出来。如果某项目没有新要点，可在其他分支上再继续。只需要将想法写下来，保持文字的简要，不用确定对错。

● 尽量发挥视觉上的想象力，利用自己的创意来制作思维导图。这样一幅思维导图作品就基本制作完成了，当然还可以在以后使用的过程中不断地修改和完善。

2. 制作思维导图的计算机软件

可以借助计算机来完成思维导图的制作，目前已经有很多专门的思维导图软件或思维导图插件，通过它们可以更加快捷地制作思维导图作品。思维导图只是一种图示的呈现形式，因此能绘制基本图形的软件基本都可以用来制作思维导图，如：MS Office 中的 Word、PowerPointd、Visio 和金山公司的 WPS 等常见办公软件，几乎所有可用于绘图的软件都可以用来绘制思维导图。此外，还有一些针对思维导图的设计特点而开发的思维导图专业制作软件，如：MindManager、Xmind、Mindmaster、Mindnow，百度脑图、亿图图等。另外还有一些内置思维导图功能的笔记软件，如印象笔记、Marginnote3 等。

制作电子版思维导图有 6 个步骤：

● 创建中心主题。在思维导图的中心输入主题名称，例如"世界各国首都"。

● 创建分支主题。通过头脑风暴创建该主题下的主要分支主题并输入文字，如"伦敦""巴黎""纽约"和"北京"。

● 创建子主题。通过创建子主题来详细描述分支主题。应使用非常短的短语或单个单词，例如"伦敦"分支主题下可设置"天气""交通工具""主要景点"等子主题，每个子主题下还可继续扩散分支，详细地描述关于"伦敦"的信息。

● 重新排列顺序。当需要重新排列思维导图中的主题时，可以使用软件工具直接拖放。

● 添加图片和格式。根据思维导图理论，图像和颜色可以提高记忆力。可以使用不同的颜色和字体，并在分支上放置图像。

● 笔记和研究。如果使用的思维导图软件功能允许，可以对主题作注释笔记并附上研究文件。

（四）思维导图在教学中的应用

思维导图在教学中可以承担以下 5 种工具角色，用以促进师生的教学体验和教学效率：[①]

● 作为教学设计工具

● 作为教学准备和提示工具

● 作为课堂教学工具

● 作为学生复习工具

● 作为教学评价工具

1. 作为教学设计工具

教学设计是教师根据课程标准的要求和教学对象的特点，将教学诸要素有序安排，确定合适的教学方案的设想和计划。教学设计是一个系统的规划过程，它需要教师整体把握教学各要素之间的关系。思维导图为教师提供了一种新的教学设计思路，能够帮助教师设计和思考教学的完整过程。思维导图的创作过程就是教师汇集教学观点和经验，理解教学各要素及其之间关系，明确教学重点和难点，并探索教学方案的过程。教师可以在开展教学设计前将一节课的知识点绘制成思维导图，这样有助于教师把握本节课的知识脉络，二来也可以将思维导图展示给学生，帮助他们对本节课的内容形成系统性的认知和理解。教师在具体进行教学设计时，可根据学生学情、教学条件等实际情况作适当修改和变动。思维导图可以将隐藏于

---

① Edwards S, Cooper N. Mind mapping as a teaching resource[J]. The Clinical Teacher, 2010, 7（4）: 236–239.

教师头脑中的教学内容、教学思路、教学经验和知识体系以一种可视化的方式展现出来，它以层次分明、逻辑清晰的结构展现各信息之间的关联，便于教师整体把握教学内容，明确知识间的逻辑关系，从而帮助教师高效率完成课程与教学的设计和预案。① 此外，教学活动的安排也可以用思维导图的形式来呈现（见图4-6-24）。

2. 作为教学准备和提示工具

忙碌的工作会影响教师上课前的情绪和节奏，如果可以在每节课之前只需要几分钟就能回顾这节课的课程内容和授课任务，就可以使教师在上课前的准备中不那么紧张。思维导图能够帮助教师快速、高效地准备和复习教学内容。

在开始一个新主题的教学之前，思维导图可以让教师迅速摘出资料文本中的关键笔记。确定了关键主题后，就可以在几张纸上总结绘制出所有信息分支，而不是逐字逐句地复制文本段落。思维导图可以帮助教师将从多个来源获取的信息压缩为几页关键主题和关键词，左脑的信息逻辑和右脑的图示认知将可以辅助教师观察到信息间是如何相互关联的。相反，如果没有文本资料，仅有几个这节课想讲的知识点，也即关键主题，那么教师可以根据这些关键主题展开头脑风暴，列出相关的知识点、教学目标、教学活动等信息，在思维导图中构建出将要上的课的整体结构和具体内容。作为教学准备的工具的思维导图一旦形成，就会呈现出清晰、简洁、结构化的图示，相比于大段文字的教案，教师在课前看一遍思维导图中的关键主题即可回想起备课内容，便捷且节约时间（见图4-6-25）。

3. 作为课堂教学工具

在课堂中应用思维导图建构知识结构，将教师单纯的"教"转变成为"教"与"学"并举，可以运用思维导图式的板书呈现知识点之间的关系及科学探究的思路，对学生进行启发、辅导和因材施教，而学生也真正有了自主学习的机会，从而培养学生自学能力、统领概念、自我建构知识的能力。在习题课教学中可以呈现问题解决的思路或步骤；在复习课教学中可以用思维导图软件动态呈现每一章节的知识网络图，并能根据需要及时链接一些典型例题，有效地激活学生的记忆。让学生根据

---

① 董博清，彭前程. 思维导图及其教学功能研究[J]. 中学物理，2018，36（15）：2-6.

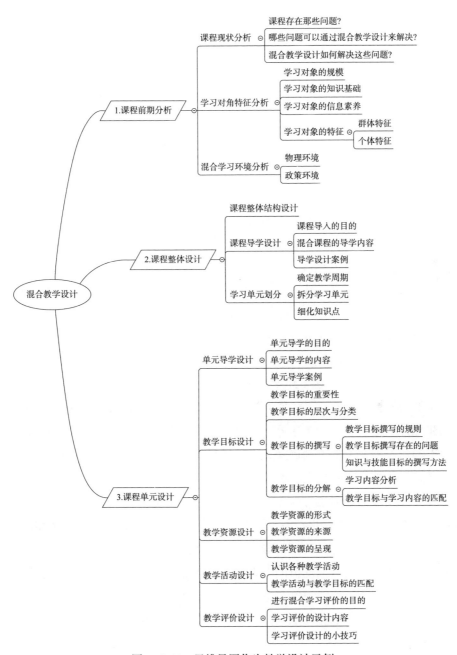

图 4-6-24 思维导图作为教学设计示例

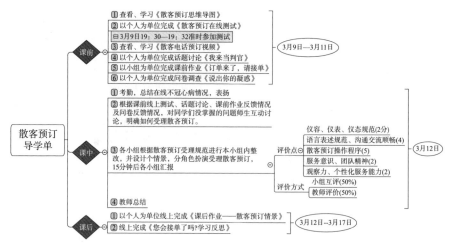

图 4-6-25 思维导图作为教学准备和提示工具示例

知识脉络绘制思维导图,这样他们就主动参与了知识的回顾与提炼过程,有益于学生整合新旧知识,建构知识网络,浓缩知识结构,达到灵活迁移知识的目的。[①]

思维导图还可以作为启发式教学的工具。在课堂中,将关键主题呈现在黑板上,让全班同学开展头脑风暴。教师会和学生讨论他们认为的这一关键主题下的分支主题(知识点)。这将为学生创造参与讨论的机会,并鼓励他们将想法写下来。对每个关键主题都将单独讨论,并绘制思维导图。这将允许学生们看到一个主题,以及这个主题中的一切知识点是如何联系在一起的。当学生参与到创建这个思维导图的过程中,会激发他们的学习兴趣,提升他们思考的活跃程度。

另外,思维导图还可以作为组织学生开展小组学习的工具。小组共同创作思维导图,首先由各学习者利用思维导图整理自己已知的资料或想法,然后通过讨论将所有人的思维导图合并,并决定哪些资料或想法是较为重要的,再加入讨论后激发出的新想法,最后重组成为一个小组共同创造的思维导图。在此过程中,每个组员都需要主动参与建构,每个人的意见都被考虑,可以很好地提升团队归属感及合作意识。共同思考时,也可以发

---

① 刘识华. 思维导图在高中数学复习课教学中的应用探索 [J]. 网络财富, 2009 (4): 179-180.

挥群体力量,激发学生产生更多创意及有用的新想法。最后产出的思维导图是小组共同的智慧结晶,是学生达成一致的结论。

4. 作为学生复习工具

思维导图可以在很多方面辅助学生学习,其中之一就是作为一种快速复习的工具。教师可以使用思维导图作为提示卡。思维导图的关键主题应与授课 PPT 的内容相匹配,关键主题和关键词应被清楚地定义,这将可以确保所有需要教授的内容不被遗漏。一份完整的思维导图可以作为课堂的总结发给学生。这将帮助学生聚焦于关键知识点而不过于发散偏离(见图 4-6-26)。

图 4-6-26 思维导图作为学生复习工具示例

5. 作为教学评价工具

采纳托尼·巴赞的建议,思维导图可以用作一种检查工具,这种在医学的背景下进行传统考试方式的探索通常是让学生以文章的形式复述事实,或者使用多项选择题,允许评估广泛的主题。思维导图可以只提供给学生中心思想,例如心力衰竭。在给定的时间内,学生们必须在脑海中勾勒出他们所知道的关于这个话题的一切,以及它与其他话题之间的联系。在"病因学"的关键标题下,从"心力衰竭"的中心思想,学生绘制的思维导图将包括:缺血性心脏病、高血压、心脏瓣膜病等。由每一个标题,学生将能够更深入地探索这些主题,这样就可以向老师展示每个学生知识的广度和深度。这些链接和链接信息以及将其呈现出来的能力，使教师能够了解学生是否真正掌握了相关的主题。

思维导图用于教学评价有两大优点：第一，层级结构可以反映学生搜索已有的概念、把握知识特点、联系和产出新知的能力；第二，从所举具体事例上可获知学生对概念意义理解的清晰性和广阔性。正是因为具有这两大优点，使得思维导图成为有效地评价学生创造性思维水平的工具。教师可以从学生画的思维导图中判断学生对所学内容的掌握情况、学生的认知结构以及学习的思维情况并及时予以评价、指导。另外，思维导图也是学生自我评价的有力工具。如果学生在创建自己的思维导图时遇到了困难，他会清楚地联想到自己在学习中还存在哪些不足；他创建的思维导图缺乏创造性，就说明自己的知识储备不足，不灵活，这样就会激励他去努力弥补不足。

（五）思维导图应用于教学的优势[①]

传统的笔记工具存在埋没关键词、不易记忆、浪费时间、不能有效刺激大脑等问题（见图 4-6-27），而思维导图可以避免这些问题。

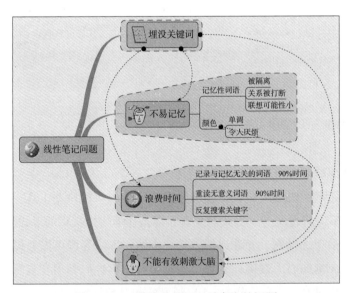

图 4-6-27　传统的笔记工具存在的问题

---

① Godwin G. The role of mind mapping in education [EB/OL].（2019-10-29）[2022-06-28]. https://blog.mindmanager.com/blog/2019/10/29/201910201910role-mind-mapping-education/.

思维导图在教育中应用有很大优势，通过思维导图的运用，教师可以显著改善他们的课堂质量，学生可以更好地理解和掌握知识。将思维导图应用于教育可以将视觉型学习者和听觉型学习者的特质都照顾到，当视觉型学习者偏多时，这一点就显得尤为重要，所以教育者在教学中使用适当的工具是必要的。思维导图不仅仅是一个有用的学习工具，它也是激发师生教学兴趣的工具。从教师的管理工作角度来说，收集学生的反馈和信息可能是乏味且繁复的，它通常需要多个文档、图表和链接，而这些文档、图表和链接不能放在一个页面上；从教师的授课角度来看，授课演示通常需要多个媒体渠道，教师需要在幻灯片、文档和视频之间来回切换，这可能会增加学生的认知负荷，给老师带来压力，最终导致产生重复的工作量。对于这些困扰思维导图是一个很有吸引力的解决方案，它把课程信息呈现在一个空间里并增加了视觉性，由于思维导图的视觉特性，学生可以更好地理解要学的主题。教师可以用思维导图创建完整的课程计划，并在一个空间里展示分享给学生。

1. 思维导图帮助学生掌握复杂的主题和概念

许多学生会努力寻找适合他们的学习方法。事实上，传统的方法如阅读和记笔记只适用于一小部分人。对于那些寻求替代和更有效的方法的人来说，思维导图是个理想的选择。像 MindManager 这样的思维导图软件很容易操作，绘制一个思维导图对学生理解复杂的主题、结构和整体情况有非常大的帮助。为了充分理解和获取知识，我们的大脑需要激活多感官的参与。之所以部分学生在使用标准学习工具学习和记忆信息时会感到困难，是因为这些工具都是以线性和一维的方式处理信息的。当学生将思维导图作为一种研究或学习工具时，他们能够更容易地掌握概念，因为他们将自己融入学习过程中，这是一个学习—巩固—输出的学习流程。当学生们构建思维导图时，他们的大脑会将各种看似无关的信息片段建立起联系，最后就可以对一个主题或概念有一个更清晰、更完整的了解。

2. 思维导图帮助学生更好地记住信息

各年龄段、各领域的学生一般都有过信息过载的经历，以及为了记住一个概念而绞尽脑汁所带来的压力，思维导图则为此提供了一个解决方案。它不是把多余的知识储存在我们的头脑中却不把它们联系在一起，而是提供一种帮助我们理解信息的工具。人类的大脑以一种无组织和复杂的方式运作，所以大家的工作过程都有所不同。思维导图让学生充分参与到当前的话题中，通过信息可视化呈现不同想法之间的关联，反映出大脑的实际工作方式。换句话说，思维导图将大脑中的最终目标与当前的思维过程联系起来。通常，当我们的大脑为了解决一个问题而紧张地工作时，我们的思想就会发散飘忽，心里会充满压力和困惑。我们不能很快地把自己的想法完整地写在纸上，而思维导图具有速记功能，它可以帮助学生在学校和以后的生活中更加高效地学习和工作。

七、混合教学能力提升

随着以互联网为基础的各类信息技术在课程中普及应用，混合教学日益成为新常态。下面首先介绍混合教学的基本概念及混合教学模式应用于教学所具有的优势；接着讨论混合教学的核心要素及其关系；然后围绕混合教学的前期分析、设计、实施、评价、评估与反思等阶段对实施混合教学的具体方法进行介绍。

（一）混合教学的概念

混合教学的概念始于企业人力资源培训领域，旨在解决传统面授教学学员规模小、时效性差、培训成本高等的问题。随着信息技术发展，20世纪90年代基于网络的 E-Learning 逐渐增多，面对面学习与 E-Learning 环境所使用的媒体、方法以及需要满足的对象需求不同，此阶段两种学习方式很大程度上处于分离状态。但在 E-Learning 方式为学习者提供更加丰富的技术环境、更加便捷的资源获取方式的同时，其约束力弱、即时交互体验感差的弱点也显露出来，人们意识到学生在不受监督的纯网络环境下难以独立地完成学习任务。由此，更有效、更灵活的混合教学方式被教育领域的相关学者与实践者应用在教学当中，"混合教学"被作为专有名词提出。此时的混合教学更多地被视为纯面授教学与纯在线教学之间的过渡态，被看作二者基于信息技术的简单结合，是通过信息技术将部分传统课堂教学"搬家"到网上，或作为"补充"的课外延伸部分。之后，人们对于混合教学的认识也在逐渐发生转变。混合教学逐渐被理解为一种改进课堂教学、提升学习效果的教学形态，越来越多的研究者认识到"混合"一词表示"整合""融合"等更加深刻丰富的内涵而非简单的"加和"，而混合的内容也不局限于面授与在线的环境混合,而是包含教学资源、教学方法、教学环境、教学工具、教学模式等多要素的系统性重构。

(二)混合教学的优势

混合教学有助于促进实现"每个学生发展"的教育本质。每个学生的智力结构不同,另外学生之间的学习基础、学习速度、学习兴趣、学习动机、学习需求、学习能力等方面也存在差异,因此促进每个学生的发展要求学校进行有针对性的个性化教学。实现真正的个性化教学对于学校来说是一项巨大的挑战,为每一个学生配备一名辅导教师几乎是不可能的。而技术的发展为促进学生的个性化发展提供了可能性。混合教学是学校实现以学习者为中心的个性化教学的重要途径之一。一方面,混合教学融合了在线与面授教学的优势,既可以实施线下教学的多种教学模式,以学生为主体,与学生进行充分的互动与交流,又可以结合新兴技术,打破时间和空间的限制,为学生提供个性化的教学服务,它在促进学生个性化发展方面有着独特的优势。另一方面,混合教学以多种教学理论为指导,结合多种教学方式,强调"在'适当的'时间,通过应用'适当的'学习技术与'适当的'学习风格相契合,对'适当的'学习者传递'适当的'技能"。[1] 在这样的理念下,学习者能够以一种适合他们个人需要的方式进行学习,而不是在一个统一的课堂中。

混合教学有利于培养具备21世纪核心素养的人才。进入21世纪,知识更新速度加快、知识获取的途径多样化,传统的教育方式已无法适应人们日益复杂的生活、工作环境,社会对人才提出了创造性、多样化、个性化等更高的要求。荷兰学者沃格特等人对世界上著名的8个核心素养框架进行比较分析以后,得出如下结论:①所有框架共同倡导的核心素养是4个,即协作素养、交往素养、信息通信技术素养、社会/文化技能、公民素养;②大多数框架倡导的核心素养是另外4个,即创造性、批判性思维、问题解决、开发高质量产品的能力或生产性。这八大素养是人类在信息时代的共同追求,可称为"世界共同核心素养"。[2] 同时关注认知性素养和非认知

---

[1] Singh H, Reed C, Software C. A White Paper: Achieving Success with Blended Learning[J]. Centra Software Retrieved, 2001(3): 1–11.

[2] Voogt J, Roblin N. A comparative analysis of international frameworks for 21st century competences: Implications for national curriculum policies[J]. Journal of Curriculum Studies, 2012, 44(3): 299–321.

性素养体现了知识社会的新要求。对它们作进一步提炼,可化约为四大素养,即协作、交往、创造性、批判性思维,这就是享誉世界的"21世纪4C's"。世界共同核心素养即世界对信息时代人的发展目标的共同追求,体现了世界教育的发展趋势。混合教学既有教师和学生面对面教学的优势,即通过授课和各种教学活动,可以促进师生和生生交流以及学生之间的协作,从而培养学生的交流、协作能力,又有线上教学形式多样、自定步调、分享观点、资源共享、共同探究解决问题等优势,有助于促进学生自主学习能力、鉴别能力、批判精神和创造能力的培养,适应信息社会发展对人才要求的大趋势,其产生和发展具有必然性。

(三)混合教学的核心要素及其关系

课程层面的混合教学是一个由多种要素构成的复杂的动态系统,包括课程的教学目标、学生、教师、教学内容、教学方法、教学评价与反馈、教学环境7个核心要素①,混合课程教学的7个核心要素及其关系如图4-6-28所示。②

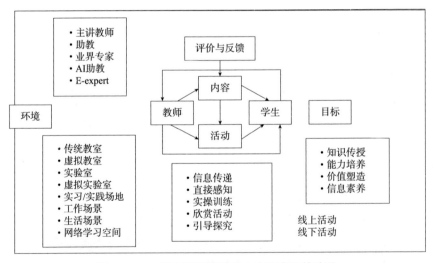

图4-6-28　混合课程教学的7个要素及其关系

---

① 李秉德. 教学论[M]. 北京:人民教育出版社,1991.
② 韩锡斌,王玉萍,张铁道,等. 迎接数字大学:纵论远程、混合与在线学习——翻译、解读与研究[M]. 北京:清华大学出版社,2016.

（1）课程目标。混合教学情境下的课程目标强调信息时代所需的知识、技能、综合能力及素质的全面培养，以及网络学习空间中对学生态度、情感、价值观的塑造，需要将这些目标体现在具体的教学内容和教学活动中，培育适应21世纪的学生。

（2）学生。学生是信息时代原住民，从被动的信息受体、接受者和被支配者变为主动支配自己的行为、方法、偏好的主体，甚至参与学习内容的建构。这一角色定位的转变为混合教学提出了更高的要求，需要注重对学生在数字化环境中的学习行为、学习风格、学习效果、社会网络特征等进行分析，以掌握学生的学习特点，更好地促进学生的学习投入，以提高学习效果。

（3）教师。在信息时代，教师由单一作战转变为团队协作，从主讲教师到包括助教、业界专家等的教学团队，同时还可引入人工智能（AI）助教及专家（E-expert）等，因此混合教学的教师不仅自己需要具备信息化教学能力，而且还需要有领导并掌控教学团队的能力。为了适应信息时代原住民学生的新特点，教师的角色也需要从传统的知识传授者、教学主导者变成学习活动的设计者、指导者和促进者。

（4）学习内容。信息时代学生获取知识的来源不再和以往一样单一，而是更为丰富多样，知识的呈现形式体现为多种媒体的融合，知识结构也由固定的、以课程大纲为准绳的结构化知识变成包含静态结构化和动态非结构化的各类知识。一方面知识的爆炸性增长既有利于学生自主拓展学习内容，也可以为教师提供更为丰富的教学资源；另一方面海量的信息也容易让学生陷入选择的困境，甚至造成认知负荷。[1] 教师在设计并实施混合教学时需要对各类形式的教学内容具备相应的选择、制作和应用能力。

（5）学习活动。在混合教学中学习活动由限定在特定实体空间的面授方法拓展为虚实融合空间中更加多元化的方式，学习的组织形式也由固定时间的班级授课拓展为线上和线下相结合的课前、课中和课后形式。

（6）学习评价与反馈。在混合教学中，新技术的不断涌现为学习评价与反馈提供了新的方法。可以借助教学过程中生成的大数据，开展多维度

---

[1] Clark R E, Yates K, Early S, et al. An analysis of the failure of electronic media and discovery-based learning: Evidence for the performance benefits of guided training methods. Handbook of training and improving workplace performance[M]. New York, John Wiley & Sons, Ltd., 2010: 263-297.

的学习分析、评价与动态反馈。评价与反馈的数据来源方面，既可以包含学习行为信息，还可以收集生理信号、心理意识活动、面部表情等多个方面的信息；评价与反馈的内容方面，除了日常的学习成绩，还可以包括学生学习满意度、学生学习过程等方面的评价；评价与反馈的途径更加便捷，可以及时、准确、个性化地进行学习指导。

（7）教学环境。信息技术深刻影响着社会和经济形态，形成了物理空间和网络空间二元共存的混合环境，物理的教学环境也相应地发生了变化，从传统实体的教室、实验室、实习/实践场地和工作场所延伸到学习者完全可以自己掌控的网络学习空间、虚拟仿真实验室、虚拟实习/实训基地和基于物联网工作场景等技术支撑的虚拟空间。

混合教学的7个核心要素之间存在既相互支撑又相互制约的辩证关系，在特定情境下对各要素及其关系的合理调配是提升混合教学质量的关键，也是教师实施混合教学的核心能力。教师对6个要素及其关系的动态掌控是其教学能力的体现，需要适应数字时代学生的认知方式从个体认知向基于互联网的群体认知、分布式认知方式转变的特点。同时，基于虚实融合教学空间的混合教学，环境要素始终处于动态变化之中（如网络暂时中断或者技术工具出现故障等），需要教师在整个教学过程中有能力调控各个要素（包括教师自身）之间的关系，使其达到特定情境下的最优化教学效果。

（四）分析课程的现状、教学环境与学生特点

在进行混合课程的教学设计之前，首先需要对课程现状、教学环境以及学生特点进行分析，明确混合教学设计的需求和起点。课程现状分析的目的是了解课程当前情况与预期目标之间的差距；教学环境分析用于确定教学可能采用的物理教学环境和网络学习空间；学生特点分析的目的是为了充分了解学生的学习准备和学习风格，以便为后续学习内容、学习活动等方面的设计提供依据。

1. 混合课程的现状分析

在课程现状分析的过程中，首先需要明确学生的需要，即分析其现状和目标的差距，并根据此差距归纳出课程存在的问题。随后，需要明确混合教学设计是否是解决以上问题的最好途径，即进行混合教学设计的必要性分析。最后，需要明确如何利用混合教学设计解决以上问题，以确定进

行混合教学设计的可行性。① 课程现状分析需要问答以下 3 类问题：②

第一，课程存在哪些问题？可以从目标、学生、内容、活动、评价、环境和教师等 7 个维度进行分析。值得注意的是，课程教学需要遵循一致性准则，即教学内容（资源）和教学活动的设计都要围绕设定的教学目标展开，并能够通过学习评价确认设定目标是否达成。

第二，哪些问题是可以通过混合教学来解决的？采用混合教学并不能解决所有教学中的问题，因此需要对是否可以利用混合教学设计的方法解决问题进行区分，由此明确混合教学设计的必要性。同时，统筹考虑教学中产生的相关问题将会有助于系统性地破解教学难题。

第三，混合教学设计如何解决这些问题？在确定了需要解决的问题后，需要进一步考虑采用混合教学解决这些问题的方案。

2. 混合教学的环境分析

教学环境是教学活动开展的必要条件。信息时代教学环境从物理环境（如教室、实验室等）延伸到了配备丰富的数字化教学资源和多样化技术工具的网络学习空间。同时，物理教学环境也配置有多种技术设备，强调与网络学习空间的联通，以支持线上、线下教学活动的有效融合。教师在进行混合教学的环境分析时，根据教学设计将物理教学环境和网络学习空间进行有机整合尤为重要。

教师在设计一门混合课程时需要了解可能获取到的物理教学环境的特点，以便进行恰当的选择使用。物理教学环境的类型及其适用的课程教学目标和内容如表 4-6-4 所示。

表 4-6-4 物理教学环境的类型及适用的课程教学目标和内容

物理教学环境的类型	适用的课程教学目标和内容
多媒体教室	适用于一般性教学目标，教师所教课程的教学目标主要是介绍陈述性知识时可以选择多媒体教室作为信息化物理环境
实体实验实训室	教师所教的课程以技能实操为主要教学目标，当学校具备该课程教学所需实体实验实训室时，可以将实体实验实训室作为信息化物理环境

---

① 乌美娜. 教学设计 [M]. 北京：高等教育出版社，1994.
② 韩锡斌，王玉萍，张铁道，等. 迎接数字大学：纵论远程、混合与在线学习——翻译、解读与研究 [M]. 北京：清华大学出版社，2016.

续表

物理教学环境的类型	适用的课程教学目标和内容
工作场所	适用于高阶技能训练，教师在进行岗位见习、实习等教学安排时可以选择工作场所作为信息化物理环境
智能教室	当学校具备智能教室这一信息化物理环境时，为更好地提升学生的学习体验和教学交互效果，原先选择用多媒体教室作为一般性课程教学目标的教学环境可以选择智能教室作为信息化物理环境
智能交互教室	教师对学生分组协作学习活动有较高要求，同时学校具备该课程教学所需智能交互教室时，可以选择智能交互教室作为信息化物理环境
网络互动教室	教师需要多地联动同时开展课程教学，同时学校具备该课程教学所需网络互动教室时，可以选择网络互动教室作为信息化物理环境
数字化技能室	教师所教的课程以数字化技能为主要教学目标，同时学校具备该课程教学所需数字化技能室时，可以将数字化技能室作为信息化物理环境
虚拟仿真实验实训室	教师所教的课程以技能训练为主要教学目标，但是不具备实体实验实训室或者学生尚未达到可以实操的水平时，可以将虚拟仿真实验实训室作为信息化物理环境
大场景虚拟仿真实验实训室	教师所教的课程教学活动以大面积观摩实训教学或多人技能训练为主，同时学校具备该课程教学所需大场景虚拟实训室时，可将大场景虚拟实训室作为信息化物理环境
虚实融合实验实训室	教师所教课程的教学目标为技能训练，既要求学生进行仿真训练又要求进行技能实操，同时学校具备该课程教学所需虚实融合实验实训室时，可以将虚实融合实验实训室作为信息化物理环境
多功能理实一体化室	教师所教课程的教学目标包含知识的传授与技能训练（含仿真与实操），同时学校具备该课程教学所需多功能理实一体化室时，可以将多功能理实一体化教室作为信息化物理环境
情景化互动实验室	教师所教课程的教学目标以表达性技能为主，教学方法以角色扮演法为主，同时学校具备该课程教学所需情景化实验室时，可将情景化互动实验室作为信息化物理环境
强交互虚拟实验实训室	教师的教学目标以感觉与知觉技能训练为主，同时学校具备该课程教学所需强交互虚拟实验实训室时，可以将强交互虚拟实验实训室作为信息化物理环境

　　教师在设计一门混合课程时也需要了解可能获取到的网络学习空间的特点，以便进行恰当的选择使用。网络学习空间一般由三类技术系统构成：网络教学平台、视频会议系统和专用网络教学工具。

　　网络教学平台支持师生开展异步在线教学活动，承载在线课程，支持网络环境下的教与学的全过程。教师在选用网络教学平台时需要考虑学习管理工具、系统支持工具和系统技术特性3个方面。

视频会议系统是提供在线视频或音频实时直播或录播,并具有互动白板、屏幕共享、实时消息、实时录制、随堂测评和教务管理等功能的网络学习空间。这类学习空间支持多种同步在线教学场景,如大班课、小班课、一对一等,支持视频直播和录播,支持随堂测验并具有相应的教务管理功能。学习者在学习过程中可以通过留言、弹幕、评论等多种方式与教师或同伴进行互动交流。

专用网络教学工具包括但不限于计算工具(如 MATLAB)、认知增强工具(如思维导图工具 Xmind、3D 制作动画工具 CoSpaces)、展示增强工具(如创建多媒体演示文稿工具 Buncee)、翻译转换工具(如 Google Translator、IFLYTEK)、学科教学工具(如 FCS Biology、NOBOOK)、仿真实验软件(如数控仿真系统 Machining)、仿真实训软件与仿真实习软件等。[1]

3. 混合课程的学生特征分析

混合教学的目的是为了有效促进学生的学习,因此需要清楚地了解学生的特点。学生作为学习活动的主体,其所具有的认知、情感、社会等方面的特征都将对学习过程和结果产生影响。[2] 已有研究发现,学生的年龄、早期网络学习经验、对授课形式的偏好、平均学习时间、自我管理和监督能力等个体因素会导致不同的混合学习效果。[3][4]

整体而言,学习者个体方面对于混合教学效果的影响因素可分为以下 4 类,对应地混合教学中学习者分析也可以从这些方面展开:学生基本特征,例如性别、年龄、所处学段等;学生先验知识、技能和态度,例如早期成绩、先验经历、混合学习态度(如感知有用性、感知易用性、感知娱乐性)等;学生学习风格,例如学习风格、对授课方式的偏好、学习动机、成效期望等;学习者的信息化设备情况,例如学习者所具备的软/硬件设备情况等。

---

[1] 中华人民共和国教育部. 教育部关于发布《职业院校数字校园规范》的通知(教职成函〔2020〕3号)[EB/OL].(2021-08-06)[2020-06-28]. http://www.moe.gov.cn/srcsite/A07/zcs_zhgg/202007/t20200702_469886.html.

[2] 何克抗,郑永柏,谢幼如. 教学系统设计[M]. 北京:北京师范大学出版社,2002.

[3] Lim D H, Morris M L. Learner and instructional factors influencing learning outcomes within a blended learning environment[J]. Journal of Educational Technology & Society, 2009, 12(4): 282-293.

[4] Woltering V, Herrler A, Spitzer K, et al. Blended learning positively affects students, satisfaction and the role of the tutor in the problem-based learning process: Results of amixed-method evaluation[J]. Advances in Health Sciences Education, 2009, 14: 725-738.

（五）明确混合课程教学目标

教学目标是混合教学的出发点，支配着教学的全过程，并规定了教与学的方向。[①] 教师教学时首先应确定课程整体目标，然后再将其分解为各个学习单元的目标。

1. 确定混合课程总体目标

教师可以从知识、技能与态度 3 个维度确定混合课程的总体教学目标，混合课程的教学目标更加强调数字时代所需的信息素养的形成，包括信息化专业能力和信息化学习能力等。需要预设出学生在教学活动结束后得到的成果，然后可通过回答如下 3 个问题确定教学的核心目标：①这门课最核心/关键性的内容是什么？②学生最希望获得什么？③学生学习中的关键难点在哪里？

将确定的核心目标进行分解。教师应考虑的是，为达成这个核心目标学生需要有哪些关键性产出？需要从学生学习的视角提出学习目标，目标的表述应清晰、明确、易评判，并明确说明学习过后学生将有什么收获，将能解决什么问题。

作为混合课程整体教学目标的下位目标，学习单元教学目标是对课程整体教学目标的细化。因此，课程整体教学目标决定了后续各学习单元混合教学的有效实施，需要优先确定。

2. 划分学习单元

课程的学习单元是指由一系列知识、技能等要素组成并具有内在一致性的、相对完整的一个学习单位。一般来说，一门课程由不同的学习单元组成，每个学习单元则由不同的知识点组成。可按照章节内容、任务、模块、项目、专题、教学周等将课程内容划分成学习单元。单元划分一要考虑课程本身知识点之间的逻辑关系，二要结合学习者的认知规律，三要参考以往教学情况和学生的反馈。划分学习单元时既需要关注知识点的相对独立性和完整性，还需要考虑到知识点之间的前后关联性。对于认知类教学目标为主的内容，如英语、数学、物理、教育学等课程，建议按照章/节等形式进行组织；技能类目标为主的内容，如绘画、雕刻加工、设备操作等课程，建议按照项目、模块、任务等形式进行组织；态度类目标为主的内容，如

[①] 崔允漷. 教学目标——不该被遗忘的教学起点 [J]. 人民教育，2004，3（13）：16–18.

思想品德、心理健康等课程，建议按照主题的形式进行组织。一个学习单元的内容应该具有相对完整性，前后两个学习单元内容应具有连续性和连贯性。

3. 确定学习单元目标

与混合课程整体教学目标对应，学习单元目标可分为认知目标、技能目标和态度目标。

撰写认知目标时首先确定所学知识的类型，分为"事实性知识""概念知识""程序性知识"和"元认知知识"4类①；然后再确定预期达到的学习水平，包括记住、理解、运用、分析、评价、创造6个层次。②

撰写技能目标时首先确定技能的类型，分为感觉和知觉技能、体力或实践技能、表达技能、智慧技能4类，然后再确定预期达到的技能发展阶段。

撰写学习单元的态度目标时可以从学生对事物的认知状态（如群体意识、责任感、承受力、自我管理等）、情感状态（如自信、热情、忠诚、诚实、正直等）和行为倾向（如主动和进取精神、与人合作、学习与业绩的自我提高等）3个方面考虑。

学习单元目标是混合课程整体目标的细化，在设计完所有学习单元的教学目标后，需要对照课程整体教学目标检查整体目标是否是所有学习单元目标的概括，单元目标是否是整体目标的细化。学习单元目标确定后，单元学习内容选择、学习活动设置、学习评价设计都要围绕其展开，应达到目标、内容、活动、评价四者的一致。

（六）确定混合课程学习内容与呈现形式

课程的学习内容是根据特定的课程目标，有目的地从人类的知识经验体系中选择出来，并按照一定的逻辑序列组织、编排而成的知识体系和经验体系的总和。学习资源是学习内容的载体，决定了学习内容的媒体呈现形式。教材是根据课程目标和标准编制的教学用书，是使用最为广泛的教学资源，有纸质版和电子版两种形式。信息时代产生了多种媒体的数字化学习资源，可以通过互联网广为传播。教师在选择混合教学内容时，一般

---

① Bloom B S, Engelhart M D, Furst E J, et al.Taxonomy of Educational Objectives：handbook I：cognitive domain[M] .New York：Longman，1956.

② Anderson L W, Krathwohl D R, Airasian P W, et al. A Taxonomy for Learning, Teaching, and Assessing: a Revision of Bloom's Taxonomy of Educational Objectives[M]. New York, Longman, 2001.

以教材为主要来源，还可选择其他学习资源，特别是基于网络的数字化学习资源。本部分首先介绍如何组织混合课程的学习内容，接着介绍如何确定混合教学内容的呈现形式，最后介绍如何通过选用开放教育资源以及自行开发的方式获得所需的课程教学资源。

1. 组织混合课程的学习内容

混合课程的学习内容应当围绕课程总体目标以及各个学习单元的目标进行组织。学习内容选择是否适当，其检验标准就是学生是否能够通过学习给定的内容达成预定的学习目标。

学习单元的内容组织通常涉及3个方面：范围、重点和序列。范围主要是指学习内容的广度和深度，在划定单元范围时要从课程的连续性以及社会、学生的特点出发，确定单元内容中各种事实、概念的相对重要性，从而选取难度适当的核心内容；学习单元的重点通常围绕特定的主题与观点展开，是内容中的关键部分，主题又由若干子主题构成，从而形成特定的知识框架；学习单元的序列是内容展开的顺序，一般在确定材料的序列时要注意新旧知识之间的联系，保证新的学习以原有学习为基础展开。

学习单元的内容确定后，其呈现可以选择多种媒体形式，由此形成混合课程中的数字化学习资源。学习资源的选择需要考虑内容与形式的匹配，还需要考虑学习者的特点、学习环境及终端设备及线上和线下学习内容的分解与逻辑安排等（如表4-6-5所示）。

表4-6-5　混合课程线上线下学习内容安排建议

适合线上安排的学习内容
·学生提前自主预习课前预备知识
·学生需要重复学习的内容
·事实性知识和概念性知识内容
·占用课堂时间太长但对学习有辅助作用的内容
·课后巩固、深化的内容
·课外拓展的读物，补充教材的内容
适合线下安排的学习内容
·学生自主学习遇到困难的内容
·学生需要老师答疑解惑的内容
·教师重点讲解的内容
·需要教师和学生面对面交流与沟通的内容
·课堂讨论、集中展示的内容
·与线上学习互相补充的内容

2. 确定混合教学内容呈现形式

混合教学内容呈现形式的选择通常需要遵循以下原则。①一致性原则。不要呈现与教学目标无关的文字、图像、声音等资料，以免分散学习者对关键信息的注意力。尤其是一些为了增添课堂趣味性而插入的文本、图片、背景音等，当它们与课程内容的主题无关时反而会适得其反，降低学习效果。②提示性原则。呈现教学资源时可给予重要信息一些提示，从而减少学习者搜索信息的时间。同时，一组学习行动完成时给予学生结束信息提示，让他们可以为下一组行动做准备。③冗余原则。即去除重复信息。例如当使用"动画+解说"的方式呈现信息时，不要再呈现与解说内容一致的文字。④空间邻近原则。存在一致性的图片与文字在空间布局方面应邻近，即画面与解释该画面的文字应紧邻呈现，从而减少学习者检索与整合信息的认知加工，减少短期信息存储的认知负荷。⑤时间邻近原则。相互关联的信息在时间上应紧邻出现或同步呈现，从而方便学生建立连贯的心理表征，减少短期信息存储的认知负荷。⑥分块并减轻短期记忆负担原则。将一个复杂任务分割为几个连续的独立片段，同时避免要求学生必须从一个界面记住信息再到另一个界面使用信息。例如在动画或视频中通过设置转场进行内容分隔，方便学习者把控学习节奏，避免一次性接受全部信息而造成认知负荷，但同时需要关联学习的内容应该做到压缩到一块来显示，如一张表格应在一页显示。⑦预训练原则。呈现复杂任务或新的教学内容时，通过预先提供材料帮助学习者对复杂关键概念进行预学习。⑧多媒体原则。在呈现信息时，同时使用文本和图像的方式要比单独呈现文本材料效果要好，这是因为前者有益于帮助学习者整合言语心理表征和图像心理表征，从而促进生成性认知加工。⑨双通道原则。在呈现教学资源时考虑将视觉通道和听觉通道同时激活，减少过度使用其中一种通道造成负荷。例如"图像+旁白"的方式比"图像+屏幕文本"的方式效果更好。⑩个性化原则。通过对话风格呈现言语信息要优于正式文本语言，在拍摄视频时以第一人称视角的效果要优于第三人称视角，因为前者能够提升学习者的代入感、提高参与的主动性。⑪声音原则。在呈现声音解说时，采用真实人声的效果要优于使用机器生成的声音。⑫图像原则。在呈现信息时，注意屏幕上所呈现的图像与文字之间的关系，避免学习者的注意力因被某些真人或卡通人物的图像所吸引，分散对于学习内容的注意力。[1][2]

3. 选用开放教育资源

数字化学习资源可以分为开放资源、引进资源和自主开发资源。开放教育资源通常指基于非商业用途、遵循资源版权要求，借助网络技术自由使用和修改的数字资源，包括开放在线课程（含MOOCs）、开放课件（含微课）、开放教学材料、开放软件等。[3]混合课程的数字化学习资源应优先引用开放教育资源，当开放教育资源无法满足教学需求时，可以建议学校以购买、接受捐赠等形式从校外引入，最后才考虑进行自主开发。教师可以从开放教育资源的网页设计和内容设计两个维度考虑是否选用该开放教育资源。

4. 开发数字化学习资源

在开发多媒体资源时，可以将未数字化的文本、图像、音频、视频等媒体资料通过一定的途径数字化。将媒体素材上传到网络教学平台时需要注意媒体素材的组织结构、文件格式、大小（从而决定图像是否需要压缩）、制作难度和成本、发布时间等因素。基于上述的多媒体素材资源可以开发课件、案例、参考资料等。

（七）设计与实施混合课程学习活动

学习活动是学习者为达到既定的学习目标需要完成的操作总和。[4]混合课程学习活动的设计包括课程活动的整体安排和每个单元的学习活动设置，进行设计时需要注意线上、线下场景学习活动的不同特点以及彼此有机衔接。

---

[1] Mayer R E. Multimedia aids to problem-solving transfer[J]. International Journal of Educational Research, 1999, 31（7）: 611-623.

[2] Ben S., Catherine P, Maxine C, et al. Designing the User Interface: Strategies for Effective Human-Computer Interaction[M]. 6th ed. New York, Pearson Education, 2017: 95-97.

[3] UNESCO. Forum on the Impact of Open Courseware for Higher Education in Developing Countries, Final Report[EB/OL].（2002-07-01）[2022-06-28]. http://unesdoc.unesco.org/images/0012/001285/128515e.pdf.

[4] 何克抗，林君芬，张文兰. 教学系统设计（教育技术学专业系列教材）[M]. 北京：高等教育出版社，2006.

1. 课程学习活动的整体安排

学校课程持续的时间都是以学期为计算单位的，在每个学期课程的学习活动可以分为初期、中期和后期 3 个阶段，每个阶段的学习活动安排有各自的侧重点。①

（1）课程初期阶段：通常指课程的前两周，是学生了解课程目标、课程内容、教学方式以及师生之间刚刚认识的阶段。可从以下几方面设计与实施此阶段的学习活动：①帮助学生建立身份认同和归属感，形成友好、活跃的交流氛围。典型活动包括破冰活动、介绍混合教学环境、集体答疑、组织构建小组并开展协作活动、给予学生自由表达的机会等。②帮助学生加强对课程的了解，建立良好的师生关系。典型活动包括向学生介绍课程内容与安排、提出学习期望与考核方式、说明课程对学生发展与人才培养的意义、向学生作自我介绍拉近师生距离。③激发学生对混合学习的兴趣和动机。相关的教学活动包括呈现明确的奖惩标准、提出课程目标、说明课程意义等方式激发学生的外部动机，还包括通过设计与学生先验基础、群体特征、需求相适应的教学情境，组织有吸引力的教学活动，提出具有启发性的问题等方式激发学生的学习动机。

（2）课程中期阶段：指课程学习活动的主体部分，不同课程时长不一。可从以下几方面考虑设计与实施此阶段的混合教学活动：①通过组织和实施恰当的教学活动引导学生有效学习。有效的活动包括教师的直接指导、倾听学生的表达并与其进行对话交流，以及通过开展案例分析、互动讨论等方式增强师生、生生间的互动对话。②促进个人及小组通过持续交流实现知识建构，深化认知。可开展的活动包括头脑风暴、焦点讨论等引发学生思考的活动，辩论、角色扮演、问题分析等帮助学生获取信息、汇聚群体智慧的活动等。③激励学生持续参与，避免混合教学中期学生产生倦怠感。教师的相关行动包括及时激励与表扬、树立同伴学习榜样、同伴互评等，注重提升学生的自我效能感和学习参与度。

（3）课程后期阶段：指课程的最后两周，课程主体内容教学已基本完成，处于总结反思、作品展示的阶段。可从以下两方面考虑设计与实施此阶段

---

① 冯晓英，吴怡君，曹洁婷，等．"互联网+"时代混合式学习活动设计的策略[J]．中国远程教育，2021（6）：60-67+77．

的混合教学活动：①开展综合展示类教学活动。以面向高阶目标、促进综合进阶为主线，通过创设认知临场感，支持学生将所学知识、技能进行迁移应用、解决真实或复杂的问题，并通过完成综合类学习任务、将作品产出进行展示的活动方式促进学生综合应用所学内容。②支持学生自我反思与评价。开展反思评价类活动，促进学生实现意义建构。具体包括教师评价、同伴互评、自我反思等多元主体、多种形式的活动，通过提供过程性支架、呈现导航地图或思维导图、给予及时反馈指导等方式促进上述活动顺利开展。

2. 混合课程线上线下学习活动的安排

学校课程的时间安排从长到短依次分为整个学期、教学周和学习单元。一个学期有16~20个教学周，每个教学周安排1~3次面授教学，每次2~4个学时，教师的授课需要按照学校对课程的时间安排来进行。混合课程的鲜明特征就是既有线下学习活动，也有线上学习活动，而且线上线下活动相互交织，贯穿课程的始终。[①] 因此，与仅仅面授课程相比，混合课程在线学习活动的安排及其与线下学习活动的衔接是需要重点考虑的。为了使线上和线下活动更加紧密地衔接，建议通过设置在线测验、问答等活动检测学生的线上学习效果，刺激学生回忆线上学习的内容，并根据学生对线上学习的掌握情况及时调整线下课堂学习活动；通过线下课堂提问、测验、讨论等形式对学生线上自主学习进行督促并给予及时反馈指导。

适宜线上进行的活动：①学习内容。在学生已有的知识水平上，能够通过自学达到既定学习目标的活动，例如通过自学完成相关概念的学习；需要学生重复进行的活动，比如观看制作动画的流程；有助于帮助学生理解学习内容和扩展知识面的活动，并且是学生可以独立完成的活动，比如观看电影和历史记录资料等。②学习过程。以下情况适合将学习活动放在网上：需要给学生及时反馈的活动，比如线上进行测试、线上进行提交作业；需要提前与学生进行沟通和交流的活动，例如通过学生提交预习报告，提前了解学生在学习过程中遇到的问题；需要针对学生个体差异性进行的

---

① Neumeier, P. A closer look at blended learning — parameters for designing a blended learning environment for language teaching and learning[J]. Recall, 2005, 17（2）: 163-178.

活动，例如学生可以根据自己的偏好选择文字或者视频的方式来进行学习。③学习时间。可以灵活进行的活动适合放到线上，例如学生可以利用自己的空闲时间在网上讨论区参与讨论。

适宜线下进行的活动：①学习内容。动手实操类活动需要在线下完成，需要操作实际设备；需要学生在具体实体空间内完成的活动，如在具体实训室、模拟工厂、真实工作场域进行的活动。②学习过程。需要师生之间、生生之间频繁交互、协作完成的活动，例如角色扮演、协作完成一项任务，更方便面对面讨论。③学习时间。任何类型的活动都可以放到线下，采用面对面的方式开展。

3. 学习单元活动的设计与实施

信息技术拓展了教师和学生教学活动的空间和时间，围绕一个学习单元设计活动不仅需要考虑发生在课堂（课中）的活动，还需考虑课前和课后的活动。①②

（1）组织课前混合学习活动。依据教学目标构建并发布导学信息和学习资源，发布学习任务和活动；组织学生在课前根据导学信息进行自主在线学习，并根据学生的在线学习情况进行在线答疑；对学生的课前学习行为和学习结果进行评价，据此调整课中的学习活动。

（2）组织课中混合学习活动。根据课前学习者反馈的在线学习结果，针对重难点和共性问题进行重点讲授与答疑；在学习者通过自学掌握了教学知识点或技能点的情况下，教师可酌情压缩知识点和技能点讲解所花费的时间以发布和组织课堂学习任务，学习者自主或同侪间协作完成；组织学生以个体或小组方式开展自主研讨与探究，进行课堂任务引导，及时提供给学习者个性化反馈。

（3）组织课后混合学习活动。批改作业，对学生的学习表现及任务完成情况进行评价与反馈；为学习者提供优秀案例，引导学习者完成学习反思，可给学习者提供一些问题，如"混合学习中，我遇到了哪些问题和困难？"，"我和优秀案例之间的差距有哪些，我该如何改进？"等。

---

① Anders N, Dziuban C D, Moskal P M. A time based blended learning model[J]. On the Horizon, 2011, 19（3）: 207-216.

② Day J A, Foley J D. Evaluating a Web Lecture Intervention in a Human-Computer Interaction Course[J]. IEEE Transactions on Education, 2006（49）: 420-431.

（八）评价学生的混合学习效果并反馈指导

混合学习的评价是以学习目标为依据，制定科学的标准，运用一切有效的技术手段，对混合学习活动过程及其结果进行测定、衡量，并进行价值判断，从而为教育决策提供依据以及改进教育服务的过程。[①] 学习评价不仅可以评估学生在混合课程中最终的学习效果，还可以辨别学生学习过程中遇到的疑难问题并给予及时的反馈和指导。

1. 混合课程学习评价的策略

（1）定量评价与定性评价相结合。完善的学习评价体系应将定量评价与定性评价相结合，二者相互验证。有些学习活动采用量化方法评价效率和准确性较好，比如测试知识记忆和理解情况的客观题；有些学习活动采用质性评价更为合适，比如学生在小组合作中的投入程度、学习热情、对同伴的支持和帮助等合作表现；有些学习活动则需要两者结合，比如两位同学在线上提交学习反思的次数及字数大体相同，但其具体表述所体现出的分析深入程度有所区别，说明两位学习者的学习态度和认知程度存在差异。

（2）过程与结果、线上与线下评价相结合。将过程性评价与结果性评价相结合，线上数据与线下数据相结合，确保学习评价的全面性。[②] 过程性评价是通过信息技术实时记录学习者的学习过程，通过对整个教学过程进行实时监控精准了解学生学习情况，包含学生在在线课程学习平台上的自主学习情况、在课堂上的学习表现、课程主题学习讨论情况、课后布置的作业完成质量和对课程学习的反思与总结；结果性评价主要安排在期中和期末，着重测评学生整体学习情况，依据是阶段性的考试成绩、期末提交的方案、小组合作进行期末项目汇报的情况等。线上评价手段包括小测、在线作业和作品点评、个人学习反思及反馈以及对讨论等一系列在线学习行为表现的观察和测量；线下评价手段主要包括阶段性测试、线下作业和作品点评、课堂学习行为观察、记录和评估等，其中课堂学习行为包括课堂中学生的出勤、课堂规则遵守、专题小组讨论/问答和小组活动等。

（3）教师评价、同伴评价与自我评价相结合。混合学习有线上和线下

[①] 何克抗，林君芬，张文兰.教学系统设计（教育技术学专业系列教材）[M].北京：高等教育出版社，2006.

[②] Choules A P. The use of elearning in medical education: a review of the current situation[J]. Postgraduate Medical Journal，2007，83（978）：212–216.

两个部分，教师有时在场有时不在场，因此除了教师评价还要充分发挥同伴和自我评价的作用，用于获取更全面的信息。① 学生自评是主观性评价，有利于养成他们不断反思总结并实现发展的良性行为习惯；教师评价与学生互评偏重于客观性，从不同维度、视角对学生水平进行考量，有益于评价结果的客观性、全面性；课堂上同伴作为共同参与者对彼此的学习行为、态度和效果有更直接的体验，因此其评价也比较客观具体。需要注意的是，评价主体多元化并不是弱化教师的评价地位，而是强调注意多主体评价从而使得评价角度更加多元、评价结果更加客观全面。3类评价主体均有其优势，需要在整体评价框架结构下科学分配不同维度评价的分值。

（4）评分标准明确，评价结果可用。在课程开始时让学生了解学习评价的标准并尽量达成一致意见，包含过程性成绩与结果性成绩的构成、线上线下评价活动的构成、来自教师与学生不同主体的评价结果的比例等。在混合学习开展过程中严格按照最初制定的评价标准进行赋分，既保障评分标准的公开性与评价结果的公平性，也发挥评价的"指挥棒"作用，为学生的过程性学习提供指导。同时，需要分析评价结果的可用性，这既包含测试题目的语义、情境应是通用的、公平地面向所有学生，避免测量学上的"题目功能性差异"（differential item functioning）②，也需要明确区分有效数据和无效数据，例如把学生在线时长、阅读和观看材料的次数、活跃程度（比如点赞数、被点赞数、发帖量、回帖量等）等作为衡量学生积极性的依据时需要设置限制条件以免评价结果失真。例如，对于学生线上自主学习情况的评价，如果学期一半或以上的周数在线时长很少，而在某段时间内激增，则考虑无效或降分；对于讨论区参与情况的评价，发帖字数过少（如少于10个字）则认为是无效帖等。

（5）评价目的重在指导学生学习。对评价的功能与目的建立正确的认识，需要教师提前将清晰的评价目标告知学生，帮助学生认识他们需要达到的标准，激励学生学会给自己"把脉"，认识到自己目前所达到的程度、离目标的差距、问题在哪里，进而主动采取措施解决问题、缩小差距、实

---

① Vo H M, Zhu C, Diep N A. The effect of blended learning on student performance at course-level in higher education: A meta-analysis[J]. Studies In Educational Evaluation, 2017（53）: 17–28.

② Camilli G, Shepard L A. Methods for Identifying Biased Test Items[M]. Thousand Oaks: Sage Publications, 1994.

现既定目标，从而真正达到"以评促学"的目的。混合课程的在线学习数据记录可以使每个学生看到自己的学习进度和效果。教师要据此鼓励学生分享自己的学习经验和不足，积极进行自我反省，及时思考并调整他们的学习。[①] 在评分项的设置上，建议给予学生鼓励性的加分项，减少带有惩罚性的扣分项，以体现评价对学生积极参与的引导作用。

2. 混合课程的学习效果评价

整个课程的学习效果评价一般采用总结性评价的方法，目的是评价学生是否达到课程所设定的知识、能力及素质目标要求，可以采用开/闭卷考试、项目报告、课程论文、成果答辩等形式进行。人文社科类课程可以采用调查报告、论文等方式进行评价，理科课程可以通过期末考试进行评价，工科、医科类课程可以通过模拟场景中的实操演练进行评价，设计类课程可以通过呈现设计的作品的设计报告、课堂汇报的形式进行评价。

3. 学习单元的效果评价及反馈指导

在混合课程每个单元的课前、课中、课后都会围绕不同的学习目标开展相应的学习活动，对这3个阶段的学生学习效果都应进行评价，从而判断每个阶段学习目标达成情况，并为调整下一阶段的混合学习活动提供参考。在进行单元混合学习评价时，需要分析学生在学习单元中每个学习阶段的表现，并据此给学生提供及时的反馈与指导。

（1）课前学习的评价。学生课前通过线上自主学习、教师在线指导、学生提问交流、同伴相互讨论和研讨等完成预习，此时课前的混合学习评价的主要内容是学生的学习参与情况与学生课前自主学习的结果，包括对混合学习的适应性、接受度、任务完成情况、在线学习行为、学习效果等，可以通过网络教学平台上学生学习行为数据、完成的任务、问卷调查数据等进行评价。这个阶段给学生的反馈指导可以是教师线上的动态答疑与指导、测评结果的即时呈现等，也可以是在接下来的课堂上进行统一点评。教师可以针对学生的学习情况以及疑难之处及时调整课堂（课中）的学习活动，利用学生课前学习所反映出来的实际情况和过程数据进行教学目标与教学大纲的适当调整，并为学生课堂阶段的评价做好铺垫。

---

① Davies A, Pantzopoulos K, Gray K. Emphasising assessment "asl" learning by assessing wiki writing assignments collaboratively and publicly online[J]. Australasian Journal of Educational Technology, 2011, 27 (5): 798-812.

（2）课中学习的评价。课堂学习阶段仍然以线下的教学活动为主，教师可以借鉴已成型的一系列课堂观察工具和个人教学经验，评价内容包括学生线上参与评价、学生课堂参与评价、课堂任务完成情况和课堂学习结果等。除了教师采用课堂观察、提问、测验等方式评价课中学习效果外，还可以鼓励学生开展同伴间的互评和学习者自评。教师根据评价结果提供有针对性的课后学习资源，布置课后学习任务。这个阶段的反馈与指导可以在课堂上及时进行。学生学习参与包括学生的行为参与、认知参与和情感参与。行为参与是最基本的参与形态，是外显的、可观察的，如按时上课、课堂规则遵守、作业任务完成等。此外，行为参与还反映在参与活动强度（如注意力、坚持度、时间投入、努力程度）和参与的活动形式（如参与线上和线下的讨论等）方面。认知参与主要指学习策略的使用，不同的学习策略会引起不同层次的思维活动。学生使用练习、总结等策略来牢记、组织和理解学习内容，使用时间管理策略来规划学习任务。情感参与主要指学生的情感反应，包括感兴趣、觉得无聊、快乐、悲伤、焦虑等，也可以理解为归属感和价值观。在混合课程中学生的学习参与度可通过在线学习行为数据进行评价，如进入在线课程、访问学习资源、完成在线测试、完成在线作业、讨论区发帖与回帖等。

（3）课后学习的评价。课后学习评价的主要内容是作业完成情况和学生对单元学习的总结反思情况。通过学生课后作业、反思与总结报告、课后拓展任务等考评学生单元学习目标的达成情况。还可以将课后学习评价与课前学习评价对比，检查学生的学习效果和进度，并结合学生的学习反思及时对原来设置的学习目标、设计的学习资源以及学习活动进行调整。这个阶段可以通过线上与学生进行个别化辅导进行反馈与指导，也可以对课中和课后任务完成情况在下一次课堂统一进行点评与总结。

（九）混合课程实施效果的评估与反思

混合课程教学实施一个学期结束之时，教师需要对实施效果进行评估，将评估结果作为下一轮课程实施的重要依据。评估可以从两个方面进行：教师自评与反思、学生学习感受调查。

（1）教师自评与反思。教师自评实施效果，反思和改进混合教学中存在的不足。学生每个单元的学习情况以及课程网站中积累的数据都可以作为教师评估自己课程的重要依据。通过课程网站上的测试题、讨论等了解学生单元预习目标达成情况；通过课堂提问、分组讨论、实验、结果展示等了解学生课堂任务完成情况；通过课程网站的练习题、作业、拓展讨论、反思报告等获取学生整个单元的学习目标达成情况。

学生学习感受调查。学生通过整个学期的学习，对混合课程的感受是进一步改进课程质量的重要依据。学生的一种重要感受就是学习满意度。学习满意度是学习者对学习活动的愉快感受或态度，高兴的感觉或积极的态度就是"满意"，反之则是"不满意"。[①] 影响学生学习满意度的因素很多，包括课程人数规模、学生先前学习经验、学生年龄、师生关系、学生参与程度、媒体使用等。通常采用调查问卷的方式了解学生的主观感受。

第七节 高等教育教师教学能力提升效果的评价

一、全国高校青年教师教学竞赛

（一）竞赛的背景与历史

"全国高校青年教师教学竞赛"（以下简称"竞赛"）是国内最高水平的教学技能比赛，由中国教科文卫体工会与教育部教师工作司从2010年开始举办，至今已经成功举办了5届。竞赛围绕立德树人根本任务，以加强师德师风建设、锤炼教学基本功为着力点，充分发挥教学竞赛在提高教师队伍素质中的示范引领作用，进一步激发广大高校青年教师更新教育理念和掌握现代教学方法的热情，努力造就一支有理想信念、有道德情操、有扎实学识、有仁爱之心的高素质、专业化教师队伍，推动我国高等教育现代化发展。[②] 在比赛过程中，选手在层层选拔过程中要对自己的教学设计和课堂教学等进行不断的研究和修改，从而增加了青年教师对提升教育教学能力的重视程度，极大地锻炼了青年教师的教学设计及实施能力。

---

① Long H B, Contradictory expectations? Achievement and satisfaction in adult learning[J]. Journal of Continuing Higher Education，1989，33（3）：10-12.

② 刘松，刘柳，田慧，于富玲. 全国高校青年教师教学竞赛参赛教学设计的研究[J]. 中国林业教育，2021，39（1）：17-21.

（二）项目设置与评价指标

竞赛设立5个组别，分别为文科、理科、工科、医科和思想政治课专项，由教学设计、课堂教学和课堂教学反思3部分组成，3部分的分数分别为20分、75分和5分。

（1）教学设计。教学设计考查以1个学时为基本单位对教学活动的设想与安排。主要包括课程名称、学情分析、教学目标、教学思想、课程资源、教学内容、教学重点与难点、教学方法与工具、教学安排、教学评价、预习任务与课后作业等。选手需准备参赛课程20个学时的教学设计方案，评委将对整套教学设计方案进行打分，具体的评分细则如表4-7-1所示。

表4-7-1 教学设计评分细则

项目	评测要求	分值
教学设计	紧密围绕立德树人根本任务	2
	符合教学大纲，内容充实，反映学科前沿	4
	教学目标明确、思路清晰	4
	准确把握课程的重点和难点，针对性强	4
	教学进程组织合理，方法、手段运用恰当有效	4
	文字表达准确、简洁，阐述清楚	2

（2）课堂教学。课堂教学规定时间为20分钟。评委主要从教学内容、教学组织、教学语言与教态、教学特色4个方面进行评审。选手需准备参赛课程20个学时相对应的20个课堂教学节段的PPT，课堂教学内容要与提交的教学设计内容对应、一致。具体的评分细则如表4-7-2所示。

表4-7-2 课堂教学评分细则

项目		评测要求	分值
课堂教学	教学内容（30分）	贯彻立德树人的具体要求，突出课堂德育	6
		理论联系实际，符合学生的特点	6
		注重学术性，内容充实，信息量充足，渗透专业思想，为教学目标服务	6
		反映或联系学科发展新思想、新概念、新成果	3
		重点突出，条理清楚，内容承前启后，循序渐进	9

续表

项目		评测要求	分值
课堂教学	教学组织（30分）	教学过程安排合理，方法运用灵活、恰当，教学设计方案体现完整	10
		启发性强，能有效调动学生思维和学习积极性	10
		教学时间安排合理，课堂应变能力强	3
		熟练、有效地运用多媒体等现代教学手段	4
		板书设计与教学内容紧密联系、结构合理，半数与多媒体相配合，简洁、工整、美观、大小恰当	3
	教学语言与教态（10分）	用普通话讲课，语言清晰、流畅、准确、生动，语速节奏恰当	5
		肢体语言运用合理、恰当，教态自然大方	3
		教态仪表自然得体，精神饱满，亲和力强	2
	教学特色（5分）	教学理念先进、风格突出、感染力强、教学效果好	5

（3）教学反思。教学反思是指参赛选手结束课堂教学环节后，进入指定教室，结合本节段课堂教学实际，从教学理念、教学方法和教学过程3方面入手，在45分钟内完成对本讲课节段的教学反思材料（500字以内）。要求思路清晰、观点明确、联系实际，做到有感而发。反思室提供电脑，不允许携带任何书面或电子等形式的材料。具体的评分细则如表4-7-3所示。

表4-7-3 教学反思评分细则

项目	评测要求	分值
教学反思	从教学理念、教学方法、教学过程三方面着手，做到实事求是、思路清晰、观点明确、文理通顺、有感而发	5

（三）竞赛的实施效果

在全国高校青年教师教学竞赛的引领下，各高校开展的教学竞赛规模、层次不断提升，竞赛项目逐步细化，竞赛的辐射效应不断扩大，目前已经形成横向到边、纵向到底，覆盖各级各类教育和学段、序列完备的竞赛体系，成为有效提高青年教师队伍教育教学专业素质的一个重要平台，极大地促进了青年教师教学水平的提升。高校青年教师队伍建设水平关系着高等教育的未来，关系着人才培养的未来，关系着教育事业和祖国的未来。建设一支师德高尚、业务精湛、结构合理、充满活力的高素质教师队伍，是提高教育现代化水平的迫切要求，也是推进教育事业改革发展的重要保障。①

1. 促进青年教师对教学理念进行深度思考

通过教学竞赛倡导"悟道为上"的教学理念。参赛的青年教师在进行主题选择、材料组织以及站在学生的角度进行教学设计的过程中，逐渐领悟到在当今知识大爆炸的时代，课堂教学任务不再仅仅是知识的传授，更是对学生学习方法、思维模式的培养，"授业、解惑"很重要，但"传道"更重要。只有站在有利于学生一生发展的角度，从修养、意志、格局等方面对其进行培养，才能称作一名合格的教师，这种领悟与提升教学水平和技巧同等重要。

2. 提升青年教师的教育教学水平

通过参加教学竞赛，青年教师对教案的重要性有了切身体会，教学设计、课堂教学和教学反思等方面的水平都有了更加专业的提升。教案中主题的引入，师生互动，专业知识的分解和有效传递，重点、难点内容的处理方法，以及采用什么教学方式和教学工具效果更好，都需要教师在设计和实施过程中进行精心的思考与准备，从而极大地锻炼了青年教师的教育教学能力。

3. 展现青年教师的教学风采

教学竞赛促使青年教师更加关注教学细节，全面提升自己的教学水平。例如教学语言是否准确精练，发音是否标准，板书是否规范，肢体动作能否吸引观众注意力等。同时选手开始培养自己的教学气质，并在反复练习中逐步认识自我，摸索出属于自己的独特的教学风格，并在竞赛中充分展示自己的教学风采，可以说这是教学竞赛给予选手的一份珍贵的礼物。②

二、全国教师教育教学信息化交流活动

（一）活动的背景与历史

全国教师教育教学信息化交流活动（以下简称"教师交流活动"）始于1998年，由教育部指导，中央电化教育馆主办。2013年第十七届起由"全

---

① 计琳，徐晶晶.助力青年教师静心教学、潜心育人 专访上海市教卫工作党委副书记、第二届上海高校青年教师教学竞赛组委会主任 第三届全国高校青年教师教学竞赛组委会副主任 沈炜[J].上海教育，2016（28）：14.

② 刘松，刘柳，田慧，等.全国高校青年教师教学竞赛参赛教学设计的研究[J].中国林业教育，2021，39（1）：17-21.

国多媒体教育软件大奖赛"更名为"全国教育教学信息化大奖赛",2015年10月起更名为"全国教育教学信息化交流展示活动"。"教师交流活动"是在推进教育信息化、重视和加强教育资源建设的过程中逐渐发展起来的一项具有广泛影响、涵盖各级各类教育、面向广大教师和专业技术人员的重要交流活动。"教师交流活动"是"全国教育教学信息化交流展示活动"的重要内容之一,活动的指导思想是提高教师教育技术及网络应用能力、教师信息素养和软件制作水平,促进信息技术与学科教学整合,推动信息技术在教育教学中的广泛应用。

(二)项目设置与评价指标

"教师交流活动"根据不同学校、不同学段的教育教学要求和特点,按照基础教育、中等职业教育、高等教育分组设置项目。高等教育组作为其中的重要组成部分,其项目设置主要包括课件、微课、信息化教学课程案例、职业岗位能力精品课等。[①]

(1)课件是指基于数字化、网络化、智能化信息技术和多媒体技术,根据教学内容、目标、过程、方法与评价进行设计、制作完成的应用软件,能够有效支持教与学,高效完成特定教学任务,实现教学目标。其评价指标如表4-7-4所示。课件不仅包括常用的PPT、Flash和网站等常见类型,还包括各类教学软件、学生自主学习软件、教学评价软件、仿真实验软件等。

表4-7-4 课件的评价指标

评价指标	评 价 要 素
教学设计	教学目标、对象明确,教学策略得当; 界面设计合理,风格统一,有必要的交互; 有清晰的文字介绍和帮助文档
内容呈现	内容丰富、科学,表述准确,术语规范; 选材适当,表现方式合理; 语言简洁、生动,文字规范; 素材选用恰当,生动直观、结构合理

---

① 中央电化教育馆.全国教育信息化交流展示活动[EB/OL].(2014-09-01)[2022-06-28]. http://mtsa1998.ncet.edu.cn.

续表

评价指标	评价要素
技术运用	运行流畅，操作简便、快捷，媒体播放可控； 互动性强，导航准确，路径合理； 新技术运用有效
创新与实用	立意新颖，具有想象力和个性表现力； 能够运用于实际教学中，有推广价值； 作品的使用量应达到一定规模

（2）微课是指教师围绕单一学习主题，以知识点讲解、教学重难点和典型问题解决、技能操作和实验过程演示等为主要内容，使用摄录设备、录屏软件等拍摄制作的视频教学资源。主要形式可以是讲授视频，也可以是讲授者使用 PPT、手写板配合画图软件和电子白板等方式对相关教学内容进行批注和讲解的视频。其评价指标如表 4-7-5 所示。

表 4-7-5 微课的评价指标

评价指标	评价要素
教学设计	体现新课标的理念，主题明确、重难点突出； 教学策略和教学方法选用恰当； 合理运用信息技术手段
教学行为	教学思路清晰，重点突出，逻辑性强； 教学过程深入浅出、形象生动、通俗易懂，充分调动学生的学习积极性
教学效果	教学和信息素养目标达成度高； 注重培养学生自主学习能力
创新与实用	形式新颖，趣味性和启发性强； 视频声画质量好； 实际教学应用效果明显，有推广价值

（3）信息化教学课程案例是指利用信息技术优化课程教学，转变学习方式，创新课堂教学模式，教育教学改革成效显著的案例。案例包括课堂教学、研究性教学、实验实训教学、见习实习教学等多种类型，采用混合教学或在线教学模式。其评价指标如表 4-7-6 所示。

（4）职业岗位能力精品课是指以职业岗位活动的基础性、支撑性能力与素养培养为目标，通常选取专业课程体系中直接指向岗位能力的重点、

表 4-7-6　信息化教学课程案例的评价指标

评价指标	评价要素
课程建设	信息化软硬件符合教育教学需求，有特色； 课程建设以及教学理念、内容、方法体现现代信息技术的运用； 课程资源丰富，信息技术运用恰当
教学实施	教学活动过程记录完整，材料齐全； 信息技术与课程教学深度融合，转变学生学习方式； 形成基于信息化的教育教学模式
教学效果	教学目标达成度高，学生深度参与，活跃度高； 学生自主学习、合作学习、研究性学习等学习能力提升明显； 学生、教师、学校评价好
特色创新	在课程建设、教学实施、资源共享、机制创新等方面有特色； 具有一定的示范推广价值

难点内容，支持混合式教学与学习的数字化资源，其中职业岗位能力精品课由微教材、视频课和资源包配套构成。其评价指标如表 4-7-7 所示。

表 4-7-7　职业岗位能力精品课的评价指标

评价指标	评价要素
内容设计	内容相对稳定、完整、独立，满足教学和职业岗位核心能力发展需求； 精准对位职业岗位能力和企业需求，视频课双师授课效果好； 视频课、资源包及微教材内容完整，颗粒化程度高，应用方便； 过程性和结果性测试题数量充足，满足平台运行条件； 微教材满足线上教学、线上线下混合式教学需求； 能为学生就业、竞争上岗、线上线下学习提供有效支持
教学设计	注重教学设计，数字教学媒体运用准确，教学信息传递正确； 视频课、资源包画面设计科学、合理，能够有效提升学习者的学习兴趣和学习效果； 视频课及资源包助学、助教能力显著； 微教材支持学生线上自学、线下学习应用
呈现设计	遵循教学媒体呈现规律，注重教学媒体呈现设计； 视频课、资源包等数字教学媒体呈现与教师讲解、教学内容配合默契，采用富媒体强度； 微教材可视化程度高，满足学习者需求； 视频课双师授课呈现科学、真实，符合教学需求； 过程性测试题的呈现适时，结课性试题的呈现完整、内容丰富
应用与创新	校本同步应用效果好，有效支持教学改革，显著提高教学质量； 开放共享程度高，具有一定的示范性； 信息技术运用得当，教学方法与教学策略创新效果显著； 视频课引入企业活动信息实时、准确，教学模式创新效果显著； 微教材设计科学、规范，内容完整

（三）活动的实施效果

高校一线教师是高等教育信息化应用以及资源推广应用和校本资源开发的主力军，通过"教师交流活动"可以提升广大教师的积极性和参与度，让一线教师以及学生都能参与到信息化教与学的实践中来，有效提高高等教育教师信息技术和数字资源的应用能力，进而提高学生对信息技术的热情和应用能力。此类活动的举办不仅可以培养教师人人用信息化教学的习惯，还可形成课课有案例的生成性资源，更大范围地推动教育信息化在日常课堂教学中的应用，从而更好地推动优质教育资源的共建共享。①

三、全国高校教师教学创新大赛

（一）大赛的背景与历史

"全国高校教师教学创新大赛"（以下简称"大赛"）由教育部高等教育司指导，中国高等教育学会主办。大赛至今已成功举办两届，首届比赛于2021年7月在复旦大学举办，第二届比赛于2022年5月在西安交通大学举办。大赛举办的目的是为了深入贯彻习近平总书记关于教育的重要论述，落实立德树人根本任务，助力高校课程思政建设和新工科、新农科、新医科、新文科建设，推动信息技术与教育教学融合创新发展，引导高校教师潜心教书育人，打造高效教学改革的风向标。

（二）项目设置与评价指标

按照高校类别和参赛教师专业技术职务等级，大赛共设置了6个组别，分别是部属高校（含部省合建高校）正高组、部属高校（含部省合建高校）副高组、部属高校（含部省合建高校）中级及以下组、地方高校正高组、地方高校副高组和地方高校中级及以下组。大赛分为校赛、省赛和全国赛3个赛级。各高校根据省赛方案，按时完成校内比赛，选拔参加省赛的教师；各省根据省赛的结果，选拔并上传全国赛参赛教师名单。全国赛分为两个阶段，第一阶段为网络评审阶段，评审内容包括课堂教学实录视频和教学创新成果报告；第二阶段为现场评审阶段，评审内容为教学设计创新汇报。

---

① 雷朝滋信息技术与学科教学有效融合——教育部科技司雷朝滋同志在第十八届全国教育教学信息化大奖赛和第五届"中国移动校讯通杯"全国教师论文大赛现场交流活动上的讲话[J]. 中国电化教育，2014（12）：1-2.

（1）课堂教学实录视频为参赛课程中两个1学时的完整教学实录，配套材料包括参赛课程的教学大纲、课堂教学实录视频内容对应的教案和课件，其中教学大纲主要包括课程名称、课程性质、课时学分、学生对象、课程简介、课程目标、课程内容与教学安排、课程评价等要素。课堂教学实录视频的具体评价指标如表4-7-8所示。

表4-7-8　课堂教学实录视频评价指标

评价维度	评 价 要 素	分值
教学理念	教学理念体现"以学生为中心"教育理念，体现立德树人思想，符合学科特色与课程要求	4
教学内容	教学内容有深度、广度，体现高阶性、创新性与挑战度；反映学科前沿，渗透专业思想，使用质量高的教学资源	8
	教学内容满足行业与社会需求，教学重、难点处理恰当，关注学生已有知识和经验，教学内容具有科学性	
课程思政	落实立德树人根本任务，将价值塑造、知识传授和能力培养融为一体，显性教育与隐性教育相统一，实现"三全"育人	8
	结合所授课程特点、思维方法和价值理念，深挖课程思政元素，有机融入课程教学	
教学过程	注重以学生为中心创新教学，体现教师主导、学生主体	8
	教学目标科学、准确，符合大纲要求、学科特点与学生实际，体现对知识、能力与思维等方面的要求	
	教学组织有序，教学过程安排合理；创新教学方法与策略，注重教学互动，启发学生思考及问题解决	
	以信息技术创设教学环境，支持教学创新	
	创新考核评价的内容和方式，注重形成性评价与生成性问题的解决和应用	
教学效果	课堂讲授富有吸引力，课堂气氛融洽，学生思维活跃，深度参与课堂	8
	学生知识、能力与思维得到发展，实现教学目标的达成	
	形成适合学科特色、学生特点的教学模式，具有较大借鉴和推广价值	
视频质量	教学视频清晰、流畅，能客观、真实反映教师和学生的教学过程常态	4
总分		40

（2）教学创新成果报告基于参赛课程的教学实践经验与反思，体现教学创新成效。聚焦教学实践的真实"问题"，通过课程内容的重构、教学方法的创新、教学环境的创设、教学评价的改革等，采用教学实验研究的范式解决教学问题，明确教学成效及其推广价值。教学创新成果报告的具体评价指标如表4-7-9所示。

表 4-7-9　教学创新成果报告评价指标

评价维度	评价要素	分值
有明确的问题导向	立足于课堂教学真实问题，能体现"以学生发展为中心"的理念，提出解决问题的思路与方案	4
有明显的创新特色	对教学目标、内容、方法、活动、评价等教学过程各环节分析全面、透彻，能够凸显教学创新点	4
体现课程思政特色	概述在课程思政建设方面的特色、亮点和创新点，形成可供借鉴推广的经验做法	4
关注技术应用于教学	能够把握新时代下学生学习特点，充分利用现代信息技术开展课程教学活动和学习评价	4
注重创新成果的辐射	能够对创新实践成效开展基于证据的有效分析与总结，形成具有较强辐射推广价值的教学新方法、新模式	4
总分		20

（3）教学设计创新汇报采取现场评审的方式，参赛主讲教师本人结合教学大纲与教学实践进行汇报，随行团队教师成员可作联合汇报，汇报结束后会有评委提问交流的环节。教学设计创新汇报的具体评价指标如表 4-7-10 所示。

表 4-7-10　教学设计创新汇报评价指标

评价维度	评价要素	分值
理念与目标	课程设计体现"以学生发展为中心"的理念，教学目标符合学科特点和学生实际；体现对知识、能力与思维等方面的要求。 教学目标清楚、具体，易于理解，便于实施，行为动词使用正确，阐述规范	4
内容分析	教学内容前后知识点关系、地位、作用描述准确，重点、难点分析清楚 能够将教学内容与学科研究新进展、实践发展新经验、社会需求新变化相联系	4
学情分析	学生认知特点和起点水平表述恰当，学习习惯和能力分析合理	4
课程思政	将思想政治教育与专业教育有机融合，引用典型教学案例举例说明，具有示范作用和推广价值	4
过程与方法	教学活动丰富多样，能体现各等级水平的知识、技能和情感价值目标 能创造性地使用教材，内容充实精要，适合学生水平；结构合理，过渡自然，便于操作；理论联系实际，启发学生思考及问题解决 能根据课程特点，用创新的教学策略、方法、技术解决课堂中存在的各种问题和困难；教学重点突出，难点把握准确 合理选择与应用信息技术，创设教学环境，关注师生、生生互动，强调自主、合作、探究的学习	12

续表

评价维度	评价要素	分值
考评与反馈	采用多元评价方法，合理评价学生知识、能力与思维的发展	4
	过程性评价与终结性评价相结合，有适合学科、学生特点的评价规则与标准	
文档规范	文字、符号、单位和公式符合标准规范；语言简洁、明了，字体、图表运用适当；文档结构完整，布局合理，格式美观	4
设计创新	教学方案的整体设计富有创新性，能体现高校教学理念和要求；教学方法选择适当，教学过程设计有突出的特色	4
总分		40

（三）大赛的原则与目的

"全国高校教师教学创新大赛"致力于推动教学创新，打造一流课程。大赛坚持落实以本为本、推动教授上讲台、推进智慧教育、强化学习共同体、引导分类发展等原则。

（1）落实以本为本。大赛以本科教学为基础，强化人才培养的中心地位，运用先进的教学理念，创新教学模式，优化教学目标，设计教学内容，创新教学方法，改革考核方式，通过教学改革促进学习革命。

（2）推动教授上讲台。大赛倡导教师"回归本分"，推动教授走进本科生课堂，引导教师热爱教学、倾心教学、研究教学，潜心教书育人，成为"德高""学高""艺高"的名师，担当起学生健康成长的指导者和引路人。

（3）推进智慧教育。大赛可以提高教师现代信息技术与教育教学深度融合的能力，鼓励教师积极探索智慧教育新形态，充分利用信息技术开展教学模式改革，推动信息化手段服务高校教育教学。

（4）强化学习共同体。大赛发挥基层教学组织的作用，鼓励高校以教研室、课程组、教学团队等基层教学组织为基础，建设学习共同体，形成传帮带机制，开展教学研究与指导，推进教学改革与创新。

（5）引导分类发展。大赛引导各类高校顺应高等教育普及化时代的多样化发展趋势，适应信息化时代的教学新要求，结合教师教学发展的不同特点和发展实际，推动高校教师队伍建设分类发展。

第五章 教师发展实践案例

第一节 国家与地区案例

一、哈萨克斯坦高等教育利益攸关方的专业能力提升①

1. 背景

新冠肺炎疫情暴发后，许多国家在各个领域均面临着新的挑战。在此形势下，我们需要作出快速和紧急的反应，防止疫情迅速蔓延。同其他领域一样，教育界同样需要寻找维系高等教育的替代方案和有效的教学方法，而开展在线远程教学不失为一个办法，虽然其在实施过程中存在各种困难。除了对教师和学生的技术设备的要求，即电脑、笔记本电脑、平板电脑或智能手机以及稳定的互联网连接之外，主要困难之一是教师缺乏开展在线教学的技能。因此，教师必须尽快掌握远程学习技术，提高 ICT 技能。自 2020 年以来，联合国教科文组织阿拉木图办事处为中亚教师组织了围绕"通过使用远程学习技术实施 ESD"的系列在线培训课程。

ESD 倡议因鼓励可持续的生活方式、人权、性别平等、促进和平与非暴力文化、全球公民意识以及认同文化多样性和文化对可持续发展的贡献而具有重要意义（联合国经济和社会事务部，2015），其核心思想也被注入此次培训课程以期综合提升高等教育劳动力的素质。除了有助于快速适应在线教学环境的工具和互联网服务，培训课程还探讨了 SDGs（可持续发展

---

① 本案例由联合国教科文组织阿拉木图办事处专家 Zeinolla Saule、Omarova Assel 及 Aben Assel 博士提供。

目标）、教学方法、能力本位教育和标准参照评价等主题。这些主题贴合教师的兴趣，并有助于提升他们在培训中的参与度。教育是实施SDGs的重要手段，因为通过学习过程可以构建重要的知识、技能和能力，而这些最终也将运用到各类全球倡议之中。教育另一个重要的方面在于在学习过程中向学生传递有关SDGs的信息，并对学生在认知、社会情感和行为等领域的发展起到潜移默化的影响。ESD倡议以能力为基础的教育，对学习目标、学习组织过程和学生评估系统提出了明确的要求。ESD的概念借鉴了各国在教学方法和学生重要技能发展方面积累的大量经验。同时，关注外部形势的快速发展（如催生在线教学需求的疫情形势）亦十分重要。联合国教科文组织阿拉木图办事处举办的在线培训已使一些教师对探索远程学习技术（包括互联网服务和工具）的可能性产生了浓厚的兴趣。培训后开展的问卷调查显示（问卷调查结果将在"设计和实施"部分详细介绍），不少学员已将培训所学知识运用到其日常教学实践中。

2. 设计和实施

阿拉木图办事处为中亚地区师范类大学的教师举办了两次在线培训（2021年8月和10月）。 如前所述，培训的主要目的是有效实施全球公民理念下的ESD，并提高该领域教师使用远程教学技术的能力。培训的目标群体是来自中亚和南高加索地区师范院校和相关机构的教师。学员在3名导师的指导下完成了培训课程。

为了在培训前有效地了解学员的需求，培训组织方设计了一个入门诊断问卷。问卷调查结果显示，几乎所有学员（占参与填写问卷总人数的96%）都了解SDGs。大多数学员（74%）已经有主持SDGs主题会议的经验。这也佐证了所开发的培训课程的实际重要性。

关于远程教学所面临的最紧迫问题，学员回答如下：最大的困难是由与互联网质量和连接相关的技术问题引起的（58%），这在偏远地区的教育机构中尤其严重；其他主要困难包括学生在课堂上的参与度低（42%）和缺少教授远程学习方法的时间（30%）。因此，在制定和实施此次培训课程时，上述这些问题都被考虑在内，以评估学员是否掌握了有效开展远程教学的方法、技术和工具，并让学生参与到讨论和完成作业的过程中。在完成实践作业的过程中，参训学员讨论了培训课程所提出的方法和工具如何有助于提高学生在教育过程中的参与度。上述情况决定了开展以实践为导向的关于远程教学技术的培训和研讨会并将所学的知识运用到教育过程中去的重要性。

把握学员选择在线学习主题的需求和偏好亦十分重要,这样他们在学习过程中当讨论其感兴趣的相关话题时便能更加重视。针对问卷中"您希望在本次关于远程教育培训的框架内学习 ESD 的哪些主题?"这一问题,学员对以下三个主题尤为感兴趣:互动练习(62%)、远程技术使用的案例(56%)、SMART 原则(44%)。此外,布鲁姆分类法(Bloom's taxonomy)作为此次培训课程制定评估标准的基本方法也引起了学员较大兴趣(38%)。

这些收集到的反馈随后也被用于导师指导学员使用布鲁姆分类法完成制定评估标准的实践作业。学员被分成不同的小组,各组分别制定教育目标和评估标准,发表各自的意见并分享他们在该领域的实践经验。值得一提的是,直播辅导课在 Zoom 平台上进行。所有小组从上午 10:00 至 11:20、11:30 至 12:50 和下午 2:00 至 3:20 参加集中辅导。而分组讨论室则通过 Miro 平台预先设立,并在随后开放用于实践环节。

该培训课程时长为 72 学时:

● 学前模块:2 学时(预习和熟悉课程大纲,掌握 Zoom 平台、Google 云盘、Miro 平台,了解 17 个 SDGs、ESD,用 Google 表格制作的学前自测,登录测试)。

● 核心模块:36 学时(直播辅导、实践课、合作教学、独立作业、作业集答辩、反思)。

● 后期模块:34 学时(更新作业集、按需调整课程材料、组织大师班)。
以上模块根据入门诊断问卷的结果设计。

参加此次在线培训的总人数为 127 人,其中来自 9 个组织机构的 54 名教师参加了 8 月份的培训,来自 8 个组织机构的 73 名教师参加了 10 月份的培训。学员均来自 3 个中亚国家:哈萨克斯坦共和国、吉尔吉斯斯坦共和国和乌兹别克斯坦共和国。在线培训结束后,学员们又开展了一轮涵盖审定、知识转移、讨论和反思的大师班活动,目的在于与他人分享和交流其从培训中所获得的知识。参加这些大师班的人员包括学生、教师和其他利益相关者。8 月份的大师班共计 252 人参加,10 月份的大师班共计 352 人参加。

2021 年 12 月,培训组织方对参训学员进行了一系列培训后的深度访谈(共计 10 次访谈)。此外,阿拉木图办事处在 2022 年 3 月也举办了一些活动,以探讨学员对所获知识和技能的实际应用。

3. 对公平、质量和效率的影响

如今，基于能力的教育应该是一个优先事项，因为其不仅能够满足所有学生和劳动力市场的需求，同时也与国家社会经济的优先事项相一致。ESD 和 GCED（全球公民教育）是将"21 世纪技能"主流化的最有效手段之一（联合国教科文组织，2015 年）。因此，师资培训者参加该方面的培训并提升自身技能显得尤为重要。

在此背景下，教科文组织持续支持教师培训机构培训未来教师并促进其专业发展。阿拉木图办事处举办的在线培训系列有助于有效实施 ESD 和 GCED，培养可持续发展领域的机构变革的主要推动者。培训以第 40 届教科文组织大会通过的新的《2030 年可持续发展教育路线图》为重要参考依据，因为该路线图明确了提升教师和师资培训者在 ESD 和 GCED 方面的能力的战略目标和优先领域。路线图还指明了可由成员国以及包括区域和全球层面的民间社会组织及发展伙伴在内的利益相关方主导或参与的具体相关领域。

此系列培训旨在提高教师公平和民主地使用远程学习技术的能力。培训课程的设计者注重将从入门问卷调查中收集到的数据以及上文提到的方法、技术和工具融入培训课程的设计之中。其中，教学方法或技巧包括但不限于批判性思维、设计思维、团队合作、基于能力的学习、头脑风暴、项目制学习、问题导向训练、故事讲述和标准参照评价。培训中还使用了各种互联网服务和工具，例如 Zoom、Miro board、Google Form、Kahoot 和 Wooclap。这些互联网服务和工具的选择主要是基于培训课程设计者的经验以及互联网上来自教师的积极反馈。其他在选择时的重要标准还包括：访问权限、是否免费、是否易于使用、与电脑和移动设备（平板电脑、智能手机等）的兼容性。

根据实际需求和现状分析，培训旨在教会学员使用此次培训材料的实操技能。培训的出席率以及培训后的访谈都佐证了此次培训的组织工作及其具体实施是有吸引力和有效的。例如，培训十分强调学员个人层面以及团队成员层面的实践训练。培训课程的核心模块包括面向所有学员同步进行的直播辅导课以及用于小组实时练习所学知识的平行实践课。实践课将学员分为 3 个大组，由 3 名导师分别辅导。而每个大组根据所选的作业主题又划分为多个小组。每个小组最多由 6 人组成，需选择一个特定的 SDG 并完成与集中辅导课讲授的主题相关的实践作业，并制作作业集里的各要素。培训结束时，每个小组须根据所学的培训材料制作作业集并进行答辩。此外，根据培训要求希望获得 72 课时培训证书的学员须在培训结束后一个月内参加大师班以分享其在培训中获得的知识。这样一来，学员实际掌握所学材料的技能就得到了多次锻炼。在集中辅导和实践课环节出席率达到 80%，这展示出学员们极高的参与度和对卓越的追求。

培训还倡导采取实际行动，真正有效地为实现 SDGs 作出贡献。培训期间，小组学员就如何实现 SDGs 提出了建议，且大都是制度或社会层面的建议。培训导师特别注意指导和引导学员关注其所制作的作品的切实可行性。最后，学员也提出了课程开发、校园倡导的健康生活方式、博物馆在线参观、指导老年人使用在线应用程序、为公众讲课等方面的建议。参训学员建立了一个小圈子，互相分享知识，并一起完成小组作业。

作业集的答辩也在培训的最后一天以公平的方式进行，并取得了高质量的评估结果。作业集包含了可直接用于随后的大师班的教学材料。学员提出了许多问题，并表达了他们的意见和愿望。值得一提的是，在答辩过程中，许多学员计划了联合活动并表示希望继续合作。培训结束后的一个月内，学员在各自的单位就其培训作业集主题举办了大师班。

在培训结束后开展的问卷调查中，针对如何应用从培训中所获得的知识这一问题，50% 的学员表示他们已经或准备将 SDG 相关内容纳入其所教的学科科目中去，60% 的学员表示培训过程中用到的制作问卷调查的应用程序和平台被学员用于制作其所教课程大纲需要的问卷调查，30% 的受访者已经制定并在课堂上使用了基于能力的方法来确定评估标准。

4. 结论和影响

对此案例的分析表明，阿拉木图办事处需要关注学员各自不同的 ICT 发展水平，对学员分组时也应将这一因素考虑在内。正如学员自己所指出的，在线培训期间学员之间 ICT 能力水平不同是培训过程中遇到的较大阻碍之一。由于基础设施不足、仓促转向远程教学等原因，一些教师未能在课堂上积极使用 ICT 技术。因此培训设计人员根据学员的 ICT 水平将其分组，而这种分组的办法对阿拉木图办事处今后主办的培训可能也有所帮助。

另外一个有效提升培训课程适切性、质量和参与度的办法是直接从学员或其他利益相关者处收集其想法。阿拉木图办事处的培训项目设计人员在培训开始前进行了入门问卷调查并将收集来的意见融入随后的培训之中，最终培训课程得到了学员的积极反馈，且学员的出席率也很高。此外，也可将认知科学或社会行为科学领域的一些基于科学研究的专业意见或已有的相关实际应用纳入培训的设计之中。

培训学员的积极反馈表明，这种在线培训可以成为实施 ESD 和 GCED 的有效途径。通过此类活动，参训教师不仅可以学习到新的远程教学技术，还可以彼此交流知识，甚至和与自己志同道合的老师形成一个个的圈子，共同为更好地实施 ESD 和 GCED 提供新的想法并实施有关项目和计划。而在围绕讨论 SDGs 的各个小圈子里，参训学员也积极将相关的培训材料用于其实际教学工作当中。学员还使用了培训中学到的在线工具，甚至出版了有关 ESD 和 GCED 主题的出版物。鉴于教师需要提升自身的软技能，此类培训正好可以帮助其实现这一目标。通过日常教学活动，参训学员也在为 SDGs 做出自己的贡献。

组织此类培训活动也存在一定的限制和不足，总结如下：

● 预算有限，无法允许全部有意参训者都能参加到培训中去；

● 关于教学法的资料和教材数量有限，关于高校使用现代教学法这方面的实际应用案例也有限；

● 教师无法完全从当前的职责和工作中脱离出来；

● 导师和学员对网络连接质量的高度依赖，尤其是在使用教育应用程序时；

● 参训学员的英语水平不足，降低了某些英语类的互联网服务和应用程序的使用效率；

● 学员 ICT 技能水平存在巨大差异，影响了拟定培训材料的开发速度和完成度。

与此同时，此系列在线培训的成功开展得益于以下因素：

● 参与度。学员对此次培训拟定的主题感兴趣，也意识到了教科文组织关于教学法的相关资源的重要性，这对提升学员的积极性以及作业完成的质量有积极作用。

● 多样性。学员来自不同的地区和机构，这有助于彼此交流经验和接受新的教学方法。

● 小团体。在学习过程中，学员找到了各自的合作伙伴，并形成圈子以进一步合作和助力 SDGs 和 GCED 的实现。

● 协作。教科文组织各办事处和教育机构的支持为此活动的组织和技术提供了保障。

教师在推进 SDGs 和 GCED 领域的团结协作过程中有助于催生新的想法、项目计划，并更好地了解当前各个国家和地区的需求。教师在学习过程中获得帮助亦十分重要，而培训组织者也要关注测试、实施和反馈等环节，并利用远程学习工具向更多的受众宣传 SDGs 和 GCED。

参考文献

Colleges and Institutes Canada. Reference Framework for Implementing an Approach to Support Competency-based Education and Training[EB/OL]（2021）[2022-06-08]. https：//unevoc.unesco.org/up/CICan_CBET_Doc_Eng.pdf

Li Y，Nishimura N，Yagami H，et al. An empirical study on online learners' continuance intentions in China[J]. Sustainability，2021，13（2），889.

United Nations Department of Economic and Social Affairs. Transforming Our World：the 2030 Agenda for Sustainable Development.[EB/OL]（2015）（2022-06-28）. https：//sdgs.un.org/2030agenda

UNESCO. UNESO Clearinghouse on Global Citizenship Education.（n.d.）.[EB/OL]（2022-03-10）[2022-06-28]http：//gcedclearinghouse.org/

UNESCO. Global Citizenship Education：Topics and Learning Objectives. [EB/OL]（2015）[2022-06-28]http：//unesdoc.unesco.org/images/0023/002329/232993e.pdf

UNESCO. Preparing teachers for global citizenship education：a template. UNESCO Office Bangkok and Regional Bureau for Education in Asia and the Pacific. [EB/OL]（2018）[2022-06-28] https：//unesdoc.unesco.org/ark：/48223/pf0000265452?posInSet=4&queryId=48d65163-d7ca-4c55-ae73-a9c62ecd141e

UNESCO. Policy brief：education for sustainable development in Central Asia. [EB/OL]（2019）[2022-06-28] https：//unesdoc.unesco.org/ark：/48223/pf

0000370955?posInSet=3&queryId=4372d004-e3c9-4d98-bd69-d4b031e0ec39

UNESCO. Education for Sustainable Development： A Roadmap. UNESCO. [EB/OL]（2020）[2022-06-28] https：//unesdoc.unesco.org/ark：/48223/pf0000374802.locale=en

二、教师发展区域共同体的探索与实践[①]

烟台大学坐落于国家历史文化名城烟台，是由北京大学、清华大学共同援建的地方高校。北京大学、清华大学支援烟台大学建设第十三次会议上以"聚焦山东省新旧动能转换重大工程建设，持续提升烟台大学学科建设水平，推动校地校企深度融合，助力区域经济社会发展"为主题，提出不断深化区域共同体建设。以此为契机，学校发起成立了胶东高校教师教学发展联盟，形成了"2+1+1+N"发展模式（2指两校援建力量，两个1分别代表烟台大学、联盟平台，N是联盟高校实践共同体）。

胶东半岛主要包括青岛、烟台与威海3个城市，三地地缘相近、风土人情相近，教育发展水平、交流共建等方面具有先天优势和一定的相似度。各联盟单位均成立了教师教学发展中心，不断摸索教师教学发展事业并形成了一定的本土特色；各联盟单位在专业学科建设、教师发展等方面各有建树但又各有短板，有着强烈交流学习的愿望和想法；各联盟单位地理位置毗邻，学校部门及师生层面交流更具有便利性和实操性。

1. 教师发展区域共同体的目标

胶东高校教师教学发展联盟以高校教师教学发展为目标，为胶东高校中青年教师培训、教学咨询和服务、教师发展研究、区域资源共享等搭建一个合作交流的平台。通过联盟的运作和成效反馈机制，探索教师发展区域共同体建设路径，提高教师教学发展成效的达成度，通过做"加法"和"减法"，总结经验和实效，结合区域定位提出教师发展区域共同体建设的若干建议。

2. 教师发展区域共同体的愿景

杜威认为"学校即社会""教育即生活"。他曾说，人们因为有共同的

[①] 本案例由烟台大学焦艳辉提供。

东西而生活在一个共同体内；为了形成一个共同体或社会，他们必须共同具备的是目的、信仰、期望、知识，即共同的了解和志趣相投。

（1）更新教育教学发展理念

长期以来高校教师存在重科研轻教学、教师教学发展意识不强的问题。教师发展区域共同体的构建就是希望通过共同体内成员间的交流，分享教学成果与经验，使教师了解最新的教学研究成果，不断更新自己的教学理念，加快教学知识增长的速度，发展并创造新的教学模式与方法，从而达到提高高校教师教学能力的目的。

（2）拓宽专业知识领域

随着时代发展逐渐出现一批交叉学科，学科交叉研究体现了科学向综合性发展的趋势。作为高校教师必须紧跟时代的步伐，不断拓宽专业知识领域和视野。教师发展区域共同体可以为高校教师教学发展提供良好的平台，在共同体中教师可以认识本专业的教师，更可以结识跨专业的教师，从而有助于教师教学知识的积累，扩大知识积累的广度和深度。

（3）强化教师业务技能

教师的专业技能体现为对课程知识、内容知识和教学方法的实践运用。学术水平高并不一定代表教学能力强。教师发展区域共同体可以通过多种互动交流、培训平台，切实从教师教学过程实际出发，注重教师基本功的养成及信息化教学手段的应用，提升教师教学的专业技能。

（4）激发教师反思意识

美国教育学家约翰·杜威在其著作《我们怎样思维》中强调：教师要进行教学反思。美国学者波斯纳提出教师成长公式，即"经验+反思=成长"。教师发展区域共同体通过提供团体教学反思的平台，促使教师通过交流讨论共同解决教学问题，相互取长补短积累教学经验，使教师在反思中得到成长，逐步提升教师教学反思能力。

（5）营造良好互动关系

构建教师发展区域共同体以自愿参加为前提，各共同体单位倡导民主性领导的管理模式，参与的每一位教师都是平等的，共同打造舒适的学习氛围和良好的人际关系，这既可以激发教师学习的积极性，又培养了教师的团队合作精神，也是重建高校教师合作文化的有效途径之一。

3. 教师发展区域共同体的实践活动

（1）联盟论坛和会议

胶东高校教师教学发展联盟定期召开联盟高端论坛和全体成员大会，由理事单位召集召开会议，理事长单位采用轮值制。联盟会议的主题主要围绕青年教师助教培养、教师培训、课程建设、青年教师教学竞赛、教师教学发展中心建设等内容展开。全体成员单位参加会议研讨，共话教师发展。

（2）联盟高校区域共享专家

胶东高校教师教学发展联盟组建了以教学成果奖主持人、教研项目负责人、教学名师及团队等区域内高校专家为成员的联盟专家库，参与教师发展工作的指导与咨询、教师培训、教学成果奖评审、教研项目评审、课程建设项目评审、青年教师教学竞赛等工作，有力地促进了区域高端人才的交流，为教师发展提供了合力。

（3）共建共享，协同发展

建设教学发展区域共同体，搭建教育资源共享平台，依托烟台大学聘请北大及清华两校名师讲坛的便利，组织北大、清华专家的培训，分享给联盟各单位，共同促进教师发展。各联盟单位负责人带领教师齐聚一堂，深入交流，有力地促进了区域共享。

（4）创新机制，融入日常

通过积极联络、广泛沟通让联盟活跃起来，鼓励区域内青年教师共同参与课程建设，参与微课、慕课建设，提升其信息化教学水平。鼓励区域共同体内的高校互相选课，真正让学生受益。承担山东省高校岗前培训暨教师资格证考试笔试考点之一，辐射近40所胶东高校，为进一步扩大教师发展区域共同体队伍提供了有利条件。

4. 教师发展区域共同体的实践成效

（1）有效地探索了教师发展区域共同体建设路径

胶东高校教师教学发展联盟是山东省率先成立的教师发展区域共同体组织，它搭建起区域性的高校教师发展平台，实现了各高校的优质教师发展资源和先进经验的最大化聚集，促进了胶东区域高校的教师教学发展工作，在共同体内外发挥了对高校教学发展贡献全方位、多角度的作用，也为其他地域高校间区域合作提供了经验参考。

（2）拓宽了教师发展协作共享与开放共融的渠道

教学发展联盟实现了区域高校之间的资源共建共享。确立的集约化运行机制具有高效共融的特点，既提高了联盟单位参与的积极性，又有效促进了教师和学生群体的互动交流；探索的多元、立体、开放的联盟合作方案，实现了联盟单位在专业建设、课程建设、师资培训等领域相互促进、合作共赢的目的。

（3）推动了教师教学发展中心的建设

教师发展区域共同体的搭建在有效推动区域高校建设本校教师教学发展中心的基础上，结合联盟成员高校的实践经验，共同探索如何更好地促进教师教学发展，各联盟单位的教师教学发展中心管理体制机制基本理顺，工作职责和重心较为明确，业务范围不断拓展和创新，在高校教育管理体制中的地位逐步凸显。

（4）促进了区域高校教师培训体制的研究与实践

目前高校中青年教师队伍庞大，如何有效地对这个群体进行培训是一个需要进行大量研究与实践的工作。在实施教师助教培养制度的基础上，教师发展区域共同体的建设促进了联盟高校之间更加广泛和深入地开展研究和实践，通过协同推进、资源共享，切实提升了高校师资培训水平。

5. 教师发展区域共同体建设反思与建议

一是目前尚无教师发展区域共同体运作机制和建设的标准可供参考。教学发展联盟在工作中只能依据实效，适时调整运行方案，探索运行架构，在实践中发展壮大胶东高校教师教学发展联盟，期待有更多的共同体建设实践供参考借鉴，并探索出一套行之有效的工作标准。

二是区域共同体成员的自身建设水平参差不齐是影响教师发展区域共同体建设成效的重要因素。现在教师发展区域共同体基本框架已经达成，在宏观上基本达到了促进教师发展的初步愿景，由于个体的差异，尚需进一步挖掘更具实操性和针对性的个体化细化方案，探索与日常教学相融合的教师教学发展机制。

三是在"谋大局、筑新篇"顶层设计方面尚需努力。在"新工科""新文科""新农科""新医科"建设上，进一步探索教师发展区域共同体建设新路径。

第二节　学校案例

一、大学课程团队阶梯式教学能力提升路径[①]

1. 面临的问题与挑战

山东理工大学位于山东省淄博市，是以理工为主的多科型大学，主要培养应用型高级专门人才。"模拟电子技术"是电气工程及其自动化、电子信息工程等专业的工程基础课，64学时4学分，授课对象为大二学生，先修课程有高等数学、大学物理和电路。学生通过先修课程的学习已具备基础的电学知识，能够建立基本的电路模型，具有分析基本电路的能力；他们喜欢相互协作学习，善于利用新技术，部分学生具有通过查阅文献获取新知识的能力，能够独立地分析及解决问题，部分学生有较高的学习积极性和求知欲。但是由于课程概念多，公式推导烦琐，学生难以把课程的理论与实际问题相联系，同时课程实践性很强，但实验学时比较少，学生动手能力较差，学习持久性差，课堂互动较差，学习效率低，学生自主学习能力、解决复杂工程问题的能力和创新意识需要强化和培养。

针对上述问题，传统的以教为中心、以课堂为主、以结果考核为主的教学模式已不能满足要求。而信息化教学模式为学生提供了灵活、个性、自主的学习机会。教师若能适应信息化时代要求与时俱进，充分利用信息化技术，探索新的教学模式，将能有效地调动学生对学习的积极性，提升学生对学习的主观能动性，提高教育教学的效率。然而在探索信息化教学的过程中，教师在教学能力方面存在以下问题与不足：

（1）教学理念滞后，教学效果不佳；

（2）信息化教学资源设计和开发的能力不足，视频制作软件应用不够熟练，不了解教学视频或微课制作的有关原则和技巧、不了解课件制作的原则要求；

[①] 本案例由山东理工大学李震梅、周辉、张岩、刘雪婷、丁蕾提供。

（3）使用信息技术工具对电路进行仿真和开发线上网络型虚拟实验能力有待提高；

（4）未能准确理解和把握混合教学的主要特征要求，线上与线下、课前、课中和课后教学没有很好地融合；

（5）网络教学平台、智慧教学工具使用不熟练，不能合理地应用到课程教学中；

（6）高质量的问题设计偏少，线上和线下教学互动与讨论不多，利用信息技术激发学生学习兴趣的能力不足；

（7）对教学活动过程中产生的数据挖掘、分析和运用能力不强。

2. 阶梯式教学能力提升策略

针对上述问题，提出了三阶段教师教学能力提升策略。第一阶段，教师提高认知、转变观念阶段，使教师具有信息化教学的初级能力；第二阶段，教师梳理和整合知识点的能力，建设及整合课程资源的能力提升阶段，使教师具有信息化教学的中级能力；第三阶段，教师将信息技术与教学深度融合的创新阶段，包括教师创新教学模式能力、创新教学设计能力、创新教学评价能力，使教师具有信息化教学的高级能力。

（1）提高认知、转变观念阶段

该阶段主要是提高认知、转变教学理念，了解信息化环境下的教学方法，提高教师对信息化教学的内涵、特点的理解。教师首先对信息化教学进行理论学习，通过查阅资料学习布鲁姆的教育目标分类、信息化教学的表现形式及特点等，积极参加各种培训，聆听校外校内专家报告，定期参加信息化教学研讨会、交流会等，以提高对信息化教学的认识。

信息化促进教学理念的转变。教师从"教学"向"导学"转变，学生由"听学"向"研学"转变，教学从以"教"为主向以"学"为主转变、形式以课内为主向课内外结合转变、以线下为主向线上线下混合式转变，评价以结果考核为主向结果和过程结合转变，强调理论、实践、应用相结合。逐渐形成"融教书育人、知识传授、能力培养、素质教育于一体"，"以学生为中心，注重能力培养，持续改进"的教学理念。

学习信息环境下的教学方法。通过文献查阅、参加研讨会，理解信息环境下的教学方法，如翻转课堂教学方法，建立课前学习、课中活动、课后检测之间的联系，实现培养学生分析问题和解决问题的能力和敢于表达自己的主张，形成探究学习的习惯的目标。同时请教专家和有经验的教师如何组织课堂教学。

（2）信息技术与课程整合阶段

信息技术与课程整合阶段主要在组建课程团队的基础上进行知识点的梳理和教学设计、课程资源建设与整合。在此阶段，教师信息化教学资源设计和开发的能力、使用现代化工具对电路进行仿真和开发线上网络型虚拟实验能力、教学设计能力均得到提高。

组建课程团队。模拟电子技术课程团队分为三级管理，精诚合作并制定相关的规章制度。课程负责人负责整个项目的实施和管理，把人员分成5个组，实行组长负责制，分别是：课程规划组、视频录制与视频编辑组、题库建设组、实践设计组、维护答疑组。负责人负责知识点的梳理、教学设计；视频组研讨课件录制，并将录制的视频进行后期制作；题库建设组细化知识点测试题库，确定主观作业；实践设计组商定实验内容案例和网络在线虚拟实验及线下虚拟实验的开发。

知识点的梳理和教学设计。按照布鲁姆的教育目标分类学的要求，知识点的选取应把握以下几点：通过电路综合设计选取知识点、通过实际应用选取知识点、围绕实际项目选取知识点。编写知识点的教学目标、重点、难点及解析，知识点预习要求，精心设计各知识点的问题。确定各知识点的教学模式，教学实施方案、学习指导。确定知识点关联的学习进程，各知识点的资源呈现方式，包括教师讲解视频、PPT、电子教案、在线仿真、实验视频等。确定各知识点的测评方法，包括课堂讨论、作业、在线测试、电路设计、虚拟实验、提问、实物实验等。

在教学设计中应充分考虑体现以学生为中心的3个要素：要在学习过程中充分发挥学生的主动性，要能体现学生的首创精神；要让学生有多种机会在不同的情境下去应用他们所学的知识；要让学生能根据自身行动的反馈信息来形成对客观事物的认识和解决实际问题的方案。教学设计包括学生用自主学习任务单和教师用教学设计单。教师用教学设计单的内容主要有教学基本情况、学情分析、教学内容、教学目标、教学资源、设计思想。

课程资源建设与整合。模拟电子技术是山东省精品课程，有丰富的教学资源，但这些资源并不适合信息化教学，如每个视频时长50分钟，一章一个课件，作业、测试不能进行自由组卷和自动批改等，因此需要重建适合信息化教学的课程资源，重点加强微课视频制作、题库建设、网路在线虚拟仿真实验、英语教学资源、辅助教学资源和 MOOC 环境下的新形态教材开发等。

（3）信息技术与教学深度融合创新阶段

该阶段包括创新教学模式、创新教学设计和教学组织、创新教学评价，是信息技术与教学深度融合创新阶段，旨在提升教师信息化教学的高级能力。

创新教学模式。将翻转课堂、对分课堂、问题导向、合作学习融入教学，实现教学实验同步化、虚拟实验全程化、认知过程层次化、综合设计项目化、自主创新实战化。

● 将翻转课堂融入教学：建立课前学习、课中活动、课后检测之间的联系。

● 将对分课堂融入教学：把一半课堂时间分配给教师讲授，一半时间分配给学生讨论，重要的是采用"隔堂讨论"。

● 将问题导向融入教学：引导学生学着问、学会问，用问题驱动教学。

● 将合作学习融入教学：可以采用同桌、四人小组、六人小组、好朋友合作学习等多种形式，采取发言人轮流担任的制度。

● 教学实验同步化：将课程的理论教学与实验、实习、设计、考试融为一体。

● 虚拟实验全程化：将虚拟仿真融入整个课程体系，软硬结合。

● 认知过程层次化：将认知过程分成"概念的讨论—基本原理的应用—综合问题的小组协作探究" 3 个层次。

● 综合设计项目化：学生的学习在几个循序渐进的项目驱动下独立完成。

● 自主创新实战化：创新活动与教师科研密切结合、创新活动与大学生科技竞赛相结合，培养学生的创新能力。

不同的知识点采用不同的教学模式，通过该教学模式的实施可以培养学生自主学习、合作学习和研究性学习的兴趣，提高学生分析问题和解决问题的能力，同时培养学生的工程应用能力和创新精神。

创新教学设计和教学组织。确立了基于混合教学"两线三段八环四评"教学组织策略，引导学生进行探究式与个性化学习。两线：线上、线下。三段：课前预习、课中内化、课后拓展。课中包含"导入、精讲、测试、研讨、设计、仿真、展示、拓展"共八个环节，通过训练使学生会学习、会思考、会表达、会合作、会质疑、会解决问题，打造高效的智慧课堂。

四评：评价学生参与度、满意度、测试通过率、教学目标达成度，根据评价结果调整教学策略。

创新教学评价。构建以过程评价与能力培养为导向的多元化、全方位考核评价体系。制定每个考核项目的评价标准。过程性评价和终结性考核分别占50%，终结性考核采取期末闭卷考试方式。过程性评价包括课堂互动5%、在线测试5%、在线自主学习5%、课程思政2%、实物实验10%、翻转课堂5%、作业和综合设计10%、虚拟仿真8%，发布具有挑战性的拓展讨论问题、设计提高题等以增加课程的挑战度，实现学生解决复杂工程问题的综合能力和创新能力的提高。

3. 教师能力提升效果

（1）教研能力、教学设计能力以及教学组织能力显著提高

通过实施全员信息化教学培训计划、基于混合式教学的"两线三段八环四评"教学组织策略的推广、督导全程监督指导，团队成员的信息化教学能力、教学组织能力显著提高，团队被评为山东省电工电子教学团队，课程负责人获山东省高等学校教学名师称号，改革成果获4项山东省教学成果奖，课程被评为山东省一流课程和山东省资源共享课一等奖。团队成员连续3年评价优秀率达100%，3人获校教学优秀奖，5人次获校级教学质量奖。

（2）青年教师快速成长

通过实施青年教师培养计划并参与课程改革，青年教师快速成长，获校教师创新比赛一等奖1项、校青年教师讲课比赛一等奖1项。

（3）信息化教学手段融合到教学中的能力显著提高

团队成员能有效地把信息化教学手段融合到教学中，将网络教学平台和智慧教学工具合理和熟练地应用到课堂教学中。近两年课堂上采用手机投票表达观点30 897次、随机点名2598次、测试抢答436次。调查问卷显示，95%以上的教师认为自己能够熟练地进行微课制作，能够对学生在学习活动过程中产生的数据进行分析，对学习困难的学生进行及时的辅导，同时教学设计能力得到了提高。近两年团队分别获得学校教学设计大赛、教学创新大赛一等奖。

由于教师混合式教学能力的提高，近三届电气工程及自动化专业学生参与课堂教学的积极性得到提高，成绩优良率逐年增加，不及格率逐年降低。调查问卷显示，92%以上的学生对课程满意，认为激发了学习兴趣，提高了自主学习能力，提高了口头表达能力，提高了团队合作能力和解决复杂问题等能力。

（4）教师使用现代化工具对电路进行设计与仿真能力提高

团队成员能够熟练使用现代化工具对电路进行设计与仿真，并将虚拟实验应用到课堂教学、实验教学、课程设计、教材内容中，得到学生的一致好评。

4. 反思及工作展望

通过实施三个阶段的阶梯式教师教学能力提升策略，团队成员的教学设计能力、信息技术应用能力、教学组织能力、教学评价能力、教学研究与创新能力、持续改进能力均得到了提高。由于本团队承担的是电子类、计算机类、机械类等专业的工程基础课，教师教学能力提升策略有一定的针对性，如果将经验推广至不同区域、不同高校、不同学科、不同专业则需要进行进一步的研究。另外，学校需要构建网络教学平台、智慧教室等，为教师进行信息化教学提供保障，组织课堂听课、网络观课、专家评价、学生评价，定期组织教学设计大赛、微课大赛、青年教师讲课比赛等各级各类的教学竞赛活动，促进教师教学能力持续发展。

二、优化数字素养养成机制，提升教师混合教学胜任力[①]

1. 背景

扬州大学是江苏省属重点综合性大学，秉承"坚苦自立"的校训，坚持立德树人、以生为本的理念，紧跟信息时代步伐，不断深化信息化教学改革。自2007年以来，学校一直基于"清华教育在线"网络教学综合平台开展校本在线课程资源建设和应用工作，积极引导教师开展混合课程建设与教学实施，相关混合教学案例入选联合国教科文组织《混合教学白皮书》。2016年，为进一步评估学校课程建设应用现状和未来发展趋势，学校对2007—2015年近8年的平台应用数据进行了大数据分析发现：在线课程覆盖面广，基本实现人才培养方案课程的全覆盖；课程实际应用比例低，与

---

① 本案例由扬州大学王佳利提供。

课堂教学融合程度浅；在线有效反馈少，交互效果差。结果发人深省：前期政策、制度较多关注"量"而较少规范"质"，教师被动使用教学平台；教师混合教学能力欠缺，在线教学依然游离于日常教学之外。

与此同时，综合性大学教师大多没有教育学相关专业的学习研究背景，对信息技术环境下的教学设计缺乏必要了解，数字素养参差不齐；传统教师发展相关能力培训活动以行政手段为主，教师多被动参与；虽然进行了阶段性推广，但长期性支持少；面上技术虽然普及，但核心理念、技术应用效度方面程度浅。

鉴于此，学校尝试跳出传统培训机制条框，在"互联网+"环境下进一步优化教师数字素养养成机制，努力构建教师学习共同体（社区），在有效提升教师混合教学胜任力方面做了一些实践探索，以提高教师开展混合教学的主动性、有效性和持久性。

2. 探索

（1）优化教师数字素养养成机制

随着智能技术的飞速发展与广泛应用，广大管理者在推进信息化教学改革时发现：挑战不只来自技术应用本身，唤醒教师尝试开始的意愿和支持教师持续应用的动力才是跳出技术型教学的根本出路。基于此，学校率先探索"互联网+培训"教师数字素养提升机制，采用现场与网络并存的培训方式为教师提供相关服务。培训以教师教学能力发展为核心目标，从参与方式、参与内容与激励方式上跳出传统培训组织条框，形成吸引教师主动参与、引导教师持续参与和激励教师有效参与的数字素养提升新模式。

（2）创新方案内容设计

针对学科特点和教师实际需求，围绕现阶段亟待提升的混合教学胜任力要素，基于混合课程实践，提出以校为本、基于课堂、问题驱动、注重实效的教师混合教学能力提升方案。

方案以提升教师职业效能感为终极目标，从课堂现实问题出发，从教师教学和技术困惑角度思考，全面梳理了教师在开展混合教学过程中的各方面需求，先后设计了14个主题（见表5-2-1），贯穿混合教学设计、开发、实施、评价全过程，旨在提升教师混合学习环境设计能力、混合环境下的学习评价与质量监控能力、基于学习分析的个性化教学能力和混合教学的灵活自适能力等现阶段教师亟待提高的相关混合教学能力。

第五章 教师发展实践案例

表 5-2-1 扬州大学混合教学能力提升培训主题模块一览

对标混合教学胜任力相关要素	主 题	主 要 内 容	适 合 对 象
成就动机、教学反思、信息素养	网络教学综合平台（M版）应用及答疑	1. 线下课堂的困惑； 2. 如何快速上手？ 3. 平台应用小技巧； 4. 现场答疑解惑	希望了解并利用平台开展网络教学的教师
课程设计、创新精神、信息素养、持续改进	基于平台的个性化课程设计	1. 为什么要进行混合课程设计？ 2. 如何开展混合课程设计？ 3. M版串联教学资源与活动的具体方法	希望基于平台建设优质混合课程的教师
信息素养、持续改进	数字教学资源开发与利用	1. 学习者需要什么样的在线数字资源？ 2. 如何完美展示已有Word、PPT、视音频等	希望完美利用平台展现现有教学资源的教师
信息素养、持续改进、创新精神	我的微课，我做主！	1. 如何做好自己的微课导演？ 2. 如何做好微课主演？ 3. 自助微课录制教室使用方法及现场功能实操体验	所有教师
信息素养、持续改进、创新精神	混合课程中的微视频制作与利用	1. 何为微课？ 2. 如何用CS自制微课？ 3. 如何在平台中利用微视频（播客单元的设计和使用）？ 4. 其他微资源的制作技术	希望学习微资源制作技术的教师
教学反思、互动维持、学习分析、混合教学策略	混合教学模式下如何有效开展在线教学互动	1. 您设计的在线活动有效吗？ 2. 有效开展在线互动的原则和具体方法； 3. 线下课堂如何利用在线互动成果？	希望提升在线教学互动效果的教师
教学反思、互动维持、混合教学策略、学习分析	基于网络数字平台的课堂参与度提升方案	1. 手机APP及随堂教学功能； 2. 基于案例讨论如何利用技术工具改善课堂参与度	希望利用技术工具提升课堂参与度的教师
评价素养、互动维持、质量监控、教学反思、学习分析	数据分析改进日常教学	1. 平台相关数据分析功能； 2. 基于案例讨论如何有效利用数据结果改进课程设计	希望了解数据分析方法提升课程实施效果的教师
教学反思、信息素养	网络数字平台新功能助力混合教学	1. V9.0设计理念及重点功能介绍； 2. 基于案例讨论如何利用平台实现高质量混合课程设计	全体教师

续表

对标混合教学胜任力相关要素	主 题	主 要 内 容	适 合 对 象
成就动机、互动维持、评价素养、教学反思、质量监控	如何基于网络教学平台开展研究性教学	1.为什么要开展研究性教学？ 2.如何利用网络教学平台管理研究性教学？ 3.实践体会分享交流	希望了解和利用网络教学平台研究型教学模块的教师
评价素养、互动维持、质量监控、教学反思、学习分析	混合课程的考核和评价	1.混合教学的评价考核策略； 2.如何利用网络教学平台成绩管理模块进行评价？ 3.实践体会分享交流	希望了解和开展混合教学评价的教师
成就动机、教学反思、混合教学策略、信息素养	现身说法（基于网络教学平台的混合教学实践分享）	1.混合教学的实践方法分享； 2.混合教学实施效果分享和交流	所有教师
教学反思、混合教学策略、信息素养	思维导图应用初步	1.何为思维导图？ 2.如何制作思维导图？ 3.思维导图在混合教学中的应用； 4.优秀思维导图设计案例分析	希望了解并利用思维导图开展教学的教师
混合教学策略、互动维持、信息素养	如何用好智慧教室？	1.如何利用智慧教室功能开展分组互动教学？ 2.智慧教室课堂情境案例分享	所有教师

与此同时，为扎实做好校级混合课程申报、立项，创新性地开展"混合课程设计与建设"混合式培训，采用线上自主学习+线下集中研讨相结合的培训方式：线下导学明确课程建设目的、意义、任务和方法，全程线上自学"混合课程设计与建设"课程并完成相关活动（15~20天），线上课程结束后再线下集中解决自学难点、疑点，并点评、研讨学员课程设计案例。混合培训为教师提供了站在学生角度体验混合学习的绝佳机会，为后期教师设计与建设混合课程作了有益的示范。

（3）创新方案实施方法

在参与方式上，方案充分考虑教师主体地位，作了全新的尝试，即提供松散式培训时间支持教师参与，采用预约式培训制度保证参与效果。用问题引导教师思考，用内容吸引教师参与，用收获鼓励教师跟进，教师参与各主题后续预约率达95%以上。

在培训形式上，各主题多采用研讨、沙龙形式开展，注重教师的培训体验。各主题实施策略均以理念引领为先导，以问题解决为抓手，重在激发教师参与混合教学的主动性、有效性和持久性，特别是涉及技术能力习得方面，让教师在培训中体验技术优势，在课程建设中实践技术能力，在教学效果中感受技术赋能，全面提升教师的数字素养和混合教学能力。与此同时，利用微信公众号、QQ群突破时空限制，畅通服务渠道。

在培训讲师选派上，采用校企合作模式，即学校教务处与网络教学平台研发单位清华大学教育技术研究所、优慕课在线科技有限公司通力合作，合理分工，以保证方案的常态化实施。

3. 成效

（1）成功构建混合教学共同体，校园混合教学氛围浓郁

通过教师混合教学能力提升方案的实施，充分利用与激发了教师参与混合教学改革的主动性，自2015年春季至今培训影响力不断扩大，教师主动参与意识愈发强烈（如2017年秋季学期预约火爆，自发出通知的5小时内所有场次名额全部约满），自主预约率近100%。迄今已成功开展包括14个主题的119场培训活动，参与教师2625人次；培训满意率达100%，后续再预约意向率达95%以上。培训教室、QQ群成为广大教师学习、交流混合教学经验的绝佳场所，校园混合教学实践氛围愈发浓厚。2020年春季的新冠肺炎疫情令众多老师措手不及，而前期参与培训、建设混合课程的老师则纷纷表示自己应对疫情期间的在线教学十分坦然，切实享受到了一波培训红利。

（2）扎实建设校本混合课程，培育国家一流混合课程

灵活且富有针对性的培训工作为学校新阶段混合教学改革的有效开展奠定了坚实基础。2016年底学校启动混合课程建设项目，申报教师多参与过先期培训活动，对混合课程建设项目的认识准确、参与意识强，建设实施效果也较好。2016年至今学校共开展4轮校级混合课程建设项目的立项工作，共立项建设混合课程121门次。《蔬菜栽培学》获首批国家级线上线下混合式一流课程，《跨文化交际通识通论》《声乐作品赏析与演唱》获首批国家级线上一流课程。2021年，《大学计算机》《汽车文化与新技术》等9门课程获批江苏省首批线上一流课程；《投影理论与制图基础》《烹调工艺学2》等12门课程获批江苏省首批线上线下混合式一流课程。

4. 启示

教师教学能力发展是决定人才培养质量的关键因素。六年来学校对教师混合教学能力提升的实践历程对高校教师教学能力发展及日常教育管理工作至少有如下几点积极启示：

（1）信息时代应积极顺应时代潮流，积极转变教学管理服务支持理念，改变由上至下的传统管理方式。利用新技术消除与一线教师的交流壁垒，建立有效的信息沟通渠道。

（2）在愈发个性化的时代，简单行政命令方式应予以减少或删除，应积极想办法改"要你来"为"我要来"，体现以人为本的教学服务与支持理念。教学管理者应更积极地了解服务对象的需求，构建个性化的服务内容，以迎来服务对象的积极响应。

（3）鼓励主动参与教学服务，信息时代的优质课程绝不是教师的个人成果，好课需要学科教师、教学设计人员、技术支持人员通力合作、反复打磨。特别是教育教学亟待与信息技术深度有效融合，每一位教师发展服务人员应不断提升自己，积极协助教师的课程建设，做新时期课程的协作者，在课程设计、资源制作、课程实施等各环节给予教师有力的帮助。

（4）建设专业教师发展队伍，搭建系统化、校本化、常态化的教师发展平台。当今各高校教师发展中心职能定位多为管理，日常教研活动依赖基层（学院）教研组织，师资培训又多以在线课程和专家讲座为主，教师教学能力提升的可持续性较为欠缺，如高校能拥有自己的专业教师发展队伍，系统开展常态化教师发展活动，辅以外部专家的阶段性指导，则能切实提高教师专业能力。

三、服务师生学习共同体的教师职业发展探索与实践[①]

内蒙古民族大学始建于1958年，坐落在内蒙古自治区东部的通辽市，是一所学科门类齐全、办学特色鲜明的综合性大学，累计培养各类人才19万余名，为国家、地方经济社会发展和安全稳定做出了重要贡献。学校开设本科专业79个，近年来找准办学服务定位，坚持务实办学、开放办学、

---

① 本案例由内蒙古民族大学任军、梁怀宇提供。

创新办学、特色办学理念，以服务国家发展战略和民族地区经济社会发展，建设人民满意、特色鲜明、区域一流的高水平大学为己任，深入推进教育教学改革，抓住教师队伍建设这一关键点，以服务师生学习共同体为导向，探索建立教师职业发展新路径，取得了显著成效。

1. 面临的问题与挑战

信息时代，多数地方高校以教师为中心的传统教学理念依旧根深蒂固，面对知识爆炸、数字技术和学习革命的挑战，大学生学习状态不佳，就业质量不高。这种理念落后、模式陈旧、方法单一的教学模式导致人才培养质量不高，已不符合新技术革命对人才培养的新要求，无法很好满足经济社会发展和行业企业对人才的需求。培养一流人才，教师是关键。当前地方高校教师队伍建设普遍存在教学理念陈旧，教学学术能力、信息技术应用能力、教学方式方法创新能力、教学持续改进能力不足等突出问题。地方高校要形成自己的办学特色，首先要重点抓好教师队伍建设，坚持问题导向，突出教师教育教学能力提升，积极探索教师职业发展新路径。

（1）以教师为中心的教学理念根深蒂固

当前高校教师中普遍存在教师为中心的教学理念，教师作为"表演者"习惯于"讲"，学生作为"观众"习惯于"听"。教师课堂上过分关注怎么教、怎么完成教学任务，而忽视了学生的课堂参与程度、思考问题及运用知识解决问题的能力。传统教学理念不利于调动学生学习的积极性，无法完全激发学生的好奇心，不能充分挖掘学生学习潜能，问题意识缺失，发展后劲不足，不利于培养学生的自主学习能力、团队意识和创新精神。

（2）教师四种能力不足严重制约了教师职业发展

一是教师教学学术能力缺乏。各高校深受"重科研轻教学"价值取向影响，加之学校不善于引导教师开展教学研究，教师一入职就没有牢固树立教学学术概念，不擅长教学研究，把教学过程看作是简单劳动，于是只能墨守成规，年复一年，日复一日，教学必然处于低水平重复状态，没有显著改进和创新。最终导致教师在鲜活的教学实践面前毫无生机及活力可言，教师的教学创造力被严重制约，职业发展进入"倦怠"状态。

二是信息技术整合能力弱化。信息化时代，利用信息技术改造传统课堂是实现教学创新的有效手段。但绝大多数教师存在信息技术停留在技操作层面的情况，不善于将信息技术与传统课堂深度融合，以服务于教学、促进教学方式方法创新。

三是教学方法创新能力滞后。长期以来各高校教师习惯于固守陈旧的以教师为中心的灌输式教学方法，很少研究使用探究式、讨论式、任务驱动式等高效教学方法，课堂上只埋头于讲，不关注学生的学习状态，学生学习兴趣不高、动力不足，没有达到深度学习的程度，有些学生即使人在教室，也没有把注意力放在听课上，学生玩手机、睡觉现象较为普遍。

四是教学持续改进能力不足。多数高校教师主动适应外部环境变化能力较弱，缺少教学反思环节，不能及时更新教学理念、储备新知识、掌握新技能，不善于收集、分析教学过程中产生的各类状态数据，不会及时根据分析结果制定整改措施，并应用于下一轮教学过程中。

2. 教师能力提升的路径

学校本着"以学生为中心"的教学理念，主动适应"互联网+"时代的教育发展趋势，制定并实施了课改工程，启动了"线上、线下"相结合，"课前、课中、课后"一体化的课堂教学改革，并以服务新型师生学习共同体为导向，以转变教师教学理念为引领，提升教学学术能力、信息技术整合能力、教学方法创新能力、教学持续改进能力等四种能力为抓手，探索建立了教师职业发展新路径。

（1）教师培训标准化，促进教师转变教学理念

学校重视教师培训工作，出台了《新进教师岗前培训工作实施方案》《教师教学能力培训实施办法》等文件，明确了教师培训标准，采取岗前培训与岗中培训相结合、校内培训与校外培训相结合、线下集中培训与线上自主培训相结合等方式，开展了大规模教师教育培训，转变教师教学理念，开阔教师视野，提升教师教学能力。建立了教师"讲台"准入制度，新进教师一年内不得承担教学任务，须接受一个学期的入职培训，内容包括高等教育基本理论、教学理念等专题讲座，以及观摩教学、教学技能实践训练及试讲考核等，引导新教师牢固树立"学为中心"的教学理念；考核通过后，撰写为期三年的个人教学发展计划并在教研室范围内讨论，经学院审核后交教师发展中心备案，并随指导教师听课、备课；正式上岗前必须通过学院和教务处组织的试讲，教务处组织的试讲采取随机抽取内容的方式进行，近5年试讲教师367人，首次试讲通过率为81.2%。通过开

展专题培训持续转变教师教学理念,提升教师教学能力。2015年以来到四川大学等国内一流高校开展集中培训11期,培训教师614人次;先后邀请来自清华大学、同济大学、美国蒙大拿大学等高校的40余位知名专家到校进行集中培训;充分利用教育部全国高校教师网络培训中心资源,购买在线课程283门次,供全校教师自主学习使用。大规模的教师培训转变了教师教学理念,提升了教师教学能力,为学校实施"二三四五"课改工程打下坚实基础。

(2)教学研究与研讨常规化,提升教师教学学术能力

学校重视教学研究工作,为更好地服务学科发展和教育教学,出台了《内蒙古民族大学教育教学研究管理办法》,每年划拨专项经费针对教师教学过程中的痛点问题开展立项研究工作,并鼓励教师积极申报自治区级、国家级教育科学研究项目,近5年获省部级以上教研课题217项。学校充分发挥教师发展中心和系、教研室、教学团队等基层教学组织的作用,定期邀请教学名师、优秀主讲教师、示范课教师、教学技能奖获奖教师等教学能力强的骨干教师举办教学沙龙、教学观摩等活动,为教师交流经验、研讨教学方法、提升教师教学学术能力搭建平台。2015年以来学校共举办教学沙龙133期,参与教师5200余人次;举办教学观摩活动23次,参与教师2400余人次。教研立项和教学研讨活动的开展提高了教师教学学术能力,为教师高质量教学筑牢了基础。

(3)信息技术培训专题化,促进教师提升信息技术整合能力

为推进课堂教学改革,学校出台了《混合式教学模式改革系列培训实施方案》,开展了教师信息技术应用专题培训。2016年以来在清华大学、华中师范大学举办培训班12期,培训教师476人次;邀请来自清华大学、陕西师范大学等高校的10余位知名专家到校进行信息技术专题培训;邀请信息技术应用能力较强的教师采用送培训到学院的方式,用实践案例推广信息技术应用经验。信息技术专题培训提升了教师信息技术应用能力,促进了信息技术与教育教学有机融合为打造线上、线下相结合,课前、课中、课后一体化的师生学习共同体提供了技术保障。

(4)教学能力与创新比赛常态化,提升教师教学方法创新能力

学校重视教学比赛对教师教学能力水平和教学质量提升的促进作用,每年举办一次青年教师技能大赛、课程思政教学设计大赛和教师教学创新

大赛,每两年举办一次教学设计、微课教学、优秀教案、优秀课件、板书、说课等教学技能评比,近5年累计参与1063人次。通过一系列教学比赛激发了教师的教学热情,教师的教学设计、教案撰写、板书、课件制作、说课等教学能力和信息技术与教育教学的融合能力得到较大提升。同时,在比赛过程中青年教师能学到老教师的丰富教学经验,老教师能学到青年教师以信息技术为代表的新模式和新方法,教师们相互学习、取长补短,不断开拓教学视野,更新教学方法,持续提升教学能力。

(5)教学激励制度化,提升教师教学持续改进能力

为持续提升教育教学能力,学校建立了教学荣誉制度,出台了《内蒙古民族大学卓越教学奖评选办法》《内蒙古民族大学教学技能奖评选办法》《内蒙古民族大学优秀教学奖评选办法》等一系列文件,设置了八大类43个教学奖项,覆盖面广,奖励力度大。同时,将教学奖项作为教师职称评审和申报教学质量工程项目的重要依据。2015年以来评选卓越教师3人,教学名师12人,优秀主讲教师20人,教学技能奖教师330人,优秀教学奖教师104人。教学奖励、激励机制的实施增强了教师的成就感、荣誉感,促进教师热爱教学、投入教学、研究教学,教师教学积极性大幅提升,教师课堂教学优良率稳步提升。

3. 取得的成效

(1)打造了新型师生学习共同体

通过培训转变了教师教学理念,推动了教师教学理念由"以教为主"向"以学为主"转变,促进了现代信息技术与教育教学深度融合,推进了"课前、课中、课后"一体化教学改革,打造了新型师生学习共同体,提升了教师教学水平,培养了学生自主学习能力。学校被评为"混合式教学改革示范院校",学校课堂教学改革成果《实施"二三四五"课改工程,构建师生学习共同体,全面提高教学质量》获2018年国家教学成果二等奖,《民族高校混合教学改革研究与实践》获2019年国家民委教学成果一等奖。

(2)强化了教师的教育教学能力

通过培训、研讨、比赛等措施,广大教师转变了教学理念,创新了教学方法,提升了现代信息技术应用能力和教育教学能力。近5年课堂教学优良率稳步提升,由89.9%提高到98.38%。涌现了一批优秀教师和典型案例,他们结合学情和课程特点,自己总结、创造了一些教学方法,并应

用于教学中，取得了较好的效果。学校教师撰写的《混合式教学改革推进机制与策略》《教育信息处理课程改革》两个案例入选《新媒体联盟2017中国高等教育案例》，《混合式教学改革理论与实践》案例获中国高等教育学会信息技术教育分会信息技术与教学深度融合案例一等奖。54人次获自治区及以上教学奖项，多人受邀在全国性会议上交流经验，2017年学校被评为信息化建设试点优秀单位，《中国教育报》《中国青年报》等媒体先后5次报道。

（3）提高了学生学习质量

运用信息化技术打造的新型师生学习共同体突出了学生的主体地位，调动了学生的积极性，提高了学习质量。调查结果表明：学生在课程网络平台人均访问31.1次，网络发文6.8次，提交作业5.5次；93.7%的学生认为混合式教学提高了学习质量，92.6%的教师认为混合式教学提高了课堂教学效果；83%的教学改革班成绩高于对照班。2019—2021年的《中国大学本科毕业生质量排行榜》显示，学校将E类生源培养至D类、D+类毕业，人才培养质量提升2~3个级别。学生考取研究生人数由2015年的431人增加至2020年的856人，增幅达98.6%。近5年学生在学科创新方面获省级以上奖励1792项，其中国际级3项、国家级224项、自治区级1565项。毕业生就业率由87.6%持续增长至93.5%，据麦可思调查数据显示，学校就业现状满意度、通用能力达成度和工作与专业相关度稳步提升，均高于全国非"211"本科院校平均水平。2021年9月发布的中国公办大学创新创业竞争力排行榜显示，学校进入中国公办大学创新创业竞争力排行榜500强，位列第257位。

（4）提升了课程建设信息化水平

学校借信息技术之力提升了课程信息化建设水平，促进信息技术与传统课堂的深度融合。学校被评为教育部第一批教育信息化试点优秀单位。学校先后分10批立项建设混合式教学改革课程963门，建设网络资源课程193门，已建成国家一流课程2门，自治区一流课程40门，自治区高校精品在线开放课程6门；29门优质在线开放课程在中国大学MOOC、学堂在线、智慧树等平台上线。2018年以来学校获国家级教学成果二等奖1项，获自治区教学成果一等奖5项、二等奖3项、三等奖2项，获国家民委教学成果奖一、二、三等奖各4项。

（5）经受了新冠肺炎疫情对教学的严峻考验

师生学习共同体的构建，提高了教师信息技术应用水平，提升了学生运用现代信息技术自主学习的能力，经受了突发新冠肺炎疫情对教学的严峻考验。2020年2月24日学校按计划如期线上开课，第一天理论课开课率高达100%，线上教学平稳有序，教学效果良好，学生满意度达93.8%。学校总结的抗疫线上教学"五坚持五创新"做法和经验被《中国教育报》、"学习强国平台"、凤凰网、光明网等媒体予以报道或转载。

4. 工作展望

学校以信息技术应用为切入点打造的师生学习共同体提高了教师教学能力，推动了课堂教学改革，提高了人才培养质量。实践证明：坚持扎根祖国北疆办教育，找准办学定位，抓住制约人才培养质量的痛点问题，以服务课改、打造师生学习共同体为导向，探索构建地方本科高校教师职业发展有效路径取得了显著成效。

四、促进教学的公平性、多样化和包容性[①]

1. 学校背景介绍

美国加州大学圣迭戈分校（UC San Diego）是一所位于美国加利福尼亚州圣迭戈的公立研究型大学。加州大学圣迭戈分校位于太平洋沿岸，是加州大学10个校区中最南端的一个。加州大学圣迭戈分校的本科生具有不同的背景，包括不同的种族和年龄段，学校为拥有这样多样化的学生群体而自豪。在2020—2021学年，加州大学圣迭戈分校招收了31 842名本科生以及7 734名研究生和医学生。该校本科生的人数最多的三个种族分别是亚裔、拉丁裔和白人（如图5-2-1所示）。该校在其所有活动中都努力遵循公平（equity）、多样（diversity）和包容（inclusive）的原则，这项原则也被写在学校的战略计划中（UC San Diego，2021）。

2. 教学中心介绍

美国加州大学圣迭戈分校的教学中心（Teaching + Learning Commons）成立于2016年。教学中心的设立初衷是为了通过改变教育实践来帮助

---

① 本案例由美国加州大学圣迭戈分校教学中心严羽提供。

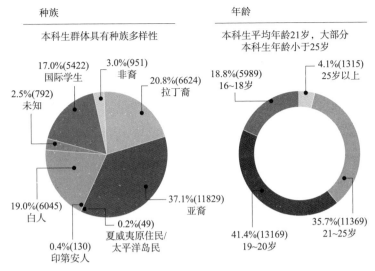

图 5-2-1　2020—2021 年度加州大学圣迭戈分校本科生情况

学生成功，从而促进校园内所有教师和学生的成长。根据 Adams 和 Love 提出的教师发展框架，教学中心旨在通过为不同背景和身份（包括不同性别、种族、年龄、社会经济地位等）的所有学生和教师提供积极的学习体验来深化教学。

该校的教学中心隶属于加州大学圣迭戈分校的行政副校长学术事务办公室。教学中心由 6 个部门组成：学术成就（Academic Achievement）、体验式学习（Experiential Learning）、写作（Writing）、数字化学习（Digital Learning）、教育研究与评估（Education Research + Assessment）和深入教学（Engaged Teaching）。在 6 个中心中前 3 个面向学生，后 3 个面向教师。以下部分将介绍 3 个面向教师的部门，以及这些部门如何支持教师教学能力提升。

教育研究与评价部门主要为老师提供课程评价、专业项目评价、教学有效性评价与研究项目支持。该部门拥有数据分析专员和教育测评专员等。该部门在进行所有的研究设计和数据分析时都会使用基于证据（evidence-based）方法，并贯彻关注公平（equity-focused）的原则。

数字化学习部门主要为在线课程和在线学位服务。该部门拥有大量的教学设计师并且和信息中心合作紧密。通过一对一的培训咨询，该部门帮助希望或正在开设在线课程或混合课程的教师提升在线教学的能力（例如帮助教师设计课程以满足多样性、公平性和包容性的课程设计标准），并提供教学平台的技术支持、教学资源开发支持等。

深入教学部门主要为教师提供教学咨询和课堂观察。该部门聘有教育专员和博士后，定期组织工作坊和开展课程，为教师们介绍新的教学方法和目前流行的教学工具。该部门通过组织教师们用基于证据的和以学生为中心的教学实践达到提升教学能力的目的。该部门会承接教育研究评价部门的报告，为教师提升教学能力提供个性化的方案。

3. 促进教学的公平性、多样性和包容性

（1）数据驱动模式

教学中心把以平等为中心、基于证据两种方法结合在各项服务中，鼓励教师检验和反思他们的教学实践是否帮助所有学生取得成功。教学中心的教育研究和评价部门拥有学校的行政数据和学习平台数据权限。该部门主要采取学生客观学习成果和主观反馈的方式体现教师的教学有效性。比如该部门会协助老师们用实证研究的方法设计实验，设计和发布问卷，抽样学生作业，并帮助教师对相关数据进行分析。在定性研究过程中，会应用主题模型和情感分析等机器学习的方法分析学生在问卷的开放性问题中的文本，了解学生的情感态度。而在定量研究过程和研究报告中，一般会根据学生群体特点（比如第一代大学生、少数族裔等）分解数据，这样少数族裔学生的反馈和学习结果并不会因为他们在学生群体里的人数少而不得到重视。教师也会关注教学是否有效地帮助不同的学生群体都取得成功。该部门从研究设计和数据分析的角度贯彻基于证据的和以平等为中心的原则。

（2）相关项目和学习社区

教学中心还与校园内的其他部门合作，为教师提供课程和建立学习社区，用以提高大家校园公平、多样性和包容性教学的意识。

包容性课堂工作坊。加州大学圣迭戈分校成立了多学科促进卓越教育中心（the Center for Advancing Multidisciplinary Scholarship for Excellence in Education），该中心由来自不同学科的研究人员、图书馆员、教育技术人员等组成。中心的目标是鼓励教学研究，促进信息时代的学科（尤其是理工学科（STEM））发展，从而提高学生的学习兴趣和成就。教学中心与多学科促进卓越教育中心合作举办关于创建包容性课堂的研讨会（https://camsee.ucsd.edu/events/inclusive-classroom.html）。该研讨会为期2天，帮助教师学习创建包容性课堂的策略，并指导教师如何创建满足学生不同需求的课程材料。

反种族主义教育学学习社区。该社区由该校教学中心的深入教学部门协办。该校的反种族主义教学学习社区是一个为期三个月的学习社区。学习社区里的人员和社区协助人员每隔一周开会一次，讨论和反思什么样的教学实践可以促进校园所有学生（尤其是少数族裔的学生）的幸福感以及如何利用教学实践达到这个目的。

参考文献

UC San Diego. Strategic Plan Report. [R/OL]（2021）[2022-06-28] https://plan.ucsd.edu/report#goal-2.

第三节　教学案例

一、大学物理实验课程教师教学能力提升策略[①]

石河子大学位于中国西北的新疆生产建设兵团，是国家西部大开发重点建设高校和省部共建高校，2017年入选国家"双一流"建设高校和全国首批深化创新创业教育改革示范高校。学校现有经济学、法学、教育学、文学、历史学、理学、工学、农学、医学、管理学、艺术学11大学科门类共94个本科专业。

大学物理实验课程是石河子大学理、工、农、医、药等31个本科专业的公共基础必修实验课程，共32课时16个实验项目。该课程按照"以人为本，争创一流"的课程教学理念，坚持"加强基础、强化应用、突出特色、

---

① 本案例由石河子大学刘云虎提供。

追求创新、提高素质"为人才培养指导思想，形成了适合于综合型、研究型大学建设要求的虚实结合、线上线下混合式和学生自主选课的大学物理实验课程教学模式。

1. 问题与挑战

中国教育部在大学物理实验课程基本要求中明确课程的教学内容包括：①掌握测量误差的基本知识，具有正确处理实验数据的基本能力；②掌握基本物理量的测量方法；③了解常用的物理实验方法并逐步学会使用；④掌握实验室常用仪器的性能并能够正确使用；⑤掌握常用的实验操作技术等。学生能力培养的基本要求是：①独立实验的能力；②分析与研究的能力；③理论联系实际的能力；④创新能力。

大学物理实验课程授课对象包括理、工、农、医、药、食品等专业，各专业培养目标对于大学物理实验课程的需求不同，学生实验能力参差不齐，实验的预习效果和学习效果与学生的学习主动性密切相关。近几年在新冠疫情背景下如何保证实验教学顺利开展显得尤为重要。

在教学过程中存在的问题与挑战主要表现在以下几个方面：①学生的实验预习资源单一，需要教师投入大量时间完成实验教学环境和网络资源建设，在线上开展的教学活动、讨论等要给予即时的答复、反馈，制定合理的混合式学习评价标准；②各专业对于学生实验能力的要求不同，统一的教学内容无法体现专业化和个体化差异；③在疫情背景下顺利开展线上线下混合式实验教学；④在完成教学任务后对拔尖学生进行创新能力的培养。

2. 本课程教师信息化教学能力要求

针对本课程特点，教师应具备以下信息化教学能力：①使用教学信息化软件的能力；②提高自身教学认知、教育探索、创新教学设计等自主学习的能力；③物理实验教学网络资源库及优秀数字化资源的开发能力；④将科研成果转化为数字教学资源并在教学中加以应用的能力；⑤设计基于信息技术与物理实验教学深度融合的教学模式的能力。

对照以上要求，本课程教师尚存在以下不足之处：一是现代教学理论功底不够深厚，对于现代教育理念的理解不够透彻；二是信息技术掌握得不够熟练，无法促进信息技术与物理实验教学的深度融合；三是科研能力不足，不具备将科研成果转化为物理实验项目并加以应用的能力。

3. 信息时代教师教学能力提高路径

构建大学物理实验课程的 TPACK 教学框架,将传统的"教师为中心"教学结构转变为"以教师为主导,以学生为主体",更新教学理念,整合知识、技术与方法。把学分导向的课程目标转变为学生创新能力培养,优化大学物理实验教学内容体系,实现学生多元智能发展。反思设计的教学模式,不断提高课程教学的实践效果和教学质量。

(1) 构建大学物理实验课程的 TPACK 教学框架。TPACK(Technological Pedagogical Content Knowledge)一般翻译为"整合技术的学科教学知识",是教师专业发展过程中出现的一个新概念,是教育信息化对教师知识提出的新要求。

(2) 优化大学物理实验教学内容体系,实现学生多元智能发展。开设力、热、光、电、近代物理等内容系列实验,配套大学物理实验大纲的修订,课时及内容的设置遵循学生的认知规律,适应不同潜质的学生。课程设置为基础测量实验、基础应用实验、综合提高性实验、设计研究性实验,分层次、阶梯式发展,加大综合性、设计性实验的比例,体现实验内容的系列化、专题化、个性化的整合。

(3) 在分析大学物理实验教学问题的基础上开发信息技术支持下的教学资源、建设技术支持下的教学环境。根据优化的大学物理实验内容体系,设计开发面向学生学习的微课程,创作利于知识转化能力的精品教学资源。开展大学物理虚拟仿真实验教学,分配在课前预习、课堂操作和课后测试环节。学生不受时间、地点限制,可随时通过虚拟仿真实验系统进行实验操作,通过教师的"雨课堂"直播,既可以给学生讲解实验理论知识,也可以进行虚拟的实验操作演示,实现了实验课程的在线教学。建设网络预约选课系统,开展大学物理实验在线教学活动。不同的专业按照培养方案要求进行实验项目的模块化设置,学生在预习测试合格后可以自主预约设置范围内的项目,增强了专业的针对性和学生的自主性。同时,实验报告的电子化、网络化管理强化了师生之间的交流、沟通,学生可随时随地提交自己的实验报告,教师也可以将批阅结果尽快地反馈给学生,给学生指明改进的方向。

(4) 延伸课堂教学至课外培训,形成课程教学和学科竞赛的有效衔接。为培养拔尖学生的创新能力,在常规课堂教学的基础上引入了大学生物理学术竞赛和大学生物理实验竞赛。以竞赛试题为依托,进行实验设备的设计与制作、实验的数值仿真与模拟、实验数据的测量与处理、参赛文档的制作与美化等技能训练,强化学生的信息技术应用能力和创新能力培养。

4. 教学改革的效果

经过前期的建设积累,实现了"课程→竞赛→创新"的教学体系,形成了线上线下混合式教学模式。改革前后的效果对比如表5-3-1所示:教师自身的信息化教学能力得到提升;教学研究的思路变得清晰;教学水平有所提升,教学质量得到保障,学生评教平均成绩提升到95分。学生学习的积极性和主动性有很大程度的提升,学习成效显著,课程平均成绩达到80分,培养方案中的课程目标达成度提升;参与物理学科竞赛和获奖的人次数增多,拔尖学生的创新能力得到培养和提升。

表 5-3-1　教学改革前后教学效果对照

原课程教学存在问题与挑战	原有教学方案/教学策略/教学模式等	新方案/新策略/新模式/新环境等	改进的重点之处	取得的教学效果
实验预习效果差的问题	学生手写或打印预习报告	以网络教学资源进行学习和预习,以测试成绩为评价标准	借助于信息化手段的网络预习与测试	预习效果显著提升,学生对于知识点的理解与掌握程度加深
教学内容无法体现专业化差异的问题	以行政班为单位,所有专业按照确定项目授课	以课程管理系统为手段,实现了分专业的模块化学生自主选择实验项目的教学体系	学生自主选择实验项目的教学体系	学生学习的积极性和主动性增强,课程目标达成度提升
疫情背景下如何开展线上实验教学的问题	根据学生返校时间进行调停课处理	引入虚拟仿真实验系统,可正常开展疫情下的线上教学和常规的线上线下混合式教学	引入了基于3D技术的虚拟仿真实验系统	实验教学不受时间、地点、次数限制,学生更加了解信息化技术手段的应用价值
拔尖学生创新能力的培养问题	提升综合性实验项目比例	以课堂教学为基础,引导学生积极参与物理学科竞赛	注重延伸课堂教学,以学科竞赛为课程导向	拔尖学生的创新能力得到锻炼和提升,学科竞赛获奖人次数增加

5. 反思与工作展望

利用信息时代的先进技术和方法，通过强化网络教学资源、虚拟仿真实验、课程管理系统等在教学过程中的应用，对大学物理实验课程的预习方法、教学内容体系和教学模式等进行了改进，形成了虚实结合、线上线下混合和学生自主选课的大学物理实验课程教学模式，一方面提升了学生的学习效果和培养目标达成度，另一方面也提升了教师的教学技能和教学研究水平。

在今后的教学工作中，首先要持续更新教育理念，强化手机智能软件与实验教学的相互结合，在常规实验教学中引入开放性、设计性的实验项目内容；其次要加强信息技术相关知识的学习，及时将先进的理念与方法引入课堂教学，简化人工操作环节，提升课堂教学的智能化水平；再次要逐步提升手机、平板、电脑等设备在实验课堂的使用频次，强化学生利用数值计算软件处理实验数据的能力。

二、"三个融合"提升教师信息化教学能力[①]

"病理生理学"是基础医学中一门与多学科密切相关的综合性边缘学科，是从机能角度提示疾病本质的学科，也是沟通基础医学与临床医学的"桥梁学科"，其主要任务是研究疾病的发生、发展机制和患病机体的代谢和机能变化，为疾病的防治提供理论和实验依据。

内蒙古民族大学的"病理生理学"课程的教学对象是临床医学专业（五年制）本科生。自2015年起对24个授课班级978名学生进行"所罗门学习风格问卷"调查，结果显示授课班级中51.6%的学生属于活跃型、61.3%的学生属于直觉型、67.7%的学生属于视觉型、51.6%的学生属于序列型。同时进行的"学习动机"调查结果显示22.5%的学生学习动机较强，58.1%的学生学习动机中等，19.4%的学生学习动机比较弱。授课班级中学习动机中等学生占绝大多数，教学过程中需要积极调动学生学习积极性。

1. 遇到的问题与挑战

教师讲授为主，学习兴趣不足。"病理生理学"课程本身理论性强，以多个学科为学习基础，是基础医学中最后学习的科目，复杂而抽象，以往

---

① 本案例由内蒙古民族大学白冬松提供。

教学中以教师讲授为主,忽视了指导学生遵循一定的规律去推断并理解后加以应用,因而部分学生学习积极性不高。

教学模式单一,素质能力不高。学情分析的不到位,未能考虑个体差异,不能实现分层教学;课程目标不够明确,重知识、轻能力;学生缺乏主动探索、独立思考,自主学习愿望不强烈,不利于实现高阶目标以及情感价值观的课程目标。

多元评价缺失,重终结轻形成。长期以期末考试作为学生最终成绩的主要来源,以终结性评价为主;平时成绩评价方式单一且以教师主观判断为主,缺乏客观有效的过程评价方式。学生不注重用辩证、变化、发展和联系的观念以及抽象思维的方法去学习。

2. 信息时代教师教学能力提高路径

(1) 学校提供的提升路径及教师收获

内蒙古民族大学2014年全面启动课堂教学改革工作,颁布了《混合式教学课程建设管理办法》《关于深化课堂教学改革指导意见》等文件,鼓励教师进行混合式教学改革,在全校范围内开展了"以立德树人为根本,以提升教学质量为目标,以信息技术应用为切入点,以信息化打造师生学习共同体"的教学改革,获得了2018年国家级教学成果二等奖。

申报教师参加了2017年清华大学主办的"教师混合教学能力提升"培训等8次国内培训,掌握了先进的教育教学理念,能够熟练应用多项现代信息技术和教育教学技术,提升了混合式教学能力,全面开展混合式教学。

(2) 院系、教研室提供的提升路径及教师收获

学院高度重视混合式教学改革工作,将混合式教学改革工作全面纳入学院整体教学管理,有部署、有落实、有检查、有保障;建立相关职能部门协同配合的工作机制,构建各学科体系间任课教师的交流沟通与联动机制。把混合式教学改革建设成效作为个人年终绩效考核的重要内容,建立一套科学有效的混合式教学改革及课程建设和评价体系。

教研室通过举办教学沙龙、集体备课、观摩教学等活动,交流混合式教学改革的经验,规范混合式教学改革的教制定度、培训制度,积极推进混合式教学改革,提高课堂教学效果。

(3) 教师为了提升信息化教学能力的自身尝试

积极提升教育教学和教学研究能力。申报教师自2017年7月至2019

年7月间先后参加了"中国大学MOOC"网站的多门与建设开放课程相关的课程和资源的学习,并获得9门课程优秀认证证书,全面提升了教育教学和教学研究能力。

积极申报教育教学课题开展教学研究。申报教师在深入进行教学研究和实践的同时积极申报教育教学课题,近5年主持国家民委高教教改项目、内蒙古自治区"十三五"教育科学研究规划教学项目、内蒙古自治区高等学校在线开放课程项目等教育教学项目6项;发表教学论文2篇,申报教学软件专利1项。

创新信息化教学。教师在教育教学过程中始终坚持以学生发展为中心、以成果为导向,以持续改进为出发点,利用现代信息技术,通过"传统课堂与信息技术相融合、第一课堂与第二课堂相融合、人文教育与专业课程相融合"三个融合创新信息化教学,其新旧教学模式对比如表5-3-2所示。

传统课堂与信息技术相融合。教学中充分利用学习通APP、慕课课程、虚拟仿真实验等现代信息技术资源。教师依托泛雅平台开展线上教学,并于2019年在学银在线平台建设网络开放课程,建立打破学科壁垒的慕课,寻找传统文化中的医学,学以致用同时增强学生文化自信。在线课程已完整运行4期,校内和社会选课学习者共5000余人,浏览量超过76万次,被评为首批自治区一流线上课程。利用信息技术创设情境,创建的场景往往是学生有过切身经历的,不仅有助于知识的学习,还有助于引起学生的情感共鸣、价值共鸣。教学方法改革突出问题导向、产出导向,引导学生进行思考、探究和应用,实现教与学的全面显性化。通过基于问题的学习、探究式学习等方法指导学生灵活运用基础知识分析解决复杂问题,实现知识的应用与迁移。课堂部分利用信息技术突出师生、生生互动,引入小组竞赛,激发学生参与动机。为帮助学生更好地理解抽象知识与概念,课程利用动态、直观的三维立体课件实现可视化教学;开展虚实结合的实践教学,利用灵活多样、生动直观的虚拟仿真实验教学,延伸拓展了学习的时间、空间、深度及广度,并与技术团队合作开发虚拟仿真实验软件丰富实验教学。创建公众号,指导学生创作、发布原创医学科普作品,将价值引领、能力达成、知识传授由课堂延展至课外,创新了教育形式,提升了教育高度,深入践行健康中国战略。

第一课堂与第二课堂相融合。为解决教与学局限于课堂问题,利用学院自治区级科普教育基地参与实践医学教育。在各种形式的活动中，学生更深刻地认识到要珍爱生命、感悟生命，树立正确生活目标，关心社会和自然，提高生存适应能力和创造能力。课程团队依托公众号开展线下科普性宣传，组织开展大学生暑期三下乡活动，深入内蒙古7个盟市开展健康教育普及推广志愿服务，并被评为2021年度内蒙古自治区暑期三下乡重点团队。与红十字会联合开展科普志愿服务活动，并入选内蒙古红十字总会2021年度十大青少年科普志愿服务项目。

人文教育与专业课程相融合。教师在教学过程中结合医学专业特点，围绕"祖国医学勇士的感人故事"等11条育人路线，做到专业教育和医学人文教育相融共进。教师注重对医学生人文精神的培养，在教学中引入与教学内容相关的诺贝尔生理学/医学奖获奖故事；在第二课堂活动时带领学生参观遍布于医学楼1~6层走廊中的诺贝尔奖获奖者长廊，鼓励学生勇于探索、敢于创新、勇攀医学高峰。教师通过案例将思想政治教育融入教学，培养学生的医学情怀，提高医学人文素养和学习兴趣，学生在平时的课堂汇报上也体现出越来越浓厚的医学人文情怀，进行病例分析时不仅考虑患者的诊断治疗，还体现出对患者的人文关怀精神，适应当今科学素质与人文素质相结合的人才培养需要。

表 5-3-2　新旧模式对比

原课程教学存在问题与挑战	原有教学方案/教学策略/教学模式等	新方案/新策略/新模式/新环境等	改进的重点之处	取得的教学效果
精细化管理不足，学生学习兴趣不足	教学过程随机性大，未能充分调动学生学习积极性	教学设计精细化，将抽象理论具象化	教学目标、方法、内容、评价一一对应，精准化教学	学生学习积极性提高，学习效果提高
教师教学模式单一，未能实现因材施教	以讲授法为主的教学，未能考虑个体差异	利用小组合作学习等形式实现分层教学	分层次教学，因材施教，实现高阶目标	学生主动探索、独立思考和自主学习能力提升
多元化评价不足，重终结性轻形成性评价	终结性评价为主，以期末考试作为主要评价方式	利用智慧教学工具实现客观有效的过程中评价	注重过程性评价和形成性评价，注重多元化评价	评价方式客观有效，促进学生自主学习愿望提升

续表

原课程教学存在问题与挑战	原有教学方案/教学策略/教学模式等	新方案/新策略/新模式/新环境等	改进的重点之处	取得的教学效果
课程思政融入生硬，全人教育弱化	课程思政的融入相对生硬	清晰定位医学专业课程思政特色	充分挖掘课程思政元素并有机融入	知识能力素质全面发展，实现全人教育

3. 进行教学创新取得的教学效果

（1）学生维度效果。学生学习积极性明显提高，能有效进行自主学习，具有一定分析解决问题能力和创新能力。创新实践能力得到加强，例如在上一轮教学中，指导授课班级学生成功申报自治区级大学生创新项目2项，校级1项，完成论文3篇。

（2）教师维度效果。形成性评价客观具体，例如教师利用"学习通"统计导出2019—2020第二学期授课班级的学习数据，数据显示全部学生积极利用MOOC进行学习，全部73个任务点学生100%完成。共进行章节学习13 525次，人均294次。学生观看视频时间最长1002分钟，最短188分钟，平均323分钟，很多学生在反复观看视频。发布主题讨论18次，回复833人次，回复次数最多的学生26次，最少的8次，平均18次。智慧教学平台为教师进行教学评价提供客观具体的数据支撑。

（3）教师教学能力提升后取得的成就。教师在混合式教学改革过程中逐渐提升教学能力，近5年获得了包括全国高等医学院校青年教师教学基本功比赛三等奖、全国首届教师教学创新大赛内蒙古赛区一等奖等22项教学奖项；获批省级一流课程和课程思政示范课4门；主持国家民委高等教育教学改革研究项目等教学改革研究项目6项。

（4）推广应用。该方法示范带动医学院教学改革工作，本课程及课程负责人参与的医学院课程设计资源库建设形成了包含7个教研室40门课程的课程设计文字资料2000多页200余万字，装订成4册保存，并在2020年临床医学专业认证时得到教育部认证专家组一致好评。在第44届清华教育信息化论坛上以及内蒙古化工职业学院等地进行专题讲座；连续3年对全校新入职教师进行岗前培训及考核；创新模式在全校推广观摩，带动了大批教师开展教学创新。

4. 反思与工作展望

信息化教学是时代发展的需求，是当前高等教育发展的必经之路。高校教师是高等教育改革和发展的主力军，高校教师信息化教学能力提升对于提高课堂教学质量、深化高等教育改革至关重要。不仅需要激发教师创新意识，完善学校管理制度和强化实践学习，还需要结合青年教师的自我学习能力、科学研究能力和专业教学能力等进行多方面全方位综合培养。高校教师信息化教学能力的培养和提升是一项长期而艰巨的工程，不仅需要国家和政府部门的政策支持，还需要整个教育系统、社会的高度重视和配合才能实现。

三、高校教师教育教学能力分类发展方式[①]

山东理工大学位于中国山东省淄博市，是以理工为主的多科性大学，现有在校学生3.8万人，专任教师2350人。学校教师发展中心成立于2013年12月，秉承"传播先进教育理念、搭建温馨交流平台、弘扬卓越教学文化、引领教师提升教育教学水平"的使命和理念，致力于提升全校教师的教育教学能力。教师发展中心从教师发展培训的理论、模式、路径、绩效评估等方面进行了较为深入的研究，将教师专业发展与教育技术更新深度融合，紧紧围绕"引、帮、促、建、服"五大理念，实行分层次、按类别培养。

1. 政策背景及教师需求调研

2020年12月教育部等六部门印发了《关于加强新时代高校教师队伍建设改革的指导意见》，指出高校要健全教师发展支持体系，完善教师管理评价制度，营造有利于教师可持续发展的良性环境，提升教师的综合素质、专业化水平和创新能力，并将教师发展成长的目标定位为教育家型教师，以此为推进高等教育内涵式发展做好师资保障。学校仅在2016—2020年就引进新任教师480余人，其中超过七成来自非师范高校，普遍存在缺乏教育理论知识、缺乏教学常识规范、缺乏教学实践能力、缺乏从教经历经验等现实问题。

---

① 本案例由山东理工大学王平、管恩京、孙浩洁提供。

教师发展中心还通过网络调研了解到77.61%的教师需要学习新的教育理念、掌握各种教学理论与技能方法，其中对信息化环境下教学模式的学习需要占比较高，17.61%的教师希望得到自我完善与发展方面更多样化的选择；2.39%的教师需要拓展与更新专业知识；调研结果显示培训方式受欢迎程度依次为交流研讨、观摩示范、总结反思、专题报告。

2. 教师教学能力提升策略

（1）构建教师教学能力发展体系

针对这一现状，学校教师发展中心参考联合国教科文组织的《教师ICT应用能力框架》，根据学校现状及未来发展需求构建了面向全体教师教学能力的发展体系，按照教师职业生涯时间轴纵向分为如下4步：从职前到新入职教师，从青年教师成长为骨干教师，再从骨干教师培育为卓越教师，将卓越教师培育成为教学名师。结合在职教师的发展需求调研结果，围绕如何提高教师的教学实效来开展教师发展工作，横向从五个方面有针对性地开展培训研讨活动，包括：综合发展教师的教学能力、思想教育、德育水平、创新能力和专业化水平。

（2）构建"多对多发展培训"模式

针对教师教育教学能力的全面发展，学校以毕生成为"教育家型教师"的目标追求为主线，构建"成长发现阶段、培育提升阶段、储备辐射阶段"3个阶段的多对多教师发展培训模式。第一阶段主要面向新入职教师，开展为期一年的培养培训，使教师尽快转变角色，站稳讲台。第二阶段主要面向青年教师，通过3~5年的培养培训，使教师成为专业骨干或课程负责人，成为基层教学组织的骨干力量，站好讲台。第三阶段主要面向卓越教师，通过长期有针对性的重点培养培训，培育一批代表学校特色的卓越教师，再将其所取得的教学研究成果回馈于教师发展与培养。

该模式以"教育教学基本技能培训""教学创新改革能力提升""教学研究及教师发展成果交流辐射"为阶段主题，通过设置教学沙龙、专家报告、虚拟教研等环节持续提升教师教学能力，构建科学的培训课程体系。以培训质量评价为尺度，建立不同类型、不同时段教师培训的评价机制，利用大数据手段为教师个人和整体发展"画像"，为教师个人的卓越教学之路提供"镜子"，持续跟踪培养培训效果，构建科学合理的效果评价体系。

3. 教师分类发展路径

（1）新入职教师发展

第一阶段：集中培训一周。教务处教师发展中心会同多部门对新教师进行为期一周的岗前培训，教学方面主要围绕师德师风、教学理念、教学基本规范、教育技术、教师职业发展等方面安排专家报告、教学沙龙等集中培训环节，帮助新教师尽快熟悉学校各项相关政策和制度，了解教学基本规范和要求。

第二阶段：分散培训一个月。新教师深入名师课堂观摩学习，了解教学基本技能和方法。本阶段结束后，学院组织脱稿板书试讲，每位新教师选取一个知识点或教学片段全程脱稿、板书、不用PPT试讲，授课环节要完整。学校抽取部分新教师集中展示，组织全体新教师观摩。

第三阶段：导师制和助教制培训一年。及时为新教师配备指导教师，实施青年教师导师制和助教制，帮助新教师熟悉教学各个环节，掌握教学基本功。

（2）青年骨干教师发展

针对入职5年左右、38岁以下教师，主要进行教学技能全面培训，使其"站稳讲台，站好讲台，讲好课堂，建好课程"。设置了"青年教师教学比赛"专项活动以及教师"国内外名校进修助课""知名企业实践锻炼"项目，安排不同主题的专家报告、教学沙龙等活动，帮助教师提升信息化教学、课堂教学、实践教学、学科竞赛指导等能力。尤其是青年教师教学比赛，校内已连续组织了19届，形成了"院赛—校赛—省赛—国赛"四级比赛模式，极大地提升了青年教师的教学基本功，多位青年教师通过校赛平台打磨课程并最终获山东省赛一等奖。

（3）成熟型教师发展

针对38岁以上教师，主要进行教学改革与创新能力培训，引导和支持其朝着教育家型教师成长，做好卓越教师的培育和储备。设置了"教学创新比赛""优秀共享课程（教学案例）评选"等活动及"在线开放课程建设""一流课程建设""教材研究与建设""校级教学研究项目"等专项，紧密结合本科人才培养当前时期重点工作需要，安排不同主题的校内外高水平专家作报告，供广大教师根据自身需求提升教学设计与创新、教材建设、教学团队建设、教研教改及教学成果培育等方面的能力，让其得心应手地

"驾驭课堂、掌控课堂，建成一流课程，支撑一流专业"。

为确保分类分段培训体系落到实处，学校出台《基层教学组织建设管理办法》，以加强教学系（室）、课程组、教学团队等基层教学组织建设，明确和规范基层教学组织在教师专业能力提升方面的"学习共同体"作用，完善传帮带机制。让每位教师除了所在的教学系（室）至少要加入一个课程组或教学团队，设置以课程团队为单位的教学设计比赛，促成学习共同体，开展教学研究与指导，推进教学改革与创新，引导教师热爱教学、研究教学，培育校级及以上教学名师和教学团队。同时，根据教师成长情况对教师教学能力实行分阶段考核，强化培训和考核结果的运用，全方位服务教师教育教学能力的提升。

4. 总结与展望

山东理工大学教师发展工作全面关注教师教育理念、教学模式和学生学习方式、学习实效的改变，全面引导广大教师由"以教为中心"向"以学为中心"转变，最终让学生有收获——让学习充满喜悦，养成良好有效的学习习惯，保持浓厚的学习兴趣，全面提升学生的综合能力和素养；让老师也有收获——让教学充满喜悦，养成主动终身学习的良好习惯，保持积极的研究动力，全面提升教师的教育教学能力和水平，实现"教学一生、学习一生、提升一生、成长一生"。

未来，学校将结合"00后"学生的思想特点、学习规律和成长需求健全完善育人体系，提升教师的教书育人水平，引导广大教师全面做到"爱学生、有学问、会传授、做榜样"，多方汇聚育人合力，确保有社会责任、有创新精神、有专门知识、有实践能力、有健康身心"五有"人才培养质量稳步提升。

附 录

附录 A 中英文名词术语

分布式认知：超越了认知是个体级别上的信息加工过程这一传统的认知观点，不仅包括个人头脑中所发生的认知活动，还涉及人与人之间以及人与技术工具之间通过交互实现某一活动的过程。[①]

Distributed Cognition: is concerned with how information is propagated through a system in the form of representational states of mediating structures. These structures include internal as well as external knowledge representations, (knowledge, skills, tools, etc.).[②]

分布式学习：作为一种教学模式，它允许教师、学生和教学内容分布于不同的、去中心或泛中心的位置，因而教育和学习可以在不同的时间和地点进行。

Distributed learning: refers to the instructional model that allows instructor, students, and content to be located in different, non-centralized locations so that instruction and learning occur independent of time and place. The model can be

---

[①] 周国梅，傅小兰. 分布式认知——一种新的认知观点[J]. 心理科学进展，2002，(2): 147-153.

[②] Hutchins E. Klausen T. Distributed cognition in an airline cockpit[M]//Middleton D, Engestrom Y. (eds). Communication and Congmition at Work. Cambridge: Cambridge University Press, 1996.

used in combination with traditional classroom-based courses, with traditional distance learning courses, or can be used to create wholly virtual classrooms.

基于资源的学习模式：学习者通过与各类学习资源交互作用进行学习的模式。学习资源是指所有可以利用的印刷和非印刷的媒体，涉及书和文章、音像资料、电子数据库和其他基于计算机、计算机多媒体和计算机网络的资源等。

Resources-based learning model: refers to the learning model in which learners learn by interacting with various types of learning resources. Learning resources are all print and non-print media that are available, involving books and articles, audio and video materials, electronic databases and other computer-based, computer multimedia and computer network resources, etc.

教师数字化教学能力：指将 ICT 技能与教学、课程和学校组织的创新相结合的能力。目标是让教师利用 ICT 技能和资源改进教学，与同事合作，并可能最终成为所在机构的创新领导者。[1]

Teachers' digital competencies: includes ICT skills with innovations in pedagogy, curriculum, and school organization. The target is to improve teachers' teaching, to collaborate with colleagues, and perhaps ultimately to become innovation leaders in their institutions.[2]

教师专业发展：高校教师从事教学、研究及服务工作时，经过独立自主、相互协作的活动，引导自我反省与理解，最终提高教学、研究及服务等专业技能。[3]

---

[1] UNESCO. ICT Competency standards for teachers—Policy Framework[EB/OL]. (2008) [2022-06-28]. https://files.eric.ed.gov/fulltext/ED499637.pdf#:~:text=In%20general%2C%20the%20ICT%20Competency%20Standards%20for%20Teachers，can%20advance%20a%20country%E2%80%99s%20economic%20and%20social%20development.

[2] Basilotta-Gómez-Pablos V, Matarranz M, Casado-Aranda L A, et al. Teachers' digital competencies in higher education: a systematic literature review[J]. International Journal of Educational Technology in Higher Education, 2022, 19（8）: 1–16.

[3] 林杰. 大学教师专业发展的内涵与策略[J]. 大学教育科学, 2006（1）: 56–58+74.

Teachers' Professional Development: refers to that when college teachers are engaged in teaching, research and service, they guide self reflection and understanding through independent and cooperative activities, and finally improve their professional skills such as teaching, research and service.

教学能力：指教师完成教学活动所需要的能力，是教师达到教学目标、取得教学成效所具有的潜在可能性。它反映出教师个体顺利完成教学任务的直接有效的心理特征，是在具体学科教学活动中所表现出来的一种特殊专业能力。①

Teaching ability: refers to the ability required by teachers to complete teaching activities. It is the potential possibility for teachers to achieve teaching objectives and achieve teaching results. It reflects the direct and effective psychological characteristics of individual teacher to successfully complete teaching tasks. It is a special professional ability shown in specific subject teaching activities.

教育评价：是保障教育教学有效开展的关键因素，是对教育过程和结果的描述和价值判断。②

Educational evaluation: is the continuous inspection of all available information concerning the student, teacher, educational program and the teaching-learning process to ascertain the degree of change in students and form valid judgment about the students and the effectiveness of the program.

开放教育资源：是以各种媒介为载体的任何形式的学习、教学和研究资料，这些资料在公有领域提供，或以开放许可授权的形式提供，允许他人免费获取、再利用、转用、改编和重新发布。③

Open educational resources (OER): are learning, teaching and research materials in any format and medium that reside in the public domain or are under

---

① 周萍，纪志成.青年教师教学能力调查分析[J].中国大学教学，2011（2）：81-83.
② 李雁冰.论教育评价专业化[J].教育研究，2013，34（10）：121-126.
③ UNESCO. Recommendation concerning Open Educational Resources[EB/OL].（2019-11-25）[2022-06-28]. http: //portal.unesco.org/en/ev.php-URL_ID=49556&URL_DO=DO_TOPIC&URL_SECTION=201.html.

copyright that have been released under an open license, that permit no-cost access, re-use, re-purpose, adaptation and redistribution by others.①

TPACK 理论：是在美国舒尔曼提出的学科教学法知识（PCK）基础上进一步发展起来的，它将技术知识引入原有的学科教学知识框架中，与学科内容知识、教学法知识相互作用形成了整合技术的学科教学知识结构。

TPACK theory: is further developed on the basis of subject teaching method knowledge (PCK) proposed by Schulman in the United States. It introduces technical knowledge into the original subject teaching knowledge framework, and the technical knowledge interacts with subject content knowledge and teaching method knowledge that forms a subject teaching knowledge structure integrating technology.

信息化教学能力：是教师在真实的教学情境中，运用信息技术将学科知识"转化"成学生有效获得的一种知能结构体，其目的在于实现技术促进型学习。教师不仅应具备媒介与信息素养，还必须涵括根据具体而真实的教学情境所生发的"信息技术、教学法、教学内容"三者融通转化的能力。教学设计能力、实施能力与评价能力是最为关键的三大内核。②

Information teaching ability: is a kind of knowledge and ability structure that teachers use information technology to "transform" subject knowledge into students'effective acquisition in the real teaching situation. Its purpose is to realize technology promoted learning. Teachers should not only have media and information literacy, but also include the ability to integrate and transform "information technology, teaching method and teaching content" according to the specific and real teaching situation. Instructional design ability, implementation ability and evaluation ability are are the most critical abilities.

---

① UNESCO. Recommendation concerning Open Educational Resources[EB/OL].（2019-11-25）[2022-06-28]. http: //portal.unesco.org/en/ev.php-URL_ID=49556&URL_DO=DO_TOPIC&URL_SECTION=201.html.

② 刘喆, 尹睿. 教师信息化教学能力的内涵与提升路径[J]. 中国教育学刊, 2014, 258（10）: 31-36.

能力标准：一整套使得个人可以按照专业标准要求有效完成特定职业或工作职责的相关知识、技能和态度①。

Competency standards: are a set of knowledge, skills and attitudes that enable individuals to effectively complete specific occupations or job responsibilities in accordance with professional standards.

认知学徒制教学模式："学徒"表明了它与传统的学徒制的继承关系或相似性，即强调学习应当发生在其应用的情境当中，通过观察专家工作与实际操作相结合获得知识与技能；"认知"则强调一般化知识的学习发生在应用的场景，促进知识在多种情境中应用。认知学徒制的主要目的在于培养学习者的高级认知技能，比如问题解决能力、反思能力等。②

Cognitive apprenticeship instruction: Apprenticeship shows its inheritance relationship or similarity with traditional apprenticeship, that is, it emphasizes that learning should take place in the context of its application, and knowledge and skills should be acquired through the combination of expert work and practical operation. Cognition, on the other hand, reflects a strong realistic significance, emphasizing that the learning of general knowledge takes place in the application scene and promoting the application of knowledge in various situations. The main purpose of cognitive apprenticeship is to develop learners'advanced cognitive skills, such as ability of problem solving and ability of reflection.③

实践共同体：指一个群体，这个群体中所有成员具有一个共同的关注点，共同致力于解决一组问题，或者为了一个主题共同投入热情，他们在这一共同追求的领域中通过持续不断的相互作用而发展自己的知识和

---

① 吕勇江. 哲学视野中的能力管理[D]. 北京：中共中央党校，2006：62-63.
② Collins A, Brown J S, Newman S E. Cognitive apprenticeship: Teaching the craft of reading, writing, and mathematics[M]//Resnick B. Knowing, learning, and instruction: Essays in honor of robert glaser. Lawrence Erlbaum Associates, 1989: 453-494.
③ Collins A. Cognitive apprenticeship: teaching the craft of reading, writing, and mathematics. Technical Report No. 403[R/OL].（1987）[2022-06-28]. https: //eric.ed.gov/?id=ED284181.

专长。①

Community of practice: refers to such a group of people that all members have a common focus, and work together to solve a group of problems, or invest in enthusiasm for a theme. They develop their knowledge and expertise in the common field by continuous interaction.

数字化学习资源：是指经过数字化处理，可以在计算机上或网络环境下运行的多媒体教学内容、材料及软件工具。②

Digital learning resources: refers to materials included in the context of a course that support the learner's achievement of the described learning goals. These materials consist of a wide variety of digitally formatted resources including: graphics, images or photos, audio and video, simulations, animations, prepared or programmed learning modules.

数字教育资源：是指为教学目的而专门设计的或者能服务于教育的各种以数字形态存在和被使用的资源，属于课程资源的范畴。

Digital educational resources: belong to the category of curriculum resources, are all kinds of resources that exist and are used in digital form, which are specially designed for teaching purposes or can serve education.

数字徽章：是一种以图标或徽标表征学习成果的数字标记，用于学习者在正式和非正式学习中的成就或能力认证。③

Digital Badge: is a kind of digital tokens representing learning achievements with icons or logos, which is used to certify learners' achievements or abilities in formal and informal learning.

---

① Lave D, Wenger E. Situated Learning: Legitimate peripheral participation[M]. New York, NY: Cambridge University Press, 1991.
② 成秀丽. 职业教育数字化教学资源研究——基于 2005 年—2015 年文献统计分析 [J]. 中国电化教育，2016（8）：120-124.
③ EDUCASE.7 things you should know about Badges[EB/OL].（2012）[2022-06-28].https://library.educause.edu/-/media/files/library/2012/6/eli7085-pdf.pdf.

网络教学平台：是在线学习和教学全过程的支持环境，能够承载在线课程，支持网络环境下的教与学。

Learning management system（LMS）: is an e-learning software application that handles the delivery, administration, automation, and analytics of learning materials. As such, an LMS is a highly organized set of software that serves the entire online educational ecosystem.

网络学习空间：根据运行载体服务性质的不同，可以将其分为广义的网络学习空间和狭义的网络学习空间。广义的网络学习空间是指运行在任何平台载体之上支持在线教学活动开展的虚拟空间。而狭义的网络学习空间特指运行在专门的教育服务平台之上，支持在线教学活动开展的虚拟空间。[①]

Cyberspace for learning: refers to the virtual computer world, and more specifically, an electronic medium that is used to facilitate online communication. Cyberspace typically involves a large computer network made up of many worldwide computer subnetworks that employ TCP/IP protocol to aid in communication and data exchange activities. Cyberspace's core feature is an interactive and virtual environment for a broad range of participants.[②]

学习共同体：是一个由学习者、助学者以及其他有着明确的团队归属感、共同向往和广泛交流机会的人共同构成，拥有共同目标、共同分享、交流沟通、共同活动、相互促进的学习团队。[③]

Learning community: is a learning team composed of learners, facilitators, and other people with a clear sense of team belonging, common aspirations and extensive communication opportunities, with common goals, common sharing, communication, common activities, and mutual promotion.

---

① 杨现民，赵鑫硕，刘雅馨，等.网络学习空间的发展：内涵、阶段、问题与建议[J].中国电化教育，2016（4）：30-36.

② Weller M. Virtual learning environments: Using, choosing and developing your VLE [M]. London: Routledge, 2007.

③ 时长江，刘彦朝.课堂学习共同体的意蕴及其建构[J].教育发展研究，2008（24）：26-30.

在线学习：是远程教育的一种形式，学习过程以技术为媒介，课程教学完全通过互联网完成，学生和教师无须在同一时间和同一地点来参与。此类学习不包括更为传统的远程教学方式，如印刷相关资料的函授、广播电视或者收音机、传统方式的视频会议、录像带/DVD和单机版教学软件。①

Online learning: is a form of distance education where technology mediates the learning process, teaching is delivered completely using the internet, and students and instructors are not required to be available at the same time and place. it does not include more traditional distance education instruction methods, such as print-based correspondence education, broadcast television or radio, videoconferencing in its traditional form, videocassettes/DVDs and stand-alone educational software programs.②

自主学习：是"学生在学习活动之前自己能够确定学习目标、制订学习计划、做好具体的学习准备，在学习活动中能够对学习进展、学习方法作出自我监控、自我反馈和自我调节，在学习活动后能够对学习结果进行自我检查、自我总结、自我评价和自我补救"的一种学习模式。③

Self-regulated learning: is a learning mode that students can determine their own learning objectives, and formulate learning plans and make specific learning preparations before learning activities. In learning activities, they can make self-monitoring, self feedback and self-regulation on learning progress and learning methods. After learning activities, they can conduct self-examination, self summary, self-evaluation and self recovery on learning results.

---

① 韩锡斌，王玉萍，张铁道，等.迎接数字大学：纵论远程、混合与在线学习——翻译、解读与研究[M].北京：清华大学出版社，2016.
② Gasevic D, Siemens G, Dawson, S. Preparing for the digital university: a review of the history and current state of distance, blended, and online learning[R]. Athabasca University, University of Edinburgh, University of Teras Arlington, University of South Australia, 2015.
③ 庞维国.论学生的自主学习[J].华东师范大学学报（教育科学版），2001（2）：78-83.

附录B 高等教育教师能力发展相关政策

附录B.1 中共中央国务院关于全面深化新时代教师队伍建设改革的意见

百年大计，教育为本；教育大计，教师为本。为深入贯彻落实党的十九大精神，造就党和人民满意的高素质专业化创新型教师队伍，落实立德树人根本任务，培养德智体美全面发展的社会主义建设者和接班人，全面提升国民素质和人力资源质量，加快教育现代化，建设教育强国，办好人民满意的教育，为决胜全面建成小康社会、夺取新时代中国特色社会主义伟大胜利、实现中华民族伟大复兴的中国梦奠定坚实基础，现就全面深化新时代教师队伍建设改革提出如下意见。

一、坚持兴国必先强师，深刻认识教师队伍建设的重要意义和总体要求

1. 战略意义。教师承担着传播知识、传播思想、传播真理的历史使命，肩负着塑造灵魂、塑造生命、塑造人的时代重任，是教育发展的第一资源，是国家富强、民族振兴、人民幸福的重要基石。党和国家历来高度重视教师工作。党的十八大以来，以习近平同志为核心的党中央将教师队伍建设摆在突出位置，作出一系列重大决策部署，各地区各部门和各级各类学校采取有力措施认真贯彻落实，教师队伍建设取得显著成就。广大教师牢记使命、不忘初衷、爱岗敬业、教书育人、改革创新、服务社会，作出了重要贡献。

当今世界正处在大发展大变革大调整之中，新一轮科技和工业革命正在孕育，新的增长动能不断积聚。中国特色社会主义进入了新时代，开启了全面建设社会主义现代化国家的新征程。我国社会主要矛盾已经转化为人民日益增长的美好生活需要和不平衡不充分的发展之间的矛盾，人民对公平而有质量的教育的向往更加迫切。面对新方位、新征程、新使命，教师队伍建设还不能完全适应。有的地方对教育和教师工作重视不够，在教育事业发展中重硬件轻软件、重外延轻内涵的现象还比较突出，对教师队伍建设的支持力度亟须加大；师范教育体系有所削弱，对师范院校支持不

够；有的教师素质能力难以适应新时代人才培养需要，思想政治素质和师德水平需要提升，专业化水平需要提高；教师特别是中小学教师职业吸引力不足，地位待遇有待提高；教师城乡结构、学科结构分布不尽合理，准入、招聘、交流、退出等机制还不够完善，管理体制机制亟须理顺。时代越是向前，知识和人才的重要性就愈发突出，教育和教师的地位和作用就愈发凸显。各级党委和政府要从战略和全局高度充分认识教师工作的极端重要性，把全面加强教师队伍建设作为一项重大政治任务和根本性民生工程切实抓紧抓好。

2. 指导思想。全面贯彻落实党的十九大精神，以习近平新时代中国特色社会主义思想为指导，紧紧围绕统筹推进"五位一体"总体布局和协调推进"四个全面"战略布局，坚持和加强党的全面领导，坚持以人民为中心的发展思想，坚持全面深化改革，牢固树立新发展理念，全面贯彻党的教育方针，坚持社会主义办学方向，落实立德树人根本任务，遵循教育规律和教师成长发展规律，加强师德师风建设，培养高素质教师队伍，倡导全社会尊师重教，形成优秀人才争相从教、教师人人尽展其才、好教师不断涌现的良好局面。

3. 基本原则

——确保方向。坚持党管干部、党管人才，坚持依法治教、依法执教，坚持严格管理监督与激励关怀相结合，充分发挥党委（党组）的领导和把关作用，确保党牢牢掌握教师队伍建设的领导权，保证教师队伍建设正确的政治方向。

——强化保障。坚持教育优先发展战略，把教师工作置于教育事业发展的重点支持战略领域，优先谋划教师工作，优先保障教师工作投入，优先满足教师队伍建设需要。

——突出师德。把提高教师思想政治素质和职业道德水平摆在首要位置，把社会主义核心价值观贯穿教书育人全过程，突出全员全方位全过程师德养成，推动教师成为先进思想文化的传播者、党执政的坚定支持者、学生健康成长的指导者。

——深化改革。抓住关键环节，优化顶层设计，推动实践探索，破解发展瓶颈，把管理体制改革与机制创新作为突破口，把提高教师地位待遇作为真招实招，增强教师职业吸引力。

——分类施策。立足我国国情，借鉴国际经验，根据各级各类教师的不同特点和发展实际，考虑区域、城乡、校际差异，采取有针对性的政策举措，定向发力，重视专业发展，培养一批教师；加大资源供给，补充一批教师；创新体制机制，激活一批教师；优化队伍结构，调配一批教师。

4. 目标任务。经过5年左右努力，教师培养培训体系基本健全，职业发展通道比较畅通，事权人权财权相统一的教师管理体制普遍建立，待遇提升保障机制更加完善，教师职业吸引力明显增强。教师队伍规模、结构、素质能力基本满足各级各类教育发展需要。

到2035年，教师综合素质、专业化水平和创新能力大幅提升，培养造就数以百万计的骨干教师、数以十万计的卓越教师、数以万计的教育家型教师。教师管理体制机制科学高效，实现教师队伍治理体系和治理能力现代化。教师主动适应信息化、人工智能等新技术变革，积极有效开展教育教学。尊师重教蔚然成风，广大教师在岗位上有幸福感、事业上有成就感、社会上有荣誉感，教师成为让人羡慕的职业。

二、着力提升思想政治素质，全面加强师德师风建设

5. 加强教师党支部和党员队伍建设。将全面从严治党要求落实到每个教师党支部和教师党员，把党的政治建设摆在首位，用习近平新时代中国特色社会主义思想武装头脑，充分发挥教师党支部教育管理监督党员和宣传引导凝聚师生的战斗堡垒作用，充分发挥党员教师的先锋模范作用。选优配强教师党支部书记，注重选拔党性强、业务精、有威信、肯奉献的优秀党员教师担任教师党支部书记，实施教师党支部书记"双带头人"培育工程，定期开展教师党支部书记轮训。坚持党的组织生活各项制度，创新方式方法，增强党的组织生活活力。健全主题党日活动制度，加强党员教师日常管理监督。推进"两学一做"学习教育常态化制度化，开展"不忘初心、牢记使命"主题教育，引导党员教师增强政治意识、大局意识、核心意识、看齐意识，自觉爱党护党为党，敬业修德，奉献社会，争做"四有"好教师的示范标杆。重视做好在优秀青年教师、海外留学归国教师中发展党员工作。健全把骨干教师培养成党员，把党员教师培养成教学、科研、管理骨干的"双培养"机制。

配齐建强高等学校思想政治工作队伍和党务工作队伍，完善选拔、培养、激励机制，形成一支专职为主、专兼结合、数量充足、素质优良的工作力

量。把从事学生思想政治教育计入高等学校思想政治工作兼职教师的工作量，作为职称评审的重要依据，进一步增强开展思想政治工作的积极性和主动性。

6. 提高思想政治素质。加强理想信念教育，深入学习领会习近平新时代中国特色社会主义思想，引导教师树立正确的历史观、民族观、国家观、文化观，坚定中国特色社会主义道路自信、理论自信、制度自信、文化自信。引导教师准确理解和把握社会主义核心价值观的深刻内涵，增强价值判断、选择、塑造能力，带头践行社会主义核心价值观。引导广大教师充分认识中国教育辉煌成就，扎根中国大地，办好中国教育。

加强中华优秀传统文化和革命文化、社会主义先进文化教育，弘扬爱国主义精神，引导广大教师热爱祖国、奉献祖国。创新教师思想政治工作方式方法，开辟思想政治教育新阵地，利用思想政治教育新载体，强化教师社会实践参与，推动教师充分了解党情、国情、社情、民情，增强思想政治工作的针对性和实效性。要着眼青年教师群体特点，有针对性地加强思想政治教育。落实党的知识分子政策，政治上充分信任，思想上主动引导，工作上创造条件，生活上关心照顾，使思想政治工作接地气、入人心。

7. 弘扬高尚师德。健全师德建设长效机制，推动师德建设常态化长效化，创新师德教育，完善师德规范，引导广大教师以德立身、以德立学、以德施教、以德育德，坚持教书与育人相统一、言传与身教相统一、潜心问道与关注社会相统一、学术自由与学术规范相统一，争做"四有"好教师，全心全意做学生锤炼品格、学习知识、创新思维、奉献祖国的引路人。

实施师德师风建设工程。开展教师宣传国家重大题材作品立项，推出一批让人喜闻乐见、能够产生广泛影响、展现教师时代风貌的影视作品和文学作品，发掘师德典型、讲好师德故事，加强引领，注重感召，弘扬楷模，形成强大正能量。注重加强对教师思想政治素质、师德师风等的监察监督，强化师德考评，体现奖优罚劣，推行师德考核负面清单制度，建立教师个人信用记录，完善诚信承诺和失信惩戒机制，着力解决师德失范、学术不端等问题。

三、大力振兴教师教育，不断提升教师专业素质能力

8. 加大对师范院校支持力度。实施教师教育振兴行动计划，建立以师范院校为主体、高水平非师范院校参与的中国特色师范教育体系，推进地

方政府、高等学校、中小学"三位一体"协同育人。研究制定师范院校建设标准和师范类专业办学标准，重点建设一批师范教育基地，整体提升师范院校和师范专业办学水平。鼓励各地结合实际，适时提高师范专业生均拨款标准，提升师范教育保障水平。切实提高生源质量，对符合相关政策规定的，采取到岗退费或公费培养、定向培养等方式，吸引优秀青年踊跃报考师范院校和师范专业。完善教育部直属师范大学师范生公费教育政策，履约任教服务期调整为6年。改革招生制度，鼓励部分办学条件好、教学质量高院校的师范专业实行提前批次录取或采取入校后二次选拔方式，选拔有志于从教的优秀学生进入师范专业。加强教师教育学科建设。教育硕士、教育博士授予单位及授权点向师范院校倾斜。强化教师教育师资队伍建设，在专业发展、职称晋升和岗位聘用等方面予以倾斜支持。师范院校评估要体现师范教育特色，确保师范院校坚持以师范教育为主业，严控师范院校更名为非师范院校。开展师范类专业认证，确保教师培养质量。

9. 支持高水平综合大学开展教师教育。创造条件，推动一批有基础的高水平综合大学成立教师教育学院，设立师范专业，积极参与基础教育、职业教育教师培养培训工作。整合优势学科的学术力量，凝聚高水平的教学团队。发挥专业优势，开设厚基础、宽口径、多样化的教师教育课程。创新教师培养形态，突出教师教育特色，重点培养教育硕士，适度培养教育博士，造就学科知识扎实、专业能力突出、教育情怀深厚的高素质复合型教师。

10. 全面提高中小学教师质量，建设一支高素质专业化的教师队伍。提高教师培养层次，提升教师培养质量。推进教师培养供给侧结构性改革，为义务教育学校侧重培养素质全面、业务见长的本科层次教师，为高中阶段教育学校侧重培养专业突出、底蕴深厚的研究生层次教师。大力推动研究生层次教师培养，增加教育硕士招生计划，向中西部地区和农村地区倾斜。根据基础教育改革发展需要，以实践为导向优化教师教育课程体系，强化"钢笔字、毛笔字、粉笔字和普通话"等教学基本功和教学技能训练，师范生教育实践不少于半年。加强紧缺薄弱学科教师、特殊教育教师和民族地区双语教师培养。开展中小学教师全员培训，促进教师终身学习和专业发展。转变培训方式，推动信息技术与教师培训的有机融合，实行线上线下相结合的混合式研修。改进培训内容，紧密结合教育教学一线实际，组织高质量培训，使教师静心钻研教学，切实提升教学水平。推行培训自主选学，实行培训学分管理，建立培训学分银行，搭建教师培训与学历教育衔接的"立交桥"。建立健全地方教师发展机构和专业培训者队伍，依托现有资源，结合各地实际，逐步推进县级教师发展机构建设与改革，实现培训、教研、电教、科研部门有机整合。继续实施教师国培计划。鼓励教师海外研修访学。加强中小学校长队伍建设，努力造就一支政治过硬、品德高尚、业务精湛、治校有方的校长队伍。面向全体中小学校长，加大培训力度，提升校长办学治校能力，打造高品质学校。实施校长国培计划，重点开展乡村中小学骨干校长培训和名校长研修。支持教师和校长大胆探索，创新教育思想、教育模式、教育方法，形成教学特色和办学风格，营造教育家脱颖而出的制度环境。

11. 全面提高幼儿园教师质量，建设一支高素质善保教的教师队伍。办好一批幼儿师范专科学校和若干所幼儿师范学院，支持师范院校设立学前教育专业，培养热爱学前教育事业，幼儿为本、才艺兼备、擅长保教的高水平幼儿园教师。创新幼儿园教师培养模式，前移培养起点，大力培养初中毕业起点的五年制专科层次幼儿园教师。优化幼儿园教师培养课程体系，突出保教融合，科学开设儿童发展、保育活动、教育活动类课程，强化实践性课程，培养学前教育师范生综合能力。

建立幼儿园教师全员培训制度，切实提升幼儿园教师科学保教能力。加大幼儿园园长、乡村幼儿园教师、普惠性民办幼儿园教师的培训力度。创新幼儿园教师培训模式，依托高等学校和优质幼儿园，重点采取集中培训与跟岗实践相结合的方式培训幼儿园教师。鼓励师范院校与幼儿园协同建立幼儿园教师培养培训基地。

12. 全面提高职业院校教师质量，建设一支高素质双师型的教师队伍。继续实施职业院校教师素质提高计划，引领带动各地建立一支技艺精湛、专兼结合的双师型教师队伍。加强职业技术师范院校建设，支持高水平学校和大中型企业共建双师型教师培养培训基地，建立高等学校、行业企业联合培养双师型教师的机制。切实推进职业院校教师定期到企业实践，不断提升实践教学能力。建立企业经营管理者、技术能手与职业院校管理者、骨干教师相互兼职制度。

13. 全面提高高等学校教师质量，建设一支高素质创新型的教师队伍。

着力提高教师专业能力，推进高等教育内涵式发展。搭建校级教师发展平台，组织研修活动，开展教学研究与指导，推进教学改革与创新。加强院系教研室等学习共同体建设，建立完善传帮带机制。全面开展高等学校教师教学能力提升培训，重点面向新入职教师和青年教师，为高等学校培养人才培育生力军。重视各级各类学校辅导员专业发展。结合"一带一路"建设和人文交流机制，有序推动国内外教师双向交流。支持孔子学院教师、援外教师成长发展。服务创新型国家和人才强国建设、世界一流大学和一流学科建设，实施好千人计划、万人计划、长江学者奖励计划等重大人才项目，着力打造创新团队，培养引进一批具有国际影响力的学科领军人才和青年学术英才。加强高端智库建设，依托人文社会科学重点研究基地等，汇聚培养一大批哲学社会科学名家名师。高等学校高层次人才遴选和培育中要突出教书育人，让科学家同时成为教育家。

四、深化教师管理综合改革，切实理顺体制机制

14.创新和规范中小学教师编制配备。适应加快推进教育现代化的紧迫需求和城乡教育一体化发展改革的新形势，充分考虑新型城镇化、全面二孩政策及高考改革等带来的新情况，根据教育发展需要，在现有编制总量内，统筹考虑、合理核定教职工编制，盘活事业编制存量，优化编制结构，向教师队伍倾斜，采取多种形式增加教师总量，优先保障教育发展需要。落实城乡统一的中小学教职工编制标准，有条件的地方出台公办幼儿园人员配备规范、特殊教育学校教职工编制标准。创新编制管理，加大教职工编制统筹配置和跨区域调整力度，省级统筹、市域调剂、以县为主，动态调配。编制向乡村小规模学校倾斜，按照班师比与生师比相结合的方式核定。加强和规范中小学教职工编制管理，严禁挤占、挪用、截留编制和有编不补。实行教师编制配备和购买工勤服务相结合，满足教育快速发展需求。

15.优化义务教育教师资源配置。实行义务教育教师"县管校聘"。深入推进县域内义务教育学校教师、校长交流轮岗，实行教师聘期制、校长任期制管理，推动城镇优秀教师、校长向乡村学校、薄弱学校流动。实行学区（乡镇）内走教制度，地方政府可根据实际给予相应补贴。逐步扩大农村教师特岗计划实施规模，适时提高特岗教师工资性补助标准。鼓励优秀特岗教师攻读教育硕士。鼓励地方政府和相关院校因地制宜采取定向招

生、定向培养、定期服务等方式,为乡村学校及教学点培养"一专多能"教师,优先满足老少边穷地区教师补充需要。实施银龄讲学计划,鼓励支持乐于奉献、身体健康的退休优秀教师到乡村和基层学校支教讲学。

16. 完善中小学教师准入和招聘制度。完善教师资格考试政策,逐步将修习教师教育课程、参加教育教学实践作为认定教育教学能力、取得教师资格的必备条件。新入职教师必须取得教师资格。严格教师准入,提高入职标准,重视思想政治素质和业务能力,根据教育行业特点,分区域规划,分类别指导,结合实际,逐步将幼儿园教师学历提升至专科,小学教师学历提升至师范专业专科和非师范专业本科,初中教师学历提升至本科,有条件的地方将普通高中教师学历提升至研究生。建立符合教育行业特点的中小学、幼儿园教师招聘办法,遴选乐教适教善教的优秀人才进入教师队伍。按照中小学校领导人员管理暂行办法,明确任职条件和资格,规范选拔任用工作,激发办学治校活力。

17. 深化中小学教师职称和考核评价制度改革。适当提高中小学中级、高级教师岗位比例,畅通教师职业发展通道。完善符合中小学特点的岗位管理制度,实现职称与教师聘用衔接。将中小学教师到乡村学校、薄弱学校任教1年以上的经历作为申报高级教师职称和特级教师的必要条件。推行中小学校长职级制改革,拓展职业发展空间,促进校长队伍专业化建设。进一步完善职称评价标准,建立符合中小学教师岗位特点的考核评价指标体系,坚持德才兼备、全面考核,突出教育教学实绩,引导教师潜心教书育人。加强聘后管理,激发教师的工作活力。完善相关政策,防止形式主义的考核检查干扰正常教学。不简单用升学率、学生考试成绩等评价教师。实行定期注册制度,建立完善教师退出机制,提升教师队伍整体活力。加强中小学校长考核评价,督促提高素质能力,完善优胜劣汰机制。

18. 健全职业院校教师管理制度。根据职业教育特点,有条件的地方研究制定中等职业学校人员配备规范。完善职业院校教师资格标准,探索将行业企业从业经历作为认定教育教学能力、取得专业课教师资格的必要条件。落实职业院校用人自主权,完善教师招聘办法。推动固定岗和流动岗相结合的职业院校教师人事管理制度改革。支持职业院校专设流动岗位,适应产业发展和参与全球产业竞争需求,大力引进行业企业一流人才,吸引具有创新实践经验的企业家、高科技人才、高技能人才等兼职任教。完善职业院校教师考核评价制度，双师型教师考核评价要充分体现技能水平和专业教学能力。

19. 深化高等学校教师人事制度改革。积极探索实行高等学校人员总量管理。严把高等学校教师选聘入口关，实行思想政治素质和业务能力双重考察。严格教师职业准入，将新入职教师岗前培训和教育实习作为认定教育教学能力、取得高等学校教师资格的必备条件。适应人才培养结构调整需要，优化高等学校教师结构，鼓励高等学校加大聘用具有其他学校学习工作和行业企业工作经历教师的力度。配合外国人永久居留制度改革，健全外籍教师资格认证、服务管理等制度。帮助高等学校青年教师解决住房等困难。推动高等学校教师职称制度改革，将评审权直接下放至高等学校，由高等学校自主组织职称评审、自主评价、按岗聘任。条件不具备、尚不能独立组织评审的高等学校，可采取联合评审的方式。推行高等学校教师职务聘任制改革，加强聘期考核，准聘与长聘相结合，做到能上能下、能进能出。教育、人力资源社会保障等部门要加强职称评聘事中事后监管。深入推进高等学校教师考核评价制度改革，突出教育教学业绩和师德考核，将教授为本科生上课作为基本制度。坚持正确导向，规范高层次人才合理有序流动。

五、不断提高地位待遇，真正让教师成为令人羡慕的职业

20. 明确教师的特别重要地位。突显教师职业的公共属性，强化教师承担的国家使命和公共教育服务的职责，确立公办中小学教师作为国家公职人员特殊的法律地位，明确中小学教师的权利和义务，强化保障和管理。各级党委和政府要切实负起中小学教师保障责任，提升教师的政治地位、社会地位、职业地位，吸引和稳定优秀人才从教。公办中小学教师要切实履行作为国家公职人员的义务，强化国家责任、政治责任、社会责任和教育责任。

21. 完善中小学教师待遇保障机制。健全中小学教师工资长效联动机制，核定绩效工资总量时统筹考虑当地公务员实际收入水平，确保中小学教师平均工资收入水平不低于或高于当地公务员平均工资收入水平。完善教师收入分配激励机制，有效体现教师工作量和工作绩效，绩效工资分配向班主任和特殊教育教师倾斜。实行中小学校长职级制的地区，根据实际实施相应的校长收入分配办法。

22. 大力提升乡村教师待遇。深入实施乡村教师支持计划，关心乡村教师生活。认真落实艰苦边远地区津贴等政策，全面落实集中连片特困地区乡村教师生活补助政策，依据学校艰苦边远程度实行差别化补助，鼓励有条件的地方提高补助标准，努力惠及更多乡村教师。加强乡村教师周转宿舍建设，按规定将符合条件的教师纳入当地住房保障范围，让乡村教师住有所居。拿出务实举措，帮助乡村青年教师解决困难，关心乡村青年教师工作生活，巩固乡村青年教师队伍。在培训、职称评聘、表彰奖励等方面向乡村青年教师倾斜，优化乡村青年教师发展环境，加快乡村青年教师成长步伐。为乡村教师配备相应设施，丰富精神文化生活。

23. 维护民办学校教师权益。完善学校、个人、政府合理分担的民办学校教师社会保障机制，民办学校应与教师依法签订合同，按时足额支付工资，保障其福利待遇和其他合法权益，并为教师足额缴纳社会保险费和住房公积金。依法保障和落实民办学校教师在业务培训、职务聘任、教龄和工龄计算、表彰奖励、科研立项等方面享有与公办学校教师同等权利。

24. 推进高等学校教师薪酬制度改革。建立体现以增加知识价值为导向的收入分配机制，扩大高等学校收入分配自主权，高等学校在核定的绩效工资总量内自主确定收入分配办法。高等学校教师依法取得的科技成果转化奖励收入，不纳入本单位工资总额基数。完善适应高等学校教学岗位特点的内部激励机制，对专职从事教学的人员，适当提高基础性绩效工资在绩效工资中的比重，加大对教学型名师的岗位激励力度。

25. 提升教师社会地位。加大教师表彰力度。大力宣传教师中的"时代楷模"和"最美教师"。开展国家级教学名师、国家级教学成果奖评选表彰，重点奖励贡献突出的教学一线教师。做好特级教师评选，发挥引领作用。做好乡村学校从教30年教师荣誉证书颁发工作。各地要按照国家有关规定，因地制宜开展多种形式的教师表彰奖励活动，并落实相关优待政策。鼓励社会团体、企事业单位、民间组织对教师出资奖励，开展尊师活动，营造尊师重教良好社会风尚。

建设现代学校制度，体现以人为本，突出教师主体地位，落实教师知情权、参与权、表达权、监督权。建立健全教职工代表大会制度，保障教师参与学校决策的民主权利。推行中国特色大学章程，坚持和完善党委领导下的校长负责制，充分发挥教师在高等学校办学治校中的作用。

维护教师职业尊严和合法权益，关心教师身心健康，克服职业倦怠，激发工作热情。

六、切实加强党的领导，全力确保政策举措落地见效

26. 强化组织保障。各级党委和政府要满腔热情关心教师，充分信任、紧紧依靠广大教师。要切实加强领导，实行一把手负责制，紧扣广大教师最关心、最直接、最现实的重大问题，找准教师队伍建设的突破口和着力点，坚持发展抓公平、改革抓机制、整体抓质量、安全抓责任、保证抓党建，把教师工作记在心里、扛在肩上、抓在手中，摆上重要议事日程，细化分工，确定路线图、任务书、时间表和责任人。主要负责同志和相关责任人要切实做到实事求是、求真务实、善始善终、善作善成，把准方向、敢于担当、亲力亲为、抓实工作。各省、自治区、直辖市党委常委会每年至少研究一次教师队伍建设工作。建立教师工作联席会议制度，解决教师队伍建设重大问题。相关部门要制定切实提高教师待遇的具体措施。研究修订教师法。统筹现有资源，壮大全国教师工作力量，培育一批专业机构，专门研究教师队伍建设重大问题，为重大决策提供支撑。

27. 强化经费保障。各级政府要将教师队伍建设作为教育投入重点予以优先保障，完善支出保障机制，确保党和国家关于教师队伍建设重大决策部署落实到位。优化经费投入结构，优先支持教师队伍建设最薄弱、最紧迫的领域，重点用于按规定提高教师待遇保障、提升教师专业素质能力。加大师范教育投入力度。健全以政府投入为主、多渠道筹集教育经费的体制，充分调动社会力量投入教师队伍建设的积极性。制定严格的经费监管制度，规范经费使用，确保资金使用效益。各级党委和政府要将教师队伍建设列入督查督导工作重点内容，并将结果作为党政领导班子和有关领导干部综合考核评价、奖惩任免的重要参考，确保各项政策措施全面落实到位，真正取得实效。

附录 B.2　加快推进教育现代化实施方案（2018—2022年）（摘录）

《加快推进教育现代化实施方案（2018—2022年）》（以下简称《实施方案》）指出，今后5年加快推进教育现代化的指导思想是：以习近平新时代中国特色社会主义思想为指导，全面贯彻党的十九大和十九届二中、三中全会精神，以培养社会主义建设者和接班人为根本任务，以全面加强党对教育工作的领导为根本保证，以促进公平和提高质量为时代主题，围绕加

快推进教育现代化这一主线，聚焦教育发展的战略性问题、紧迫性问题和人民群众关心的问题，统筹实施各类工程项目和行动计划，着力深化改革、激发活力，着力补齐短板、优化结构，更好发挥教育服务国计民生的作用，确保完成决胜全面建成小康社会教育目标任务，为推动高质量发展、实现2035年奋斗目标夯实基础。

《实施方案》提出了加快推进教育现代化的实施原则：立足当前，着眼长远；聚焦重点，带动全局；问题导向，改革创新；分区规划，分类推进。总体目标是：经过5年努力，全面实现各级各类教育普及目标，全面构建现代化教育制度体系，教育总体实力和国际影响力大幅提升。实现更高水平、更有质量的普及，教育改革发展成果更公平地惠及全体人民，教育服务经济社会发展的能力显著提高，社会关注的教育热点难点问题得到有效缓解，多样化可选择的优质教育资源更加丰富，人民群众受教育机会进一步扩大，学习大国建设取得重要进展。

《实施方案》提出了推进教育现代化的十项重点任务（摘录）：五是全面加强新时代教师队伍建设。加强师德师风建设，把师德师风作为评价教师队伍素质的第一标准，实施师德师风建设工程。提高教师教育质量，实施教师教育振兴行动计划，大力培养高素质专业化中小学教师。深化教师管理制度改革，创新编制管理，修订高等学校、中小学和中职学校岗位设置管理指导意见，分类推进教师职称制度改革。保障教师工资待遇，健全中小学教师工资长效联动机制，核定绩效工资总量时统筹考虑当地公务员实际收入水平，实现与当地公务员工资收入同步调整，完善中小学教师绩效工资总量核定分配办法和内部分配办法。补强薄弱地区教师短板，深入实施乡村教师支持计划、银龄讲学计划、援藏援疆万名教师支教计划。

六是大力推进教育信息化。着力构建基于信息技术的新型教育教学模式、教育服务供给方式以及教育治理新模式。促进信息技术与教育教学深度融合，支持学校充分利用信息技术开展人才培养模式和教学方法改革，逐步实现信息化教与学应用师生全覆盖。创新信息时代教育治理新模式，开展大数据支撑下的教育治理能力优化行动，推动以互联网等信息化手段服务教育教学全过程。加快推进智慧教育创新发展，设立"智慧教育示范区"，开展国家虚拟仿真实验教学项目等建设，实施人工智能助推教师队伍建设行动。构建"互联网＋教育"支撑服务平台，深入推进"三通两平台"建设。

附录 B.3　中国教育现代化 2035（摘录）

战略任务（摘录）

建设高素质专业化创新型教师队伍。大力加强师德师风建设，将师德师风作为评价教师素质的第一标准，推动师德建设长效化、制度化。加大教职工统筹配置和跨区域调整力度，切实解决教师结构性、阶段性、区域性短缺问题。完善教师资格体系和准入制度。健全教师职称、岗位和考核评价制度。培养高素质教师队伍，健全以师范院校为主体、高水平非师范院校参与、优质中小学（幼儿园）为实践基地的开放、协同、联动的中国特色教师教育体系。强化职前教师培养和职后教师发展的有机衔接。夯实教师专业发展体系，推动教师终身学习和专业自主发展。提高教师社会地位，完善教师待遇保障制度，健全中小学教师工资长效联动机制，全面落实集中连片特困地区生活补助政策。加大教师表彰力度，努力提高教师政治地位、社会地位、职业地位。

附录 B.4　教师教育振兴行动计划（2018—2022 年）

教师教育是教育事业的工作母机，是提升教育质量的动力源泉。为深入认真贯彻习近平新时代中国特色社会主义思想和党的十九大精神，根据《中共中央国务院关于全面深化新时代教师队伍建设改革的意见》（中发〔2018〕4号）的决策部署，按照国民经济和社会发展第十三个五年规划纲要及国家教育事业发展"十三五"规划工作要求，采取切实措施建强做优教师教育，推动教师教育改革发展，全面提升教师素质能力，努力建设一支高素质专业化创新型教师队伍，特制定教师教育振兴行动计划。

一、指导思想

以习近平新时代中国特色社会主义思想为指导，全面学习贯彻党的十九大精神，紧紧围绕统筹推进"五位一体"总体布局和协调推进"四个全面"战略布局，坚持和加强党的全面领导，坚持以人民为中心的发展思想，坚持全面深化改革，牢固树立新发展理念，全面贯彻党的教育方针，坚持社会主义办学方向，落实立德树人根本任务，主动适应教育现代化对教师队伍的新要求，遵循教育规律和教师成长发展规律，着眼长远，立足当前，以提升教师教育质量为核心，以加强教师教育体系建设为支撑，以教师教育供给侧结构性改革为动力，推进教师教育创新、协调、绿色、开放、共享发展，从源头上加强教师队伍建设，着力培养造就党和人民满意的师德高尚、业务精湛、结构合理、充满活力的教师队伍。

二、目标任务

经过5年左右努力，办好一批高水平、有特色的教师教育院校和师范类专业，教师培养培训体系基本健全，为我国教师教育的长期可持续发展奠定坚实基础。师德教育显著加强，教师培养培训的内容方式不断优化，教师综合素质、专业化水平和创新能力显著提升，为发展更高质量更加公平的教育提供强有力的师资保障和人才支撑。

——落实师德教育新要求，增强师德教育实效性。将学习贯彻习近平总书记对教师的殷切希望和要求作为教师师德教育的首要任务和重点内容。加强师德养成教育，用"四有好老师"标准、"四个引路人"、"四个相统一"和"四个服务"等要求，统领教师成长发展，细化落实到教师教育课程，引导教师以德立身、以德立学、以德施教、以德育德。

——提升培养规格层次，夯实国民教育保障基础。全面提高师范生的综合素养与能力水平。根据各地实际，为义务教育学校培养更多接受过高质量教师教育的素质全面、业务见长的本科层次教师，为普通高中培养更多专业突出、底蕴深厚的研究生层次教师，为中等职业学校（含技工学校，下同）大幅增加培养具有精湛实践技能的"双师型"专业课教师，为幼儿园培养一大批关爱幼儿、擅长保教的学前教育专业专科以上学历教师，教师培养规格层次满足保障国民教育和创新人才培养的需要。

——改善教师资源供给，促进教育公平发展。加强中西部地区和乡村学校教师培养，重点为边远、贫困、民族地区教育精准扶贫提供师资保障。支持中西部地区提升师范专业办学能力。推进本土化培养，面向师资补充困难地区逐步扩大乡村教师公费定向培养规模，为乡村学校培养"下得去、留得住、教得好、有发展"的合格教师。建立健全乡村教师成长发展的支持服务体系，高质量开展乡村教师全员培训，培训的针对性和实效性不断提高。

——创新教师教育模式，培养未来卓越教师。吸引优秀人才从教，师范生生源质量显著提高，用优秀的人去培养更优秀的人。注重协同育人，注重教学基本功训练和实践教学，注重课程内容不断更新，注重信息技术应用能力，教师教育新形态基本形成。师范生与在职教师的社会责任感、创新精神和实践能力不断增强。

——发挥师范院校主体作用，加强教师教育体系建设。加大对师范院校的支持力度，不断优化教师教育布局结构，基本形成以国家教师教育基地为引领、师范院校为主体、高水平综合大学参与、教师发展机构为纽带、优质中小学为实践基地的开放、协同、联动的现代教师教育体系。

三、主要措施

（一）师德养成教育全面推进行动。制定出台在教师培养培训中加强师德教育的文件和师德修养教师培训课程指导标准。将师德教育贯穿教师教育全过程，作为师范生培养和教师培训课程的必修模块。培育和践行社会主义核心价值观，引导教师全面落实到教育教学实践中。制订教师法治培训大纲，开展法治教育，提升教师法治素养和依法执教能力。在师范生和在职教师中广泛开展中华优秀传统文化教育，注重通过中华优秀传统文化涵养师德，通过经典诵读、开设专门课程、组织专题培训等形式，汲取文化精髓，传承中华师道。将教书育人楷模、一线优秀教师校长请进课堂，采取组织公益支教、志愿服务等方式，着力培育师范生的教师职业认同和社会责任感。借助新闻媒体平台，组织开展师范生"师德第一课"系列活动。每年利用教师节后一周时间开展"师德活动周"活动。发掘师德先进典型，弘扬当代教师风采，大力宣传阳光美丽、爱岗敬业、默默奉献的新时代优秀教师形象。

（二）教师培养层次提升行动。引导支持办好师范类本科专业，加大义务教育阶段学校本科层次教师培养力度。按照有关程序办法，增加一批教育硕士专业学位授权点。引导鼓励有关高校扩大教育硕士招生规模，对教师教育院校研究生推免指标予以统筹支持。支持探索普通高中、中等职业学校教师本科和教育硕士研究生阶段整体设计、分段考核、有机衔接的培养模式。适当增加教育博士专业学位授权点，引导鼓励有关高校扩大教育博士招生规模，面向基础教育、职业教育教师校长，完善教育博士选拔培养方案。办好一批幼儿师范高等专科学校和若干所幼儿师范学院。各地根据学前教育发展的实际需求，扩大专科以上层次幼儿园教师培养规模。支持师范院校扩大特殊教育专业招生规模，加大特殊教育领域教育硕士培养力度。

（三）乡村教师素质提高行动。各地要以集中连片特困地区县和国家级贫困县为重点，通过公费定向培养、到岗退费等多种方式，为乡村小学培养补充全科教师，为乡村初中培养补充"一专多能"教师，优先满足老少边穷岛等边远贫困地区教师补充需要。加大紧缺薄弱学科教师和民族地区双语教师培养力度。加强县区乡村教师专业发展支持服务体系建设，强化县级教师发展机构在培训乡村教师方面的作用。培训内容针对教育教学实际需要，注重新课标新教材和教育观念、教学方法培训，赋予乡村教师更多选择权，提升乡村教师培训实效。推进乡村教师到城镇学校跟岗学习，鼓励引导师范生到乡村学校进行教育实践。"国培计划"集中支持中西部乡村教师校长培训。

（四）师范生生源质量改善行动。依法保障和提高教师的地位待遇，通过多种方式吸引优质生源报考师范专业。改进完善教育部直属师范大学师范生免费教育政策，将"免费师范生"改称为"公费师范生"，履约任教服务期调整为6年。推进地方积极开展师范生公费教育工作。积极推行初中毕业起点五年制专科层次幼儿园教师培养。部分办学条件好、教学质量高的高校师范专业实行提前批次录取。加大入校后二次选拔力度，鼓励设立面试考核环节，考察学生的综合素养和从教潜质，招收乐教适教善教的优秀学生就读师范专业。鼓励高水平综合性大学成立教师教育学院，设立师范类专业，招收学科知识扎实、专业能力突出、具有教育情怀的学生，重点培养教育硕士，适度培养教育博士。建立健全符合教育行业特点的教师招聘办法，畅通优秀师范毕业生就业渠道。

（五）"互联网+教师教育"创新行动。充分利用云计算、大数据、虚拟现实、人工智能等新技术,推进教师教育信息化教学服务平台建设和应用，推动以自主、合作、探究为主要特征的教学方式变革。启动实施教师教育在线开放课程建设计划，遴选认定200门教师教育国家精品在线开放课程，推动在线开放课程广泛应用共享。实施新一周期中小学教师信息技术应用能力提升工程，引领带动中小学教师校长将现代信息技术有效运用于教育教学和学校管理。研究制定师范生信息技术应用能力标准，提高师范生信息素养和信息化教学能力。依托全国教师管理信息系统，加强在职教师培训信息化管理，建设教师专业发展"学分银行"。

（六）教师教育改革实验区建设行动。支持建设一批由地方政府统筹，教育、发展改革、财政、人力资源社会保障、编制等部门密切配合，高校与中小学协同开展教师培养培训、职前与职后相互衔接的教师教育改革实验区，带动区域教师教育综合改革，全面提升教师培养培训质量。深入实施"卓越教师培养计划"，建设一流师范院校和一流师范专业，分类推进教师培养模式改革。推动实践导向的教师教育课程内容改革和以师范生为中心的教学方法变革。发挥"国培计划"示范引领作用，加强教师培训需求诊断，优化培训内容，推动信息技术与教师培训的有机融合，实行线上线下相结合的混合式培训。实施新一周期职业院校教师素质提高计划，引领带动高层次"双师型"教师队伍建设。实施中小学名师名校长领航工程，培养造就一批具有较大社会影响力、能够在基础教育领域发挥示范引领作用的领军人才。加强教育行政部门对新教师入职教育的统筹规划，推行集中培训和跟岗实践相结合的新教师入职教育模式。

（七）高水平教师教育基地建设行动。综合考虑区域布局、层次结构、师范生招生规模、校内教师教育资源整合、办学水平等因素，重点建设一批师范教育基地，发挥高水平、有特色教师教育院校的示范引领作用。加强教师教育院校师范生教育教学技能实训平台建设。国家和地方有关重大项目充分考虑教师教育院校特色，在规划建设方面予以倾斜。推动高校有效整合校内资源，鼓励有条件的高校依托现有资源组建实体化的教师教育学院。制定县级教师发展中心建设标准。以优质市县教师发展机构为引领，推动整合教师培训机构、教研室、教科所（室）、电教馆的职能和资源，按照精简、统一、效能原则建设研训一体的市县教师发展机构，更好地为区域教师专业发展服务。高校与地方教育行政部门依托优质中小学，开展师范生见习实习、教师跟岗培训和教研教改工作。

（八）教师教育师资队伍优化行动。国家和省级教育行政部门加大对教师教育师资国内外访学支持力度。引导支持高校加大学科课程与教学论博士生培养力度。高校对教师教育师资的工作量计算、业绩考核等评价与管理，应充分体现教师教育工作特点。在岗位聘用、绩效工资分配等方面，对学科课程与教学论教师实行倾斜政策。推进职业学校、高等学校与大中型企业共建共享师资，允许职业学校、高等学校依法依规自主聘请兼职教师，支持有条件的地方探索产业导师特设岗位计划。推进高校与中小学教师、企业人员双向交流。高校与中小学、高校与企业采取双向挂职、兼职等方式，建立教师教育师资共同体。实施骨干培训者队伍建设工程，开展万名专兼职教师培训者培训能力提升专项培训。组建中小学名师工作室、特级教师流动站、企业导师人才库，充分发挥教研员、学科带头人、特级教师、高技能人才在师范生培养和在职教师常态化研修中的重要作用。

（九）教师教育学科专业建设行动。建立健全教师教育本专科和研究生培养的学科专业体系。鼓励支持有条件的高校自主设置"教师教育学"二级学科，国家定期公布高校在教育学一级学科设立"教师教育学"二级学科情况，加强教师教育的学术研究和人才培养。明确教育实践的目标任务，构建全方位教育实践内容体系，与基础教育、职业教育课程教学改革相衔接，强化"三字一话"等师范生教学基本功训练。修订《教师教育课程标准》，组织编写或精选推荐一批主干课教材和精品课程资源。发布《中小学幼儿园教师培训课程指导标准》。开发中等职业学校教师教育课程和特殊教育课程资源。鼓励高校针对有从教意愿的非师范类专业学生开设教师教育课程，协助参加必要的教育实践。建设公益性教师教育在线学习中心，提供教师教育核心课程资源，供非师范类专业学生及社会人士修习。

（十）教师教育质量保障体系构建行动。建设全国教师教育基本状态数据库，建立教师培养培训质量监测机制，发布《中国教师教育质量年度报告》。出台《普通高等学校师范类专业认证标准》，启动开展师范类专业认证，将认证结果作为师范类专业准入、质量评价和教师资格认定的重要依据，并向社会公布。建立高校教师教育质量自我评估制度。建立健全教育专业学位认证评估制度和动态调整机制，推动完善教育硕士培养方案，聚焦中小学教师培养，逐步实现教育硕士培养与教师资格认定相衔接。建立健全教师培训质量评估制度。高校教学、学科评估要考虑教师教育院校的实际，将教师培养培训工作纳入评估体系，体现激励导向。

四、组织实施

（一）明确责任主体。要加强组织领导，把振兴教师教育作为全面深化新时代教师队伍建设改革的重大举措，列入重要议事日程，切实将计划落到实处。教育行政部门要加强对教师教育工作的统筹管理和指导,发展改革、财政、人力资源社会保障、编制部门要密切配合、主动履职尽责，共同为教师教育振兴发展营造良好的法治和政策环境。成立国家教师教育咨询专家委员会，为教师教育重大决策提供有力支撑。

（二）加强经费保障。要加大教师教育财政经费投入力度，提升教师教育保障水平。根据教师教育发展以及财力状况，适时提高师范生生均拨款标准。教师培训经费要列入财政预算。幼儿园、中小学和中等职业学校按照年度公用经费预算总额的 5% 安排教师培训经费。中央财政通过现行政策和资金渠道对教师教育加大支持力度。在相关重大教育发展项目中将教师培养培训作为资金使用的重要方向。积极争取社会支持，建立多元化筹资渠道。

（三）开展督导检查。建立教师教育项目实施情况的跟踪、督导机制。国家有关部门组织开展对教师教育振兴行动计划实施情况的专项督导检查，确保各项政策举措落到实处。按照国家有关规定对先进典型予以表彰奖励，对实施不到位、敷衍塞责的，要追究相关部门负责人的领导责任。

附录 B.5　教育部卓越教师培养计划

为贯彻《中共中央国务院关于全面深化新时代教师队伍建设改革的意见》决策部署，落实《教育部等 5 部门关于印发〈教师教育振兴行动计划〉（2018—2022 年）的通知》（教师〔2018〕2 号）工作要求，根据《教育部关于加快建设高水平本科教育全面提高人才培养能力的意见》，现就实施卓越教师培养计划 2.0 提出如下意见。

一、总体思路

围绕全面推进教育现代化的时代新要求，立足全面落实立德树人根本任务的时代新使命，坚定办学方向，坚持服务需求，创新机制模式，深化协同育人，贯通职前职后，建设一流师范院校和一流师范专业，全面引领教师教育改革发展。通过实施卓越教师培养，在师范院校办学特色上发挥排头兵作用，在师范专业培养能力提升上发挥领头雁作用，在师范人才培养上发挥风向标作用，培养造就一批教育情怀深厚、专业基础扎实、勇于创新教学、善于综合育人和具有终身学习发展能力的高素质专业化创新型中小学（含幼儿园、中等职业学校、特殊教育学校，下同）教师。

二、目标要求

经过五年左右的努力，办好一批高水平、有特色的教师教育院校和师范专业，师德教育的针对性和实效性显著增强，课程体系和教学内容显著更新，以师范生为中心的教育教学新形态基本形成，实践教学质量显著提高，协同培养机制基本健全，教师教育师资队伍明显优化，教师教育质量文化基本建立。到2035年，师范生的综合素质、专业化水平和创新能力显著提升，为培养造就数以百万计的骨干教师、数以十万计的卓越教师、数以万计的教育家型教师奠定坚实基础。

三、改革任务和重要举措

（一）全面开展师德养成教育。将学习贯彻习近平总书记对教师的殷切希望和要求作为师范生师德教育的首要任务和重点内容，将"四有好老师"标准、"四个引路人"、"四个相统一"和"四个服务"等要求细化落实到教师培养全过程。加强师范特色校园、学院文化建设，着力培养"学高为师、身正为范"的卓越教师。通过实施导师制、书院制等形式，建立师生学习、生活和成长共同体，充分发挥导师在学生品德提升、学业进步和人生规划方面的作用。通过开展实习支教、邀请名师名校长与师范生对话交流等形式，切实培养师范生的职业认同和社会责任感。通过组织经典诵读、开设专门课程、组织专题讲座等形式，推动师范生汲取中华优秀传统文化精髓，传承中华师道，涵养教育情怀，做到知行合一。

（二）分类推进培养模式改革。适应五类教育发展需求，分类推进卓越中学、小学、幼儿园、中等职业学校和特殊教育学校教师培养改革。面向培养专业突出、底蕴深厚的卓越中学教师，重点探索本科和教育硕士研究生阶段整体设计、分段考核、有机衔接的培养模式，积极支持高水平综合大学参与。面向培养素养全面、专长发展的卓越小学教师，重点探索借鉴国际小学全科教师培养经验、继承我国养成教育传统的培养模式。面向培养幼儿为本、擅长保教的卓越幼儿园教师，重点探索幼儿园教师融合培养模式，积极开展初中毕业起点五年制专科层次幼儿园教师培养。面向培养理实一体、德业双修的卓越中职教师，重点探索校企合作"双师型"教师培养模式，主动对接战略新兴产业发展需要，开展教育硕士（职业技术教育领域）研究生培养工作。面向培养富有爱心、具有复合型知识技能的卓越特教教师，重点探索师范院校特殊教育知识技能与学科教育教学融合培养、师范院校与医学院校联合培养模式。

（三）深化信息技术助推教育教学改革。推动人工智能、智慧学习环境等新技术与教师教育课程全方位融合，充分利用虚拟现实、增强现实和混合现实等，建设开发一批交互性、情境化的教师教育课程资源。及时吸收基础教育、职业教育改革发展最新成果，开设模块化的教师教育课程，精选中小学教育教学和教师培训优秀案例，建立短小实用的微视频和结构化、能够进行深度分析的课例库。建设200门国家教师教育精品在线开放课程，推广翻转课堂、混合式教学等新型教学模式，形成线上教学与线下教学有机结合、深度融通的自主、合作、探究学习模式。创新在线学习学分管理、学籍管理、学业成绩评价等制度，大力支持名师名课等优质资源共享。利用大数据、云计算等技术，对课程教学实施情况进行监测，有效诊断评价师范生学习状况和教学质量，为教师、教学管理人员等进行教学决策、改善教学计划、提高教学质量、保证教学效果提供参考依据。

（四）着力提高实践教学质量。设置数量充足、内容丰富的实践课程，建立健全贯穿培养全程的实践教学体系，确保实践教学前后衔接、阶梯递进，实践教学与理论教学有机结合、相互促进。全面落实高校教师与优秀中小学教师共同指导教育实践的"双导师制"，为师范生提供全方位、及时有效的实践指导。推进师范专业教学实验室、师范生教育教学技能实训教室和师范生自主研训与考核数字化平台建设，强化师范生教学基本功和教学技能训练与考核。建设教育实践管理信息系统平台，推进教育实践全过程管理，做到实习前有明确要求、实习中有监督指导、实习后有考核评价。遴选建设一批优质教育实践和企业实践基地，在师范生教育实践和专业实践、教师教育师资兼职任教等方面建立合作共赢长效机制。

（五）完善全方位协同培养机制。支持建设一批省级政府统筹，高等学校与中小学协同开展培养培训、职前与职后相互衔接的教师教育改革实验区，着力推进培养规模结构、培养目标、课程设置、资源建设、教学团队、实践基地、职后培训、质量评价、管理机制等全流程协同育人。鼓励支持高校之间交流合作，通过交换培养、教师互聘、课程互选、同步课堂、学分互认等方式，使师范生能够共享优质教育资源。积极推动医教联合培养特教教师，高校与行业企业、中等职业学校联合培养中职教师。大力支持高校开展教师教育管理体制改革，构建教师培养校内协同机制和协同文化，鼓励有条件的高校依托现有资源组建实体化的教师教育学院，加强办公空间与场所、设施与设备、人员与信息等资源的优化与整合，聚力教师教育资源，彰显教师教育文化，促进教师培养、培训、研究和服务一体化。

（六）建强优化教师教育师资队伍。推动高校配足配优符合卓越教师培养需要的教师教育师资队伍，在岗位聘用、绩效工资分配等方面，对学科课程与教学论教师实行倾斜政策。加大学科课程与教学论博士生培养力度和教师教育师资国内访学支持力度，通过组织集中培训、校本教研、见习观摩等，提高教师教育师资的专业化水平。加强教师教育学科建设，指导高校建立符合教师教育特点的教师考核评价机制，引导和推动教师教育师资特别是学科课程与教学论教师开展基础教育、职业教育研究。通过共建中小学名师名校长工作室、特级教师流动站、企业导师人才库等，建设一支长期稳定、深度参与教师培养的兼职教师教育师资队伍。指导推动各地开展高等学校与中小学师资互聘，建立健全高校与中小学等双向交流长效机制。

（七）深化教师教育国际交流与合作。加强与境外高水平院校的交流与合作，共享优质教师教育资源，积极推进双方联合培养、学生互换、课程互选、学分互认。提高师范生赴境外观摩学习比例，采取赴境外高校交流、赴境外中小学见习实习等多种形式，拓展师范生国际视野。积极参与国际教师教育创新研究，加大教师教育师资国外访学支持力度，学习借鉴国际先进教育理念经验，扩大中国教育的国际影响。

（八）构建追求卓越的质量保障体系。落实《普通高等学校师范类专业认证实施办法》，构建中国特色、世界水平的教师教育质量监测认证体系，分级分类开展师范类专业认证，全面保障、持续提升师范类专业人才培养质量。推动高校充分利用信息技术等多种手段，建立完善基于证据的教师培养质量全程监控与持续改进机制和师范毕业生持续跟踪反馈机制以及中小学、教育行政部门等利益相关方参与的多元社会评价机制，定期对校内外的评价结果进行综合分析并应用于教学，推动师范生培养质量的持续改进和提高，形成追求卓越的质量文化。

四、保障机制

（一）构建三级实施体系。教育部统筹计划的组织实施工作，做好总体规划。各省（区、市）教育行政部门要结合实际情况，制定实施省级"卓越教师培养计划2.0"。各高校要结合本校实际，制定落实计划2.0的具体实施方案，纳入学校整体发展规划。

（二）加强政策支持。优先支持计划实施高校学生参与国际合作交流、教师教育师资国内访学和出国进修；对计划实施高校适度增加教育硕士招生计划，加强教师教育学科建设，完善学位授权点布局，教育硕士、教育博士授予单位及授权点向师范院校倾斜。推进教育硕士专业学位研究生培养与教师职业资格的有机衔接。将卓越教师培养实施情况特别是培养指导师范生情况作为高校教师考核评价和职称晋升、中小学工作考核评价和特色评选、中小学教师评优和职称晋升、中小学特级教师和学科带头人评选、名师名校长遴选培养的重要依据。

（三）加大经费保障。中央高校应统筹利用中央高校教育教学改革专项等中央高校预算拨款和其他各类资源，结合学校实际，支持计划的实施。各省（区、市）加大经费投入力度，统筹地方财政高等教育、教师队伍建设资金和中央支持地方高校改革发展资金，支持计划实施高校。

（四）强化监督检查。成立"卓越教师培养计划2.0"专家委员会，负责计划的指导、咨询服务等工作。实行动态调整，专家组将通过查阅学校进展报告、实地调研等形式对计划实施情况进行定期检查。对完成培养任务、实施成效显著的，予以相关倾斜支持；对检查不合格的，取消"卓越教师培养计划2.0"改革项目承担资格。

附录B.6 教育部关于加快建设高水平本科教育 全面提高人才培养能力的意见（摘录）

一、全面提高教师教书育人能力

16.加强师德师风建设。坚持把师德师风作为教师素质评价的第一标准，健全师德考核制度，建立教师个人信用记录，完善诚信承诺和失信惩戒机制，推动师德建设常态化长效化，引导广大教师教书育人和自我修养相结合，做到以德立身、以德立学、以德施教，更好担当起学生健康成长指导者和引路人的责任。

17.提升教学能力。加强高校教师教学发展中心建设，全面开展教师教学能力提升培训。深入实施中西部高校新入职教师国培项目和青年骨干教师访问学者项目。大力推动两院院士、国家"千人计划""万人计划"专家、"长江学者奖励计划"入选者、国家杰出青年科学基金获得者等高层次人才走上本科教学一线并不断提高教书育人水平，完善教授给本科生上课制度，实现教授全员给本科生上课。因校制宜，建立健全多种形式的基层教学组织，广泛开展教育教学研究活动，提高教师现代信息技术与教育教学深度融合的能力。

18. 充分发挥教材育人功能。推进马工程重点教材统一编写、统一审查、统一使用,健全编写修订机制。鼓励和支持专业造诣高、教学经验丰富的专家学者参与教材编写,提高教材编写质量。加强教材研究,创新教材呈现方式和话语体系,实现理论体系向教材体系转化、教材体系向教学体系转化、教学体系向学生的知识体系和价值体系转化,使教材更加体现科学性、前沿性,进一步增强教材针对性和实效性。

19. 改革评价体系。深化高校教师考核评价制度改革,坚持分类指导与分层次评价相结合,根据不同类型高校、不同岗位教师的职责特点,教师分类管理和分类评价办法,分类分层次分学科设置评价内容和评价方式。加强对教师育人能力和实践能力的评价与考核。加强教育教学业绩考核,在教师专业技术职务晋升中施行本科教学工作考评一票否决制。加大对教学业绩突出教师的奖励力度,在专业技术职务评聘、绩效考核和津贴分配中把教学质量和科研水平作为同等重要的依据,对主要从事教学工作人员,提高基础性绩效工资额度,保证合理的工资水平。

附录 B.7 教育信息化 2.0 行动计划(摘录)

为深入贯彻落实党的十九大精神,加快教育现代化和教育强国建设,推进新时代教育信息化发展,培育创新驱动发展新引擎,结合国家"互联网+"、大数据、新一代人工智能等重大战略的任务安排和《国家中长期教育改革和发展规划纲要(2010—2020年)》《国家教育事业发展"十三五"规划》《教育信息化十年发展规划(2011—2020年)》《教育信息化"十三五"规划》等文件要求,制定本计划。

一、重要意义

党的十九大作出中国特色社会主义进入新时代的重大判断,开启了加快教育现代化、建设教育强国的新征程。站在新的历史起点,必须聚焦新时代对人才培养的新需求,强化以能力为先的人才培养理念,将教育信息化作为教育系统性变革的内生变量,支撑引领教育现代化发展,推动教育理念更新、模式变革、体系重构,使我国教育信息化发展水平走在世界前列,发挥全球引领作用,为国际教育信息化发展提供中国智慧和中国方案。新时代赋予了教育信息化新的使命,也必然带动教育信息化从 1.0 时代进入 2.0 时代。为引领推动教育信息化转段升级,提出教育信息化 2.0 行动计划。

教育信息化 2.0 行动计划是在历史成就基础上实现新跨越的内在需求。党的十八大以来，我国教育信息化事业实现了前所未有的快速发展，取得了全方位、历史性成就，实现了"三通两平台"建设与应用快速推进、教师信息技术应用能力明显提升、信息化技术水平显著提高、信息化对教育改革发展的推动作用大幅提升、国际影响力显著增强等"五大进展"，在构建教育信息化应用模式、建立全社会参与的推进机制、探索符合国情的教育信息化发展路子上实现了"三大突破"，为新时代教育信息化的进一步发展奠定了坚实的基础。

教育信息化 2.0 行动计划是顺应智能环境下教育发展的必然选择。教育信息化 2.0 行动计划是推进"互联网＋教育"的具体实施计划。人工智能、大数据、区块链等技术迅猛发展，将深刻改变人才需求和教育形态。智能环境不仅改变了教与学的方式，而且已经开始深入影响到教育的理念、文化和生态。主要发达国家均已意识到新形势下教育变革势在必行，从国家层面发布教育创新战略，设计教育改革发展蓝图，积极探索新模式、开发新产品、推进新技术支持下的教育教学创新。我国已发布《新一代人工智能发展规划》，强调发展智能教育，主动应对新技术浪潮带来的新机遇和新挑战。

教育信息化 2.0 行动计划是充分激发信息技术革命性影响的关键举措。经过多年来的探索实践，信息技术对教育的革命性影响已初步显现，但与新时代的要求仍存在较大差距。数字教育资源开发与服务能力不强，信息化学习环境建设与应用水平不高，教师信息技术应用能力基本具备但信息化教学创新能力尚显不足，信息技术与学科教学深度融合不够，高端研究和实践人才依然短缺。充分激发信息技术对教育的革命性影响，推动教育观念更新、模式变革、体系重构，需要针对问题举起新旗帜、提出新目标、运用新手段、制定新举措。

教育信息化 2.0 行动计划是加快实现教育现代化的有效途径。没有信息化就没有现代化，教育信息化是教育现代化的基本内涵和显著特征，是"教育现代化 2035"的重点内容和重要标志。教育信息化具有突破时空限制、快速复制传播、呈现手段丰富的独特优势，必将成为促进教育公平、提高教育质量的有效手段，必将成为构建泛在学习环境、实现全民终身学习的有力支撑，必将带来教育科学决策和综合治理能力的大幅提高。以教育信息化支撑引领教育现代化，是新时代我国教育改革发展的战略选择，对于构建教育强国和人力资源强国具有重要意义。

二、总体要求

（一）指导思想

以习近平新时代中国特色社会主义思想为指导，全面贯彻党的十九大精神，围绕加快教育现代化和建设教育强国新征程，落实立德树人根本任务，因应信息技术特别是智能技术的发展，积极推进"互联网＋教育"，坚持信息技术与教育教学深度融合的核心理念，坚持应用驱动和机制创新的基本方针，建立健全教育信息化可持续发展机制，构建网络化、数字化、智能化、个性化、终身化的教育体系，建设人人皆学、处处能学、时时可学的学习型社会，实现更加开放、更加适合、更加人本、更加平等、更加可持续的教育，推动我国教育信息化整体水平走在世界前列，真正走出一条中国特色的教育信息化发展路子。

（二）基本原则

坚持育人为本。面向新时代和信息社会人才培养需要，以信息化引领构建以学习者为中心的全新教育生态，实现公平而有质量的教育，促进人的全面发展。

坚持融合创新。发挥技术优势，变革传统模式，推进新技术与教育教学的深度融合，真正实现从融合应用阶段迈入创新发展阶段，不仅实现常态化应用，更要达成全方位创新。

坚持系统推进。统筹各级各类教育的育人目标和信息化发展需求，兼顾点与面、信息化推进与教育改革发展，实现教学与管理、技能与素养、小资源与大资源等协调发展。

坚持引领发展。构建与国家经济社会和教育发展水平相适应的教育信息化体系，支撑引领教育现代化发展，形成新时代的教育新形态、新模式、新业态。

三、目标任务

（一）基本目标

通过实施教育信息化2.0行动计划，到2022年基本实现"三全两高一大"的发展目标，即教学应用覆盖全体教师、学习应用覆盖全体适龄学生、数字校园建设覆盖全体学校，信息化应用水平和师生信息素养普遍提高,建成"互联网+教育"大平台,推动从教育专用资源向教育大资源转变、从提升师生信息技术应用能力向全面提升其信息素养转变、从融合应用向创新发展转变,努力构建"互联网+"条件下的人才培养新模式、发展基于互联网的教育服务新模式、探索信息时代教育治理新模式。

（二）主要任务

继续深入推进"三通两平台",实现三个方面普及应用。"宽带网络校校通"实现提速增智,所有学校全部接入互联网,带宽满足信息化教学需求,无线校园和智能设备应用逐步普及。"优质资源班班通"和"网络学习空间人人通"实现提质增效,在"课堂用、经常用、普遍用"的基础上,形成"校校用平台、班班用资源、人人用空间"。教育资源公共服务平台和教育管理公共服务平台实现融合发展。实现信息化教与学应用覆盖全体教师和全体适龄学生,数字校园建设覆盖各级各类学校。

持续推动信息技术与教育深度融合,促进两个方面水平提高。促进教育信息化从融合应用向创新发展的高阶演进,信息技术和智能技术深度融入教育全过程,推动改进教学、优化管理、提升绩效。全面提升师生信息素养,推动从技术应用向能力素质拓展,使之具备良好的信息思维,适应信息社会发展的要求,应用信息技术解决教学、学习、生活中问题的能力成为必备的基本素质。加强教育信息化从研究到应用的系统部署、纵深推进,形成研究一代、示范一代、应用一代、普及一代的创新引领、压茬推进的可持续发展态势。

构建一体化的"互联网+教育"大平台。引入"平台+教育"服务模式,整合各级各类教育资源公共服务平台和支持系统,逐步实现资源平台、管理平台的互通、衔接与开放,建成国家数字教育资源公共服务体系。充分发挥市场在资源配置中的作用,融合众筹众创,实现数字资源、优秀师资、教育数据、信息红利的有效共享,助力教育服务供给模式升级和教育治理水平提升。

四、实施行动（摘录）

（一）网络学习空间覆盖行动

规范网络学习空间建设与应用,保障全体教师和适龄学生"人人有空间",开展校长领导力和教师应用力培训,普及推广网络学习空间应用,实现"人人用空间"。

引领推动网络学习空间建设与应用。制订网络学习空间建设与应用规范，明确网络学习空间的定义与内涵、目标与流程、功能与管理。印发加快推进"网络学习空间人人通"的指导意见，推动各地网络学习空间的普及应用。

持续推进"网络学习空间人人通"专项培训。继续开展职业院校和中小学校长、骨干教师的"网络学习空间人人通"专项培训，在中国移动、中国电信、中国联通的支持下，培训1万名中小学校长、2万名中小学教师、3000名职业院校校长、6000名职业院校教师，并带动地方开展更大范围的培训。

开展网络学习空间应用普及活动。依托国家数字教育资源公共服务体系，组织广大师生开通实名制网络学习空间，促进网络学习空间与物理学习空间的融合互动。开展空间应用优秀区域、优秀学校的展示推广活动，推进网络学习空间在网络教学、资源共享、教育管理、综合素质评价等方面的应用，实现网络学习空间应用从"三个率先"向全面普及发展，推动实现"一人一空间"，使网络学习空间真正成为广大师生利用信息技术开展教与学活动的主阵地。

建设国家学分银行和终身电子学习档案。加快推进国家学分银行建设，推动基础教育、职业教育、高等教育、继续教育机构逐步实行统一的学分制，加快实现各级各类教育纵向衔接、横向互通，为每一位学习者提供能够记录、存储学习经历和成果的个人学习账号，建立个人终身电子学习档案，对学习者的各类学习成果进行统一的认证与核算，使其在各个阶段通过各种途径获得的学分可以得到积累或转换。被认定的学分，按照一定的标准和程序可累计作为获取学历证书、职业资格证书或培训证书的凭证。

（二）网络扶智工程攻坚行动

大力支持以"三区三州"为重点的深度贫困地区教育信息化发展，促进教育公平和均衡发展，有效提升教育质量，推进网络条件下的精准扶智，服务国家脱贫攻坚战略部署。

支持"三区三州"教育信息化发展。通过中国移动、中国电信、中国联通等企业和社会机构的支持，在"三区三州"等地开展"送培到家"活动，加强教育信息化领导力培训和教师信息化教学能力培训，推动国家开放大学云教室建设，开展信息化教学设备捐赠、优质数字教育资源共享、教育信息化应用服务等系列活动，落实教育扶贫和网络扶贫的重点任务，助力提升深度贫困地区教育质量和人才培养能力，服务地方、区域经济社会发展。

推进网络条件下的精准扶智。坚持"扶贫必扶智"，引导教育发达地区与薄弱地区通过信息化实现结对帮扶，以专递课堂、名师课堂、名校网络课堂等方式，开展联校网教、数字学校建设与应用，实现"互联网+"条件下的区域教育资源均衡配置机制，缩小区域、城乡、校际差距，缓解教育数字鸿沟问题，实现公平而有质量的教育。

（三）信息素养全面提升行动

充分认识提升信息素养对于落实立德树人目标、培养创新人才的重要作用，制定学生信息素养评价指标体系，开展规模化测评，实施有针对性的培养和培训。

制定学生信息素养评价指标体系。组织开展学生信息素养评价研究，建立一套科学合理、适合我国国情、可操作性强的学生信息素养评价指标体系和评估模型。开展覆盖东中西部地区的中小学生信息素养测评，涵盖5万名以上学生。通过科学、系统的持续性测评，掌握我国不同学段的学生信息素养发展情况，为促进信息素养提升奠定基础。

大力提升教师信息素养。贯彻落实《中共中央国务院关于全面深化新时代教师队伍建设改革的意见》，推动教师主动适应信息化、人工智能等新技术变革，积极有效开展教育教学。启动"人工智能+教师队伍建设行动"，推动人工智能支持教师治理、教师教育、教育教学、精准扶贫的新路径，推动教师更新观念、重塑角色、提升素养、增强能力。创新师范生培养方案，完善师范教育课程体系，加强师范生信息素养培育和信息化教学能力培养。实施新周期中小学教师信息技术应用能力提升工程，以学校信息化教育教学改革发展引领教师信息技术应用能力提升培训，通过示范性培训项目带动各地因地制宜开展教师信息化全员培训，加强精准测评，提高培训实效性。继续开展职业院校、高等学校教师信息化教学能力提升培训。深入开展校长信息化领导力培训，全面提升各级各类学校管理者信息素养。

加强学生信息素养培育。加强学生课内外一体化的信息技术知识、技能、应用能力以及信息意识、信息伦理等方面的培育，将学生信息素养纳入学生综合素质评价。完善课程方案和课程标准，充实适应信息时代、智能时代发展需要的人工智能和编程课程内容。推动落实各级各类学校的信息技术课程，并将信息技术纳入初、高中学业水平考试。继续办好各类应用交流与推广活动，创新活动的内容和形式，全面提升学生信息素养。

五、保障措施（摘录）

（三）试点引领，强化培训

各地要始终坚持试点先行、典型引路的推进机制，有针对性地开展教育信息化区域综合试点和各类专项试点，总结提炼先进经验与典型模式。通过组织召开现场观摩会、举办信息化应用展览、出版优秀典型案例集等多种方式，广泛宣传推广试点取得的经验成效，形成以点带面的发展路径，发挥辐射引导效应。要将全面提升"人"的能力作为推进教育信息化 2.0 行动计划的核心基础，大力开展各级各类学校教师、校长和管理者培训，扩大培训规模、创新培训模式、增强培训实效。各地要坚持传统媒体与新媒体相结合，建立全方位、多层次的长效宣传机制，营造良好的舆论氛围。

（四）开放合作，广泛宣介

继续合作开展并积极参与联合国教科文组织、联合国儿童基金会等国际组织和机构的各项教育信息化活动，不断加强"一带一路"沿线国家等教育信息化国际交流与合作，积极对外宣传推广教育信息化的中国经验，注意讲好中国故事、传播中国理念，增加国际话语权。加强研究领域合作，建设外专引智基地和国际联合研究中心等平台和基地，支持我国教育信息化专家走出国门，参与相关国际组织工作和各类学术交流活动。加强实践领域国际合作，促进中外学校、校长、教师和专业机构间的交流合作，分享教学创新成果和典型经验，取长补短、协作推进。积极支持和推动我国教育信息化领域的企业走出去，提升我国教育的国际影响力。